TOWARDS A NEW ERA OF CHINESE EDUCATIONAL SCIENCE:

RETROSPECT AND PROSPECT OF CHINESE EDUCATION RESEARCH AFTER REFORM AND OPENING UP

迈向新时代的
中国教育科学

改革开放以来我国教育研究回顾与展望

高宝立　主编

教育科学出版社
·北 京·

出 版 人 李 东
责任编辑 翁绮睿 王晶晶 何 蕴
版式设计 杨玲玲
责任校对 贾静芳
责任印制 叶小峰

图书在版编目（CIP）数据

迈向新时代的中国教育科学：改革开放以来我国教
育研究回顾与展望／高宝立主编. —北京：教育科学
出版社，2018.12
ISBN 978-7-5191-1354-4

Ⅰ.①迈…　Ⅱ.①高…　Ⅲ.①教育科学—成就—中国
Ⅳ.①G40-03

中国版本图书馆 CIP 数据核字（2018）第 291031 号

迈向新时代的中国教育科学——改革开放以来我国教育研究回顾与展望
MAIXIANG XINSHIDAI DE ZHONGGUO JIAOYU KEXUE——GAIGE KAIFANG YILAI WOGUO
JIAOYU YANJIU HUIGU YU ZHANWANG

出版发行	教育科学出版社			
社　　址	北京·朝阳区安慧北里安园甲 9 号	市场部电话	010-64989009
邮　　编	100101	编辑部电话	010-64981252
传　　真	010-64891796	网　　址	http://www.esph.com.cn
经　　销	各地新华书店			
制　　作	北京金奥都图文制作中心			
印　　刷	北京笔诚印务有限公司			
开　　本	720 毫米×1020 毫米　1/16	版　　次	2018 年 12 月第 1 版
印　　张	27.75	印　　次	2018 年 12 月第 1 次印刷
字　　数	360 千	定　　价	79.00 元

如有印装质量问题，请到所购图书销售部门联系调换。
图片来源：高品（北京）图像有限公司。

前　言

改革开放 40 年来，伴随我国教育事业的改革发展，具有中国特色、中国风格和中国气派的教育科学体系加快建设，成果丰硕。教育科学紧扣时代脉搏，为教育改革和发展做出了探索和贡献。值此改革开放 40 周年之际，面向新时代，我们有必要回顾和总结改革开放以来我国教育科学研究的成就与贡献，梳理学科发展脉络，总结宝贵经验，从而启迪未来的改革与发展。

《迈向新时代的中国教育科学——改革开放以来我国教育研究回顾与展望》以系列专题文章的形式，从教育重大理论问题、教育学科建设、教育科学的中国特色等几个方面，记录改革开放 40 年来我国教育科学领域的深刻变化和长足发展。

首先，系统反映改革开放以来我国教育重大理论问题的研究现状。围绕教育本质与教育价值观、德育理论、素质教育、教育体制机制改革、高考改革、中国教育研究的国际影响力等方面研究的进展，反映教育科学研究在服务教育决策、创新教育理论、指导教育实践、引导教育舆论等方面的重要作用。

其次，全面系统梳理教育学科的发展历史。分别从教育学原理、课程与教学论、教育史、比较教育学、学前教育学、高等教育学、成人教育学、职业技术教育学、特殊教育学、教育技术学等学科领域展开和呈现。

最后，宏观展望新时代我国教育科学的中国特色、中国风格、中国气派的建设路径。构建具有中国特色、中国风格、中国气派的教育学话语体系，既是中国教育学发展的内在要求，也是使中国教育学走向世界的有效途径。本书立足于展现教育学的中国话语，力求凸显中国表达、中国实践、中国经验、中国文化等要素。

本书力争体现如下特色。

一是强调中国教育科学研究的正确导向。改革开放40年来，我国教育科学的发展之所以能够取得巨大的成就，首先是依靠党中央的坚强领导。党的十八大以来，以习近平同志为核心的党中央高度重视哲学社会科学工作，"加快构建中国特色哲学社会科学"①，为教育科学的建设发展指明了方向。本书遵循"中国特色社会主义"这一理论和实践主题，梳理中国教育科学繁荣发展的基本轨迹，从中提炼出最核心、最实质的内容，增强教育研究界的"四个自信"，以习近平新时代中国特色社会主义思想为指导，推动教育科学事业的蓬勃发展，推动具有中国特色、中国风格、中国气派的教育科学体系建设。

二是坚持客观全面，总结概括中国教育科学繁荣发展的基本经验。改革开放40年来，我国教育科学研究走过的历程，体现出不断解放思想、不断创新、与时俱进的改革精神。同时，也正是开放思维和国际视野为中国教育研究成果走向世界打下了坚实基础，显著提升了中国教育研究的国际影响力。在新的历史起点上，中国教育科学肩负着重要的历史使命。探索40年来我国教育科学发展壮大的规律，对于今天和未来我国教育科学研究的发展，向世界传播中国教育经验，讲好中国教育故事，具有重要意义。

三是注重权威性，提升史料价值。本书约请全国有关高校、研究机构的知名专家学者撰稿，以高端、专业的视角，准确、全面、深入地梳理和呈现改革开放以来我国教育科学研究的发展脉络、主要成就和宝贵经验，使得本书有较高的学术性和权威性，能更好地向社会各界宣传我国教育科学研究的新成就。

总之，本书力求全景式反映改革开放40年来中国教育科学的巨大历史

---

① 习近平. 在哲学社会科学工作座谈会上的讲话 [N]. 人民日报，2016-05-19 (2).

变迁和历史贡献，为深化教育理论研究、繁荣教育科学提供历史镜鉴和重
要启示，为改革开放 40 周年献礼。

中国特色社会主义进入了新时代。以习近平新时代中国特色社会主义
思想为指导，中国教育科学将坚持正确方向，激发创新活力，回应历史使
命，实现更大作为。

目　录

第　一　编

再论教育本质和教育价值观

　　顾明远　　/ 003

德育理论研究：主题及成就

　　戚万学　唐爱民　韩　笑　　/ 011

我国素质教育的政策演变与理论探索

　　杨兆山　时益之　　/ 032

体系建构与理论探索——中国教育体制理论研究 40 年

　　孙绵涛　李　莎　　/ 055

我国高考改革的价值取向变迁与理性选择——基于改革开放

　　40 年高考招生政策文本分析的视角

　　钟秉林　王新凤　　/ 071

中国教育研究国际影响力的反思与前瞻

　　李　梅　丁　钢　张民选　杨　锐　徐　阳　　/ 090

第　二　编

教育学原理：历史性飞跃及其时代价值

　　柳海民　邹红军　　/ 105

课程与教学论：本土化实验与理论探索

　　王　鉴　李泽林　安富海　　/ 125

中国教育史学科：成绩·问题·设想——基于期刊论文和博士
学位论文的考察

　　　田正平　潘文鸯　　／154

外国教育史学科：学科重建、多元探索与革新转型

　　　孙　益　陈露茜　张斌贤　　／174

中国比较教育学：体系构建与跨越式发展

　　　陈时见　王　远　　／199

从稚嫩到成熟：改革开放40年来中国学前教育学科建设与发展

　　　虞永平　张　斌　刘　颖　　／220

中国高等教育学科发展40年

　　　胡建华　　／251

中国成人教育学科发展的历史回顾、研究主题与展望

　　　孙立新　乐传永　　／273

改革开放40年职业技术教育学科发展的回顾与思考

　　　匡　瑛　石伟平　　／297

特殊教育学：响应学科需求，实现跨越发展

　　　王　雁　朱　楠　　／311

回顾与展望：教育技术学科发展40年

　　　任友群　顾小清　　／341

第　三　编

构建中国化的教育学术话语体系

　　　刘旭东　蒋玲玲　　／365

走向世界的中国教育学：目标、挑战与展望

　　　李政涛　　／389

建构有中国气象的教育哲学

　　　高　伟　　／401

强化理论自觉与实践创新，引领中国特色教育学科新发展

　　　刘贵华　张海军　　／414

后　记

第一编

再论教育本质和教育价值观

顾明远

改革开放 40 年来，我国教育研究蓬勃发展，教育研究成果层出不穷，百花齐放，群芳争艳。教育是人生存和发展的基础，教育要使人的生命得以发展。从生命发展的视角来说，教育的本质可概括为提高生命质量和提升生命价值。对个体来说，提高生命质量，就是使个体通过教育，提高生存能力，从而能够生活得有尊严和幸福；提升生命价值，就是使个体通过教育，提高思想品德和才能，从而能够为社会、为他人做出有价值的贡献。中国核心的教育价值观是集体主义价值观。中国特色社会主义教育价值观应该与社会主义核心价值观相一致。各种教育价值取向要在核心的教育价值观的前提下取得平衡。未来教育应该在充分和正确运用信息技术的基础上，培养有理想信念、创新思维、责任担当、奉献精神的，全面发展与个性发展相统一的人才。

中国教育研究是在改革开放以后才遇到了科学春天，此后，教育科学像雨后春笋般蓬勃发展起来。我在纪念改革开放 30 周年时曾说过，中国教育科学由一枝独秀发展到百花齐放。中华人民共和国成立之初，我国教育学以苏联教育学为样板，教条主义地照搬苏联教育理论体系。虽然 1958 年中国教育学术界就开始试图寻找自己发展的道路，但是几经努力并未摆脱原有的框架体系，特别是对教育本质等重大理论问题缺乏全面的认识和讨论，体系上仍是一本《教育学》一统天下。"文化大革命"结束以后，在"实践是检验真理的唯一标准"的思想路线指导下，思想得以大解放，教育科学研究才得以蓬勃地发展起来。改革开放以后，在邓小平理论的指导下，中国教育理论界解放思想，放眼世界，引进了各国教育改革的理论和实践经验，日益活跃起来。40 年来，中国教育学科已经由一门教育学发展出一群分支学科、交叉学科、新兴学科。同时，教育研究开始走出高等学校的书斋，走向基层，走向群众，广大中小学教师也积极参与到教育研究和教育改革实验之中。各种教育研究成果层出不穷，百花齐放，群芳争艳。教育类书刊也是各类书刊中最丰富、最繁多的一类。

但是，我们不能不看到，在繁多的教育研究中，教育基本理论的研究却进展得较为缓慢，还有许多理论问题需要教育理论工作者做深入的研究。基础理论是实践的基础。只有把重大的教育基础理论问题研究清楚，教育实践才能在正确轨道上运行。

一、教育本质的问题

改革开放之初，教育界的思想解放是从关于教育本质的讨论开始的。1978 年，时任中国社会科学院副院长于光远在一次教育座谈会上提出：教育这种现象中，虽含有上层建筑的东西，但不能说教育就是上层建筑。他的这一思想后来形成文章《重视培养人的研究》，发表于《学术研究》1978 年第 3 期。于是，关于教育本质的讨论就在全国教育界迅速展开。当时，讨论以《教育研究》为主论坛，全国各类报刊自 1978 年至 1996 年发表讨论文章约 300 篇之多，但思想极不一致，讨论的内容主要围绕着教育的属性，就教育是"上层建筑"还是"生产力"，以及派生出来的其他属性展开，众说纷纭，但并未真正触及教育的本质。最后大家只是统一到"教育是传递社会生活经验并培养人的社会活动"这样笼统的概念上来。[1]

---

[1] 顾明远. 教育大辞典：上卷 [M]. 上海：上海教育出版社，1990：726.

但这种认识比较模糊、抽象，并没有解决传递什么生活经验、培养什么人、怎么培养人的根本问题。

　　教育的本质是什么，争论了几十年，至今大家仍然在喊："教育要回到原点。"为什么？原点在哪里？一方面是对于教育本质的认识在理论上没有讨论透彻；另一方面是教育实践受到各种价值观的干扰，不能按照教育规律进行。因此，今天对教育本质仍有深入讨论的必要。

　　长期以来，人们以工具理性来认识教育，重视教育的功能性，忽视教育的本体性。近些年来，学术界开始重视教育本体性的研究，因此提出生本教育、生命教育、和谐教育等理念，提出教育要尊重生命、发展生命、促进学生和谐发展。联合国教科文组织 2015 年的报告《反思教育：向"全球共同利益"的理念转变?》（以下简称《反思教育》）也提出，教育应该以人文主义为基础，以尊重生命和人类尊严、权利平等、社会正义、文化多样性、国际团结和为创造可持续的未来承担共同责任为基础。① 任何生物，一要生存，二要发展，三要繁衍。毫无疑问，教育是人生存和发展的基础，教育要使人的生命得以发展。但人类是结成社会的，个体不可能单独生存。自从猿猴进化为人类以后，人们就结成了族群。族群为了生存，就要利用自然、改变自然，还要与其他族群争夺资源。人类发展到阶级社会，每个人都处在一定的阶级中，必然就要为本阶级的利益服务。人总是社会的人，正如马克思所说的："人的本质不是单个人所固有的抽象物，在其现实性上，它是一切社会关系的总和。"② 因此，教育也不是抽象地传递生活经验、培养抽象的人，而是结合具体的个人在社会中所处的地位进行的。所以，教育在不同的社会就有不同的性质，在阶级社会中就具有阶级性。

　　工人阶级掌握政权以后，在消灭阶级的过程中，就要为全体公民提供

① 联合国教科文组织. 反思教育：向"全球共同利益"的理念转变? [M].联合国教科文组织总部中文科，译. 北京：教育科学出版社，2017：1.
② 中共中央马克思恩格斯列宁斯大林著作编译局. 马克思恩格斯选集：第一卷 [M]. 2 版.北京：人民出版社，1995：60.

普遍的教育。这就为每个个体的生命发展提供了条件，教育的本体性就凸显出来。但是，教育的本体性和功能性是不可分的。教育是个体生存发展的基础，但教育要培养下一代适应他们所处的社会环境，因而教育也就被赋予了社会的功能。当然，教育促进个体的发展是基础，没有个体的发展，也谈不上教育社会功能的实现。

我认为，从生命发展的视角来说，教育的本质可以概括为：提高生命质量和提升生命价值。教育对个体来说，提高生命质量，就是使个体通过教育，提高生存能力，从而能够生活得有尊严和幸福；提升生命价值，就是使个体通过教育，提高思想品德和才能，从而能够为社会、为他人做出有价值的贡献。人都要实现人生价值。人生价值就是要对社会、对人类、对自然做出一点贡献。人的价值总是体现在与他人、他事的关系中。在人类社会中孤立的自我价值是不存在的。这又回到功能性问题了。所以教育的本体性与功能性是无法分开的。

这就涉及另一个理论问题：教育的价值观问题。

二、教育的价值观问题

教育的价值观问题是一个十分复杂的问题。黄济教授在其《教育哲学通论》中详细分析了中外哲学家关于价值和教育价值论的观点，从马克思主义关于价值"是从人们对待满足他的需要的外界物的关系中产生的"[①]这一命题出发，提出教育价值"就其最基本方面而言，不外从社会需要来论述教育价值或从人的发展来论述教育价值，或者二者兼而有之"[②]。其实，我们上面谈到的教育工具性，也就是教育价值论的具体表现。

但是，不同社会、不同群体都有不同的教育价值观，如何平衡而统一到教育本体性来，却是一个十分复杂的问题。石中英教授在北京明远教育

---

① 黄济. 教育哲学通论 [M]. 太原：山西教育出版社，1998：415.
② 同①：420.

书院第二次学术沙龙上谈到中国当前教育改革的价值取向时，提出未来我国教育改革的根本价值取向应当坚持"为人民服务"，体现中国特色社会主义教育的性质，在更高层面上对当前一些相互冲突的价值取向，如国家主义与个人主义、经济主义与人文主义、精英主义与民主主义、普遍主义与特殊主义等进行超越。面对实践当中的各种价值取向，石中英提出"价值平衡"的策略。这对当代教育价值论问题的进一步深入讨论具有重要的意义。

　　我非常同意石中英提出的"为人民服务"是未来我国教育改革的根本价值取向和"价值平衡"的策略。我想补充一点。石中英是从教育改革的各个环节上来讨论教育的价值取向的。如果从国家、社会、学校、家庭来说，教育的价值取向更是多元的。但是，从一个国家、一个民族来讲，总有一个主流的价值观。我认为，中华民族绵延5000年来有一个主要的教育价值观，就是集体主义价值观。《大学》中提出的"修身、齐家、治国、平天下"的理念，就是中华民族的主流价值观，也就是中华民族的教育价值观，把个人与家庭、国家，甚至整个世界的利益统一起来，这是在其他国家所没有的。这是"平衡价值"的基础。中国特色社会主义核心价值观也是在中国优秀文化传统的基础上发展起来的。中国特色社会主义教育价值观应该与社会主义核心价值观相一致。而教育价值观的核心应如习近平总书记所说的"以人民为中心"，"奉献祖国"。这种教育价值观体现在我国的教育方针上，即培养德智体美劳全面发展的社会主义建设者和接班人。在这个大前提下，社会各种机构团体、各类学校、各个家庭都可以有不同的教育价值取向（即对人才的要求）。例如，科研机构持精英主义价值取向（要有具备科研能力的拔尖人才）、工农生产单位持技术主义价值取向（要有高技术的工匠）、文艺团体持人文主义价值取向（要有具备人文素养、丰富情感的艺术家）。家庭也可能因各自环境条件不同持各种不同的价值取向，但都要在核心的教育价值观的前提下取得平衡。

　　目前的问题是，许多学校和家长的教育价值取向偏离了核心教育价值观，个人主义、功利主义以及经济主义等教育价值观占了上风，结果受伤害的首先是受教育者，长远来说，社会的进步、民族的振兴以及人类的和平与发展也会受到消极的影响。出现这种倾向，原因是多方面的，需要教育理论工作者深入探讨。

与教育价值观密切相关的另一个问题是民主主义教育价值观与英才主义教育价值观的矛盾。民主主义教育价值观主张教育公平，使人人都能享受公平而有质量的教育。英才主义教育价值观则主张选拔性教育，更早地发现人才，培养英才。当前，在推行区域均衡发展、促进教育公平的过程中，舆论界就有人认为教育公平讲得太多了，妨碍天才的出现。最近北京市公布，2020 年将取消特长生考试，社会上又议论起来：会不会抑制特长生的发展？这就是民主主义教育价值观与英才主义教育价值观的矛盾。如何取得平衡，在理论上还没有彻底弄清楚。教育公平与英才教育应是矛盾的统一。一方面，人的天赋是有差异的，教育应该因材施教，及早发现天赋聪颖的孩子并加以培养，但天赋的差异也可以经过教育和个人的努力来弥补；另一方面，人的天赋不一定在幼年就能显现出来，往往要在一定条件下，特别是通过教育才能逐渐显现出来，天才是要在教育普及的基础上脱颖而出的。正如鲁迅所说的，要有好的花木，首先要有好的泥土。因而，教育公平不是出现天才的障碍，恰恰是天才出现的基础。巴西之所以能出现世界著名的球星，是因为整个巴西重视足球的普及，在普及足球运动的基础上才出现那么多球星。取消特长生考试不是不要特长生，而是让真正的特长生脱颖而出。特长生不只是在一种技能技巧上有特长，而是需要对某种专业的兴趣和热爱。去掉了功利主义的考试，才有利于特长生的真正发展。另外，目前特长生的考试往往并非真的发挥学生的特长，更多是把它作为择校的敲门砖。这种特长生考试往往会扼杀学生真正的爱好和特长。揠苗助长和不顾儿童的兴趣爱好，从小用英才主义的方法教育是不可取的。

在培养人才的微观层面上，还存在着知识主义教育价值观与能力主义教育价值观的矛盾。培养人才是知识学得越多、越早越好，还是在获取知识的同时发展学生的能力？这个问题在理论上似乎早已解决。20 世纪 50 年代苏联赞科夫的发展教育的实验、美国布鲁纳的发现教学法，都提出发展能力的重要。近些年来，教育理论界都在提出培养创新能力的重要性。但是，教育实践中却处处体现出知识主义教育价值取向。幼儿园的小学化、校外培训活动的火热，等等，无不表现出重知识轻能力的知识主义教育价值取向，甚至一些新信息技术在教育领域中的运用也主要是围绕着学生学科知识的学习、诊断、矫正、考试而展开的，并以此来获得学校和家长的青睐。知识主义教育价值取向控制教育实践的顽固程度超乎想象。解决这个问题，还需要从改变教育观念、改革评价制度和改革教学方式入手。当前高考制度的改革就是想从知识主义转变到能力主义，在教学上从单纯的知识传授转变为思维能力、实践能力的培养。我认为，从某种意义上讲，教育的目标也可以概括为改变人的思维。一个人通过教育，获得知识，扩大视野，发展能力，开发思维，就能提高生命的质量和生命的价值。人们常说，乔布斯改变了世界，使人类进入互联网时代；马云改变了商业模式，使消费进入网购时代。这些不都是思维的变化所创造出来的吗？所以，教育的目标就是提高人的思维能力，一切教育活动都需要重视学生思维能力的培养。

　　当今世界进入了信息化、人工智能的时代。信息化、人工智能的发展正在改变着人类的生产和生活，当然必然会引起教育的变革。教育的生态发生了根本性的变化，学习的空间变宽了，教育的内容变了，教学的方式变了，教师的角色变了，因而，人们对未来教育的看法充满技术主义教育价值倾向，但是，未来教育中立德树人的根本任务不会变。未来教育正如《反思教育》中说的：要尊重生命和人类尊严。这又是一种人文主义教育价值取向。因此，我认为讨论未来教育的逻辑起点要避免技术至上主义倾向。毫无疑问，教育必须变革，才能适应信息时代的要求，没有教育的信息化就没有教育的现代化。但是，当今时代是一个变革的时代，不仅技术在变化，社会也在变化。世界充满着种种矛盾，政治的动荡变幻，科技的日新月异，经济的全球化，教育的普及化、终身化和国际化，处处都在促使教育变革。因此，考虑未来教育不能只从技术着眼，而要从未来时代的发展着眼，从人类未来发展着眼。人文主义教育价值观与技术主义教育价值观是能够取得价值平衡的。中国教育的传统都讲培养德才兼备的人才。正如司马光在《资治通鉴》中所说的："才者，德之资也；德者，才之帅也。"又说："德胜才谓之'君子'，才胜德谓之'小人'……君子挟才以为善，小人挟才以为恶。挟才以为善者，善无不至矣；挟才以为恶者，恶亦无不至矣。"① 一个人有了德，才能把技术用在有益于人类发展的事业上。如果有才无德，技术就会变成残害人类的武器。德才兼备，造福人类，这是应该具备的教育价值观。未来教育应该在充分和正确运用信息技术的基础上，培养有理想信念、创新思维、责任担当、奉献精神的，全面发展与个性发展相统一的人才。

改革开放 40 年来，我国教育发展取得举世瞩目的成就，教育科学研究也取得长足的进步。今天，中国特色社会主义进入新时代，教育理论工作者要以习近平新时代中国特色社会主义思想为指导，努力学习，深入实际，奋发钻研，争取在理论上有所突破，为实现教育现代化做出贡献。

> **作者简介**
>
> 顾明远，北京师范大学国际与比较教育研究院教授。

---

① 司马光. 资治通鉴：第一卷 [M]. 北京：中华书局，1956：14.

德育理论研究：主题及成就

戚万学　唐爱民　韩　笑

改革开放40年来，我国的德育理论研究在促进德育学术繁荣、指导德育改革与实践、应对时代课题的挑战方面都取得了显著的进展与成就，为教育科学研究的繁荣发展和教育改革的实践做出了积极贡献。德育理论研究取得的成就，可通过对研究主题的概括呈现。德育理论研究的主题主要有：德育研究的科学化与专业化探索、德育本质与德育功能问题的探讨、对西方道德教育研究成果的吸收与借鉴、道德教育模式的理论构建、德育课程改革之理论基础的研究。关于立德树人根本任务的探讨成为新时代德育理论研究的新课题。

1978年以来中国德育理论研究的历史，与中国改革开放的伟大理论、伟大实践同频共振，是教育领域不断解放思想、不懈探索并与不同文明成果积极对话的历史，其理论立场、问题边界、研究主题、价值追求均有鲜明的社会变革的印记。本文拟结合改革开放40年来德育学术探讨与实践改革的主要成果，通过回溯德育学术演进与实践变革的发展脉络和发展逻辑，系统梳理其研究主题，进而从总体上展示改革开放40年中国德育理论研究取得的主要成就，把握其未来发展的趋势。

一、德育理论研究的科学化与专业化探索

改革开放后德育发展的头等要务是德育观念的拨乱反正。理论界首先把目光聚焦到使用混乱、各言其说的德育概念上。1980 年，蒋制心与张嘉馥就提出应结束德育概念的混乱状况，为道德教育正名。[①] 自 20 世纪 80 年代始，道德教育范畴逐渐以相对独立的面貌呈现，开启了专门、专业研究的序幕。彼时，也是道德教育研究引进、继承与本体重构的时期，大量外域的道德教育学术成果纷纷被引介到中国。如苏霍姆林斯基的道德教育思想、皮亚杰与柯尔伯格的道德认知发展理论等渐次影响我国德育思想。这一阶段，德育改革、德育课程、德育评价、德育功能的理论探索也如雨后春笋般涌现。90 年代，随着改革开放的迅猛推进，我国德育理论工作者进入了异常活跃的时期，出现了"德育首位"的提法，一些新的德育课题不断出现，如社会主义市场经济体制对德育的挑战、学校道德教育的实效性研究、道德教育模式的理论探讨等，拓展了德育理论研究的领域。2000年之后，本土德育理论成果异彩纷呈，涌现了诸如生活德育、网络德育、主体性德育、公民教育、道德教育的文化使命、生态德育等一系列理论成果，德育研究领域逐渐成形、稳定。一个学科成熟的标志是其研究领域的逐渐清晰。德育理论研究的专业化程度逐渐提高，由早期宽泛的研究范畴和主题逐渐发展到比较稳定、成熟的研究领域与论题。

二、关于德育本质与德育功能问题的讨论

德育的本质与功能问题是德育理论首先需要解决的问题，是关乎德育范畴的边界、领域、定位乃至"是其所是"的本体论问题。改革开放之初，随着教育本质问题大讨论的争鸣，德育理论工作者对德育本质与功能

---

① 蒋制心，张嘉馥. 德育概念运用上的混乱应该结束 [J]. 兰州学刊，1980（3）：89-91，96.

问题做了诸多深入探讨，为德育学科的发展奠定了理论基础。

（一）德育本质研究成果丰硕

德育本质问题是回答"德育是什么"的前置问题，是德育学术共同体必须首先明确的问题。不同的学者从不同的视角对此展开了充分、深入、专业的讨论。

首先是对德育内涵与外延的探讨。德育的本质问题，究其实乃对德育的特殊性及其发生过程的认识问题。1982 年，李道仁针对德育本质观纷乱不一的状况指出，德育是教育者根据社会向人们提出的思想言行规范，对受教育者提出要求，受教育者自觉地选择、消化、吸收、运用这些要求，并转化为个人的要求，形成个人品德的具有自身特殊性的矛盾运动。[①] 他进而提出德育的外延应包括政治思想、世界观和道德教育。这种界定为尔后流行的所谓"大德育"概念提供了某种依据。1988 年，王道俊、王汉澜在其《教育学》中，将德育界定为"有目的、有计划、系统地对受教育者施加思想、政治和道德影响"的教育活动。[②] 1989 年，胡守棻在其《德育原理》中提出："德育就是把一定社会的思想观点、政治准则和道德规范，转化为受教育者个体的思想品德的社会实践活动。"[③] 1991 年，胡厚福提出德育的"德"是相对于体育、智育、美育的体、智、美而言的，德育的本质是"育德"，是培养人的品德。[④] 1994 年，鲁洁和王逢贤提出"德育是教育者根据一定社会和受教育者的需要，遵循品德形成的规律……发展受教育者的思想、政治、法制和道德几方面素质的系统活动过程"[⑤]。这些界定都明确了道德品质教育在德育范畴中的本体含义，同时又把思想、政治、法纪、道德等纳入德育外延之中。显然，它们都还没有脱离"大德

---

① 李道仁. 德育本质问题的探讨 [J]. 华中师院学报（哲学社会科学版），1982（6）：105-110.
② 王道俊，王汉澜. 教育学 [M]. 北京：人民教育出版社，1988：333.
③ 胡守棻. 德育原理 [M]. 2 版. 北京：北京师范大学出版社，1989：3.
④ 胡厚福. 关于德育本质几个问题的初步探讨 [J]. 北京师范大学学报，1991（6）：21-28.
⑤ 鲁洁，王逢贤. 德育新论 [M]. 南京：江苏教育出版社，2000：123，319-321.

育"的思维逻辑。鉴于此，檀传宝主张应坚持"守一望多"的立场，"守一"就是坚持"严格意义上的德育只能是道德教育"；"望多"就是在教育实践领域把思想、政治、法制教育纳入工作范畴。① 黄向阳则直接把德育"严格限定为道德教育"，以为"德育正名"。② 通过持久的探讨，德育之"德"的本体论内涵不断得以确认。

其次是关于德育规范性与超越性本质的探讨。规范性的培养也是德育的重要任务。教育应培养适应社会发展、符合社会需要的人，业已成为人们的共识。培养个体符合社会要求的思想、政治、法制和道德规范是德育的本质要求和基本任务。同时，人们还提出了德育的超越性本质，从而使对德育本质的认识得以辩证、完整地体现。1996 年，《教育研究》围绕德育的超越性本质，专门刊发了由全国教育科学规划领导小组办公室、南京师范大学教科所、《教育研究》杂志社等共同主办的"当代道德教育理论研讨会"关于德育超越性本质与现实性功能问题的系列论文，深入探讨并明确了德育的超越性本质。如鲁洁认为，教育作为一种培养人的实践活动，必然具有超越的特征，其核心就是要培养出能改造现存世界、具有实践意识和实践能力、超越现实世界和现实社会的人。③ 赵志毅提出道德教育应兼具现实性与超越性两个方面的属性，二者相互制约；刘惊铎认为德育的超越性本质不仅是一种价值目标，而且是一种现实过程，超越不应是一种简单否定，而应有复杂的中介，是适应与超越的辩证统一；梅仲苏指出道德教育应以现实的世界、人为基础，同时要把握德育的超越性的度，避免一味地"高空作业"；袁桂林认为道德教育之现代本质的主要命题是培养主体性道德素质。④ 通过此次讨论，对德育超越性本质的认识得以深化并逐渐形成共识。

最后是跨学科视域的德育本质研究。21 世纪初，随着人们对道德教育

① 檀传宝. 学校道德教育原理 [M]. 北京：教育科学出版社，2000：4.
② 黄向阳. 德育原理 [M]. 上海：华东师范大学出版社，2000：17.
③ 鲁洁. 论教育之适应与超越 [J]. 教育研究，1996（2）：3-6.
④ 关于德育超越性本质的讨论（笔谈）[J]. 教育研究，1996（3）：17-28.

的普遍关注，出现了借助于相关学科的理论成果来揭示德育本质的风尚，催生了一批跨学科成果。如龚孝华提出了现象学视野下德育本质的研究路径，试图"悬置"沉重的认识论、本体论或形而上学的问题，面向学生的生活世界、生命存在、主体间性、当下需要来寻绎德育的本质①；冯文全主张应从哲学、逻辑学、词源学、语义学乃至教育学等多学科视角对德育的概念予以分析，认为德育是教育者将一定社会所推崇的品德规范与要求转化为受教育者个体的品德的一种教育②；刘先义从价值论视域审视了德育本质，认为道德教育的本质是社会价值体系对个体价值观念体系的定向引领与整合③；等等。

总体而言，自20世纪80年代初以来，关于德育本质的研究成果颇丰，出现了一批学术水平较高的成果，极大地推进了德育的学术繁荣与实践变革。

（二）德育功能研究在持续探索与争鸣中得以深化

德育功能是对德育作用的指向与规定，它决定着德育的地位，体现了其存在的价值。20世纪90年代初，学界在德育功能问题上掀起了一场影响深远的学术争鸣，彰显了德育学者的学术热情与执着，在我国德育学术史上留下了浓重一笔。

一是关于德育自然功能与享用功能的学术争鸣。自1992年起，鲁洁就德育功能问题发表了一系列论文，全面深刻地阐述了德育的功能，形成了较为系统的德育观。她纠正了片面强调德育政治功能的习见，从社会构成与发展的视域探究了包括经济功能、文化功能、自然性功能在内的德育的社会功能观，从不同的品德生成论、人性构成论、人性发展论，论述个体品德发展、个体智能发展、个体享用功能之德育个体性功能。④ 此观点一

---

① 龚孝华．现象学视野中的德育本质 [J]．现代大学教育，2004（1）：64-65.

② 冯文全．多学科视角下对德育本质的反思 [J]．教育研究，2005（10）：11-17.

③ 刘先义．价值论视域中的德育本质 [J]．当代教育科学，2006（3）：5-7.

④ 鲁洁．德育功能观之历史考察 [J]．教育研究与实验，1993（2）：29-34.

时间引起热议。刘尧认为道德只存在于主体之间，且仅具有发展性功能，否认德育的自然性功能与个体享用性功能。① 檀传宝则认为人与自身、人与自然关系的范畴是道德概念现代性的体现，探讨德育的自然性功能与个体享用功能很有必要。② 吴亚林认为，鲁洁的德育功能观包含的理想性、超前性与紧迫性是合理的，如进一步均衡情感与理性，并以此为契机进行德育理论的解构与重构，当会促进德育学术的进程。③ 鲁洁教授则进一步揭示了德育享用功能的客观存在与教育意义，回答了刘尧的"商榷"。④ 而李道仁教授认为，德育的根本功能在于"育德"。⑤ 嗣后，有学者陆续发表了余论，试图对德育功能及其本质做出新的理解与阐述。⑥ 这场学术争鸣体现了德育学者锐意进取、超越自我的智慧与热忱，使德育功能理论在超越与继承中稳步前进。

二是关于德育功能类型的研究。德育功能的争鸣促进了有关德育功能类型的深化研究，对德育的两大功能，即社会功能与个体功能的认识得到了确认。在德育的社会功能方面，人们认识到，应该以一种社会哲学的分析模式来理解，不能脱离社会去谈教育，教育是社会的产物，教育也有自己的社会担当。⑦ 德育的社会功能主要包括：德育的文化功能⑧、德育的政治功能⑨、德育的经济功能⑩、德育的生态功能⑪。在德育的个体性功能方

① 刘尧. 德育有多少功能：与鲁洁教授商榷 [J]. 教育研究与实验，1994（4）：35-37.
② 檀传宝. 对两种德育功能的理解：谈谈《德育有多少功能》一文的问题 [J]. 教育研究与实验，1995（1）：20-24.
③ 吴亚林. 漫议与鲁洁教授对话 [J]. 教育研究与实验，1995（4）：37-39.
④ 鲁洁. 再议德育之享用功能：兼答刘尧同志的"商榷" [J]. 教育研究，1995（6）：27-31.
⑤ 李道仁. 德育的功能在于育德：评鲁洁教授的德育功能观 [J]. 教育研究与实验，1995（4）：34-36.
⑥ 杜时忠. 德育功能层论：兼评德育功能研究 [J]. 华中师范大学学报（哲学社会科学版），1997（2）：22-27，130；李太平. 德育功能·德育价值·德育目的 [J]. 湖北大学学报（哲学社会科学版），1999（6）：89-92；檀传宝. 德育功能简论 [J]. 中国教育学刊，1999（5）：8-12.
⑦ 鲁洁. 德育社会学 [M]. 福州：福建教育出版社，1998：1.
⑧ 鲁洁. 超越与创新 [M]. 北京：人民教育出版社，2000：189.
⑨ 戚万学，唐汉卫. 学校德育原理 [M]. 北京：北京师范大学出版社，2012：32-36.
⑩ 同⑧：198-208.
⑪ 鲁洁. 试述德育的自然性功能 [J]. 教育研究与实验，1994（2）：13-14.

面，人们认为，应通过系统而优良的德育活动促进个体形成一定的道德认识、道德情感与道德行为，从而使其从一个自然个体转变为一个社会主体。德育的个体性功能主要包括：个体品德发展功能、认知发展功能、个体享用功能。"德育的享用功能不是任何人任意赋予它的，而是德育过程之逻辑必然，它植根于德育本质之中。"① "即是说，可使每个个体实现其某种需要、愿望（主要是精神方面的），从中体验满足、快乐、幸福，获得一种精神上的享受。"② 学校德育的享用功能与发展功能是一致的。

三是关于德育功能与德育结构关系的研究。针对 20 世纪 90 年代关于德育功能的大讨论，有学者认为，应立足学科发展来探讨德育的功能，具体问题具体分析，把事实问题与价值问题区分开来；德育功能理论的系统研究应解决三个层次的问题，即德育功能与教育功能的关系、多种德育功能之间的关系、每一德育功能的实现机制。德育功能的实现，受德育期望、德育结构和德育效果的制约。③ 还有人认为，德育结构是指德育诸要素、诸层次有机的联系、相互作用、相对稳定的组织形式。德育结构和德育功能同处在德育过程中，德育结构是德育功能的前提和基础，并决定德育功能的实现，德育功能是德育结构的表现，并反作用于德育结构。④ 德育功能不能仅就其本身而谈，"德育功能是德育系统内部诸要素之间以及系统与环境之间相互作用时所产生的结果"⑤。

四是德育功能的实践应用研究。在学校场域内发挥德育功能，是德育功能由应然转化为实然的必由路径。随着德育功能理论体系的不断完善，学校德育功能的实践运用的研究也不断丰富发展。例如，发挥学科教学、教师情感、校园文化等资源的德育功能研究；学校德育培养学生的道德认

① 鲁洁. 再议德育之享用功能：兼答刘尧同志的"商榷"[J]. 教育研究，1995（6）：27-31.
② 鲁洁. 超越与创新 [M]. 北京：人民教育出版社，2000：254.
③ 杜时忠. 德育功能层论：兼评德育功能研究 [J]. 华中师范大学学报（哲学社会科学版），1997（2）：22-27，130.
④ 张玉堂. 德育结构与功能初探 [J]. 四川师范大学学报（社会科学版），1992（1）：20-26.
⑤ 李太平. 德育功能·德育价值·德育目的 [J]. 湖北大学学报（哲学社会科学版），1999（6）：89-92.

识、道德情感、道德行为的对策研究；学校"德育场"的德育功能研究①；等等。这些研究不仅拓展了德育功能研究的范畴，也对德育实践起到了理论指导、价值引导的积极作用。

三、对西方道德教育研究成果的吸收与借鉴

40 年来，我国德育理论研究者在积极构建中国特色、中国气派的本土理论体系的同时，以开放的胸襟，积极开展东西方学术交流，汲取国外优秀的德育思想，形成了具有中国风格且学术含量较高的一系列西方道德教育理论研究成果。德育学术的开放性图景蔚为壮观。改革开放之初，西方主要发达国家以及苏联有影响的德育成果被纷纷引进国内，既有译介的，也有系统研究、比较研究的。可以说，20 世纪八九十年代以来，是我国西方道德教育理论研究的黄金时期，一系列极富影响力的论著陆续发表。比如，傅维利译介的《道德教育模式》（1989 年）、袁桂林的《当代西方道德教育理论》（1995 年）、戚万学的《冲突与整合——20 世纪西方道德教育理论》（1995 年），成为西方道德教育研究的重要文献。这一时期，德育理论研究的系列丛书也纷纷面世，如魏贤超主编，浙江教育出版社出版的"20 世纪国际德育理论名著文库"（2003 年）；朱小蔓主编，人民教育出版社出版的"当代德育新理论丛书"（2003 年）；鲁洁主编，人民教育出版社出版的"德育新路向丛书"（2005 年）；檀传宝主编，教育科学出版社出版的"当代德育理论译丛"（2006 年）；郭本禹、杨韶刚主编，上海教育出版社出版的"德育心理学丛书"（2007 年）；戚万学主编，山东人民出版社出版的"现代西方道德教育研究丛书"（2010 年）；等等。这些研究拓宽了我国德育理论的研究视野，深化了西方道德教育的理论研究。

---

① 田慧生. 论学校德育场的德育功能 [J]. 教育理论与实践，1993（4）：35-40.

（一）　对西方道德教育阶段与流派的研究拓展了德育研究的深度与广度

确定西方道德教育理论发展分期，是研究西方道德教育的重大理论问题。有学者对此做了深入的专题研究，把当代西方道德教育理论发展划分为四个阶段：19 世纪末至 20 世纪 30 年代，新道德教育理论的萌芽和奠基时期；20 世纪五六十年代，国家主义教育的兴盛时期；20 世纪 60 年代末至 70 年代初，自由主义道德教育改革时期；20 世纪 80 年代中期至今，传统道德教育回归时期。在这一发展历程中，西方道德教育体现出反对传统的道德灌输，突出认知在道德发展中的作用，道德相对主义在理论上被普遍接受，形式主义道德教育理论由盛及衰，道德教育理论研究趋向多学科整合等特点。① 这种研究使西方道德教育理论研究的深度得以拓展。

对西方道德教育流派的研究是这一时期重要的研究主题，出现了一批学术含量较高的成果。如袁桂林系统论述了 20 世纪 60 年代以来西方主要的道德教育理论流派，包括存在主义、认知发展、价值观澄清、体谅关心、品格教育等道德教育理论等。② 戚万学系统总结了 20 世纪西方有影响的道德教育流派，包括涂尔干道德教育的社会化理论、杜威经验主义的道德教育理论、柯尔伯格道德教育的认知发展理论、价值澄清学派的道德教育理论、威尔逊理性功利主义的道德教育理论、贝克的反省价值教育理论等。③ 西方主要道德教育流派得以被系统研究与评价。

（二）　对西方道德教育模式的研究提高了德育理论与实践的专业化水平

德育模式是连接德育思想与德育实践的中介，是检验德育思想之实践

---

① 戚万学. 20 世纪西方道德教育的历史发展及启示［J］. 教育研究与实验，1994（3）：18-24.
② 袁桂林. 当代西方道德教育理论［M］. 福州：福建教育出版社，1995：3
③ 戚万学. 冲突与整合：20 世纪西方道德教育理论［M］. 济南：山东教育出版社，1995.

效益最有效的参照。40 年来，这一主题的研究不绝如缕，成果卓著。概言之，其主要包括：对皮亚杰、柯尔伯格的认知发展模式的系统研究①，奠定了学校道德教育坚实的心理学基础；对价值澄清模式的深入研究②，明确了学生在道德学习与道德生活中的主体地位；对体谅关心模式的系统研究③，增强了道德教育的人文性和情感力量；对新品格教育运动的研究④，找到了传统道德教育、道德文化时代性转化的有效路径。西方道德教育模

---

① 汪世清. 皮亚杰的发展理论及其对教育的影响 [J]. 人民教育，1980（7）：50-52；傅统先. 柯尔伯格的道德教育学说 [J]. 全球教育展望，1981（4）：1-11；黄佳芬，李伯黍. 皮亚杰儿童道德发展理论评述 [J]. 上海师范大学学报（哲学社会科学版），1982（4）：120-125；英. 认知和道德发展的理论 [J]. 黄明皖，译. 课程·教材·教法，1983（2）：57-60；岑国桢. 皮亚杰对儿童道德发展研究的贡献 [J]. 山西教育科研通讯，1984（5）：29-32；陆有铨. 皮亚杰理论与道德教育 [M]. 济南：山东教育出版社，1984；陆有铨. 道德发展规律与纪律教育：皮亚杰理论的几点运用 [J]. 华东师范大学学报（教育科学版），1984（1）：37-42；郭本禹. 柯尔伯格道德发展的心理学思想述评 [J]. 南京师大学报（社会科学版），1998（3）：67-73；李其维，弗内歇. 皮亚杰发生认识论若干问题再思考 [J]. 华东师范大学学报（哲学社会科学版），2000（5）：5-12，75，125；何克抗. 儿童思维发展新论和语文教育的深化改革：对皮亚杰"儿童认知发展阶段论"的质疑 [J]. 教育研究，2004（1）：55-60.

② 戚万学. 冲突与整合：20 世纪西方道德教育理论 [M]. 济南：山东教育出版社，1995；姚俊红. 价值澄清教育流派述评 [J]. 外国教育研究，2004（1）：12-16；冯文全. 论拉斯的价值澄清德育思想及其启示 [J]. 比较教育研究，2005（1）：54-57；邹绍清，方开学. 论价值澄清模式及其对我国学校德育的启示 [J]. 道德与文明，2006（6）：51-53；赵野田. 价值澄清理论的合理性与局限性探析 [J]. 外国教育研究，2010（8）：53-56.

③ 冯增俊. 道德教育的体谅模式述评 [J]. 教育研究与实验，1992（2）：9-14；唐爱民. 体谅关心模式的德育思想及时代意蕴 [J]. 滨州教育学院学报，2000（4）：55-57；张晓瑜. 体谅模式研究 [J]. 江西社会科学，2001（6）：166-168；张洪高. 道德教育的关心模式 [J]. 上海教育科研，2003（12）：31-33；陈思坤. 体谅关怀德育模式的伦理内涵及实践价值 [J]. 现代教育管理，2010（4）：112-115.

④ 施铁如. 面向新世纪的品格教育 [J]. 比较教育研究，1999（1）：44-46；戚万学，赵文静. 何谓有效的品格教育？：美国 CEP 及其教育的基本原则 [J]. 外国教育研究，2001（2）：44-49；郑富兴. 德育情境的建构：美国 20 世纪 90 年代中小学校的品格教育实践 [J]. 比较教育研究，2001（4）：29-35；郑富兴，李桢. 道德教育的现代性问题：关于美国品格教育争论的伦理学分析 [J]. 比较教育研究，2002（6）：20-24；王学风. 美国现代品格教育运动及启示 [J]. 外国教育研究，2003（8）：26-30；郑富兴. 论美国新品格教育的"社群化"特征 [J]. 比较教育研究，2004（11）：85-90；郑航. 美国品格教育发展中的理论分歧及其整合 [J]. 比较教育研究，2005（6）：57-61；班建武. 美国的品格教育运动及其对我国德育的启示 [J]. 外国教育研究，2005（6）：32-36；卜玉华. 西方道德教育、品格教育与公民教育关系初探 [J]. 教育学报，2009（3）：84-90；余维武. 论当代美国品格教育的学理缺陷 [J]. 思想理论教育，2013（15）：16-19.

式的引介、研究、转化，不仅丰富了我国道德教育理论研究的视野，而且为日益开放的中国教育改革与德育实践提供了基于外域的理论参照与思想借鉴，极大地提升了德育理论与实践的专业化水平。

（三）对西方道德教育理论学科基础的研究丰富

对西方道德教育理论的研究不能囿于具体流派、模式、观点的阐述，必须上升到理论基础层面，方能准确把握其实质与精髓。在此方面，一些学者做了探索性研究，使得西方道德教育研究得以深化。这些研究主要涉及西方道德教育的哲学、心理学、社会学及文化学基础等。

在西方道德教育的哲学基础方面，人们认识到，道德教育理论必须奠基于坚实的道德哲学之上，运用哲学的方法解决道德教育中的问题，对各种道德教育的计划、理想和手段进行理智的检验，才有可能提出可行的模式或建议；而且，唯有通过对道德、道德教育领域基本概念的澄清以及对道德、道德教育性质的广泛讨论，方能构建对道德教育的理论和实践产生影响的理论。[①] 新托马斯主义、实用主义、存在主义、分析哲学等都为西方道德教育理论的发展提供了哲学基础。在西方道德教育的社会学基础方面，中国学者基于社会学的经典范式之于西方道德教育理论的深刻影响，从方法论、价值论方面探讨了社会学对道德教育理论科学化、专业化及对道德教育实践的影响，详细探讨了涂尔干、帕森斯、布迪厄、吉登斯、哈贝马斯、利奥塔等社会学家的思想对道德教育理论的跨学科影响[②]，并合理演绎了构建道德教育社会学的可能性，同时还对西方道德教育的社会基础予以翔实阐论[③]。在西方道德教育的心理学基础方面，中国学者的研究成果丰富[④]，如认知发展、行为主义、精神分析、社会学习、人本主义理论等经典心理学理论，都进入了西方道德教育研究的视野，进而极大提升

① 戚万学. 试论道德哲学对道德教育的贡献 [J]. 教育研究，1994（9）：8-13.

② 唐爱民. 20世纪西方道德教育研究的社会学建构 [J]. 教育研究，2017（6）：140-145.

③ 唐爱民. 20世纪西方社会思潮与道德教育 [M]. 济南：山东人民出版社，2010.

④ 戚万学. 当代道德心理学的研究对德育研究的启示 [J]. 江西教育科研，1993（2）：61-65.

了道德教育理论的科学性与实践性①。在西方道德教育的文化学基础方面，中国学者深入探讨了文化之于人们道德观念、道德行为以及学校道德教育机制、模式、效果的影响。如戚万学系统梳理了东西方道德教育的文化视角，提出了道德教育的文化性格与文化使命之时代命题。② 其他学者也对道德教育的文化内涵、文化机制、文化形态等论题做了深入讨论。③ 此外，还有学者对东西方道德教育的模式、范式、理论基础、实践差异等问题做了系统研究④，产生了比较道德教育研究的诸多学术性较强的论著。

四、道德教育模式的理论构建

改革开放 40 年来，我国德育理论围绕中国国情、教育实情开展研究，其实践指向性愈益增强。最突出的表现就是基于实践探索的各种德育模式纷纷登场。理论上较为成熟、实践中较有影响、学术界广泛引用的模式有以下几种。

① 陈会昌. 道德发展心理学 [M]. 合肥：安徽教育出版社，2004；汪凤炎. 中国传统德育心理学思想及其现代意义 [M]. 上海：上海教育出版社，2007；杨韶刚. 道德教育心理学 [M]. 上海：上海教育出版社，2007；杨韶刚. 西方道德心理学的新发展 [M]. 上海：上海教育出版社，2007；汪凤炎，郑红. 良心新论 [M]. 济南：山东教育出版社，2011；汪凤炎，郑红，陈浩彬. 品德心理学 [M]. 北京：开明出版社，2012.
② 戚万学，等. 道德教育的文化使命 [M]. 北京：教育科学出版社，2010.
③ 高德胜. 意识形态和社会文化对美国学校德育的塑造 [J]. 比较教育研究，2003（5）：38-41；魏则胜，李萍. 道德教育的文化机制 [J]. 教育研究，2007（6）：13-19；王啸. 道德教育的文化内涵 [J]. 教育理论与实践，2008（6）：5.
④ 王冬桦. 东西方道德教育比较研究 [J]. 比较教育研究，1996（4）：17-22；李申申. 中西方道德教育思想与实践之差异及其成因 [J]. 教育理论与实践，1998（5）：45-49；孙彩平. 当代中西情感性德育模式比较研究 [J]. 比较教育研究，1999（4）：28-32；魏贤超，王小飞，等. 在历史与伦理之间：中西方德育比较研究 [M]. 杭州：浙江大学出版社，2009；宋晔，寇茜. 中西方文化差异与道德文化自觉：兼论德育现代化 [J]. 教育探索，2010（12）：6-8；冉亚辉. 对中西方德育范式的误解 [J]. 外国教育研究，2012（3）：81-89；檀传宝. 当代东西方德育发展要览 [M]. 北京：人民教育出版社，2013；王平. 道德教育认识论基础的反思与重建：中西比较的视角 [J]. 湖南师范大学教育科学学报，2014（3）：87-91.

（一）情感德育模式

该模式是朱小蔓基于改变学校德育中唯认知主义及功利主义取向而提出的。它强调道德的情意取向，认为情感不仅是道德生成的内部动机系统，也是个体精神发育的外部表征；情感体验是道德信息在主体世界的呈现，是个体道德学习的重要学习方式；个体道德行为的发生发展受情感的引导与调节；以情感为核心的动力机制是个体道德发展的内部保证。情感德育模式以人的情感发展作为德育目标，把情感体验作为提高德育实效的途径。"道德教育若要真正成为一种抵达心灵、发育精神的教育，一定要诉诸情感。"[①] 在情感德育模式中，学生的道德发展依赖于师生的情感交融，道德教育应回归家庭的亲子关系及学校的师生、生生关系。情感德育模式的精髓在于调动学生亲身经历的情感体验，因此，应在促进儿童道德认知发展、组织参加课外社会实践活动、拓展社会性经验的基础上，让儿童亲身经历道德体验。

（二）活动德育模式

该模式是戚万学在检视传统的道德灌输和认知主义教育取向基础上提出的，突出了道德教育的主体性本质与实践性特征。活动道德教育的实质就是在活动中，通过活动，而且为了活动的道德教育。个体的自主活动既是道德教育的目的，又是其手段：作为目的，意味着活动、实践道德生活应成为学校道德教育追求的最高境界；作为手段，意味着教育者应把活动作为个体道德发生、发展以及道德之个体意义实现的源泉加以理解、运用。学校道德教育的过程应是由学生自主参与的，以其兴趣和道德需要为基础的，以促进其道德发展和社会和谐为目的的社会交往活动为主要方式。[②] 活动道德教育模式强调道德的主体性与实践性，主张建立以活动课

---

① 朱小蔓. 情感德育论 [M]. 北京：人民教育出版社，2005：10.
② 戚万学. 活动道德教育模式的理论构想 [J]. 教育研究，1999（6）：69-76.

程为主导的道德教育课程理念和课程体系，营造对话式的民主的师生关系，强调教师角色的组织性、参与性与指导性。这一模式因指向道德教育实践，且立基于若干所实验学校的探索，深受德育一线教师的认可。

(三) 生活德育模式

该模式是针对学校德育脱离生活的现实，借助于国内外经典生活世界理论而提出的一种德育模式。唐汉卫认为，道德教育植根于生活之中，道德教育只能在生活中且通过生活来履行自己的使命。[①] 高德胜认为，有效的道德教育必须突破知性德育的框架，让道德教育回归生活。"生活与道德是一体的，生活是道德得以生长的土壤，离开了生活，道德是无法进行'无土栽培'的。"[②] 生活是道德的归宿，也是道德教育的目的所在，应当使学生学会从生活出发、在道德生活中学习道德，并在道德学习与教育中回到生活。生活德育模式提出德育课程应回归生活；应从生活逻辑出发，反映儿童的整体生活；课程教学应从问答式走向对话式，教师应做好"导演"的角色。生活世界是人的世界，回归生活实质上就是回归人本身。生活德育模式因契合了新基础教育课程改革的核心理念而受到人们的广泛关注。

(四) 欣赏型德育模式

该模式是檀传宝通过反思道德教育过程中线性的师生关系及不断加剧的道德绝对主义与相对主义之间的矛盾，而提出的旨在增强教师的价值引导与学生主体的自我建构的德育模式。其目标是，让学生在审美化的德育情境中，通过欣赏性的道德学习，完成价值选择与道德建构。该模式主要包括两部分：在欣赏中完成道德学习；道德过程诸要素的审美化。在此过程中，德育实现了情境性与审美化的统一，学生则在欣赏中获得了价值选择能力与创新能力的提高，教师成了学生道德建构的参谋或伙伴。欣赏型

---

① 唐汉卫. 生活道德教育论 [M]. 北京：教育科学出版社，2005：6.
② 高德胜. 生活德育简论 [J]. 教育研究与实验，2002 (3)：1-5，72.

德育模式基于发现或欣赏的视角，展现人生的道德智慧与个体人生的美丽，践行审美化的人生法则，最终实现德育活动的形式美、德育作品美与师表美的统一。① 欣赏型德育模式将德育过程全局性、根本性的理念转化为可操作性的实践模式，是对德育实践、德育模式的新探索。

（五）制度德育模式

该模式是倡导通过道德的制度教育人、以制度德性培养个人德性的德育模式。它认为良好的道德需要制度的保障，学校德育不应回避制度德性，相反，应正视并弥补制度的缺陷。制度德育模式之制度是指直接或通过影响人们的价值取向而间接地规制或约束人们行为的社会交往规则。② 该模式立足道德活动空间的拓展，意在规范德育过程中师生的行为，并将其视为道德教育活动顺利进行的保障。杜时忠系统地论述了制度与道德、制度德性与个人德性的关系以及制度对于兼具社会性与自利性的人的道德行为的规范作用。他认为德育制度是不可忽视的德育资源，具体包括正式的、理性化的、系统化的、形诸文字的行为规范，如学生守则、学生日常行为规范、学习制度、生活管理制度、学生的礼貌常规和品德测评制度等。学校德育必须以道德的制度培养道德的人，坚持学生参与原则、发展为主原则和服务生活原则。③

此外，还有体验德育模式、主体性德育模式、生态体验德育模式、生命德育模式、角色德育模式等，限于篇幅，此不赘述。

五、德育课程改革理论基础的研究

21 世纪初开始的基础教育课程改革，以改变传统教育过于注重知识传

---

① 檀传宝. 让道德学习在欣赏中完成：试论欣赏型德育模式的具体建构 [J]. 北京师范大学学报（人文社会科学版），2002（2）：107-112.
② 董建新. 制度与制度文明 [J]. 暨南学报（哲学社会科学），1998（1）：8-13.
③ 杜时忠. 制度德性与制度德育 [J]. 教育研究与实验，2002（1）：38-43.

授的状况为出发点，强调形成学生积极主动的学习态度，实现知识、技能、价值观的有机统一。作为这场声势浩大的系统工程的重要组成部分，德育课程改革标举生活、主体性、共生、活动、生命、体验等教育理念①，以专业化的方式为德育课程改革的实践提供了比较充分、坚实的理论基础，指导、推动了改革的进程。

（一）回归生活的德育课程改革理念

德育课程改革，直指德育课程、教学、评价与生活世界的疏离。回归生活成为德育课程改革最鲜明的理念。鲁洁认为，生活是道德存在的根据与形态，整体性、实践性、生成性是生活世界道德的主要特征；回归生活世界的道德教育要走进方方面面的生活、生活的方方面面；道德学习应是生活的、实践的，而非简单归结为知识的、思想的。② 道德教育应回归学生真实的道德生活，真实的道德生活所体现的是真确的道德事件，所引发的是真正的道德冲突，所达致的是真情的道德体验。德育课程资源的开发与运用应围绕、体现学生真实的道德生活。③ 这场德育课程改革，在价值取向上实现了道德观从知识道德向生活道德转变，课程观从唯知识论走向生活经验论，学习观从单向传输转向交互作用。④ 在生活化理念指导下，以鲁洁为代表的德育学人积极参与编写体现生活化理念的《品德与生活》《品德与社会》《思想品德》等德育课程教材，使得健康安全的生活、愉快积极的生活、负责任有爱心的生活、动脑筋有创意的生活成为课程的基本框架、目标和内容标准⑤，生活化理念得以深入人心。

---

① 唐汉卫.中国教育学会德育论专业委员会第十一届学术年会综述 [J].教育研究，2004（1）：95.
② 鲁洁.生活·道德·道德教育 [J].教育研究，2006（10）：3-7.
③ 唐爱民.真实的道德生活与德育课程生活资源的开发 [J].课程·教材·教法，2007（5）：47-50.
④ 鲁洁.德育课程的生活论转向：小学德育课程在观念上的变革 [J].华东师范大学学报（教育科学版），2005（3）：9-16，37.
⑤ 中华人民共和国教育部.全日制义务教育品德与生活课程标准（实验稿）[M].北京：北京师范大学出版社，2003.

（二） 指向活动的德育课程改革取向

在德育课程改革进程中，课程设计与课堂组织形态由以道德知识教学为中心，转化为以道德主题活动为中心。有学者基于道德的实践本质和道德教育的实践性特征，认为道德教育课程根本上是实践性的，"活动课程是道德教育的主导性课程"①，主张活动更贴近社会生活，社会交往与互动对于学生主体性的培养、德育课堂实效性的提高、道德教育实践本质的发挥具有重要意义。实施活动课程，应通过学生的自主性活动促进主体性道德素质的发展；贯彻满足学生的兴趣和需要原则；应密切联系当代社会现实生活，使学生在实际参与社会生活中形成道德实践能力。活动德育课程理念与生活德育课程理念的共同旨趣在于它们都把现实生活、实践活动作为重要的课程资源。

（三） 突出专业化的德育课程改革追求

德育课程改革的推进，既需要参与者的教育热情，亦需要参与者的专业智慧。一种高效的道德教育活动，应有专业的学科理论、专业的教师队伍、专门的活动模式作为支撑。易言之，德育课程改革的推行应由综合性课程逐步向课程与教学的精细化、专业化方向发展。在新德育课程改革进程中，道德教育与思想教育、政治教育既相互区别又相互联系的观念得到了理论确认，德育课程体系应由大而全的庞杂体系转向专而约的课程体系。② 同时，有学者认为，应当不断推进德育教师的专业发展，这是实现德育专业化的关键③；教育根本性质保障与德育实效提高的一个关键性因素是充分实现教师德育专业化④。

---

① 戚万学. 活动课程：道德教育的主导性课程 [J]. 课程·教材·教法，2003（8）：42-47.
② 刘惊铎. 德育和德育学课程改革理路述论 [J]. 陕西师范大学学报（哲学社会科学版），1999（2）：172-173.
③ 蓝维. 德育专业化的关键：德育教师的专业发展 [J]. 教育研究，2007（4）：26-27.
④ 檀传宝. 再论"教师德育专业化" [J]. 教育研究，2012（10）：39-46.

此外，德育课程改革的文化取向、校本课程取向等也得到了比较系统的研究，为中小学德育教师投身于德育实践提供了重要的价值引导与理论指导。

六、对立德树人根本任务的探讨

落实立德树人根本任务，培养德智体美劳全面发展的社会主义建设者和接班人，是新时代德育理论研究的新课题。不同层次、不同视域的理论探讨不断涌现，归纳起来，主要包括三个方面。

（一）系统阐释立德树人的时代意义

教育之立德树人根本任务的提出，是对教育本质意义的新阐释、新发展，是立足中国教育实际、着眼新时代中国教育改革的新谋划、新设计。人们认识到，将教育的根本任务定位于立德树人，不仅明确了道德品格、德性修养在教育目标中的优先性、全局性、根本性意义，以及道德教育在教育活动中的优先性地位，达成了全社会、全方位育人的共识，而且站在构建人类命运共同体的高度，从民族、国家、人类的视野对教育的本质内涵做了新概括。处在"两个一百年"的历史交汇期及实现中华民族伟大复兴中国梦之关键阶段的学校教育，必须将立德树人作为核心目标，把培养和践行社会主义核心价值观放在核心位置，自觉地"把立德树人的成效作为检验学校一切工作的根本标准，真正做到以文化人、以德育人，不断提高学生思想水平、政治觉悟、道德品质、文化素养，做到明大德、守公德、严私德"[①]。众多学者从全员育人、全过程育人、全方位育人的角度，阐述了立德树人根本任务在贯彻党的教育方针、推行教育改革与实践中的

---

① 李忠军，钟启东.落实立德树人根本任务，必须抓住理想信念铸魂这个关键 [N].人民日报，2018-05-31 (10).

时代意义与战略地位。①

（二）深刻揭示立德树人的内涵

立德树人是对"为什么培养人"和"培养什么人"这一教育根本问题的深刻揭示。围绕立德树人的时代内涵，学者们展开了深入探讨。有学者指出，立德树人具有丰富的、与时俱进的时代内涵，是既符合中国国情，又与世界教育发展趋势相呼应的教育宗旨，兼具本土性和世界性、历史性和未来性、价值性和教育性。② 立德树人中的"德"是指人之为人的精神品质，而"人"则指向全面发展的人；立德树人就是要通过人性发展、品德涵养、精神提升等思想道德建设实现人的全面发展。③ 有学者指出，立德树人是中外教育伦理的立足点，是教育伦理的根本原则。④ 有人则把立德树人的时代内涵与核心素养的培育结合起来，将立德树人作为培育核心素养的根本目标。⑤ 还有学者主张，立德树人是社会主义核心价值观教育的必然要求，内含着社会主义核心价值观教育的基本精神，是体现国家教育意志、教育理念和教育方针的根本要求，应该把积极培育和践行社会主义核心价值观融入德育工作的全过程，这是新时期赋予学校德育的新要求和新任务，也是德育有效实施的必由之路。⑥

（三）关于立德树人实施路径的广泛讨论

立德树人的根本任务关键在于落实。为此，学者们围绕实施路径问题展开了广泛讨论。有学者认为，立德树人是一项系统的教育实践，应树立全社会育人的教育理念，实现学校育德、家庭育德、社会育德的统

---

① 本刊编辑部. 2017 中国教育研究前沿与热点问题年度报告 [J]. 教育研究，2018（2）：10-24.
② 崔允漷，陈霜叶. 三个维度看"立德树人"的本质内涵 [N]. 光明日报，2017-05-09（13）.
③ 高国希，叶方兴. 构建大思政教育体系：高校课程体系合力育人的理论逻辑 [J]. 中国高等教育，2017（23）：10-13.
④ 王正平，林雅静. 立德树人：教育伦理的根本原则 [J]. 道德与文明，2018（4）：111-118.
⑤ 田慧生. 序 [M] //陈如平，刘宪华. 学校课程新样态. 北京：开明出版社，2016：1.
⑥ 本刊编辑部. 2016 中国教育研究前沿与热点问题年度报告 [J]. 教育研究，2017（2）：12-25.

一，形成统一的立德树人的社会责任与意识。深化课程改革是落实立德
树人根本任务的必然要求，应将立德树人融入课程改革的全过程，实现
全程育人；应通过完善课程标准和教材建设，实现知识文化育人；应通
过深化课堂教学改革，实现全科育人；应加强实践环节，推进综合实践
活动课实施，实现实践育人。① 也有学者认为，落实立德树人根本任务
与培养学生的核心素养是一致的，构建中国化的学生发展核心素养体系
是实现带有中国文化基因的立德树人之路。② 有学者认为，坚持立德树
人，应夯实"五观"教育：以"世界观"教育养成科学精神；以"道德
观"教育提升道德意识；以"法制观"教育强化规范意识；以"公民
观"教育增强社会责任意识；以"国家观"教育升华爱国主义精神。③
也有学者认为，立德树人实践应注意三个方面：在观念上，让德育作为
教育根本的意识深入骨髓；在目标上，实现基础道德建设与公民意识教
育的有机统一；在策略上，全方位提升德育实践与理论的专业化水平。
立德树人是新时代办好人民满意教育的根本遵循，需要诉诸实践。立德
树人根本目标的实现，必须从观念、目标和策略上有思维的调整、更新
与创造。只有遵循新的思路，立德树人工作才可能走出旧循环，走进新
境界。④ 围绕这一问题，一系列多维度、多学科视野的成果纷纷发表，
推动了立德树人实践的广泛展开。⑤

---

① 中国教育科学研究院课程教学研究所课题组. 深化课程改革是落实立德树人根本任务的必由
之路 [J]. 中国教育学刊, 2017 (7)：1-6.

② 林崇德. 构建中国化的学生发展核心素养 [J]. 北京师范大学学报 (社会科学版), 2017
(1)：66-73.

③ 汪先平. 坚持立德树人 夯实"五观"教育 [J]. 中国高等教育, 2011 (18)：32-33.

④ 檀传宝. 立德树人实践应有的三大坚守 [J]. 人民教育, 2013 (21)：17-20.

⑤ 郭永福. 育人为本 德育为先 立德树人 [J]. 中国教育学刊, 2010 (S2)：5；龚克. 立德树
人、素质教育与内涵式发展 [J]. 中国高等教育, 2013 (2)：6-8；王晓莉. "立德树人"何
以可能：从道德教育角度的审思与建议 [J]. 全球教育展望, 2014 (2)：63-71；冯建军.
"树人"需要什么样的道德 [J]. 人民教育, 2014 (6)：1；刘惊铎, 刘钟芬, 王婷. 立德树
人：中国大学理性的价值旨归 [J]. 现代教育管理, 2014 (11)：26-30；冯建军. 立德树人的
时代意义 [J]. 江苏教育研究, 2015 (2)：3；田慧生. 深化育人方式改革 落实立德树人根
本任务 [J]. 人民教育, 2017 (19)：41-44.

与立德树人研究息息相关的另一个德育主题是新时代人类命运共同体对学校德育的新要求，学校德育必须引导学生在全球共同利益基础上构建人类命运共同体，把培养构建人类命运共同体所需要的人作为新时代教育思考和实践的主题，使学生具有构建人类命运共同体所需要的意识、价值观和行为方式。为此，教育需要唤醒人的类本性和公民的全球责任意识，建构主体间对话与理解的教育行动方式，以共享发展的理念，促进教育国际合作交流，建构全球教育共同体。① 对构建人类命运共同体的持续关注，既是德育研究与时俱进品质的显现，亦是其主动应对时代课题与挑战意识不断增强的表现。

作者简介

戚万学，曲阜师范大学党委书记，教授；唐爱民，曲阜师范大学教育学院院长、教授；韩笑，曲阜师范大学教育学院硕士研究生。

① 杜占元. 面向 2030 的教育改革与发展 [J]. 教育研究, 2016（11）：4-7；周作宇，马佳妮. 人类命运共同体：高等教育国际合作的价值坐标 [J]. 教育研究, 2017（12）：42-50, 67；冯建军. 迈向人类命运共同体的价值教育 [J]. 高等教育研究, 2018（1）：1-8；冯建军. 推动构建人类命运共同体：教育何为 [J]. 教育研究, 2018（2）：37-42, 57.

我国素质教育的政策演变与理论探索

杨兆山　　时益之

改革开放以来，素质教育在我国教育政策中经历了酝酿、正式提出、全面推进、深化发展等过程。素质教育以追求教育质量与公平为旨归，坚持党的教育方针的总要求，关注每个学生的全面发展，是我国育人智慧与特色的时代表达。它兼顾了学生身心综合素质的培养，体现了科学精神与人文精神的结合。新时代，面对国际国内各种新形势新任务新要求，立足教育培养德智体美劳全面发展的社会主义建设者和接班人的重要使命，需把握素质教育的时代特征，实现育人为本的教育本质要求，补齐素质教育发展短板，不断推进素质教育理论和实践创新。

改革开放以来，在教育理论界的大力推动下[①]，国家积极倡导与实施素质教育，极大地提高了教育质量和国民素质，为现代化建设提供了智力和人才支撑。素质教育也因之成为学界关注的热点，讨论不断深化，形成了较为全面系统的素质教育理论的新认识。中国特色社会主义进入新时代，国家提出了发展素质教育的新要求，推动我国素质教育健康持续发展

---

① 1978年的"真理标准问题大讨论"，开启了理论界解放思想的序幕，教育理论界也迎来了自己的春天。《教育研究》大力倡导并开辟讨论专栏，开启了全国范围内的教育本质和教育功能的大讨论，以及教学中一些诸如传授知识与培养能力的关系等具体问题的讨论，这些重大教育教学基本理论问题的论争都关乎培养人的核心命题。这些论争促进了教育学科的发展，也在客观上为素质教育的提出做好了思想理论的准备。

是教育理论研究的重要课题。

一、改革开放以来素质教育的政策主题变迁

素质教育自 20 世纪 80 年代末被提出以来，已有 30 多年的历程。素质教育的发展经历了酝酿、正式提出、进入国家政策文件、成为新时代教育发展的战略主题等过程，几十年的教育发展改革确证了素质教育的主题变迁与发展历程。

（一）素质教育提出的理论准备与政策前奏

1. 国家致力于振兴教育事业，开始重视知识与人才

改革开放以后，党和国家的工作重心转移到社会主义现代化建设上来，开始强调知识、人才的重要性，发展教育事业也由此成为国家的工作重点。1977 年，邓小平同志恢复工作伊始，就提出要"尊重知识，尊重人才"。他明确指出，"靠空讲不能实现现代化，必须有知识，有人才"①，要实现现代化，关键是要发展科技和教育，科学技术人才的培养，基础在教育。人才是有质量标准的，邓小平同志坚持了毛泽东关于培养德智体全面发展的有社会主义觉悟的有文化的劳动者及"又红又专"的人才质量标准，结合时代的新要求又提出了学校要培养"德才兼备"的"四有"新人。1982 年，邓小平同志指出，"搞社会主义精神文明，主要是使我们的各族人民都成为有理想、有道德、有文化、守纪律的社会主义新人"，后简称为"四有"新人。② 邓小平同志把我国社会主义现代化建设同知识、

---

① 邓小平. 邓小平文选：第二卷 ［M］. 北京：人民出版社，1994：40.

② 邓小平"四有"新人思想的提出，始见于 1980 年 5 月 26 日，时任中共中央副主席邓小平给《中国少年报》和《辅导员》杂志的题词："希望全国的小朋友，立志做有理想、有道德、有知识、有体力的人，立志为人民作贡献，为祖国作贡献，为人类作贡献。"后在 1982 年 7 月 4 日，邓小平又指出："搞社会主义精神文明，主要是使我们的各族人民都成为有理想、有道德、有文化、守纪律的社会主义新人。""四有"新人提法基本成型。1986 年颁布的《中华人民共和国义务教育法》规定，"培养有理想、有道德、有文化、有纪律的社会主义建设人才"，"四有"新人成为教育方针的重要部分。

人才和教育紧密联系起来，重视提高国民素质，以培养"四有"新人为新的历史时期的教育目标。在邓小平同志的关怀下，我国教育事业迅速恢复发展，教育质量也有了显著提高。

在大力发展科学技术和教育的过程中，因对科学技术人才的迫切需要，加之教育资源特别是高等教育资源的短缺，我国教育一度出现了以"英才教育"为主导，重智育轻德育、体育，重知识轻能力等功利偏向以及学生课业负担过重、片面追求升学率等应试问题。教育向何处去，教育应如何改革自身才能更健康发展、更好地服务社会发展需要成为关键问题。邓小平同志 1983 年提出了"教育要面向现代化，面向世界，面向未来"的"三个面向"思想，为教育发展改革指明了方向。1983 年 12 月 31 日，教育部颁布了《关于全日制普通中学全面贯彻党的教育方针、纠正片面追求升学率倾向的十项规定（试行草案）》，要求学校不能只抓升学，忽视对劳动后备军的培养；只抓考分，忽视德育和体育，忽视基础知识和能力的培养；只抓少数，忽视多数；只抓毕业班，忽视非毕业班；只抓高中，忽视初中。[①] 片面追求升学率的错误做法以及由此而导致的学生课业负担过重等问题，归根结底是对党的教育方针的背离，是教育目标和教育思想上出现的问题。在理论界，从 1986 年到 1987 年，《教育研究》专门开设"端正教育思想，明确教育目标"专栏，为素质教育的提出创造了舆论环境。

2. 国家倡导提高国民素质，人才素质培养渐成热点

20 世纪 80 年代中期，为适应世界新技术革命的挑战，增强国力和经济发展后劲，人的素质问题成为国内外学者探讨的热门话题，"素质"一词开始出现在教育领域。1985 年 5 月，邓小平同志在全国教育工作会议上指出，"我们国家，国力的强弱，经济发展后劲的大小，越来越取决于劳动者的素质，取决于知识分子的数量和质量"，再次强调了劳动者素质的

---

① 关于全日制普通中学全面贯彻党的教育方针、纠正片面追求升学率倾向的十项规定 [J]. 江西教育，1984（2）：1，5.

提升对于增强综合国力和经济发展后劲的重要作用。

1985 年以后，国家相继出台一系列教育政策、方针和法律，都强调提高民族素质对教育改革、经济发展和精神文明建设的重要作用，为素质教育这一思想理论的提出奠定了基础。1985 年颁布的《中共中央关于教育体制改革的决定》正式开启了中国特色社会主义教育改革发展征程，其中明确提出，"教育体制改革的根本目的是提高民族素质，多出人才、出好人才"。1986 年颁布的《中华人民共和国义务教育法》规定，义务教育必须努力提高教育质量，使儿童少年在品德、智力、体质等方面全面发展，为提高民族素质，培养有理想、有道德、有文化、有纪律的社会主义建设人才奠定基础。1986 年 9 月通过的《中共中央关于社会主义精神文明建设指导方针的决议》明确将"提高整个中华民族的思想道德素质和科学文化素质"作为社会主义精神文明建设的重要任务。

3. "素质教育"进入学界视野并达成共识

伴随着我国基础教育改革实践的积极探索，20 世纪 80 年代末，"素质教育"一词正式提出。1987 年，国家教育委员会副主任柳斌在中国教育学会第三次全国代表大会上讲到，"尽管基础教育比九年制义务教育的外延要广，它包括了高中教育，但就其性质而言，还是国民教育，也可以说是社会主义公民的素质教育。基础教育要为促进社会主义两个文明建设服务，要为提高民族素质服务"，"我们的教育不要搞成'知识或智能中心'，而应注重'全面发展'。教育体制如果搞成了'应试体制'，就钻进了死胡同"。① 此后，柳斌连续发表文章阐述了对素质教育的认识，认为"素质教育的要义第一是面向全体学生"；"素质教育的第二要义，就是要德、智、体、美全面发展"；"素质教育的第三要义是让学生主动发展"。② 在报刊文章的标题中出现"素质教育"一词，目前可查到最早的是《贵州学院学报》1987 年第 2 期发表的《人才素质与素质教育》。《上海教育（中学

---

① 柳斌. 努力提高基础教育的质量 [J]. 课程·教材·教法，1987 (10)：1-5.
② 柳斌. 关于素质教育问题的再思考 [J]. 人民教育，1996 (6)：4-6.

版）》1988 年第 11 期发表的《素质教育是初中教育的新目标》明确主张
"把素质教育作为初中教育工作的一个基本目标来抓"①。

　　20 世纪 80 年代末，学界关于素质教育的讨论也开始热了起来。有研
究系统阐述了素质教育的内涵、意义及实施举措，肯定了把以升学就业为
导向的教育转变为素质教育的教改实验，认为 1985 年《中共中央关于教
育体制改革的决定》中提出的教育体制改革以提高民族素质为根本目的，
"实质上也就是主张实行素质教育"②；有研究论述了素质与人和社会的关
系；有研究探讨了由升学教育、分数教育转向素质教育的问题③；有研究
提出要构建教育哲学层面上的素质理论④。20 世纪 90 年代，学界围绕素质
教育所取得的理论成果，主要涉及素质和素质教育概念、素质分类、素质
教育目标、应试教育与素质教育的关系、素质教育理论基础以及素质教育
实施过程和评价标准等。

4. 素质教育在中央与省级文件中初现

　　1990 年 12 月，江苏省教育委员会率先在正式文件中明确提出推行素
质教育。《江苏省教育委员会关于当前小学教育改革的意见（试行）》中
指出，"当前，我省小学教育改革必须着力于把以升学为中心的应试教育
转到以提高素质为核心的公民基础教育的轨道上来"，"实施以提高素质为
核心的教育，关键是转变教育思想，树立国民素质教育的观念。各级教育
行政部门要组织学校和教师学习教育科学理论，开展素质教育的研究和讨
论，并扩展到家庭和社会，唤起为中华民族的未来而全面提高学生素质的
公众教育意识，形成强大的舆论力量和良好的改革环境，推进小学素质教
育的全面实施"。

　　1991 年 7 月，国家教育委员会针对高中教育中的问题，印发了《关于

---

① 于建福. 素质教育 [M]. 北京：教育科学出版社，1999：13.
② 燕国材. 关于素质教育的几个问题 [J]. 教育科学研究，1990（2）：1-4.
③ 骆资文. 普通中学教育模式转轨初探 [J]. 教育评论，1990（5）：33-35；章志洁. 要用"素
　　质教育"取代"分数教育"[J]. 成人教育，1990（1）：34；王海. 从升学教育到素质教育
　　[J]. 教育研究与实验，1989（4）：16-17.
④ 唐迅. 现代素质论的教育哲学思考 [J]. 高等师范教育研究，1990（3）：21-26，49.

实施〈现行普通高中教学计划的调整意见〉和普通高中毕业会考制度的意见》，强调"把高中教育从应试教育转变为全面提高学生素质的教育，从只面向重点学校和升学有望的学生转变为面向全体学生"。文件中所强调的"全面提高学生素质的教育"以及"面向全体学生"体现了素质教育的基本出发点。

1993 年 2 月，中共中央、国务院颁发的《中国教育改革和发展纲要》指出，"基础教育是提高国民素质的奠基工程，必须大力加强"，明确要求"中小学要由'应试教育'转向全面提高国民素质的轨道，面向全体学生，全面提高学生的思想道德、文化科学、劳动技能和身体心理素质，促进学生生动活泼地发展，办出各自的特色"。虽然文件中并没有直接使用"素质教育"一词，但明确提出要求从四个方面全面提高学生素质，这意味着国家已从政策层面反映了素质教育理念，素质教育呼之欲出。

(二) 素质教育正式提出与逐步推进

1. 素质教育在中央文件中正式提出

1994 年 6 月全国教育工作会议上，李鹏总理指出，"必须下决心纠正长期存在的单纯应付考试的倾向。这种不良倾向使学校和学生忽视德育、体育，脱离实际，脱离社会，不注重素质的全面提高而一味应付考试。如果不认真解决这个问题，势必误人子弟，造成严重后果"①。1994 年 6 月 17 日，李岚清副总理指出，"基础教育必须从'应试教育'转到素质教育的轨道上来，全面贯彻教育方针，全面提高教育质量。"这是在国家召开的正式会议中，国家领导人首次明确提到素质教育概念。1994 年 8 月，《中共中央关于进一步加强和改进学校德育工作的若干意见》明确提出，"增强适应时代发展、社会进步，以及建立社会主义市场经济体制的新要求和迫切需要的素质教育"。这是中央文件首次正式使用"素质教育"这

---

① 李鹏. 动员起来，为实施《中国教育改革和发展规划纲要》而努力 [J]. 人民教育，1994 (Z1)：6-10.

一术语，素质教育开始成为我国教育政策中一个重要而明确的指导思想。

2. 以法律文件的形式确立素质教育的发展方向

1996 年 3 月，第八届全国人民代表大会第四次会议通过的《中华人民共和国国民经济和社会发展"九五"计划和 2010 年远景目标纲要》再次明确提出，"改革人才培养模式，由'应试教育'向全面素质教育转变"，从而以法律性文件的方式确立了素质教育的发展方向。1997 年 10 月，国家教育委员会颁发《关于当前积极推进中小学实施素质教育的若干意见》，强调"实施素质教育是迎接 21 世纪挑战，提高国民素质，培养跨世纪人才的战略举措"，"全面推进素质教育是中小学的紧迫任务"，必须"采取有力措施促进素质教育的实施"。这是国家教育行政部门第一个关于全面推进素质教育的系统化意见，从此素质教育进入了全国性推进实施阶段。

3. 素质教育从基础教育领域向高等教育领域扩展

素质教育在基础教育领域取得系列重大成就的同时，国家教育委员会从 1995 年开始有计划、有组织地在高校开展大学生文化素质教育试点工作。1998 年 4 月，教育部在总结试点工作经验的基础上印发了《关于加强大学生文化素质教育的若干意见》，明确提出"加强文化素质教育是时代发展的要求"，"是我国高等教育改革的需要"，"是大学生全面发展的需要"；要"采取多种途径与方式，加强文化素质教育"，"必须将文化素质教育贯穿于大学教育的全过程"。1998 年 12 月，教育部颁布了《面向 21 世纪教育振兴行动计划》，提出"实施'跨世纪素质教育工程'，整体推进素质教育，全面提高国民素质和民族创新能力"，并通过课程改革、评价制度改革、督导制度的完善，整体推进素质教育。

4. 深化教育改革创新，全面推进素质教育

1999 年 6 月，中共中央、国务院召开了改革开放以来第三次全国教育工作会议，会上通过了《中共中央国务院关于深化教育改革全面推进素质教育的决定》，号召"全党、全社会必须从我国社会主义事业兴旺发达和中华民族伟大复兴的大局出发……深化教育改革，全面推进素质教育，构建一个充满生机的有中国特色社会主义教育体系，为实施科教兴国战略奠定坚实的人才和知识基础"。江泽民同志在会上指出，"各级各类教育都要把全面推进素质教育、提高受教育者的全面素质，作为教育工作的战略重点"①。这标志着素质教育真正成为国家的教育战略。2001 年 5 月，为大力推进基础教育的改革和健康发展，《国务院关于基础教育改革与发展的决定》强调"深化教育教学改革，扎实推进素质教育"，端正教育思想，转变教育观念，增强德育工作，加快构建新的基础教育课程体系，切实提高学生体质和健康水平，积极开展教育教学改革和教育科学研究等，对基础教育领域推进素质教育做了全面部署。2001 年 6 月，教育部印发《基础教育课程改革纲要（试行）》，具体推进和落实国务院关于基础教育改革与发展的安排部署。面对科学技术日新月异的发展和日益激烈的国际竞争，国家更加重视素质教育和教育创新。2002 年，党的十六大强调，大力发展教育和科学事业，把全面推进素质教育摆在优先发展的战略地位，提出"坚持教育创新，深化教育改革，优化教育结构，合理配置教育资源，提高教育质量和管理水平，全面推进素质教育，造就数以亿计的高素质劳动者、数以千万计的专门人才和一大批拔尖创新人才"。

（三）落实科学发展观，全面实施素质教育

1. 素质教育取得正式法律地位

2006 年 6 月，第十届全国人民代表大会通过《中华人民共和国义务教育法（修订案）》，素质教育被正式纳入国家法律，彰显国家的教育意志。"义务教育必须贯彻国家的教育方针，实施素质教育，提高教育质量"。素质教育多年的实践探索得到社会各界的普遍认可，上升到国家意志，保障了每一位适龄儿童享有接受义务教育的权利，督促教育工作者依法教书育人。《中华人民共和国义务教育法》明确了素质教育的实施要求：要求学

---

① 江泽民.江泽民文选：第二卷［M］.北京：人民出版社，2006：335.

校在完成教育教学任务的同时保证教育教学质量；合理配置教育资源以促进义务教育均衡发展；缩小学校之间办学条件的差异，不得划分重点学校或重点班；注重德育，把德育放在教育教学首位；教师要关注学生的个体差异，因材施教，平等对待每一位学生。

2. 素质教育的思想政治教育特色鲜明

素质教育在未成年人思想道德建设和大学生思想政治教育工作中得到进一步推进。2007 年 5 月颁行的《国家教育事业发展"十一五"规划纲要》"以素质教育为主题"，要求将素质教育贯穿于各级各类教育，提出"全面贯彻党的教育方针，全面实施素质教育"的主要任务，要求切实加强德育工作，通过深化教育教学改革，形成推进素质教育的合力。党的十七大报告中强调，优先发展教育、建设人力资源强国，要"全面贯彻党的教育方针，坚持育人为本、德育为先，实施素质教育，提高教育现代化水平，培养德智体美全面发展的社会主义建设者和接班人，办好人民满意的教育"，要求素质教育的实施与推进，要坚持育人为本、德育为先。

3. 素质教育成为教育改革发展战略主题

2010 年 7 月，《国家中长期教育改革和发展规划纲要（2010—2020年）》提出，实施素质教育既是战略主题又是时代要求，即"坚持以人为本、全面实施素质教育是教育改革发展的战略主题，是贯彻党的教育方针的时代要求，其核心是解决好培养什么人、怎样培养人的重大问题"。2010 年 10 月，《国务院办公厅关于开展国家教育体制改革试点的通知》强调，"推进素质教育，切实减轻中小学生课业负担"，并提出了改进途径和方法。2012 年 9 月，《国务院关于深入推进义务教育均衡发展的意见》提出，全面实施素质教育成为推进义务教育均衡发展的指导思想，提高义务教育质量以素质教育为导向，树立科学的教育质量观。上述文件均以素质教育的实施作为教育改革发展的战略主题。

（四）素质教育由实施到发展，坚持办教育以人民为中心

1. 提高教育质量，全面实施素质教育

党的十八大提出，要全面实施素质教育，深化教育领域综合改革，着力提高教育质量，培养学生社会责任感、创新精神、实践能力。2015年5月，《国务院办公厅关于深化高等学校创新创业教育改革的实施意见》强调，"以推进素质教育为主题，以提高人才培养质量为核心，以创新人才培养机制为重点，以完善条件和政策保障为支撑"。这是国家实施创新驱动发展战略、促进经济提质增效升级的迫切需要，是推进高等教育综合改革、促进高校毕业生更高质量创业就业的重要举措。2017年1月，《国务院关于印发国家教育事业发展"十三五"规划的通知》提出，"必须紧紧围绕全面提高教育质量这个主题，把立德树人作为根本任务，全面实施素质教育，积极培育和践行社会主义核心价值观"，必须更新育人理念，创新育人方式，改善育人生态，提高教师素质，建立健全各级各类教育质量保障体系，全面提升育人水平。2017年9月，中共中央办公厅、国务院办公厅印发了《关于深化教育体制机制改革的意见》，指出党和国家高度重视教育工作，坚持把教育摆在优先发展的战略位置，提出了全面贯彻党的教育方针，全面深化教育综合改革，全面实施素质教育，全面落实立德树人根本任务的"四个全面"布局，其中把"全面实施素质教育"作为重要工作部署。

2. 坚持办公平有质量的教育，发展素质教育

党的十九大指出，"建设教育强国是中华民族伟大复兴的基础工程，必须把教育事业放在优先位置，深化教育改革，加快教育现代化，办好人民满意的教育。要全面贯彻党的教育方针，落实立德树人根本任务，发展素质教育，推进教育公平，培养德智体美全面发展的社会主义建设者和接班人"。这是第一次在党的代表大会的报告中提出"发展素质教育"。"发展"是对素质教育的新要求，从"实施"转向"发展"，表明党和政府推进素质教育的立场更加坚定、方向更加明确，昭示着素质教育进入了新阶段。

二、素质教育的理论成就与现实挑战

素质教育实施 30 多年来，学界对素质教育的研究取得了丰硕成果，对教育实践产生了广泛而深刻的影响，人才培养质量和国民素质都有显著提高。在 21 世纪，尤其是中国特色社会主义进入新时代，科技革命和社会发展变革对教育提出新要求，素质教育发展与实施面临新挑战。

（一）素质教育的理论成就

1. 明确了人的全面发展是素质教育的核心内涵

素质教育是面向全体学生，以学生的全面发展为旨归的教育理念或教育指导思想，这个认识在讨论中已达成共识。教育理论中曾有培养学生应重知识还是能力，应重智力因素还是非智力因素等讨论，其实质都是在讨论素质教育的内涵和本质。人的全面发展是人的发展的最高理想，马克思主义的人的全面发展理论是社会主义教育目的的理论基础，追求每个学生的全面发展是素质教育的本质要求与核心内涵。在我国素质教育的发展进程中，针对素质教育的模式属性和理念属性之辩，有学者明确提出，"素质教育是一种教育思想，不是一种简单的教育模式，提倡素质教育是教育思想上的一大突破"[1]。这种突破最重要的表现就是，素质教育以提高国民素质为根本宗旨，以全面培养学生的创新精神和实践能力为重点，以促进学生的全面发展为终极目的。

在素质教育的实施中，一以贯之的价值目标和内涵是学生的全面发展。有研究认为，素质教育促进人的全面发展，提升国民综合素质，发展了马克思主义关于人的全面发展的学说。[2] 有学者认为，"素质教育本质上

---

[1]　周远清. 文化素质教育要在"素质"、"思想"上下功夫 [J]. 中国大学教学，2001 (1)：5.

[2]　于建福. 促进人的全面发展　提升国民综合素质：改革开放 30 年素质教育重大政策主张与理论建树 [J]. 教育研究，2008 (12)：3-10.

是全面发展教育的初始阶段"①，在素质教育不断深化过程中，要始终坚持以人为本的理念，有教无类、因材施教。"实施素质教育让学生成为他自己"②，身心各个方面获得自由而全面的发展。

2. 明确了素质教育是贯彻党的教育方针的根本措施

素质教育的"核心是解决好'为谁培养人、培养什么样的人、怎样培养人'的重大问题"③。20 世纪 80 年代末，有学者提出，"基础教育决不能办成单纯的升学教育，而应当是社会主义公民的素质教育，要改变单纯升学教育的模式"④。在此语境中，素质教育作为与"升学教育模式"等位的概念被提出。此后，素质教育一直反映着党的教育方针。党的十七大提出，全面贯彻党的教育方针，坚持育人为本、德育为先，实施素质教育。2010 年，《国家中长期教育改革和发展规划纲要（2010—2020 年）》提出，坚持以人为本，全面实施素质教育是教育改革发展的战略主题。素质教育被提升到了"战略主题"的高度。

素质教育不仅是我国教育在新的历史时期改革发展的必然选择，也反映了党的教育方针的时代要求。学术界大多针对德智体美劳五个基本元素进行统整提炼，探讨五育与素质教育的关系，指出"实行'素质教育'或'全面素质教育'就是贯彻教育方针"⑤。党的十八大报告提出，全面贯彻党的教育方针，把立德树人作为教育的根本任务，全面实施素质教育。这里实际上也是把素质教育看作立德树人和全面贯彻党的教育方针的根本措施。学校教育是素质教育的主阵地，承担着贯彻落实培养德智体美劳全面发展的社会主义建设者和接班人的责任和使命。

---

① 张正江. 素质教育本质上是全面发展教育的初始阶段：答丁鸣江、袁家良同志 [J]. 上海教育科研，2007（2）：18-19.
② 杨叔子. 实施素质教育　让学生成为他自己 [J]. 中国高教研究，2013（4）：1-4，20.
③ 杜玉波，赵长禄，李和章，等. 落实立德树人根本任务　大力发展素质教育（笔谈）[J]. 中国高教研究，2018（2）：7-12.
④ 柳斌. 高等师范院校如何为基础教育服务 [J]. 中国高等教育，1987（5）：5-8.
⑤ 姜守厚. 我国的教育方针与素质教育 [J]. 教育发展研究，1999（S1）：16-17.

3. 明确了素质教育是适合我国教育实践的育人智慧与特色的时代表达

素质教育的提出，反映着党和国家基于全面提升教育质量和民族素质的顶层设计，也反映着党和国家对教育规律的深刻认识和对优秀教育传统的总结继承，是符合中国特色社会主义国情和需要的育人智慧的时代表达。素质教育的概念既不是古已有之，也不是舶来品，素质教育深深根植于中国的教育实践。如有学者从素质教育的产生背景出发，提出"素质教育本身并不是一种教育模式，它作为一种观念对教育产生影响时不是以一种固定的程式出现的。也就是说，素质教育的提出，是人们依据教育实践的要求赋予教育一种思想的结果"①。素质教育具备教育思想与教育模式的双重属性，是改革开放以来所产生的中国特色的教育思想与模式②。

世纪之交，素质教育作为"中国教育领域为数不多的重要理念之一"③的属性得到了肯定。经过近 10 年的深化发展，到 2009 年，素质教育是具有中国特色的教育理念的属性得到了进一步明确，"素质教育是中国特色的教育思想、教育理念"④。"多年的实践证明，素质教育是切合中国国情、富有中国特色的教育思想和教育理念。"⑤

4. 明确了素质教育是科学精神与人文精神的有机融合

进入 21 世纪，科学技术发展更为迅猛，对人的综合素质提出了更高要求。反映在教育上，基础教育领域开始反思和讨论中学还要不要文理分科的问题，强调教育发展要体现科学精神和人文精神的结合；高等教育在倡导通识性文化素质教育基础上更注重"在更高层次上推进人文素质教育与科学素质教育的融合"⑥。关于素质教育强调"个性化与社会化的统一、个

① 文辅相. 素质教育是一种教育观而不是一种教育模式 [J]. 高等教育研究，2000（3）：19-21.
② 杨叔子，余东升. 素质教育：改革开放 30 年中国教育思想一大硕果：纪念中共中央国务院《关于深化教育改革全面推进素质教育的决定》颁布十周年 [J]. 高等教育研究，2009（6）：1-8.
③ 张力. 素质教育：21 世纪中国教育的主导理念 [J]. 中国教育学刊，2006（2）：1-2.
④ 周远清. 素质教育是体现中国教育方针性的教育思想 [J]. 中国高教研究，2011（1）：1-3.
⑤ 杜玉波. 全面推进素质教育 培养高素质创新人才 [J]. 中国高教研究，2012（1）：1-4.
⑥ 周远清. 在更高层次上推进人文素质教育与科学素质教育的融合 [J]. 中国高教研究，2010（7）：1-2.

体本位与社会本位的统一、人文教育与科学教育的统一"①，学术界形成了较为一致的认识。素质教育既关注人的个性发展，也关注作为群体的国民的素质提升；既关注人的人文素质的提升，也关注科学素质的提高。这一理论认识被广泛认同。

在此基础上，素质教育的发展由基础教育逐渐扩展到高等教育领域，由学科课程领域升华到科学精神与人文精神融合的新境界。基础教育实践领域中科学精神与人文精神融合的要求，先后影响了新课程改革中关于课程三维目标的设定与讨论、关于核心素养的讨论等。素质教育的提出，让人们清醒地认识到教育在人的培养上的分裂性，呼吁对人的整体性培养的回归，充分意识到分科教育导致人文和科学分离、学校教育与生活实践相脱节。素质教育的目标在于重建育人的整体性，注重人的整体素质的提升，通过科学精神与人文精神有机融合和贯通培养，促进人的全面发展。

5. 明确了素质教育的根本任务是对人的身心综合素质的全面培养

知识、能力等素质是人成长与发展的重要方面。知识是能力形成的基础，能力又是人获得更多知识以及运用知识解决各种问题的内在品质，知识和能力都是人的最基本素质。"素质是人的知识和能力内化为人的一种品格，它高于知识和能力，但这三者是密不可分的。知识是基础，能力是素质的一种表现，但是为了使人的知识和能力更好地发挥作用，要求人们有更高的素质。"② 素质教育所指向的是全体学生的全面发展，是关注每个学生以知识和能力为基础的身心综合素质的健全发展。全面发展的实质是关注每个学生知识、能力、天赋和兴趣等个性的全面发展。

重视知识、能力等人的综合素质的整体发展是素质教育的根本任务。素质教育从提出到实施及后来的发展，都在于促进和实现人的知识、能力

---

① "素质教育的概念、内涵及相关理论"课题组. 素质教育的概念、内涵及相关理论 [J]. 教育研究，2006（2）：3-10.

② 周远清. 在更高水平上推进文化素质教育 [J]. 中国大学教学，2002（1）：5-6.

等综合素质的全面发展。有学者指出,素质教育重视知识、能力与素质的关系,"促进三者协调发展,是素质教育思想的关键所在"①。素质教育重视人的知识、能力等身心素质的全面协调发展,和培养德智体美劳全面发展的社会主义建设者和接班人具有内在的统一性。

6. 明确了素质教育是克服应试教育顽疾的必然选择

素质教育的提出,是基于提高国民素质和应对教育实践问题的迫切需要。自从 1993 年《中国教育改革和发展纲要》中明确指出"中小学要由'应试教育'转向全面提高国民素质的轨道"后,素质教育就一直成为取代应试教育、克服因应试而带来的各种教育问题的新理念。学界曾对此有过较为丰富的讨论。有学者提出,"由'应试教育'向素质教育转轨这一提法,对追求升学率现象,展开严厉的批判。这也有合理的一面,也是有重要作用的"②。随着素质教育的讨论的深入,学界对应试教育和素质教育的关系也有一些不同的认识。有学者认为,"应试教育与素质教育看似相互矛盾,但从深层次角度上来说,两者都是为了让学生掌握更多有用的知识"③。也有学者从二者的价值内涵出发,认为考试和提高素质之间并非二元分裂,"应试教育与素质教育在价值上虽然具有对立性,但考试和应试与素质教育以及提高人的素质之间并不当然具有对立性"④。但总体而言,学者们还是倾向于认为"素质教育是相对于应试教育而提出来的一个概念"⑤,是"应试教育催生出来了一个中国式的教育词汇——素质教

---

① 周远清. 素质·素质教育·文化素质教育:关于高等教育思想观念改革的再思考 [J]. 中国高等教育,2000 (8):3-5,30.
② 王策三. 保证基础教育健康发展·关于由"应试教育"向素质教育转轨提法的讨论 [J]. 北京师范大学学报 (人文社会科学版),2001 (5):59-84.
③ 孙薇,郁钰. 应试教育与素质教育并非水火不容 [J]. 中国教育学刊,2016 (5):23-25.
④ 刘朝晖,扈中平. 论"素质教育"与"应试教育"的对立性 [J]. 课程·教材·教法,2005 (10):3-8.
⑤ 苏君阳. 素质教育认识论的误区及其超越 [J]. 北京师范大学学报 (社会科学版),2008 (6):29-35.

育"①。素质教育是克服应试教育的科学选择。

(二) 素质教育发展面临的问题与挑战

几十年来，素质教育的理论和实践都取得了十分显著的成就。但毋庸讳言，我们的教育实践还未能很好地达到素质教育的要求，还存在诸如人的片面发展等问题。关于素质教育的理论认识仍有一些问题尚未彻底厘清；素质教育的实践方面仍存在脱离素质教育理论指导的问题；功利主义取向的应试教育的顽疾仍在影响着素质教育的贯彻实施；对科技革命引发的社会变革及其所带来的冲击影响，教育尚缺乏积极的应对和准备。

1. 素质教育理论研究的不足及实施困境

实践常新，理论常新。几十年来，关于素质教育的理论研究取得了诸多成就，随着时代的发展和教育实践的新变化、新发展，素质教育的理论认识也应深化和完善。为了更好地实施素质教育，必须首先厘清有关素质教育的若干理论问题。

一是如何认识素质教育的本质。教育界曾一度热衷于给教育加前缀，提出了很多种"教育"，如赏识教育、成功教育、挫折教育、创新教育、个性教育、生命教育等。上述各种"教育"也都和人的素质有关系。素质教育和上述各种"教育"有没有关系，是什么关系？素质教育的提出自然同应试教育有关，素质教育的本质是什么？素质教育讨论的问题的边界在哪里？素质教育总体上说是一种教育模式，一种教育理念、教育思想，抑或就是时代的教育方针本身？这些基本问题都需要深入研究和厘清。

二是如何实施素质教育，实施素质教育有怎样的基本要求，实施素质教育有无一定的实践模式，无论是基础教育还是高等教育，应如何全面科学实施素质教育，都是需要深入研究的重要问题。

理论研究的不彻底，使一些教育实践工作者对素质教育理念的认识不科

① 刘道玉. 论素质教育的本质特征与实施途径 [J]. 华中师范大学学报（人文社会科学版），2015（3）：147-153.

学不准确，影响着素质教育实施。我们的一些教育观念和现在的教育评价，尚未完全走向素质教育，与学生的全面发展的要求相去甚远。基础教育中很多地方还在围绕升学应试的指挥棒转，教育内容和教育环节的设计大都是侧重于升学选拔，考试分数仍是衡量学生优劣的决定性指标。实质上，这些教育问题的存在，都是教育实践脱离甚至背离素质教育理论指导的结果。

2. 功利主义取向的应试教育的影响

教育上的功利主义近些年一直在影响着我国素质教育的实施。当前，中国特色社会主义进入了新时代，但还处于并将长期处于社会主义初级阶段，这是我国最大的国情。长期以来，优质资源总量不足、分布不均衡，由此带来整个社会大环境注重经济效益、效率优先，致使功利主义蔓延。在教育上，多年来优质教育资源总量不足、结构不合理，城乡、区域、群体教育发展的不平衡不充分的矛盾较为突出。教育的功利主义催生了太多急功近利的做法，家长因害怕孩子输在起跑线而揠苗助长，学校为片面追求升学率而过度教育、片面教育，教师和学生唯分数是从，远离社会实践和生产劳动，背离人的全面发展及党的教育方针的要求。素质教育的实施任重道远。

应试教育是教育功利主义取向的集中体现。素质教育致力于解决应试教育倾向带来的弊端，30 多年来成绩突出，但与政策要求和公众期待还有很大差距。2006 年，关于素质教育的调研总报告就明确指出，"虽然素质教育取得了一定的进展"，"但一些问题的呈现更加复杂，解决起来更加困难，虽几经努力，仍没有达到预期的效果，造成一些地方素质教育喊得轰轰烈烈，应试教育抓得扎扎实实"。① 唯分数、唯升学、唯文凭等的应试教育还大量存在，应试教育重智育轻其他各育、重成才轻成人、重结果轻过程的现象还较突出。

3. 社会发展变革与新科技革命对素质教育的挑战

社会矛盾是社会发展变革的动力。个人的全面发展，根本上受社会生产

---

① 素质教育调研组. 共同的关注：素质教育系统调研 [M]. 北京：教育科学出版社，2006：9.

方式的制约。党的十九大提出，"中国特色社会主义进入新时代，我国社会主要矛盾已经转化为人民日益增长的美好生活需要和不平衡不充分的发展之间的矛盾"。素质教育旨在全面提高人的基本素质，尊重与培育人的主体性和主动精神，注重开发人的智慧潜能，目的是健全人的个性。它是一个规定性的政策概念，而且是一个与时俱进的政策概念。① 随着社会矛盾的变化，对素质教育的发展应有新的要求。素质教育是具有中国特色的教育方针意义的教育思想和教育理念。培养什么样的人是教育的根本问题，培养的人如何与时俱进、适应新的社会要求，应成为素质教育观照的核心问题。

新科技革命为素质教育发展带来挑战与变革。肇始于 20 世纪四五十年代的新科技革命，到 20 世纪七八十年代达到高潮，显示了变革生产和变革社会的前所未有的巨大力量。新科技革命对教育领域的影响深刻而全面，进入人工智能时代的今天，教育观念、教育内容、教育手段、教育方式、学校的组织形态等应如何变革以回应这一浪潮，是决定教育事业成败的关键问题。随着新一轮科技革命的兴起，技术统治论、未来主义论、权力转移论等观点引发社会广泛讨论，引起了教育学界的关注与反思。新科技革命为我国教育发展提供了物质技术基础，也同时为教育的变革发展带来了新的机遇和全面的挑战。

三、新时代我国素质教育发展的方向与要求

中国特色社会主义进入新时代，这是我国社会发展新的历史方位，也是教育改革发展新的时代背景。针对新时代面临的新形势、新变化、新任务，党的十九大明确提出要"发展素质教育"，要把发展素质教育作为优先发展教育事业的重要部分。习近平总书记在全国教育大会上发表重要讲话，指出"培养什么人，是教育的首要问题"，强调要坚持中国特色社会主义教育发展道路，培养德智体美劳全面发展的社会主义建设者和接班

---

① 邓友超. 对新时期素质教育的再思考［J］. 中国教育学刊，2006（6）：20-22.

人。这为我国素质教育的发展提供了根本遵循。

（一）把握素质教育的时代特征

党的十八大提出，"坚持教育为社会主义现代化建设服务、为人民服务，把立德树人作为教育的根本任务，全面实施素质教育，培养德智体美全面发展的社会主义建设者和接班人，努力办好人民满意的教育"。党的十九大坚持把培养德智体美全面发展的社会主义建设者和接班人作为教育的根本目标，同时把发展素质教育作为党的教育方针的一项重要内容。习近平总书记在全国教育大会上强调，"在党的坚强领导下，全面贯彻党的教育方针"，"培养德智体美劳全面发展的社会主义建设者和接班人"。从"实施素质教育"到"发展素质教育"，不仅是话语的转换，也意味着素质教育工作的创新发展。素质教育是针对应试教育带来的问题而提出的，指向国民素质提升和每个学生素质的全面发展，基于对党的教育方针的贯彻落实，是当代中国教育发展改革的核心理念和指导思想。素质教育之所以能成为我国教育改革发展的主题，就在于其与党的教育方针有本质上的一致性，是落实党的教育方针的重大战略举措。

新时代推进素质教育，要突出教育的内涵发展，即把素质教育作为优先发展教育、贯彻落实党的教育方针的重大战略任务，努力推动素质教育进入新阶段。发展素质教育，落实党的教育方针，要准确把握时代新特征。进入新时代，我们比历史上任何时期都更接近实现中华民族伟大复兴的目标，建设教育强国，坚持社会主义办学方向，培养担当民族复兴大任的时代新人成为新的时代要求。习近平总书记在看望北京市八一学校师生时指出，"素质教育是教育的核心，教育要注重以人为本、因材施教，注重学用相长、知行合一，着力培养学生的创新精神和实践能力，促进学生德智体美全面发展"[①]。当今时代，科学技术日新月异，新一轮产业革命蓄

[①]　全面贯彻落实党的教育方针　努力把我国基础教育越办越好［N］. 人民日报，2016-09-10（1）.

势待发，国家发展越来越需要一大批创新型人才，发展素质教育必须突出培养人的创新精神和实践能力。面对知识经济和信息化社会，发展素质教育要着眼于培养终身学习意识和能力，国家要着力构建网络化、数字化、个性化、终身化的教育体系，建设人人皆学、处处能学、时时可学的学习型社会。

教育从来就不仅仅是教育自身的事情。要真正发展实施素质教育，全面贯彻落实党的教育方针，就要通过制定科学合理的政策，从根本上解决社会阶层间和职业、行业间的社会地位以及就业和收入等差距过大问题，还要在全社会树立正确的人才观和就业观。公正公平的社会环境是素质教育有效实施的前提。无论是什么学历出身，无论从事的是什么职业，只要服务于社会、对社会发展有价值，都是人才，都应该有尊严地生活和工作。要通过让人民看得到的实实在在的措施，确保科学合理的人才观和就业观落地生根并发挥作用，这是决定我们未来是否能真正实施素质教育、真正贯彻落实党的教育方针的根本举措。

（二）实现育人为本的教育本质要求

素质教育是中国特色社会主义教育理论与实践的重大成就，也是我国教育改革发展的主题之一。素质教育之所以经久不衰，不仅在于国家的倡导、主张和推动，而且根本在于其以"育人"为核心使命的教育价值观内在地反映了教育的本质。素质教育提出的初心，是提高国民素质，培养全体学生的创新精神和实践能力，扭转教育片面注重应试的错误倾向。长期以来，素质教育发展面临的种种问题和困境，很大程度上缘自对"育人"这一初心的背离。新时代发展素质教育回归育人为本，要抓住人民群众最关心最现实的教育问题，扫除影响素质教育实施的教育内部和外部阻碍，着力解决教育资源配置不均衡问题，推动教育的内涵发展，切实提高教育质量，营造良好的育人环境，源源不断地培养党和国家需要的时代新人。

新时代，发展素质教育凸显育人为本，就是重申培养全面发展的人是教育的核心主题。十八大以来，我国形成了以人民为中心的发展思想。教育事业发展要树立人民至上的价值理念，这是新时代发展素质教育的根本立场。育人首在育德，培养什么人，是教育的首要问题。"要坚持把立德树人作为中心环节，把思想政治工作贯穿教育教学全过程，实现全程育人、全方位育人"①。"立德"的核心是树立社会主义核心价值观。学校立身之本在于立德树人，育人之本在于立德铸魂。一个国家，一个民族，要同心同德向前迈进，必须有共同的理想信念作支撑。新时代发展素质教育，须坚持正确育人导向，践行社会主义核心价值观，坚定理想信念，厚植爱国主义情怀，把培育和弘扬社会主义核心价值观作为素质教育的根本任务。要努力使社会主义核心价值观内化为学生的精神追求，外化为学生的自觉行动，为民族复兴凝魂聚气、强基固本。

（三）补齐素质教育发展短板

发展素质教育，须全面深化教育综合改革。素质教育的实践历程，生动地反映了我国教育通过改革推动自身发展的艰难历程。素质教育的提出也带来了包括课程改革、评价体系改革等涉及各级各类教育的深刻变化。全面深化教育改革，是解决中国教育现实问题的根本途径和措施。素质教育实施过程中长期面临的诸如德育针对性和实效性不佳、考试评价制度单一、学生创新能力不足、片面追求升学率、教育资源不均衡及忽视学生的全面发展等教育现实问题，仍是新时代素质教育发展面临的难题。教育内部改革创新必须加大力度，直指问题的根本与要害，把促进学生健康成长成才作为改革的出发点和落脚点，扭转片面应试倾向，实现多元评价和考查学生综合素质能力，引领和推动素质教育健康持续发展。

全面深化教育综合改革重点是推进教育公平、提高教育质量，补齐影响素质教育发展的短板。当前，我国教育已从规模扩张型发展转向质量效

---

① 把思想政治工作贯穿教育教学全过程　开创我国高等教育事业发展新局面［N］.人民日报，2016-12-09（1）.

益型发展，人民期待更好更公平的教育。新时代发展素质教育要不断满足人民对美好生活的需要，提供公平而有质量的教育，让孩子们成长得更好。新时代发展素质教育的短板主要在农村和贫困地区，为此需要统筹城乡义务教育一体化发展，教育投入继续向困难地区和薄弱环节倾斜，在教育脱贫攻坚过程中，切实降低农村学生辍学率，提升贫困地区学生受教育水平，奠定其实现人生出彩必备的素质基础。

（四）推进素质教育理论和实践创新

1. 坚持走中国特色社会主义教育道路

"解决中国的问题只能在中国大地上探寻适合自己的道路和办法。"[1]素质教育贯穿于我国教育大政方针和教育改革发展的实践始终，成为公认的最具中国特色的教育思想和教育话语。[2] 素质教育立足于发展中国特色社会主义教育事业需要而产生，是中国特色的教育理论话语和实践模式，是扎根中国大地而取得的教育成就。新时代发展素质教育，要继承发扬我国优秀的历史文化和教育传统，从历史走向未来；要了解我国独特的国情，深刻把握新时代历史方位和主要矛盾变化，尊重教育规律，全面贯彻落实党的教育方针，实现每个学生的全面发展。

2. 坚定教育自信，发展素质教育

素质教育是教育的灵魂，是新时代优先发展教育事业战略部署的重要部分。改革开放40年来，虽然素质教育的实施还存在问题，但我国教育事业在规模和质量上都已实现了跨越式发展，这些发展成就足以证明素质教育理念的合理性。素质教育贯穿于我国几十年教育改革发展历程，在更新全社会的教育观念、构建新的教育模式、活跃教育理论研究、推动教育实践变革等方面功不可没。在新时代的历史起点上，我们要坚定教育自信，

① 牢记历史经验历史教训历史警示　为国家治理能力现代化提供有益借鉴 [N]. 人民日报，2014-10-14（1）.
② 瞿振元. 素质教育要再出发 [J]. 中国高教研究，2017（4）：26-29，36.

坚定发展素质教育的信心，不断推动素质教育更好地发展。

3. 扎根中国大地发展素质教育

我们要认真吸收先进的办学治学经验，更要遵循教育规律，扎根中国大地办教育。素质教育产生于改革开放之初，是基于我国对知识和人才的迫切需求，以及提高整个国民素质的需要，具有鲜明的时代特征，重在解决时代教育改革发展的突出问题。新时代，提高教育质量成为教育改革发展的重点，发展素质教育面临新形势新任务。素质教育理论研究要牢牢树立问题导向意识，"以素质教育理论的正确清晰、体系完整、内涵丰富引领素质教育发展"①。教育是国之大计、党之大计，新时代发展素质教育，办好各级各类教育，大力提高国民素质，把人口优势转为人力资源的优势，是全党全社会的共同使命。要从国情出发，尊重教育教学规律，确立科学的教育观念，不折不扣地贯彻落实党的教育方针，尊重教育教学一线的首创精神，鼓励地区、学校和教师探索发展素质教育的新模式，丰富素质教育的实践样态，推动素质教育实践创新。按照素质教育的核心理念改变观念、改变课堂、改变人的培养体系和培养模式，素质教育的理念才能变为教育的现实，我们的教育才会越办越好。

┌─── **作者简介** ──────────────────────────────────┐

杨兆山，东北师范大学教育学部教授；时益之，东北师范大学教育学部博士生。
└──┘

---

① 施久铭，邢星，董筱婷. 发展素质教育的空间在哪里 [J]. 人民教育，2018（6）：19-23.

体系建构与理论探索

——中国教育体制理论研究 40 年

孙绵涛　李　莎

40 年来，中国教育学界对教育体制理论进行了比较系统的研究，对教育体制改革政策进行了比较系统的理论设计，提出了各级各类教育体制改革的对策思路和措施，体现了理论来源于实践、理论指导实践的逻辑，以及多元化教育体制理论共生、共发展的特征。展望新时代，中国教育体制理论将更加丰富和完善，将对中国的社会体制、政治体制、经济体制改革发挥重要的借鉴和参考作用。

一、中国教育体制理论研究的主要成就

改革开放 40 年，伴随中国教育体制改革的逐步展开和不断深入，教育理论界和教育实践界开展了教育体制的理论研究，取得了比较丰硕的成果，其理论成就主要表现在如下几个方面。

（一）对教育体制理论进行了比较系统的研究

首先，建立了比较系统的教育体制理论体系。在教育体制改革过程中，中国教育理论界对教育体制的内涵和外延、教育体制与教育制度的关系、教育体制与教育机制的关系、教育体制的理论与实践意义等重大理论问题进行了比较深入系统的研究，初步建立了教育体制的理论体系，为教

育体制改革提供了理论支撑。①

  一是明确了教育体制的含义及教育体制的结构。教育体制是教育机构与教育规范（即教育制度）的结合体或统一体。教育机构包括家庭教育机构、学校教育机构和社会教育机构，一般指的是学校教育机构。教育规范指的是建立教育机构并维持其正常运转的制度，它规定着教育机构的职责权限和机构内人员的岗位责任。教育机构是教育体制的载体，教育规范是教育体制的核心。教育规范要反映教育机构设置和教育机构运行的规律。学校教育机构与一定的规范相结合，就形成了各级各类学校教育体制。教育管理机构与一定的规范相结合，就形成了各级各类教育管理体制。其中，教育行政机构与一定的规范相结合，就形成了各级各类教育行政体制；学校内部的管理机构与一定的规范相结合，就形成了各级各类学校管理体制。从教育体制的结构来看，教育体制中的两大基本体制是各级各类学校教育体制和各级各类教育管理体制。学校教育体制是教育体制赖以存在的前提，而教育管理体制是教育体制运行的保障。在教育管理体制中，教育行政体制是宏观的教育管理体制，它一般包括办学体制、教育人事行政体制、教育财政体制、教育业务体制和教育督导评价体制；学校管理体

---

① 孙绵涛. 论教育体制及其改革的基本内容 [J]. 教育研究与实验，1992（4）：16-19；孙绵涛，王枬. 对我国高等教育体制改革的思考 [J]. 高等教育研究，1993（3）：65-68；孙绵涛，康翠萍. 教育体制理论的新诠释 [J]. 教育研究，2004（12）：55-59；孙绵涛，康翠萍. 教育机制理论的新诠释 [J]. 教育研究，2006（12）：22-28；孙绵涛，康翠萍. 教育体制改革与教育机制创新关系探析 [J]. 教育研究，2010（7）：69-72；孙绵涛. 中国教育体制改革若干重大理论问题的探讨 [J]. 华南师范大学学报（社会科学版），2010（1）：27-32，158；SUN M T. The concept of tizhi in Chinese education [M]. Shenyang：Liaoning People's Publishing House，2004；SUN M T. Education tizhi reform in China 1949-2000 [C]. American Education Research Association（AERA）Meeting，2003；SUN M T. Education tizhi reform in China：before and after 1978 [C]. Second International Academic Workshop on Educational System in Asia and Europe：A Comparative Approach，2008；SUN M T. Education system reform in China after 1978：some practical implications [J]. International Journal of Educational Management，2010（4）：314-329；范文曜，王烽. 体制机制创新推进教育跨越发展：改革开放 30 年的教育体制改革 [J]. 复旦教育论坛，2008（6）：5-13；改革开放 30 年中国教育改革与发展课题组. 教育大国的崛起：1978—2008 [M]. 北京：教育科学出版社，2008；张向阳. 我国教育体制理论综述 [J]. 中国电力教育，2009（11 下）：18-19.

制是微观的教育管理体制，它由学校的决策机构、执行机构、咨询机构和监督机构与学校相应制度结合而形成的学校决策体制、学校执行体制、学校咨询体制和学校监督体制所组成。

二是借用国外有关学者的理论，对教育体制理论进行了论证。教育体制由教育机构与教育制度两个基本要素组成。从理论上来看，迈耶（J. W. Meyer）、罗文（B. Rowan）所创立的机构理论（institutional theory）论证了教育机构必须要与教育制度相结合。① 而塞尔（J. R. Searle）所创立的机构现实的建构理论（theory of construction of institutional reality）则论证了教育机构与教育制度为什么能够结合。② 从实际来看，任何一个学校教育机构的建立和运行，都必须要有相应的教育制度规定它的培养目标及其实现路径；而任何一个教育管理机构的建立和运行，都必须要有规定相应的职责权限和落实这些职责权限的制度。

三是从理论上理清了教育体制改革与教育制度改革。教育体制改革与教育制度改革既不相同又相联系。所谓不同，是因为教育体制是教育机构与教育制度两个要素的结合体，而教育制度只是反映教育体制运行的规律，二者的改革不能混同。前面我们提到，教育制度是教育体制的核心，如果不动这个核心，教育体制改革是不彻底的。而之所以要进行教育体制改革，往往是因为教育体制中的制度出了问题。所以教育体制科学与否，归根到底是看这个教育体制是否按反映教育机构建立和运行规律的制度办事。这就是人们强调进行教育体制改革必须进行教育制度创新的理论依据之所在。

四是从理论上论证了教育体制改革与教育机制创新的关系。教育体制理论与教育机制理论密切相关。教育机制是教育现象各部分之间的相互关系及其运行方式。根据教育现象的范围、层次及联系方式不同，教

---

① MEYER J W, ROWAN B. Institutionalized organizations: formal structure as myth and ceremony [J]. American Journal of Sociology, 1977 (2): 340-363.

② SEARLE J R. The construction of social reality [M]. New York: The Free Press, 1995; SEARLE J R. Mind, Language and society [M]. New York: Basic Books, 1998.

育机制一般可分为：教育的层次机制，包括教育的宏观机制、中观机制和微观机制；教育的形式机制，包括教育行政计划机制、指导服务机制和监督服务机制；教育的功能机制，包括教育的激励机制、制约机制和保障机制。教育体制改革与教育机制改革也是相异又相关。二者相异在于，教育体制改革是改革教育机构和教育制度，而教育机制改革主要是要改革教育现象各部分之间的联系及其运行方式。二者的关联是，教育体制和教育机制产生的过程是相关的，结构是相融的，功能是互补的，教育机制的范围要大于教育体制。第一，过程上相关，是指用马克思历史唯物主义的方法论来分析，教育现象中首先产生的是教育活动，为了使教育活动有序高效，就要建立与教育活动有关的教育机构与教育制度，即教育体制。在教育活动运行过程中，教育活动各要素之间要发生联系并产生一定的运行方式，形成教育活动的机制。第二，结构上相融，是指教育体制由各种教育机构和各种教育制度组成，而教育机制指的是构成教育体制的这些教育机构与教育制度之间的关系及运行方式。第三，教育机制的范围要大于教育体制，是指教育机制不仅存在于教育体制中，而且还存在于整个教育现象中。

　　五是阐明了教育体制理论的重要理论意义和实践意义。从理论意义上来看，廓清了教育体制、教育机构、教育制度、学校教育体制、教育管理体制、教育行政体制和学校管理体制之间的关系，明确教育体制改革与教育制度改革之间的关系，以及教育体制改革与教育机制创新之间的关系，在教育科学中建立了比较完整的教育体制理论体系。从实践意义上来看，理清了教育体制改革的思路：教育体制改革既是教育机构和教育制度两大要素的改革，也是学校教育体制和教育管理体制两种基本体制的改革。学校教育体制改革指的是各级各类学校教育体制的改革；教育管理体制改革指的是教育行政体制的改革、办学体制的改革以及学校内部管理体制的改革。在教育体制改革中，要处理好学校教育体制改革与教育管理体制改革的关系，要处理好各级各类学校教育体制改革的关系；教育管理体制改革中，要处理好教育行政体制改革与学校管理体制改革的关系。还要处理好教育体制改革与教育制度改革之间的关系。教育体制理论不仅为教育体制改革本身提供了一个清晰的思路，也为政治体制改革、经济体制改革和社会体制改革提供了可供借鉴的思路。

其次，对教育体制改革中的若干重大理论问题进行了比较深入的探讨。在教育体制改革过程中，教育学者不仅对教育体制的理论体系进行了探讨，而且对教育体制改革中的学校、市场与政府的关系及公平，管办评分离，教育体制改革的历史与逻辑，现代学校制度等重大理论问题进行了探讨，对教育体制改革实践产生了积极的影响。

关于教育体制改革中的学校、市场与政府的关系问题，有学者指出，教育体制并不是固定不变的，它总是要根据社会的变化、根据社会对教育的要求、根据学校的功能及其发挥状况而不断地适时应变。当前，全球都比较重视公共教育体制的重构，中国的公共教育体制必须重新审视自己的功能及运行方式，必须对社会发展所带来的新经济、新技术和新观念做出及时的回应。首先，由于学校属于公益性机构，因此，在学校遵循教育规律独立自主办学的同时，政府必须对其权能做出必要的限制。在制度安排上，应将学校与企业区别对待。政府对学校应发挥监控功能。其次，对营利性组织的办学行为必须做出明确的价值定位。营利性组织办学必须首先满足社会成员对教育的多元化需求，体现公益性。对营利性组织举办的教育必须制定明确的法律规范，做出必要的限制并保持有效的法律监督。最后，对政府和市场的相互关系以及各自的作用领域应有明确的界定，使其在教育的发展过程中发挥好各自的作用。在不同的教育领域，政府与市场的作用又是不同的。例如，义务教育的公共性程度就远远高于其他教育领域，是由国家承担主要责任的一个领域。在义务教育阶段，应当更多地体现实质上的社会公平，使人人都接受一种条件基本相同的教育。而义务教育以外的其他各级各类教育，如职业教育、高等教育等，并不是社会成员普遍享有的，在这里，教育公平主要体现为形式上的公平，即机会均等。

机会均等保证受教育权利分配上的程序平等，并不保证结果的平等。① 对教育体制改革中的公平问题，有学者则认为，机会公平、条件公平、过程公平、结果公平是相互包容、相互影响、相辅相成的。机会公平在我国已经得到基本实现；随着对大规模学校危房和薄弱学校的改造，办学条件的标准化建设，办学条件公平得到了较大的改善；过程公平受到越来越多的关注，但城乡、区域、学校之间的师资差距并没有实质性的缩小，过程公平远远没有得到解决；结果公平无疑是教育公平向纵深发展的新指向、价值引导的新路标，值得期待。②

关于教育体制改革中的管办评分离的问题，有学者认为，管办评分离是指政府放权、学校自主办学、社会参与评价。为此，首先要合理配置学校与政府的权责关系，推行清单管理模式，理清政府与学校等不同学校治理主体的权力清单、负面清单与责任清单。政府在合理放权的基础上，主要为学校提供优质服务和加强对学校发展重大事务的事中事后监管。其次，要合理配置学校与社会的权责关系。学校要适度开放学校教育资源，使学校成为社会（社区）的文化教育中心，为提升整个区域的文化教育水平与生活品质做出贡献。这就需要学校主动地、广泛地与社会各界，尤其是家长群体联系，了解社会对学校教育的需求，更好地改善自身的教育服务；同时也需要社会调动各方面的教育力量，对学校教育予以支持。再次，要合理配置学校内部有关组织与个人的权责关系，重构学校内部的权力结构体系与运行机制，理清学校相关组织与个人的权力与责任，调动各利益主体参与学校事务的积极性与创造性，使学校健康高效地运行。③

关于教育体制改革中的历史与逻辑问题，有学者认为，改革开放 40 年

① 劳凯声. 重构公共教育体制：别国的经验和我国的实践 [J]. 北京师范大学学报（社会科学版），2003（4）：75-86；劳凯声. 世纪之交的中国教育改革走向：教育与市场的关系问题 [J]. 北京大学教育评论，2003（3）：10-16；劳凯声. 中国公共教育体制改革中的公平性问题 [J]. 人民论坛，2005（12）：24-26.

② 袁振国. 教育公平：从有教无类到因材施教 [J]. 上海教育，2016（7）：70-72.

③ 范国睿. 学校治理的制度与机制 [J]. 中国民族教育，2016（9）：21；范国睿. 基于教育管办评分离的中小学依法自主办学的体制机制改革探索 [J]. 教育研究，2017（4）：27-36.

来的教育体制机制改革，经历了教育制度的恢复与重建、教育体制改革的展开、教育体制改革的探索、教育体制改革的持续及教育体制机制改革的深化五个发展阶段。在此过程中，教育体制改革表现为不同层级的政府及其部门之间，政府与学校、社会组织、市场间以及学校领导、教师与家长间教育权力和利益的合理配置与博弈，是一个重建教育秩序，进而力图突破规制、以法治赋权、推进协商共治的过程，是一个寻求不同教育利益主体间适度张力与激发其活力的过程，是一个从规制走向赋能的过程。为了这种张力的调适与活力的激发，须建立和完善教育法治保障机制。①

对于教育体制改革中的现代学校教育制度改革问题，有学者指出，现代学校制度包括核心制度和外围制度。核心制度主要包括教学管理制度、校本教研制度、学生评价制度和教师评价制度，以及与其相近的、与校本管理相关的学校内部管理制度。外围制度主要包括产权制度、投入制度、办学体制、后勤制度、社区参与制度。建立现代学校制度要求转变政府的教育职能，落实学校的办学自主权。② 有学者则认为，现代学校制度的建立与完善应包括两个层面：一是建立和完善有利于学校组织发展的外部环境，二是建立有利于学校组织发展的学校自组织机制。就前者而言，主要任务是理顺政府、社会与学校之间的关系。政府主要做好简政放权，社会主要建立市场参与教育事务的运行机制，学校则需要考虑有了自主发展权以后如何自主发展等问题。③

（二）对教育体制改革政策进行了比较系统的理论设计

改革开放以来，随着政治和经济体制的改革，我国逐步加大了教育体制改革的力度。在不断推进教育体制改革的过程中，国家出台了一系列对教育体制

---

① 范国睿，孙闻泽.改革开放40年教育体制机制改革的历史与逻辑分析 [J].教育研究，2018（7）：15-48.
② 褚宏启.我们需要什么样的现代学校制度 [J].教育研究，2004（12）：32-38.
③ 范国睿.政府·社会·学校：基于校本管理理念的现代学校制度设计 [J].教育发展研究，2005（1）：12-17.

改革政策进行设计的文件，为全面推动教育体制改革奠定了政策基础。

1985 年，《中共中央关于教育体制改革的决定》（以下简称《决定》）颁布，正式拉开了国家对教育体制改革理论和政策进行系统设计的序幕。《决定》指出了我国教育体制在教育事业管理权限的划分、教育结构、教育思想、教育内容和教育方法等方面存在的弊端，提出我国教育体制改革主要有三个方面的内容：一是基础教育体制改革，把发展基础教育的责任交给地方，有步骤地实行九年制义务教育，实行分级管理的原则；二是中等学校教育体制改革，调整中等教育结构，大力发展职业技术教育；三是高等教育体制改革，主要是改革高等学校的招生计划和毕业生分配制度，改变高等学校全部按国家计划统一招生，毕业生全部由国家包下来分配的办法，实行国家计划招生、用人单位委托招生、在国家计划外招收少数自费生三种办法，扩大高等学校办学自主权。

1993 年，中共中央、国务院颁布《中国教育改革和发展纲要》（以下简称《纲要》）。《纲要》对教育改革体制理论和政策的设计包括如下几个方面：一是学校教育体制改革，确立了基础教育、职业技术教育、高等教育、成人教育四种类型教育的结构；二是办学体制改革，要求改变政府包揽办学的传统格局，逐步建立以政府办学为主体、社会各界共同办学的体制；三是提出要改革高校的招生和毕业生就业制度；四是改革和完善投资体制，增加教育经费，逐步建立以国家财政拨款为主，多渠道筹措教育经费的制度。《纲要》明确指出："逐步提高国家财政性教育经费支出占国民生产总值的比例，本世纪末达到百分之四"，为逐步解决教育经费不足问题提供了明确指导。

2001 年，国务院办公厅印发《关于完善农村义务教育管理体制的通知》（以下简称《通知》），主要内容有四个方面：一是明确各级政府责任，加强对农村义务教育的领导和管理；二是建立义务教育经费保障机制，保证农村义务教育投入；三是完善人事编制管理制度，加强农村中小学教师队伍建设；四是建立健全监督机制，保证农村义务教育健康发展。

　　2010 年，中共中央、国务院颁布《国家中长期教育改革和发展规划纲要（2010—2020 年）》（以下简称《教育规划纲要》）。《教育规划纲要》中的教育体制改革政策理论设计包括以下几个方面：一是学校教育体制的改革，对学前教育、义务教育、高中阶段教育、职业教育、高等教育、继续教育、民族教育和特殊教育的发展任务一一进行阐述；二是人才培养体制改革；三是考试招生制度改革；四是办学体制改革；五是管理体制等方面的改革；六是现代学校制度改革；七是扩大教育开放。除此之外，《教育规划纲要》在教育改革的条件保障这一部分，对教师队伍建设体制、保障经费投入体制、推进依法治教中的法律和法规等规范制度改革也进行了阐述。

　　2017 年，中共中央办公厅、国务院办公厅印发了《关于深化教育体制机制改革的意见》（以下简称《意见》）。《意见》提出，我国到 2020 年教育体制机制改革的主要目标是教育基础性制度体系基本建立。《意见》提出的教育体制机制改革主要包括五个方面，明确了教育体制机制改革的工作思路、改进办法和改革举措：一是围绕立德树人开展教育体制机制改革；二是围绕学前教育、义务教育、普通高中、职业教育、高等教育、民族教育、特殊教育、民办教育、终身教育等各级各类学校教育体制，开展教育体制机制改革；三是围绕教师队伍建设开展教育体制机制改革；四是围绕教育经费投入开展教育体制机制改革；五是围绕宏观管理的问题开展教育体制机制改革。

　　从上述改革开放以来国家颁布的五个重要的关于教育体制改革政策的文件中可以看出，国家对教育体制改革政策的理论设计具有四个显著特点。

　　一是对教育体制理论的认识越来越科学。1985 年颁布的《决定》将教育思想、教育内容和教育方法等当作教育体制改革的内容来加以阐述，但在后续颁布的几个教育体制改革的政策文件中均未见此类表述。虽然 2010 年《教育规划纲要》的人才评价体制改革中提到了教育内容和教育方法，但那是从人才培养过程这个角度来说的，因为谈人才培养体制必然涉及人才培养的过程。2017 年《意见》的各级各类学校教育体制改革，也说到了教育内容和教育方法的改革，是从教育机制改革这方面来说的，因为教育机制改革是教育现象各部分之间关系及其运行方式的改革，教育内容和教育方法作为教育的两个方面，必然要进行改革。

二是对学校教育体制改革的认识越来越系统。《决定》里谈到的学校教育体制改革只涉及中等学校教育体制的改革。《纲要》里的学校教育体制改革，则确立了基础教育、职业教育、成人教育、高等教育四种类型教育的结构性改革。《教育规划纲要》中的学校教育体制改革，进一步规范和拓展为对学前教育、义务教育、高中阶段教育、职业教育、高等教育、继续教育、民族教育和特殊教育体制的改革。而《意见》中的学校教育体制改革，形成了包括学前教育、义务教育、普通高中、职业教育、高等教育、民族教育、特殊教育、民办教育、终身教育等各级各类学校教育体制的科学而完整的框架。《意见》中所谈的学校教育体制改革，将《教育规划纲要》的"发展任务"中"高中阶段教育"改为"普通高中"，"继续教育"改为"终身教育"，另外，增加了"民办教育"。

三是对教育管理体制改革的认识越来越全面。《决定》中的教育管理体制改革只提到了把发展基础教育的责任交给地方，以及改革高等学校的招生计划和毕业生分配制度，扩大高等学校办学自主权。《纲要》中的教育管理体制改革，增加了办学体制改革、高校招生制度改革以及投资体制的改革。《意见》中，只是对教师队伍建设体制、经费投入体制、宏观管理体制中的突出问题的改革进行了阐述。《教育规划纲要》对教育管理体制改革设计得最全面，包括人才培养体制、考试招生制度、办学体制、宏观管理体制、现代学校制度、扩大教育开放、教师队伍建设体制、保障经费投入体制、推进依法治教中的法律和法规等方面的改革。

四是对教育体制改革与教育机制改革关系的认识越来越清晰。《意见》发布之前的几个文件，是单就教育体制或教育体制改革这一个方面来谈的。而《意见》中所谈的教育体制改革，与教育机制改革联系在一起，在立德树人的教育体制机制改革中，阐述了如何将校内校外教育、校内各种教育、各级各类教育的要素协调好来培养德才兼备的人；在各级各类学校教育体制机制改革中，阐述了如何协调各级各类学校教育中的各要素；在教师队伍建设体制机制改革、保障经费投入体制机制改革和宏观教育管理体制机制改革中，则阐述了如何协调好这几个方面内部各个要素的关系。

（三）提出了各级各类教育体制改革的对策思路和措施

随着教育体制改革全面深入地展开，一些学者也运用一定的理论，对各级各类教育体制改革提出了对策思路和措施。

在学前教育体制改革方面，针对学前教育办园体制、管理体制、投资体制以及教师队伍建设的制度问题，有学者提出，要建立和完善政府主导、社会参与、公办民办并举的办园体制，形成适应我国国情的公办为主、混合所有制园并举、共荣共促的办园格局。管理体制改革要在"地方负责、分级管理"的基础上，进一步明确"省级统筹、以县为主"。在投资体制上，学前教育财政投入是保障并提高学前教育硬件条件与师资素质的物质基础，为进一步推进我国学前教育投入体制机制改革，应构建政府主导、社会和家庭积极参与的投入体制。要坚决依照并落实《中华人民共和国教育法》与《中华人民共和国教师法》，明确幼儿园教师的基础教育教师身份，切实保障其与中小学教师同等的政治、经济与社会地位，保障其应有的工资、津贴、社会保险、职称、培训等合法权利；保障幼儿教师的培训经费，加强幼儿教师培训，不断提高幼儿教师队伍的专业素质，提高幼儿教育质量。[①]

在义务教育体制改革方面，针对城乡教育一体化的体制机制改革问

---

① 庞丽娟. 学前教育体制机制创新是关键 [N]. 中国教育报，2014-04-06 (1)；虞永平. 完善体制机制　深入推进学前教育三年行动计划 [J]. 人民教育，2012 (11)：17-18；薛二勇，傅玉清. 完善办园体制机制是学前教育的关键 [N]. 人民政协报，2018-06-06 (10)；夏婧，庞丽娟，张霞. 推进我国学前教育投入体制机制改革的政策思考 [J]. 教育发展研究，2014 (4)：19-23.

题，有学者提出，教育体制与教育机制有差异也有关联。第一，教育体制与教育机制的产生过程是相关的。当教育机制的产生先于教育体制时，城乡教育一体化的体制改革与机制创新关键要抓好教育体制改革。当教育体制与教育机制同步产生时，城乡教育一体化的体制改革与机制创新一方面要注意协调好二者的关系，使城乡教育一体化的教育机制的产生及运行符合城乡教育一体化的教育体制的特点；另一方面，要注意二者的配套改革。第二，教育体制与教育机制的结构是相融的。在进行城乡教育一体化的教育体制改革时，就要把这种教育体制改革当作教育机制创新来看待，并在教育机制创新过程中改革教育体制。第三，教育体制与教育机制的性质和功能是互补的。在城乡教育一体化的改革中，如果我们要建立某种教育体制，就要建立与这种体制相适应的，能直接对改革活动发生作用的教育机制；如果我们要建立某种教育机制，也要建立与这种机制相适应的教育体制。第四，教育机制包含了教育体制。在城乡教育一体化的教育改革中，除了要进行教育体制改革与教育机制创新之外，还要强调教育活动改革、教育体制改革、教育观念改革与教育机制创新。①

针对义务教育均衡发展中治理结构、治理体系和治理能力现代化的体制问题，有学者认为，构建义务教育治理的多中心体制，不仅是提升义务教育质量与保障义务教育公平的现实需要，也是建立现代教育治理体系、推动国家治理体系与治理能力现代化的内在要求。构建义务教育治理的多中心体制需要处理以下几个关键问题：一是要在宏观层面进行顶层设计，建构义务教育的整体治理体系。二是要实现理念转变，摆脱义务教育由政府供给的思维惯性，从义务教育产业、服务供给等更为宽泛的视角来认识义务教育作为一种混合产品与服务的特性。三是要在政府、市场与社会三位一体的框架下思考各自的角色和职责，明确各治理主体的权力边界。四是通过政府改革与有效政策安排来发挥多元主体的治理功能，形成多中心

① 孙绵涛. 我国城乡教育一体化体制改革与机制创新研究 [J]. 教育理论与实践，2011（8）：16-19.

的治理格局以提升义务教育治理水平。①

　　在高等教育体制改革方面，根据当前我国高等教育面临的形势和体制改革问题，有学者提出，高等教育为了适应人的全面发展和国家社会现代化的要求，必须消除深层次体制障碍，进一步推动人才培养体制、教师工作体制、投入体制、现代大学制度、国家治理体制五大领域的改革，完善高等教育体系和结构，优化高等教育发展与经济社会发展之间的关系，建构大规模、高效率、高水平办学的高等教育体系。②

　　针对提升高等教育质量的体制改革问题，有学者提出，我国高等教育质量建设既需要创新体制机制，让市场竞争机制在质量建设中发挥决定性作用，又要着力建设高等教育质量文化，从质量问责走向质量合作，形成各利益相关者之间基于信任的高等教育质量治理体系。③

　　针对现代大学制度建设和大学行政权力与学术权力的关系问题，有学者认为，现代大学制度的建设不仅是学校内部的事，而是一项内外兼修的工程："从外部来讲，高校要处理好大学和社会、和政府之间的关系，如像政府就不能用行政化的手段管理大学，要尊重大学的办学自主权，把大学应该有的权力完全放给大学。从大学内部来讲，要将内部的治理结构进一步进行改革，让它更加的优化，有利于学科的交叉融合，有利于学术的创新。""大学内部建设还有一个很关键的部分，就是处理好学术权力和行政权力的关系。……两种权力都有合理性，关键是怎么样相互制约、相互平衡。"④

　　在职业教育体制改革方面，针对政、行、企、校联合的体制问题，有学者从战略联盟的角度认为，要建立监督考核评价机制、利益共享分配机制、风险共担化解机制、人才互兼互聘机制和动态开放流动机制，使这种

① 王猛. 义务教育治理的多中心体制：内涵、机制与实践路径 [J]. 教育发展研究，2016（18）：25-31，38.
② 别敦荣. 我国高等教育发展面临的形势和体制改革的主要任务 [J]. 济南大学学报（社会科学版），2017（5）：135-141，160.
③ 张应强. 高等教育质量建设：创新体制机制与培育质量文化 [J]. 江苏高教，2017（1）：1-6.
④ 钟秉林：高校要处理好学术权力和行政权力的关系 [EB/OL].（2014-03-10）[2018-09-17]. http：//edu. people. com. cn/n/2014/0310/c367001-24593733. html.

联盟能长期高效地运行。①

针对西部高等职业教育体制中的问题，有学者认为，要实施优先发展的体制机制，明晰西部高等职业教育的职责使命；完善政府统筹的体制机制，优化西部高等职业教育的布局；采取生均财政拨款标准体制机制，拓宽西部高等职业教育融资渠道；探索多元办学体制机制，增强西部高等职业教育办学活力；健全内涵发展的体制机制，深化西部高等院校课程改革；建立教师队伍健康发展体制机制，确保西部高等职业教育的师资支撑；健全过程监管的体制机制，完善西部高等职业教育治理。②

以上关于各级各类教育体制改革的观点既是教育体制理论创造性的具体运用，也是国家教育体制改革政策理论设计中，各级各类教育体制改革政策的具体展开。

二、中国教育体制理论研究的展望

（一）教育体制理论将更加丰富和完善

党的十九大开启了我国发展的新时代新征程。实现社会主义现代化强国的目标，首先要实现教育现代化。为此，要更全面深入地推进教育改革，创新教育体制理论。第一，教育体制和机制改革会出现一些前所未有的新问题，教育体制的研究必须要创新研究方法，去研究这些新的问题，形成新的教育体制理论。而要创新教育体制理论，还必须要创新教育活动、教育机制、教育观念和教育人论的理论及其逻辑体系。第二，教育体制改革从来都不是教育内部的事，改革开放40年来，都是政治体制、经济体制改革影响教育体制改革，推动教育体制的改革不断深入发展。新时代强化政治制度建设、推进国家治理体系和治理能力现代化等政治体制改

---

① 陈海燕. 职业教育战略联盟运行体制和保障机制探究 [J]. 人力资源管理，2016（4）：136-137.

② 高宝立. 以体制机制创新促进西部高职教育发展 [J]. 清华大学教育研究，2017（5）：15-19.

革，由高速增长阶段转向质量发展阶段、以完善产权制度和要素市场配置为重点等经济体制改革，必然要对教育体制改革提出新的要求。因此，新时代的教育体制理论研究必须要关注新时代的政治体制与经济体制改革，研究其对教育体制改革的影响，研究政治体制、经济体制与教育体制改革之间的互动关系。第三，我们还要看到，新时代所面临的互联网、人工智能等新技术环境，必然要对教育组织形态和实践形态产生影响。教育组织机构和教育规范，以及由这两个要素所构成的学校教育体制和教育管理体制等正在发生变化。因此，教育体制的理论研究，要高度关注互联网和人工智能对教育、教育体制所带来的这些影响和变化，建构适应这一时代特征的全新的教育体制理论体系。

由以上分析可以说，新时代教育体制理论体系将由三个层次的理论体系构成：探讨教育体制内部各要素之间关系的教育体制内的理论体系，探讨教育体制与教育现象中其他范畴之间关系的教育现象内的教育体制理论体系（包括互联网和人工智能条件下的教育体制理论体系），以及探讨教育体制与政治体制、经济体制等要素之间关系的教育现象外的教育体制理论体系（见图1）。

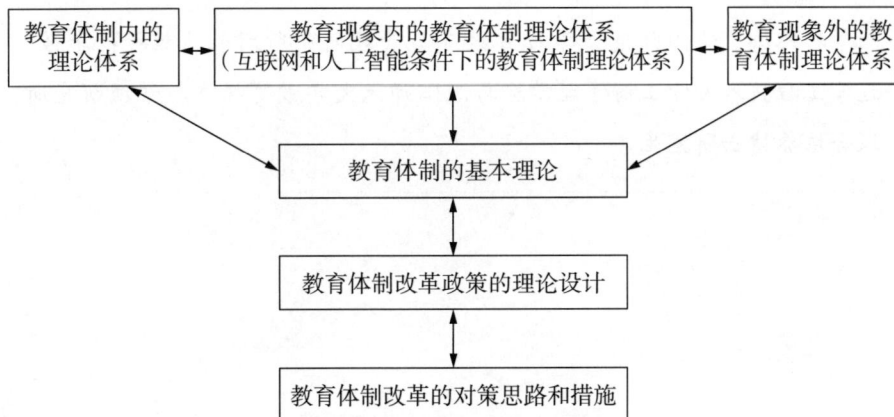

图1　新时代教育体制理论体系

为建构这样一种新时代教育体制理论体系，从事教育体制基本理论研究、教育体制改革政策理论设计，以及教育体制改革具体措施设计的教育理论工作者和教育实践工作者必须更加紧密地通力合作，才能完成新时代赋予我们的这一新的历史使命。

（二）将为中国的社会体制、政治体制、经济体制改革发挥重要的借鉴和参考作用

实现社会主义现代化，必然要对新时代的社会体制、政治体制和经济体制进行改革。教育体制改革的理论体系，作为一个比较成熟而且在中国教育体制改革中发挥了较大作用的理论体系，应该而且必然会为这些体制改革研究提供借鉴与参考。比如，这些体制的基本要素分析、体制改革与制度改革的关系、体制改革与机制改革的关系等重大的理论及实践问题，可通过借鉴教育体制理论来理清思路。这将会对社会体制、政治体制、经济体制改革的理论和实践大有裨益。

······ **作者简介** ······

孙绵涛，沈阳师范大学教育经济与管理研究所所长、教授；李莎，辽宁工程技术大学工商管理学院与沈阳师范大学教育经济与管理研究所联合培养博士研究生。

我国高考改革的价值取向变迁与理性选择
——基于改革开放40年高考招生政策文本分析的视角

钟秉林　王新凤

改革开放40年来，我国高考改革的价值取向变迁体现在：选拔标准从知识本位走向能力本位，重视全面发展；考试科目从零散、分科走向融合，强调能力立意；考试方式从单一走向多元，注重综合评价；招生录取从效率优先到更加注重公平，实施"阳光工程"；招生计划从质量优先走向综合考量，实施政策补偿。高考改革具有渐进性和连续性的特点，呈现出注重科学性、自主性、选择性和公平性的基本价值取向，经历了迂回曲折的发展过程。经济社会和教育发展宏观环境的变化，各利益相关者不断增加与分化的利益诉求，对高考招生制度的科学性与公平性提出的变革需求，成为高考改革的动力机制。新一轮高考改革的价值选择，应遵循教育规律，回归高考基本功能；坚持与时俱进，平衡多元价值取向；加强科学决策，正确引导社会舆论；注重动态协调发展，实现制度理性创新。

改革开放40年来，伴随着我国高等教育规模和质量的快速发展，高校考试招生制度发生巨大变革。2014年，国务院发布《关于深化考试招生制度改革的实施意见》（以下简称《意见》），以浙江和上海为试点省份启动了新一轮高考综合改革。2017年，北京、山东、天津、海南四省市成为第二批高考综合改革试点地区，2018年又有九个省份申请启动高考综合改革。新一轮高考改革承袭历史而来，在历史与现实维度中呈现出面向未来的应然价值导向。

自 1977 年中共中央、国务院做出恢复高考的重大决定以来，教育部（国家教育委员会）几乎每年都会发布关于做好普通高等学校招生工作的政策文件，对高考招生工作进行部署。1981 年、1983—1986 年、2000—2017 年全国普通高校招生录取工作的通知都随文颁布了当年的普通高等学校招生规定，《中国教育改革和发展纲要》《国家中长期教育改革和发展规划纲要（2010—2020 年）》《普通高等学校招生暂行条例》等文件亦明确指出了我国高考改革的方向，这些政策文件是我国高校招生工作的重要行动纲领。《意见》颁布以来，浙江、上海、山东、北京、天津、海南等试点省份相继颁布本省域深化高校考试招生制度综合改革试点方案。2018年，浙江和上海颁布进一步深化高考综合改革试点工作的意见，对高考改革方案进行调整。这些方案类文件描绘出我国高考改革的未来愿景。笔者收集了改革开放以来的 77 个相关文件①，其中，通知类文件 35 个、规定类文件 21 个、方案类文件 8 个、政策法规类文件 13 个，覆盖了 1977 年以来的所有年份，从中既可以窥见政策的延续性，又凸显出每年高考改革的重要动向。以这些政策文件为研究对象，分析改革开放 40 年来我国高考改革的制度变迁过程、政策发展脉络和重要价值调整，提供历史经验借鉴，对于新一轮高考改革的理性选择和平稳推进具有重要意义。

一、我国高考改革的价值取向变迁

改革开放 40 年来，我国高考的选拔标准、考试科目与内容、考试方式、录取方式及招生计划分配等都发生了较大变化，高考改革日趋注重全面发展、能力本位、综合评价和公平公正的价值取向。

---

① 本文所引文献中，1977—1999 年的政策文件参见杨学为主编《高考文献（下）（1977—1999）》，高等教育出版社 2003 年版；2000—2018 年的政策文件源自教育部、地方教育考试院官方网站。

（一）选拔标准从知识本位走向能力本位，重视全面发展

1977 年以来，教育部历年招生政策文件中都规定了当年招生工作遵循的基本原则和报考条件，从中可以看出，40 年来，我国高考招生的标准发生了显著变化，政治标准进行调整，年龄限制逐步放宽，从强化文化考查到重视德智体美全面发展，高考选拔的标准从政治本位、知识本位逐步走向能力本位。

1. 破除唯成分论，拓展入学机会

一是破除唯成分论，转而关注学生个人表现。1977 年恢复高考后，我国高考政策文件逐步对考生的政治审查标准进行了重大调整。凡是政治历史清楚，具有高中毕业或相当于高中毕业文化水平，身体健康者均可报考。教育部《关于一九七八年高等学校招生工作的意见》指出，要全面地正确地贯彻执行党的"有成分论，不唯成分论，重在政治表现"的政策。1979 年，教育部《关于高等学校录取新生政治审查工作的意见》强调，"政治审查，主要看本人的政治表现……父母及主要社会关系的政治问题和历史问题，一般不应影响考生的录取"。之后的 40 年，对考生的政治审查主要看本人的政治思想品德表现。

二是放宽年龄限制，拓展社会成员入学机会。2001 年以前，高考政策文件中对考生报名条件一直都有年龄限制："未婚，年龄一般不超过二十五周岁"，有实践经验者可以放宽到 28 岁。2001 年，从终身学习的理念和构建学习型社会的视角出发，国家进一步拓宽考生的报名条件，取消对考生年龄和婚姻的限制。2014 年的《意见》强调，拓宽社会成员终身学习通道，扩大社会成员接受多样化教育的机会。2016 年 9 月，教育部出台《关于推进高等教育学分认定和转换工作的意见》，鼓励探索多种形式学习成果认定，以满足人民群众多样化学习和发展需要。

三是将违规者拒之门外。历年文件中报考条件部分都规定了对不得报考人员的要求，明确了对报考人员思想品德的要求。2009 年以来，我国普

通高等学校招生工作规定除了限制高校在校生、非应届毕业的在校生、服刑者参加高考之外，替考或者考试作弊的学生也被限制参加高考。这既是对报考人员基本权益的维护，也是对破坏考试规则的学生的惩戒，有利于维护高考制度的公平与公正。

2. 重视文化考查，探索综合评价

改革开放以来，我国高校招生工作一直按照"德智体全面衡量，择优录取"的原则选拔学生。《2002年普通高等学校招生工作规定》指出，"高等学校招生工作应贯彻公平竞争、公正选拔，德智体全面考核、综合评价、择优录取，入学考核形式以文化考试为主的原则"。"综合评价"首次成为高校招生工作的基本原则。《2003年普通高等学校招生工作规定》取消了"入学考核形式以文化考试为主的原则"的表述，并将"德智体全面考核"调整为"德智体美全面考核"，强调全面发展、综合评价。2006年，增加了"公开透明"的原则，"公平竞争、公正选拔、公开透明，德智体美全面考核、综合评价、择优录取"的基本原则沿用至今。

概而言之，改革开放以来，我国逐渐取消了对考生家庭出身等政治条件的限制，加强了对考生的文化考查，强调为经济社会发展培养高质量的建设者。进入21世纪之后，为了培养经济社会发展需要的多样化、高素质的高级专门人才，满足人民群众日益增强的受教育需求，高考政策取消了对年龄和婚姻的限制，同时强调学生德智体美全面发展。人才选拔的标准从政治本位、知识本位逐步向全面发展和综合评价转变。

（二）考试科目从零散、分科走向融合，强调能力立意

改革开放40年来，我国高校招生考试的科目设置、考试内容和命题方式发生了很大变化。总体而言，考试科目逐步减少，文理从分科走向融合；考试内容从注重考查知识的获得，转向考查创新精神、综合素质及问题分析能力，强调能力立意；考试命题方式从分散到集中，几经反复，更加注重考试质量。

1. 考试科目从分科走向融合，强调文理互通

1977 年，高考文科考试科目为政治、语文、数学、史地；理科考试科目为政治、语文、数学、理化。由省、市、自治区组织考试命题，县（区）统一组织考试。1978 年，文理科考试科目均为六门，文科考政治、语文、数学、外语、历史、地理，理科考政治、语文、数学、外语、物理、化学；外语为必考科目，但除了外语院校或专业外，成绩不计入总分。命题方式调整为全国统一命题，省、市、自治区组织考试、评卷。1979 年，报考重点院校的考生外语成绩按照 10% 计入总分。1981 年，理科考试科目增加了生物，外语成绩按 50% 计入总分。1983 年，外语成绩按 100% 计入总分。

1987 年后，我国开始探索在普通高中会考基础上减少考试科目，形成各种科目组合，由高校确定选考科目组合。1987 年，上海市开始探索自主命题，在会考基础上开展高考科目改革的试点，将高考科目减少为四门，分为六组。1989 年和 1990 年，国家教育委员会发布文件规定当年的高考科目组合。1992 年，国家教育委员会《关于在普通高中毕业会考基础上高考科目设置的意见》提出，按文理分科设置考试科目，文科考语文、数学、外语、历史和政治；理科考语文、数学、外语、物理和化学，语文和数学分别根据文理科的特点在试题内容方面适当加以区别，从 1993 年开始逐步实施。至此，在普通高中会考基础上的高考科目改革基本成形。

1999 年，教育部《关于进一步深化普通高等学校招生考试制度改革的意见》提出，在广东省前期试点的基础上，试行 "3+X" 科目设置方案。"3" 是指语文、数学、外语三门考试科目；"X" 是指由高等学校根据本校层次特点的要求，从物理、化学、生物、政治、历史、地理六个科目或者综合科目中自行确定一门或几门。2000 年开始，在山西、吉林、江苏、浙江四省试点，并逐步推开。2002 年，北京开始自主命题。到 2006 年，自主命题的省份达到 16 个，高考命题采取统一命题（全国卷）与分省自主命题（地方卷）相结合的方式。这一时期的高考内容改革强调对考生能力和素质的考查，《教育部关于做好 2007 年普通高等学校招生工作的通知》指出，进一步深化高考内容改革，着力体现全面实施素质教育和培养创新人才的要求。

2014 年，《意见》指出，浙江和上海作为高考综合改革首批试点省份进行高考科目设置改革。考生成绩由两部分组成：一是统考的语数外三科成绩；二是高中学生自选三科的等级考试赋分成绩，由考生根据报考高校要求和自身兴趣特长，在思想政治、历史、地理、物理、化学、生物等科目中自主选择。目前，试点省份均按"3+3"组合进行高考科目设置，但选考科目组合有所不同，浙江省是从思想政治、历史、地理、物理、化学、生物、技术（含通用技术和信息技术）7 门设有加试题的高中学业水平考试科目中选择 3 门作为选考科目；上海是从普通高中 6 门学业水平考试科目中自主选择 3 门作为选考科目；山东也是 6 选 3，并探索将技术（含信息技术和通用技术）科目纳入等级考试科目。

2. 考试命题强调能力立意，命题方式几经调整

改革开放 40 年来，高考命题从注重考查知识，转向考查创新精神、综合素质及问题分析能力。新一轮高考改革取消了文理分科，着重增强基础性、综合性，着重考查学生独立思考和运用所学知识分析问题、解决问题的能力，高考内容更加强调能力立意。同时为保证国家教育考试的质量和社会公信力，我国高考命题方式由分散走向集中。1977 年，我国高考由省、市、自治区组织考试命题，县（区）统一组织考试。1978 年，调整为全国统一命题，省、市、自治区组织考试、评卷。2000 年开始，在山西、吉林、江苏、浙江开展自主命题试点，并逐步推开。2002 年，北京开始自主命题。到 2006 年，自主命题的省份达到 16 个。之后，高考命题方式又逐步走向集中。2016 年，使用全国统一试卷的省份从 15 个增至 26 个，国家教育考试机构命制多套不同的试卷供有关省份选用，形成"以统为主、统分结合"的命题格局，保证试卷信度和效度，提高命题质量。

（三）考试方式从单一走向多元，注重综合评价

改革开放 40 年来，我国高考招生从"一考定终身"的单一选拔方式，向一年两考、多次选择、综合评价和多元录取的方式转变，致力于改变过去唯分数论的弊端，实现综合评价、科学选才。

1. 在预选基础上进行全国统考

1977 年，我国恢复高考后的第一次考试采取口试和笔试等多种形式，提倡开卷考试。同时，还试招收少数应届高中毕业生直接上大学。1979 年，我国实施全国统一试题、统一录取标准、统一安排、统一划定重点院校录取分数线的政策，也允许考生人数较多的省、市、自治区在高考前进行预选。1980 年，四川、湖南、陕西、湖北等省份结合高中毕业考试进行预选。1981 年，放宽预选的人数，并将预选权力下放到中学。1987 年，国家教育委员会颁布《普通高等学校招生暂行条例》，明确我国普通高等学校招生实行统一考试，而统考前是否预选由地方招生委员会决定。

1987 年，国家教育委员会同意上海在会考基础上减少高考科目。1989 年，国家教育委员会发布《关于试行普通高中毕业会考制度的意见》，将会考作为检查、评估高中阶段教学质量，考核高中毕业生文化课学习是否合格的手段。1990 年，国家教育委员会决定用两年时间在全国逐步实行普通高中毕业会考制度。1993 年，开始实施会考科目基础上的高考科目设置方案，当考生的高考成绩基本相同时，可参照普通高中会考成绩决定取舍。

2. 统考基础上的多元评价

2014 年，《意见》指出，要完善高中学业水平考试，各地要合理安排课程进度和考试时间，创造条件为有需要的学生提供同一科目参加两次考试的机会；规范高中学生综合素质评价，建立规范的学生综合素质档案，各省（区、市）制定综合素质评价基本要求，学校组织实施；加快推进高职院校分类考试，实行"文化素质+职业技能"评价方式，学生也可参加

统一高考进入高职院校。各地试点方案在落实方面有所差别，比如在考试次数方面，浙江规定学考与选考同卷进行，外语和选考科目一年两考；上海规定合格性考试和等级性考试分开进行，只有外语一年两考。浙江《关于进一步深化高考综合改革试点的若干意见》和山东《深化高等学校考试招生综合改革试点方案》都规定，选考科目只能报考一次，在考试次数方面，从选考科目全部一年两考调整为部分科目一年两考。同时，浙江、上海都提出建立科学合理的选考科目保障机制，在考试方式改革方面进行政策微调，确保学生专业学习基础与国家人才培养需求相适应。

（四）招生录取从效率优先到更加注重公平，实施"阳光工程"

改革开放 40 年来，"尊重志愿、分数由高到低、择优录取"是我国高等学校录取新生的一贯原则，高考录取看重分数，优先保证重点高校生源，注重效率，但这也造成了唯分数论倾向以及高校之间的不公平竞争。近年来，国家通过各种改革措施，在保证生源质量的基础上更加强调公平性。

1. 逐渐推行平行志愿，取消录取批次，增加学生选择机会

《教育部关于一九七九年高等学校招生工作的意见》规定，要优先保证重点院校新生质量。全国重点院校按规定的录取分数线在某些地区不能完成招生任务时，允许调整到成绩较好的地区录取。该文件同时规定了第一批次录取的高校名单，之后第一批次录取高校数量逐年增加。2000 年以后，"211 工程"高校都在第一批次录取，这保证了重点高校录取新生的质量，但同时使优秀生源集中于重点高校，造成了高校间的不公平竞争。2008 年，教育部鼓励各省（区、市）采取平行志愿投档方式。2009 年，在湖南、江苏等 16 个省份进行平行志愿投档改革试点。2014 年，《意见》指出，要改进录取方式，创造条件逐步取消高校招生录取批次，推进并完善平行志愿投档方式，增加高校和学生的双向选择机会。当前，部分省份已经取消录取批次或合并了本科二批、三批录取批次，实行平行志愿投档。

2. 清理和规范加分政策，改善公平录取政策环境

1977 年，我国高校录取新生，根据专业不同对考试成绩有所侧重，优先保证重点高校、医学院校、师范院校、农业院校生源，注意招收少数民族学生、港澳台和归国华侨青年、女学生等。经过近 40 年的发展，高考加分政策受惠群体大为扩展，分为加分录取、减分录取、优先录取、加分投档等多种优惠政策。2014 年，教育部开始严格控制、大幅度减少高考加分项目，规定从 2015 年起取消体育、艺术等特长生加分项目，2015 年 1 月 1 日前取得相关奖励者可以获得适当加分投档，但不超过 5 分，2016 年起取消全部体育、艺术特长加分项目。2018 年，全面取消体育特长生、中学生学科奥林匹克竞赛、科技类竞赛、省级优秀学生、思想政治品德有突出事迹等全国性高考加分项目①，高校公平录取的政策环境进一步改善。

3. 探索多元录取方式，规范和完善自主招生

1993 年，国家教育委员会提出，对在培养人才方面有特殊要求的学校或专业，经过批准可以按系统或地区，联合或单独组织招生考试，并按有关规章录取新生，把选拔新生的职权放到学校。2003 年，我国开始在部分高等学校开展自主选拔录取的试点。2007 年以来，我国通过高中新课程试验的省份、自主选拔录取试点高校、高考综合改革试点省份开展了多元选拔机制的试验探索。2014 年，《意见》提出，要探索基于统一高考和高中学业水平考试成绩、参考综合素质评价的多元评价方式。浙江提出"三位一体"综合评价招生方式，高校依据统一高考、高中学业水平考试和综合素质评价成绩按比例合成综合成绩，择优录取。上海提出，将本科院校需要通过面试等方式考核学生能力的部分特色专业招生计划投放到春季考试

---

① 教育部. 发展素质教育　促进教育公平　科学选拔人才：教育部部署做好 2018 年普通高校招生工作 [EB/OL]. (2018-03-21) [2018-08-03]. http：//www. moe. gov. cn/jyb_xwfb/gzdt_gzdt/s5987/201803/t20180321_330773. html.

招生中，依据统一考试成绩、普通高中学业水平考试成绩、面试（或技能测试）情况进行录取。2014年的《意见》提出，要完善自主招生政策，试点高校不得采用联考方式或者组织专门培训，控制招生规模，从2015年起自主招生安排在统考后进行。各地都强调规范录取程序和要求，做到信息公开公示，实现程序公平。

4. 实施"阳光工程"，以技术手段保障公平

1999年，《教育部关于进一步深化普通高等学校招生考试制度改革的意见》强调，重点实施计算机网上录取。2001年，全国实行计算机网上录取。网上录取是以技术手段实现录取公平的一项重要措施，是高校招生手段的革命性变革。2005年，教育部强调实施高校招生"阳光工程"，颁布《关于高等学校招生工作实施阳光工程的通知》。此后历年招生政策文件都将实施"阳光工程"作为重要内容，招生录取的透明度和公平性显著提高。

（五）招生计划从质量优先走向综合考量，实施政策补偿

改革开放40年来，秉承以生源质量为主，兼顾地区平衡的原则，我国招生计划分配向生源质量好的省份倾斜，同时面向农村和艰苦地区、行业定向招生，强调对社会处境不利群体的政策补偿。

1. 向生源质量好的省份倾斜，兼顾区域公平和行业需求

恢复高考后，为保证招生质量，招生计划向重点高校倾斜，向考生质量好的地区倾斜。1984年，教育部发布《关于改革教育部部属高等学校招生来源计划的意见》，强调贯彻择优录取的原则，将年度计划招生数的30%—35%安排到考生质量与招生工作较好的地区；同时，招生来源计划也兼顾面向农村和艰苦地区、行业定向招生。1987年，国家教育委员会颁布的《普通高等学校招生暂行条例》明确规定，中央部门所属学校，对工作与生活条件比较艰苦的地区，可在国家任务招生来源计划中确定适当比例，实行"定向招生、定向分配"。21世纪以来，随着中国西部大开发战略的实施，西部省份的招生来源计划有所扩展。

2. 实施补偿性招生政策，促进入学机会公平

随着高等教育规模的扩张，高等教育入学机会的区域与城乡差异逐步扩大，高考改革政策文件更关注招生计划分配的公平性。教育部《2006年普通高等学校招生来源计划管理试行办法》提出，部属高校招生要按照"生源质量为主，兼顾地区平衡"的原则，在保持各地计划总量相对稳定的同时，将计划增量部分向中西部高等教育欠发达且生源质量好、数量多的省份倾斜。2014年的《意见》提出，改进招生计划分配方式，提高中西部地区和人口大省高考录取率，继续实施支援中西部地区招生协作计划；增加农村学生上重点高校的人数，继续实施国家农村和贫困地区定向招生专项计划，由重点高校面向贫困地区定向招生，形成对农村地区、中西部地区的系列补偿政策。

21世纪以来，招生计划分配依然面向生源质量较好的地区，民族班、民族预科班、国防生、免费师范生等定向招生计划依然存在，但招生政策更加关注区域公平和城乡公平，关注进城务工人员随迁子女入学问题和贫困地区农村考生上重点大学问题。高考改革从效率优先向公平效率兼顾转变，更加强调公平性价值取向。

二、理性认识我国高考改革的价值取向

（一）高考改革的价值取向

改革开放40年来，我国高考改革具有渐进性和连续性的特点，呈现出注重科学性、自主性、选择性和公平性的基本价值取向。

1. 高考改革注重考试的效率，科学选拔人才

我国高考科目在会考（学业水平考试）基础上逐渐减少，文理从分科逐渐趋向于综合，以顺应经济社会发展需求和科技发展趋势，引导中小学校重视完善学生知识结构和思维方式，为高校培养创新型、复合型人才提供生源。考试内容以知识学习为基础，更加强调能力立意。考试命题方式以统为主、统分结合，保证试卷信度和效度，提高命题质量。评价方式在统考、学业水平考试、中学生综合素质评价的基础上探索综合评价。这些改革举措旨在提高高考的效率，科学选拔合适的学生进入高校深造，引导中小学教育改革发展的方向。

2. 高考改革注重扩大高校自主权，多元选拔人才

1977 年恢复高考以来，我国高考政策就强调高校在科学选才中的重要作用，逐步扩大高校办学自主权。1987 年，国家教育委员会《关于扩大普通高等学校录取新生工作权限的规定》提出，逐步扩大高等学校选拔新生的权限。20 世纪 90 年代开始，允许高校按照各自的特色、风格和专业要求培养人才，把选拔新生的职权放到学校。2003 年，部分高校开展自主选拔录取的试点。新一轮高考改革探索"两依据、一参考"的综合评价机制，逐步取消录取批次，尝试统一招生、自主招生、注册招生、定向招生、破格录取相结合的多元录取方式，这些改革举措都体现了扩大高校招生录取自主权的基本价值取向。

3. 高考改革注重增加学生的选择性，引导学生全面发展

改革开放 40 年来，高考招生的基本原则从德智体全面发展，调整为德智体美全面发展；加分政策从注重对少数民族等弱势群体的政策补偿，发展到逐步增加科技创新、志愿者服务等加分项目；高考科目从文理分科，设置文综、理综固定科目，改革为学生根据自身发展和高校要求自主选择三科参加等级考试；本科和高职高专院校分类考试，高职高专院校探索注册入学；英语等科目实行一年两考；等等。这些改革举措都体现了以学生为本，给学生提供更多选择机会的重要价值取向。

4. 高考改革注重公平性，增加弱势群体入学机会

公平公正一直是我国高考改革的基本价值取向，高考公平的内涵和外延则随着时代进步在发生变化。具体表现在：注重个人政治表现，冲破家庭出身论的桎梏；取消对年龄和婚姻的限制，扩大受教育机会；清理和规范加分政策，出台"异地高考"政策，规范自主招生政策，维护入学机会公平；调整招生计划，缩小省际高考录取率差异；增加农村和贫困地区学生上重点大学的人数，促进教育公平和社会公正。总之，改革开放 40 年来，我国高考改革在推进形式正义和实质正义方面有显著成效，公平竞争、公正选拔、公开透明等成为高考录取的主要指导原则，报考机会面前人人平等，实现机会的平等；分数面前人人平等，实现选拔标准的客观性与公正性；选择面前人人平等，对于达到录取条件的考生，学校无权拒绝且其他高校无权强制录取，具有正义的属性。

（二）高考改革的实践困境

改革开放 40 年来，我国高考改革经历了迂回曲折的发展过程，部分领域的改革进展缓慢甚至阻力重重，高考改革负重前行。

1. 高考改革是辗转迂回的发展过程

高考改革具有渐进性的特征，新一轮高考改革的亮点并不是突然出现的，而是在 40 年的改革进程中不断摸索和试验而逐步形成的。不断"试错"的改革实践，为构建和完善我国现代考试制度提供了难能可贵的本土化经验，对此应有客观的认识和科学的判断。比如，考试文理分科还是不分科的争议，一直伴随着高考科目和内容改革的整个过程；对考试成绩评定的标准分方式的选择、扬弃，以及当下标准分方式再度被提及，考试成绩评定是否采取标准分方式一直处于争议之中；高考加分受惠群体从逐步扩展，到目前的大幅度减少，相关改革措施争议不断；为改变一考定终身的弊端而进行的新一轮高考改革，又引发了科学性与公平性的讨论。任何制度变革都是对当下社会发展需求的回应，同时受到外部环境和技术条件的限制。应避免受急功近利"政绩观"的影响，或缺乏对历史经验的借鉴而进行盲目改革。因此，高考改革问题的解决也需要在改革中继续探索，在发展中逐步达成共识。

2. 高考改革在部分关键领域进展缓慢

由于社会、经济、文化等种种因素的制约，高考招生制度改革在一些关键领域推进还比较缓慢，一些理念先进或设计初衷很好的改革设想在实施中却遇到阻力，往往欲速不达，对此，我们应该有清醒的认识和坚韧的毅力，稳妥地探索前行。例如，高校招生自主权问题，从恢复高考开始，我国就强调将招生权力下放到高校，进行了单独招生、联合招生、自主招生等各种探索，但高校招生自主权至今依然是高考改革中的薄弱环节，需要在深化综合改革中逐步加强。再如，中学生素质评价问题，1983 年我国就提出应届高中毕业生报考高等学校必须具备高中阶段的档案，供高校录取新生时参考；之后，又建立了考生电子档案。但迄今为止，中学生综合素质评价结果在高校录取中尚未发挥重要作用，需要高校和中学协同探索。新一轮高考改革采取了"两依据、一参考"的综合评价招生录取重要举措，但在高校招生自主权有限和采取总分录取模式的条件下，这一领域的改革依然任重而道远。

3. 高考改革受制于多重社会功能

随着经济社会发展和高等教育规模扩张，高考的社会功能与工具价值逐渐增强。高考不仅是高校选拔人才的主要途径，引导着中小学教育教学的改革方向，还肩负着促进社会阶层流动的重要社会功能。尤应指出，在当前社会背景条件下，维护社会稳定与公平更成为高考的重要社会功能之一。高考的首要功能是选拔功能，即为不同类型的高校选拔合适的人才。但改革开放 40 年来，高考被赋予了过多的社会功能，甚至被寄望于解决教育系统之外的难题，这使高考改革举步维艰。以高校招生自主权为例，高校作为人才选拔的主体，有权根据自身发展定位选择合适的生源。从国际比较来看，根据多元标准选拔学生是普遍趋势，我国虽然一直在倡导和鼓励高校发挥招生自主权，但因为社会诚信体系不健全等因素，至今尚未真正实现。高考改革受制于多重社会功能，必然步履艰难，有学者甚至提出为高考"减负"①。

---

① 郑若玲. 高考改革的困境与突破［J］. 厦门大学学报（哲学社会科学版），2017（3）：1-10.

（三）高考改革的动力机制

改革开放 40 年来，我国高考改革在理想的价值追求与现实的差距间负重前行，经济社会和教育发展宏观环境的变化，各利益相关者不断增加与分化的利益诉求，对高考招生制度的科学性与公平性提出了变革需求，这成为高考改革的动力机制。

1. 外部动因：适应经济社会发展需求

40 年前，我国为实现农业、工业、国防和科学技术现代化的宏伟目标，迫切需要以经济建设为中心。因此，高考改革注重效率和质量，加强文化考查，选拔最好的生源，培养各行各业技术精英，为经济社会发展服务。改革开放以后，我国经济体制发生了巨大变革，从计划经济向社会主义市场经济转变。人们的生活水平显著提高，完成了从解决温饱问题到实现小康水平的历史性跨越，向全面建成小康社会的目标努力。经济发展方式从要素驱动、投资驱动转向创新驱动，科学技术迅猛发展，学科发展趋于综合，移动互联网技术与教育教学融合。这些对高校选拔合适人才、培养不同层次和类型的高级专门人才提出了新要求。

2. 内部动因：适应教育发展现实需求

40 年前，中国教育发展的任务是普及义务教育、扫除青壮年文盲。高等教育处于精英教育阶段，每年高考报名人数超过 500 万，但实际录取人数只有 30 万左右，录取率只有 6%。① 经过 40 年的发展，中国教育的普及化程度大为提高，改革与发展的目标已经转向追求公平、优质的教育。高等教育规模急剧扩张，从精英教育向大众教育转变。2016 年，高等教育毛入学率达到 42.7%，录取率超过 76%，正加速迈向普及化阶段。高等学校分层、分类发展趋势明显，高校选拔人才的标准和方式趋于多样。在基础教育领域，九年免费义务教育全面普及，高中阶段教育基本普及，基础教

---

① 教育部. 教育部关于一九八〇年全国高等学校招生工作会议的报告 [M] // 杨学为. 高考文献：1977—1999：下. 北京：高等教育出版社，2003：124.

育进入优质均衡发展新阶段，中小学课程改革、评价制度和教学方式改革以及教师专业发展得到高度重视，改变高考选拔标准单一、唯分数论的现象，为中小学教育教学改革服务，是基础教育发展对高考改革提出的现实要求。

3. 制度动因：应对公平性的严峻挑战

高考招生制度必须回应教育公平的现实诉求。其一，制度实施过程中背离设计初衷，影响入学机会公平。比如，高考加分政策设计的初衷是为不同发展天赋的孩子、社会处境不利群体的子女提供更好的发展机会，但政策执行过程中一度局部失控，出现了奖励性加分名目繁多、幅值过高、身份作假等现象，影响了社会公信力。其二，社会结构变迁带来新问题，高考面临新挑战。比如，在我国社会城市化进程中，进城务工人员随迁子女的"异地高考"问题逐渐凸显。其三，高考成为阶层流动的阶梯，是学生改变个人和家庭境遇，尤其是农村考生跨越城乡二元结构，实现阶层递进的主要通道，关系着社会稳定和公正。但由于区域经济、社会、文化水平的差异，中西部地区人群、农村地区人群、贫困家庭、少数民族等弱势群体的入学机会尤其是进入重点大学的机会难以得到充分保障，高考招生制度的公平性受到质疑，必须通过政策调整促进入学机会公平。

4. 价值动因：平衡不同群体的利益诉求

40年来，随着中国社会结构变迁、体制改革深化以及教育规模扩张，高等教育利益相关者增多，高考改革牵涉多元利益主体，包括各级政府、发达地区和欠发达地区、不同社会阶层、不同性别群体等。不同利益群体关于高考改革的利益诉求和利益冲突会以价值观的形式体现在社会舆论、学术争论和政策制定中，呈现出不同的、矛盾的甚至相悖的价值取向。如现行的分省定额、划线录取政策，有观点认为，其导致了省级政府与区级、县级政府以及区级、县级政府之间的利益博弈；"异地高考"政策的制定和实施，体现出户籍人口和外来人口间的利益冲突。针对加分政策、自主招生、综合素质评价等，有观点认为，对弱势阶层子女不利等。高考改革政策的制定折射出不同利益群体的利益"博弈"，必须平衡各方利益诉求，争取最大限度的价值共识。

三、我国高考改革的价值选择

（一）遵循教育规律，回归高考基本功能

高考的基本功能是科学公正地选拔人才。回顾40年来高考改革的价值取向变迁可以看出，高考被赋予了更多的社会功能。比如，受制于户籍制度而产生的进城务工人员随迁子女"异地高考"问题，由资源分布不均衡导致的入学机会城乡差异、区域差异问题，贫富差距拉大产生的入学机会阶层差异问题，大众化进程中优质高等教育资源供给短缺带来的"上好大学难"问题等，如果将这些问题都归责或寄望于高考改革，无疑会增加高考改革的艰巨性和复杂性。新一轮高考改革的基本目的是科学与公平地甄选适合于在不同层次和类型高校深造的人才，引导学生全面而有个性地发展，力求在增加学生选择机会和扩大高校招生自主权方面有所突破。以高校招生自主权为例，高校作为人才选拔和培养的主体，有权根据自身发展定位和人才培养目标及规格选择合适生源进入高校深造。在40年高考改革变迁中，我国尽管一直倡导扩大高校招生自主权，却囿于招生规模庞大、体制机制和方法手段不完善、社会诚信体系不健全等原因，至今未能全面实现。新一轮高考改革应坚持落实高校招生自主权，稳妥扩大综合评价招生试点高校范围，不能因高考制度被捆绑过多功能而动摇这个改革方向。

（二）坚持与时俱进，平衡多元价值取向

新一轮高考改革的亮点是，强调按照学生的意愿和能力提供相应的教育，为学生提供更多的选择机会，发展每个学生的天赋才华，把重视补差的教育转变为注重扬长的教育，体现了对教育的理想价值的追求。高考改革政策的价值选择要与时俱进、结合实际。习近平总书记在十九大报告中

指出，"我国社会主要矛盾已经转化为人民日益增长的美好生活需要和不平衡不充分的发展之间的矛盾"，反映在高等教育领域，就是人民群众接受优质高等教育的迫切需求与优质高等教育资源供给短缺且不均衡之间的矛盾。在这样的背景下，不同利益群体具有不同的价值追求。优势群体更倾向于在享有优质教育资源的基础上追求教育的理想价值；而弱势群体往往更倾向于追求教育的工具价值，获得向上流动的机会。因此，当前高考改革的价值选择应该兼顾理想价值与工具价值，兼顾效率与公平，兼顾科学与正义，在高考综合改革实践探索中要高度重视和妥善协调这些关系。

（三）加强科学决策，正确引导社会舆论

高考改革事关国计民生，应构建国家主导、多元参与的协同治理体系，拓展利益相关者的参与途径，加强他们的实质参与，减少民众对直觉判断的依赖，正确引导社会舆论。对于政策制定者和管理者而言，应从公共政策主体的角度，悬置个体主观性的价值立场，实现科学决策并保证政策得到有效实施。高考改革涉及不同群体间利益的重新分配，多数改革措施在增进部分人利益的同时，也会影响另一部分人的切身利益。政策制定者要站在多元利益主体的立场，根据社会和教育发展的状况，依靠专业的团队和科学的证据，对政策价值进行分析研判和权衡选择，谨慎地平衡各利益主体的诉求，实现科学民主决策。

（四）注重动态协调发展，实现制度理性创新

高考改革是一项系统工程，需要正视高考政策的系统性、持续性与发展性。坚持国家统一的考试制度不动摇，坚持以人为本、科学选才、促进公平的改革方向不动摇，以部分关键领域的改革为突破口，实现高考改革的协同推进，实现教育系统内外、教考招不同环节、中学与高校的系统推进。加强国家宏观层面的统筹协调，深化教育体制机制改革，建立配套的长效保障机制，为高考改革提供制度保障和资源支撑，保证高考改革政策

的持续性和稳定性，最大限度实现改革预期。以发展性、动态性的眼光看待高考改革，从长远的角度对政策进行前瞻性系统评估，在高考改革进程中分析和解决高考改革的问题，允许试点省份、高校、领域对高考改革政策进行微调。高考制度变迁具有渐进性特点，需要在改革实施过程中保持政策的稳定性和持续性；高考制度不是一成不变的，需要根据社会需求变化和教育发展趋势适时修正与完善。在动态发展中完善高考制度，才能保证高考招生制度的公平性与科学性，使这项人才选拔制度更具生命力。

······ 作者简介 ······

　　钟秉林，北京师范大学教育学部教授，中国教育学会会长；王新凤，北京师范大学教育学部高等教育研究院讲师。

中国教育研究国际影响力的反思与前瞻

李　梅　丁　钢　张民选　杨　锐　徐　阳

改革开放以来，中国教育研究成果的显示度与影响力正在逐步提升，本土学术力量和海外华人学者的力量也日渐凸显。但中国教育研究国际影响力的提升仍面临若干挑战，相关研究亟待加强。为加快提升中国教育研究国际影响力，中国教育研究需要完善学术文化与学术规范，加强学者队伍建设，强化本土文化认同感，提升学术研究质量，从世界教育学术知识的学习者转变为建构者乃至主导者，为中国从教育研究大国向教育研究强国迈进奠定坚实基础。

改革开放以来，中国教育研究进入了繁荣发展的新时期。进入 21 世纪，提升中国教育研究国际影响力①已经成为中国由一个教育大国和教育研究大国向教育强国和教育研究强国迈进的必由之路。提升中国教育研究的国际影响力，一是与当今中国政治、经济、文化教育的国际地位以及国际上对于中国文化教育的关注程度和了解意愿相契合；二是中国教育研究自身成熟和完善之必要前提，不惟融入世界视野和教育知识体系，更要使中国教育研究成为世界教育知识体系和经验系统不可或缺的重要组成部

---

① 本文的中国教育研究国际影响力，一是指国内教育研究的国际影响力，既包括国内教育研究与国际上主要的研究主题、话语体系、研究范式、研究规范的关系，也包含国内教育研究的国际显示度和影响程度；二是指国际上的中国教育研究的影响力，即国际上对于中国教育发展的关切，及其研究趋势和研究成果的影响程度。

分；三是有利于扭转长期以来中国教育研究偏重从国外引进教育研究概念体系、工具方法、理论成果的境况，重视在世界舞台上展示中国经验和教育研究成果，形成双向交流与对话的理想图景。

我们需要强调在国际教育知识体系中确立中国教育研究的文化立场、理论思想、话语体系和研究范式，坚持从具有中国教育特色的实践与发展出发，提升中国教育研究的国际影响力。

一、对国内教育研究国际影响力的反思

（一）中国教育研究界有关国际影响力的自我反思

自20世纪90年代起，中国教育学界对中国教育研究如何形成国际影响展开了讨论。鲁洁在1992年出席加拿大多伦多大学举办的"跨文化知识：东西方大学"国际会议时，强调"中国的教育学要着重研究在中国这一特定空间和条件下的教育问题"，"探索中国教育运行的特殊规律，在此基础上形成我们的理论框架、研究方法和知识体系"，为丰富世界教育学知识宝库做出独有贡献。[①]

进入21世纪，中国教育研究的理论视角渐趋多样化，包括话语分析、全球化理论以及跨文化视角分析等，并重点探讨全球化视野下中国教育研究面临的新挑战、新问题以及展现的新特征、新路向。丁钢、周勇对全球化视野下的中国教育研究进行了系统梳理，提出需要破除"世界主义"－"民族主义"、传统－现代、中国－西方这种二元分割和对立的思维方式，建构多元文化共存融合和互动的视角。[②] 文娟、李政涛提出当代中国教育研究的全球视野应该包括"问题的全球性""眼光和视角的全球性""方法的全球性"和"思维方式的全球性"，需要基于中国本土实践和中国经验，

---

① 鲁洁. 试论中国教育学的本土化 [J]. 高等教育研究, 1993 (1)：33-35.
② 丁钢, 周勇. 全球化视野与中国教育研究 [M] //丁钢. 中国教育：研究与评论：第10辑. 北京：教育科学出版社, 2006：1-37.

形成全球视野下的"国际化"转化能力和表达能力。[①]

　　提倡中国教育研究话语体系的文化自觉一直是主流观点之一。陈兴德、潘懋元认为，19 世纪末至 20 世纪早中期，中国教育学科处于建立和发展阶段，对于域外教育学研究具有相对的依附性。而随着中国教育实践和教育政策的深入发展，中国教育研究渐趋本土化，自主性日渐加强，乃至摆脱了对于国外教育研究的一味依附和引进。[②] 李承先、陈学飞则指出，西方的教育话语存在明显的霸权，中国教育本土化的逻辑前提就是要打破西方教育话语霸权，使中国本土的教育话语得以觉醒与重构，使中国教育的真实需要得到符合传统与现实的正确表达。[③] 张忠华、贡勋指出，"中国（特色）教育学是建立在中国教育历史传统的基础上，结合中国教育实际，用先进教育理念与方法，建构出具有中国文化特质的教育学，它是共性与特性的有机结合，其价值取向立足'由内而外''本土创生'，亦即教育学本土化的实质拓展"[④]。总体而言，随着中国进入世界格局的步伐加快，中国本土教育研究更需要确定东西方双向交流和互动的理论视角和考察维度，关注中国教育实践及中国教育研究对于世界的影响和贡献，在中国特色的教育实践基础上推进中国教育研究及其国际影响力研究。

（二）本土教育学期刊国际影响力评价

　　中国人文社会科学研究期刊的国际化问题一直是中国人文社会科学研究者和出版界关注的重要议题。中国出版的 7000 多种学术期刊，是中国科研水平提高的重要标志。而中国国际学术论文主要流向国外期刊。从国外大型检索系统收录中国学术期刊情况、引文分析来看，中国学术期刊的国

---

① 文娟，李政涛. 当代教育研究中的全球视野、跨文化能力与中国特色［J］. 全球教育展望，2013（7）：43-51.

② 陈兴德，潘懋元. "依附发展"与"借鉴-超越"：高等教育两种发展道路的比较研究［J］. 高等教育研究，2009（7）：10-16.

③ 李承先，陈学飞. 话语权与教育本土化［J］. 教育研究，2008（6）：14-17，23.

④ 张忠华，贡勋. 教育学"中国化"、"本土化"和"中国特色"的价值取向辨析［J］. 高校教育管理，2015（6）：46-53.

际影响力非常有限，与中国学术研究规模很不相称。[①]

可以说，考察中国教育学期刊的国际影响力是分析中国教育研究走向世界的重要方面。程军、姜博以中国知网《中国学术期刊国际引证年报》2014 年统计源选定的范围为标准，按照中国知网中的影响因子查询排序，选择了 350 种国内教育学期刊，包含北京大学编制的中文核心期刊要目和南京大学编制的《中国社会科学引文索引》（CSSCI）来源期刊中的教育学期刊，运用科学计量学的方法分析 2012—2014 年国内教育学期刊的国际影响力。结果显示，中国教育学期刊的国际影响范围呈扩大趋势，刊均总被引频次逐年递增，由 2012 年的刊均 12.0 次上升至 2014 年的刊均 25.8 次。但期刊学术质量亟待提升，与其他国内人文社科期刊的国际影响力相比，教育学期刊总体处于中等水平；与国际教育学期刊相比，少量国内教育学期刊开始与国际权威教育学期刊接近，但整体仍存在不小差距。由此，他们提出质、量均衡发展，注重传播语言载体的作用，多主体参与，专业化和特色化研究以及完善评价体系，是提升我国教育学期刊国际影响力的重要途径。[②]

中国目前已经成为全球英文学术论文的第二大产出国，近年来国内一些学者也主编了多种教育学英文期刊，并在全球出版。如 2006 年高等教育出版社创办《中国教育学前沿》（*Frontiers of Education in China*，季刊）、2012 年清华大学创办《中国教育国际期刊》（*International Journal of Chinese Education*，半年刊）等。从发表的论文主题来看，其中既包含中国学者做的研究，也包括国际学者做的中国教育研究，反映的不仅仅是中国教育问题，更多的是国际教育理论与实践的共同问题与趋势。虽然教育学英文期刊的影响力在逐步提升，但它们起步晚、数量少，发展还受到各种客观条件限制。这些期刊的主办者需要深入思考如何开发作者资源、扩充

---

① 戴维民. 中国学术期刊国际影响力分析 [J]. 复旦学报（社会科学版），2004（1）：111-118.
② 程军，姜博. 2012—2014 年中国教育学期刊国际影响力现状及思考：基于《中国学术期刊国际引证年报》的统计分析 [J]. 中国高教研究，2015（7）：41-47.

编委队伍、规范审稿程序和标准以及使传播范围和读者群更加国际化，使这些新兴英文期刊受到国际同行关注和重视，成为其考察中国教育研究的知识参照。①

二、对国际上中国教育研究影响力的评鉴

（一）中国教育研究从思考历史到关注现实

在 20 世纪，由于受到以历史研究为主题领域的国际汉学的影响，国际上的中国教育研究也以历史研究居多，其中有代表性的学者包括秦博理（Barry Keenan）、玛丽安·巴斯蒂（Marianne Bastid）、保罗·贝利（Paul Bailey）等。丁钢在《中国教育的国际研究》一书中，从中国教育传统及其价值、中国近代教育与中外交流、中国当代教育与国际关系三个方面，对国外学者对中国教育的研究做了研究和评论。② 李弘祺的《中国教育史英文著述评介》一书则以专题书评的形式介绍了 2005 年以前美国对中国教育传统以及中国近代教育史的研究状况。该书从文化史、思想史、社会学和经济史角度，介绍了美国学者对中国传统教育的认识，包括中国人人格养成的特点、价值理念的形成以及考试制度的形成和影响等方面。③

随着中国改革开放进程的加快，越来越多的国外教育学者开始关注中国当代教育的发展，不仅研究数量不断增长，而且研究领域日益广泛。相关的国际知名教育学者的中国教育研究成果在国际教育学界产生了重要影响。这些学者包括欧美的许美德（Ruth Hayhoe）、彭恩霖（Lynn Paine）、保罗·贝利（Paul Bailey）、骆恩典（Stanley Rosen）、海迪·罗丝（Heidi Ross）、约翰·霍金斯（John Hawkins）、曹诗弟（Stig Thogersen），澳大利亚的安东尼·韦尔奇（Anthony Welch）、西蒙·马金森（Simon Marginson），

① 郑瑞萍. 中国人文社会科学学术期刊国际化的理论与实践探析 [J]. 社会科学管理与评论，2010（3）：44-49.
② 丁钢. 中国教育的国际研究 [M]. 上海：上海教育出版社，1996.
③ 李弘祺. 中国教育史英文著述评介 [M]. 台北：台湾大学出版中心，2005.

日本的金子元久和大冢丰等人。他们的研究领域包括中国的高等教育、师范教育以及农村教育等。其中许美德的《中国大学 1895—1995：一个文化冲突的世纪》(*China's Universities 1895 - 1995：A Century of Cultural Conflict*)①、《思想肖像：中国知名教育家的故事》(*Portraits of Influential Chinese Educators*)②、《21 世纪中国大学画像：迈向大众高等教育》 (*Portraits of 21st Century Chinese Universities：In the Move to Mass Higher Education*)③ 等著作的影响显著。在中国学者著作的外译和外推方面，有许美德对顾明远文集的译介④和挪威学者阿里・谢沃 (Arild Tjeldvoll) 关于潘懋元高等教育研究思想的研究著作⑤等。雷文、商丽浩对 1994—2003 年中国和美国的国际教育研究进行了量化分析，认为美国关于中国教育的论文增加与中国国际关系的改善和国际地位的提高高度相关，这些论文主要关注中国高等教育，其次为中等和初等教育。⑥ 国际学者对于中国教育不同领域的研究，以及关于中国教育学者教育思想的译介，不仅提高了国际教育学界对于中国教育研究的关注程度，也推动了中国教育研究的国际影响力提升。

　　关于中国教育研究的现状及其如何融入世界知识体系问题，杨锐发表了系列英文文章，如《中国教育研究的国际化与本土化》(Internationalisation, Indigenisation and Educational Research in China)⑦、《儒家文化背景下

---

① HAYHOE R. China's universities 1895 - 1995：a century of cultural conflict [M]. New York：Garland Press，1996.

② HAYHOE R. Portraits of influential Chinese educators [M]. Dordrecht，the Netherlands：Springer，2007.

③ HAYHOE R，et al. Portraits of 21st century Chinese universities：in the move to mass higher education [M]. Hong Kong：Comparative Education Research Centre，The University of Hong Kong，Springer，2011.

④ GU M Y. Education in China and abroad：perspectives from a lifetime in comparative education [M]. Hong Kong：Comparative Education Research Centre，the University of Hong Kong，2001.

⑤ TJELDVOLL A. Pan Maoyuan：a founding father of Chinese higher education research [M]. Trondheim：Norwegian University of Science and Technology，2005.

⑥ 雷文，商丽浩. 中美国际教育研究的交互视域：近十年教育期刊论文分析 [J]. 教育发展研究，2005 (8)：64-66.

⑦ YANG R. Internationalisation，indigenisation and educational research in China [J]. Australian Journal of Education，2005，49 (1) ：66-88.

的教育研究：方法论反思》（Educational Research in Confucian Cultural Contexts：Reflections on Methodology）①、《中国高等教育发展再审视：聚焦学术文化》（Reassessing China's Higher Education Development：A Focus on Academic Culture）② 等。这些文章涉及中国教育传统的价值、中国教育研究中的问题与挑战、学术文化以及研究规范和方法上如何与国际规则协调、中国教育知识和人文社会科学研究在国际上的地位和作用等多个方面。而冯海颖等考察了中国政府科研政策对于教育学术研究国际化的影响，认为中国政府繁荣人文社会科学研究的政策从重视知识的引进转向强调知识的引进与输出并重，以此增强了中国在国际上的文化软实力与话语权。③

（二）国际期刊中的中国教育研究

有研究者为考察国际上中国教育研究的整体面貌和发展动态，对于《社会科学引文索引》（SSCI）来源期刊上的中国教育研究论文进行了系统梳理和计量分析。数据显示，进入 21 世纪，关于中国教育研究的 SSCI 期刊论文数呈快速增长趋势。李甜的硕士论文共分析了 1978—2008 年 30 年间发表于 SSCI 来源期刊上的关于中国教育研究的 1892 篇论文。其中1978—1992 年、1993—2000 年和 2001—2008 年三个历史时期分别有论文370 篇、499 篇和 1023 篇，年均篇数分别为 25 篇、62 篇和 128 篇。主要的研究领域为基础教育、高等教育、国际交流与合作、职业与成人教育、教师教育与师范教育以及教育综合管理等。论文分为独立作者和合作发文两类，独立作者来源地主要为中国香港地区（313 篇）、美国（234 篇）、中国内地（174 篇）、加拿大（45 篇）和澳大利亚（37 篇）。这些论文分布

① YANG R. Educational research in confucian cultural contexts：reflections on methodology [J]. Comparative Education, 2011, 47 (3)：395-405.
② YANG R. Reassessing China's higher education development：a focus on academic culture [J]. Asia Pacific Education Review, 2014, 16 (4)：1-9.
③ FENG H Y, BECKETT G H, HUANG D W. From "import" to "import-export" oriented internationalization：the impact of national policy on scholarly publication in China [J]. Language Policy, 2013, 12 (3)：251-272.

于 550 种期刊之中，有 31 种期刊发表了 10 篇以上的中国教育研究论文，发文数排在前五位的期刊分别为《中国教育与社会》（*Chinese Education and Society*，125 篇）、《比较教育评论》（*Comparative Education Review*，63 篇）、《中国季刊》（*China Quarterly*，62 篇）、《比较教育》（*Comparative Education*，60 篇）、《国际心理学杂志》（*International Journal of Psychology*，57 篇）。可见，中国教育研究论文分布具有集聚性，集中于两类期刊，一是以"Chinese"或"China"命名的期刊，二是以比较和国际研究为主题的期刊。[①]

　　而从长时段的考察来看，外文教育期刊上中国学者的发文数量稳步增长，影响力不断提升。丁智善（Jisun Jung）和霍塔（Hugo Horta）对于 1985—2012 年 Scopus（一个学术文献搜索引擎）上的高等教育论文进行了统计，考察日本、韩国和中国的发文贡献。在 1248 篇高等教育论文中，中国内地学者的论文有 389 篇，占发文总数的 31%，其中包含独立作者论文 132 篇（33.9%），合作发文 257 篇（66.1%）。[②]

（三）21 世纪国际中国教育研究的新进展

　　2001 年中国加入世界贸易组织以后，国际上对中国教育的研究呈快速增长之势，这表明随着中国社会经济的持续发展，中国教育领域与国际上的交流和合作不断深化，国际学术界对于中国教育政策、实践、思想理论发展的关注和研究日渐深化。首先，国际中国教育研究数量持续增长，研究主题大幅拓展，涵盖教育学科的各个领域，但仍然存在主题集中和不平衡的现象，如对高等教育、比较教育和教育政策的研究较为集中。其次，研究人数增多，研究主体发生转变。研究主体从以外国研究者为主，转变

① 李甜. SSCI 收录的有关中国教育的研究成果的统计分析（1978—2008）［D］. 上海：华东师范大学，2009.

② JUNG J S, HORTA H. The contribution of East Asian countries to internationally published Asian higher education research：the role of system development and internationalization［J］. Higher Education Policy，2015，28（4）：419-439.

为外国研究者和华人研究者持平，且华人学者有后来居上之势。华人学者和中国留学生成为海外从事中国教育研究的两个重要群体。进入 21 世纪，研究中国教育的外国中青年研究者并未呈现兴起之势，而中青年华人研究者走到学术舞台中央，如李成、杨锐、曹聪、林静、黄福涛、查强等，他们影响着海外的中国教育研究发展，从数量和质量上予以推进。最后，留学海外的教育专业中国留学生的硕士和博士学位论文对扩大中国教育研究的国际影响力也起了推动作用。由此，国际中国教育研究者的国际地位和受关注程度不断提高。从近年来华人学者多次获得比较与国际教育学会（Comparative and International Education Society）优秀论文的荣誉中可见一斑。

更为重要的是，进入 21 世纪以来，大型国际教育研究项目，尤其是教育测评和比较研究项目日益增多，中国政府和中国学者也参与其中，发挥作用。如上海分别于 2009 年和 2012 年参与经济合作与发展组织（Organisation for Economic Co-operation and Development，简称 OECD）发起的国际学生评估项目（Programme for International Student Assessment，简称 PISA）。两次均获得阅读、数学和科学的第一名。PISA 测试结果引起了世界各国政府、媒体和教育界的关注，美国国家教育与经济研究中心主任马克·塔克（Marc S. Tucker）撰写了《超越上海：美国应该如何建设世界顶尖的教育系统》（*Surpassing Shanghai: An Agenda for American Education Built on the World's Learning Systems*）[1]，OECD 应美国政府邀请编写《教育系统中的成功者与变革者》（Strong Performers and Successful Reformers in Education）[2]，用专章阐述了上海的教育发展经验。以此为契机，上海教育乃至中国教育成为各国教育界争相研究的对象。受到各国学者和媒体关注的内容包括"面向全体学生的教育""抗挫学生""教师专业发展及教研

---

① TUCKER M S. Surpassing Shanghai: an agenda for American education built on the world's learning systems [M]. Harvard: Harvard Education Publishing Group, 2011.

② OECD. Strong performers and successful reformers in education [R]. Paris: OECD, 2012.

制度与活动""委托管理""教育规划"与"数学教育"等。由于上海职业学校学生在 PISA 测试中表现优异，美国国家教育与经济研究中心代表团专程来沪考察并撰写了《中国制造：中国职业教育培训的挑战与创新》（*Made in China：Challenge and Innovation in China's Vocational Education and Training System*）[①]。2016 年 2 月，OECD 公布了 2013 年教与学国际调查（Teaching and Learning International Survey，简称 TALIS）结果，上海教师在教师职前准备、在职专业发展、教育先进理念、教学实践方法、社会学校支持诸方面的十余项指标中都名列世界第一，大部分指标远超世界平均值。这引发了各国对上海教育乃至中国教育研究的一个高潮，如中英政府合作开展"中英数学教师合作交流项目"，美国国家教育与经济研究中心出版了张民选教授的《上海教师专业发展》（*Developing Shanghai's Teachers*）[②] 等。2013 年世界银行设立了"提升教育质量的系统研究"项目，上海师范大学应邀参加该项目，并与世界银行专家共同完成了题为《上海是如何做到的》（How Shanghai Does It：Insights and Lessons from the Highest-ranking Education System in the World）的研究报告。[③]

三、中国教育研究国际影响力研究的现状

（一）中国教育研究国际影响力研究尚待加强

中国教育研究国际影响力的研究一直是较少受关注的领域，其中更多是基于中国教育研究的理论反思和研究范式建构。其关涉的主要问题是中国教育学科的本土化和自主性。正因为中国教育学从学科建构之初就具有西化气质，因此，中国教育学者的危机意识和反思意识尤为强烈，这也是

① NCEE. Made in China：challenge and innovation in China's vocational education and training system [M]. Washington DC：NCEE, 2014.

② ZHANG M X. Developing Shanghai's teachers [M]. Washington DC：NCEE, 2016.

③ LIANG X Y, KIDWAI H, ZHANG M X. How Shanghai does it：insights and lessons from the highest-ranking education system in the world [M]. Washington DC：World Bank Publications, 2016.

中国教育研究走向成熟的必由之路。但要坚持从具有中国教育特色的实践与发展出发，提升中国教育研究的国际影响力，中国教育研究国际影响力研究依然需要在研究主题、话语体系、研究规范、研究方法等方面予以加强。

（二）研究的深度与广度仍显不足

对于中国本土和国际上中国教育研究的考察，主要关注期刊论文，特别是对 SSCI 和 CSSCI 来源期刊所发表论文的研究，而忽视了对于专著和学位论文的研究；对本土中国教育研究的国际引证、国际发表等方面均有涉及，但无论是数据分析和质量分析还是教育话语权分析等方面，都有待加强和深入。我们不仅需要更加深入地研究国际中国教育研究的总体情况，包括学者、论著与机构等，还需要进一步研究国际中国教育研究的关注领域及其走向、重要成果与影响，以便更为深入而全面地评价国际中国教育研究及其影响力。

（三）研究方法上注重采用文献计量评价

对于中国教育研究国际影响力的评价，在研究方法上偏重文献计量法，用数据来比较国内外教育研究的差异和影响力的差距，为未来研究提供了基础和借鉴，但存在以量化评价质量、贡献和影响力的局限性，难以全面展现国内外中国教育研究的国际影响力的整体状况及其内在复杂的变化。

今后，可以综合运用文献计量分析、信息可视化分析和知识图谱等量化方法对有关中国教育研究的专著与学术论文数量、发表时间、研究领域、研究方法、发表期刊、引用与被引、参与研究的国家和研究机构、科研人员，以及中外合作研究的类型等诸多方面开展统计分析与研究。

未来的研究应在研究方法上采取量化和质性相结合的方法，多方位、多角度、系统性、动态性考察中国教育研究的影响力。可以运用内容分

析、事件分析和案例研究等方法，拓展对中国教育研究国际影响力的深度
分析与理解。

四、中国教育研究走向国际的前瞻性思考

世界知识体系的建构性和不平等性，决定了中国教育研究提升国际影响力不可能一蹴而就，需要经历三个主要阶段，即作为参与者、作为建构者、成为主导者之一。在 20 世纪 90 年代之前，中国教育研究是西方教育学的学习者。随着中国本土教育学科建制的日趋完善，本土教育政策和实践的深入发展，中国教育研究开始成长为世界教育学知识体系的建构者、合作者和对话者，长期目标是成为世界体系的主导者之一。中国教育研究从世界知识的边缘走向中心的进程中，还将面临以下挑战。

第一，世界知识体系的不平等关系。英语学术体系的霸权地位长期存在，但中国教育学者成果的显示度正在逐步提升。学术研究的语言不仅是学术思想的载体和工具，更具有世界学术结构和等级体系建构的功能。从已有研究来看，美国、英国等以英语为母语的国家处于教育学知识生产的核心地位，中国教育研究在世界知识体系之中尚处于弱势地位。除语言表达的障碍之外，这还与世界的知识和学术成果的评审者主要为英语国家的学者有关。

第二，教育学界的学术文化和学术规范亟待完善。学术文化和学术规范问题是中国人文社会科学普遍面临的重要问题。教育学术研究相对于其他社会科学研究的独立自主性，和中国本土教育学术研究相对于国际教育学术研究的自主性，以及教育学术研究相对于市场和经济逻辑、相对于外在力量的独立自主性，都是亟待重视的问题。获得自主性与遵守国际规范是中国教育学研究融入世界教育学研究的必然途径。

第三，面向国际的学术发表体制与平台尚需完善。中文教育学期刊的国际化以及中国境内英文教育学期刊的进一步发展将是中国教育研究走向

世界的重要平台和载体。这关涉到中国教育研究成果交流平台和传播渠道的国际化问题，是中国教育研究走向世界、扩大国际影响力的重要机制和载体。建立符合国际学术规范的论文评审机制和发表程序尤其重要。同行评议是国际上科研项目申请、学术人员晋升、学术成果发表最为重要的机制，需要在中国进一步推广普及。

提升中国教育研究的国际影响力，华人学者和中国留学生的作用不容忽视。自20世纪80年代以来，中国通过公费和自费形式，委派大量学生出国留学。进入21世纪，每年都有40万名以上的学生出国，40万名以上的学生学成回国。海归教育学者、海外华人学者和中国留学生将构成国内外中国教育研究的重要群体，有利于加快中国教育研究迈向世界的步伐。

中国悠久的历史文化传统及丰富的本土教育实践尚未得到充分挖掘与使用，在研究范式、研究视角、理论基础和研究方法上缺乏自主创新和本土自觉。未来要加强中国教育研究的本土文化认同感、历史和实践的相关性，形成独创和自主的教育研究体系。另外，中国教育学界要遵从国际规范，加强平等对话，提升在国际学术体系的话语权和影响力。

今天，中国特色社会主义进入新时代，将形成全面开放新格局。随着中国教育研究走向世界，中国本土的教育研究将给世界教育研究提供视野、方法和理论思想参照，为世界教育知识体系贡献我们的智慧和实践路径。

作者简介

李梅，华东师范大学高等教育研究所副教授；丁钢，华东师范大学教育高等研究院院长、教授；张民选，上海师范大学国际与比较教育研究院院长、教授；杨锐，香港大学教育学院副院长、教授；徐阳，高等教育出版社人文社科学术出版事业部副主任、副编审。

第二编

教育学原理：历史性飞跃及其时代价值

柳海民　邹红军

改革开放作为驱动中国发展的强大引擎，推动我国的教育学原理学科实现了历史性的飞跃。创立教育学原理学科，厘清学科定位，明确学科属性，创建学科体系，为教育学原理学科走向科学化打下了坚实基础。创生中国学派，融通理论与实践，教育学理论取得里程碑式发展，这些学派成为扎根中国教育、言说本土主张、走向世界舞台的中国教育学旗帜。创新中国话语，致力推动理论原创，为教育学原理的发展注入充分的中国养分和自身发展的生命力，为中国化的教育理论发展和教育实践改革贡献了理论支撑与学科智慧。

教育学原理是教育科学体系中的一门基础性学科，它以研究教育基本理论问题，探求教育一般原理，为教育理论发展和教育实践改革提供综合性研究指导为鹄的。改革开放 40 年以来，中国的教育学原理学科从无到有、从小到大、从弱到强，实现了历史性飞跃，在促进中国教育学学科发展和体系完善、回应教育改革重大需求和重大问题中发挥了独到作用。洞见学科发展的重大理论与实践成果，既是总结学科发展经验、向改革开放交出一份世纪答卷的必要之举，也对进一步加强学科反思，开拓学科场域，推进学科发展，助力建设具有中国特色、中国风格和中国气派的教育学原理具有重要的意义。

一、创立学科，厘清"元"题，推动学科走向科学化

一个学科的创立是其存有与发展的前提和本体论承诺，而其学科定位与学科属性则为其"是其所是"的实质性规定，是关乎"如何看"与"如何做"的根本性问题。改革开放以来，因应国家经济建设、国民素质提高、教育美好生活期待的时代任务与历史语境，教育学也实现了从书斋到田野、从理性自足到科学发展、从依附精英到面向大众的时代飞跃。特别是进入 21 世纪以来，随着教育学知识分化及其科学化进程的推进，教育学在遭遇成为"次等学科"和"教育学终结"等危机的同时，也走上了奋进之路，肩负起回应现实需要的重任。这一"to be or not to be"的哈姆雷特之问，促发教育学者和管理部门就此展开了富有成效的研究与讨论。这些有力度的行动，对教育学原理学科的确立、学科定位与属性的厘清及教育学原理"元层次学科"地位的稳固助益极大。

（一）创立教育学原理学科

教育学原理旧称教育基本理论，与教育原理、教育概论、教育通论等混称在一起。改革开放前，在我国具有重要影响的学科建制文件中，未有关于教育学原理学科的专门表达。为适应我国高等师范院校重建的需要，教育部于 1978 年颁布了第一个对教育学具有重要影响的学科建制文件《高等师范院校的学校教育专业学时制教学方案（修订版）》。该文件规定高等师范院校需设"教育理论"课程，包括马克思列宁主义、毛泽东教育思想研究、鲁迅教育思想研究、现代教育技术、教育哲学、教学论和思想政治教育。1981 年，国务院批准的《首批硕士学位授予单位及其学科、专业名单》及《首批博士学位授予单位及其学科、专业名单》都采用"教育基本理论"的表述。1988 年《〈普通高等师范院校本科专业目录〉征求意见稿》中则将教育基本理论等同于教育概论。1990 年 10 月国务院学位委

员会和国家教育委员会颁布的《授予博士、硕士学位和培养研究生的学科、专业目录》中开始出现"教育学原理"称谓，其学科代码为040101。在此基础上，经多次征求意见、反复论证，国务院学位委员会和国家教育委员会在1997年6月修订的《授予博士、硕士学位和培养研究生的学科、专业目录》中仍然使用了"教育学原理"的学科称谓，学科代码为040101，沿用至今。教育学原理学科诞生后，学科的主要任务是研究教育中的基本理论问题，探求教育的一般规律，为教育理论的发展和教育改革提供综合性的研究成果。

教育学原理学科名称的确立成为教育学学科发展的一个标志，之于教育学原理学科发展意义重大而深远。它框定了教育学原理学科的研究领域和学科边界，即"研究教育中的基本理论问题，探求教育的一般原理"；它汇聚了有志于从事教育学原理学科研究与教学的专家和莘莘学子；它凝聚了教育学原理学科的学术研究主题、研究话语、研究群体和研究活动，并由此孵化出一大批学术研究成果和学科发展平台，如教育学原理学科硕士和博士学位授权点等。教育学原理学科的确立，推动了这门学科的历史性发展，使之成为教育学科中一个庞大的学科群。

（二）厘清学科定位

教育学原理的学科定位及其属性是其在教育学科群中所处的位序及其学科价值。教育学原理是教育学中的基础学科，为其他二级学科提供理论观点和思想方法，为研究各级各类教育提供理论基础。教育学原理也从其他二级学科吸取养料。教育学原理作为一门学科，在教育学学科体系中属于"原理理论"，是基础理论研究学科，是所有教育学分支学科的学科基础，具有"独特的哲学性格"。其"原理理论"表现在，通过经验世界本身来确立新的基本假设，运用分析的方法揭示出现象的普遍特征，它是建立于原理（原则）基础之上的演绎推理体系[1]；其"独特的哲学性格"表

---

① 齐梅，柳海民. 教育学原理学科的科学性质与基本问题 [J]. 教育研究，2006（2）：28-32.

现为一种宏观的、统观全局的学科视野与反思性、智慧性的理论表达，"其他有关学科理论的终点，恰恰是教育学原理的起点"①。教育学原理不仅研究教育学自身，澄清其基本的概念、命题、理论之含蕴及其相互关系，追求逻辑的自洽完善，为其他教育学分支学科打下坚实的学理基础，而且以人类社会的"全部教育现象为研究对象"②去分析和阐明其演变发展的一般过程与规律，揭示其本质。教育学原理的基础学科地位并不意味着其可以取代其他分支学科的理论观点，而是表明它是在人类教育实践和相关理论基础上形成的关于教育总体的基本看法，因而在理论上更具概括性、综合性，对实践具有更为普遍、更为全面的指导意义。③

　　教育学原理是教育科学体系中的一个组成部分。教育学是学科总体，教育学原理是局部，是教育学学科体系中的一个重要组成部分。教育学作为研究培养人的艺术的学科，其肇始可以追溯到古希腊的柏拉图、亚里士多德及中国的孔子。教育学原理则是到 20 世纪初叶才开始出现，仅就以"教育学原理"为题的专著而言，如 1904 年迟秀三郎的《教育学原理》、1933 年桑代克的《教育学原理》。20 世纪中叶以后，教育学有了快速发展，涌现出一大批新兴学科。按教育层次划分有学前教育学、高等教育学、终身教育学等，按教育类别划分有职业教育学、特殊教育学、成人教育学、远程教育学等，从交叉学科角度划分有教育哲学、教育社会学、教育统计学、教育测量学、教育评价学等，由此构成以教育现象和教育规律为共同研究对象的学科总体，即教育科学。教育学原理是教育科学完整体系中的基础学科，它侧重探求教育的基本规律、基本原理和基本方法。

（三）明确学科属性

　　"教育学是科学抑或艺术""教育学是人文科学还是社会科学"是教育

---

① 李瑾瑜．"教育学原理"的名与实：读胡德海教授新著《教育学原理》[J]．教育研究，1999（6）：78-80．

② 项贤明．教育学的学科反思与重建 [J]．教育研究，2003（10）：14-18．

③ 李虎林．胡德海先生的教育学原理学科观及研究方法探析 [J]．当代教育与文化，2016（5）：58-63．

学史上的经典论题，围绕这些论题，基于不同的学术立场和文化语境，学者们提出诸多富有启发性的观点。"教育学是科学抑或艺术"是从教育学"合科学"的面向上，对教育学科学化之路的危机之问。有学者指出，"科学"指向"知"，追求符合教育事实的规律；"艺术"指向"行"，探寻指导教育实践的规则。两者的对峙实质上是"科学理论"与"实践理论"的分野。随着教育学作为统一知识体的瓦解，"教育学是科学抑或艺术"这一论题面临着前提性的困境，但又由于其对教育学发展路向的暗示，获得了在现时代的存在合理性。① "教育学是人文科学还是社会科学"则是"人的视角"与"社会视角"的立场分疏嵌入教育学的体现。教育以关怀生命、促进生命发展为立场②，以"人的培养"为核心的"精神世界"和"意义世界"是教育学独特的研究对象③，由此规约了教育学是源于生命、基于理解和认同的人文科学属性。有学者断言，教育学属于人文科学，是经典的、正式的人文科学学科。④ 但是，教育学的研究对象是一切人类社会中的教育现象，有"宏观教育事业现象"和"微观教育活动现象"之分。研究教育事业现象的宏观教育学，其学科属性倾向于社会科学；而研究教育活动现象的微观教育学，其学科属性则是人文科学。⑤ 随着教育学知识的分化与整合，教育学多元化发展态势的增强，学科功利性内涨的加剧，其人文价值取向必然成为教育学内生的学科情怀，而作为综合科学的教育学则更有利于教育学学科自身的发展。⑥ 因此，在学科性质上，教育学应该超越人文科学与社会科学两分法，整合二者的优势，积极主动地汲取自然科学前沿研究的有益养分。通过学科开放、科际整合与视野融合，

---

① 程亮. 教育学：科学抑或艺术 [J]. 教育研究，2005（7）：12-19.
② 冯建军. 论教育学的生命立场 [J]. 教育研究，2006（3）：29-34.
③ 满忠坤. 论作为人文科学的教育学 [J]. 教育发展研究，2017（23）：70-77.
④ 张楚廷. 关于教育学的属性问题 [J]. 现代大学教育，2012（6）：5-9，111.
⑤ 王鉴，姜振军. 教育学属于人文社会科学 [J]. 教育研究，2013（4）：22-29.
⑥ 王洪才. 教育学：人文科学抑或社会科学?：兼与张楚廷先生商榷 [J]. 教育研究，2012（4）：10-17.

最终将教育学建设成真正意义上的成熟的综合性学科。① 概言之，教育学是一门以人文学科为学科原点的社会科学。②

（四）创建学科体系

一门学科是否具有逻辑清晰、结构合理、要素完备的内容体系是衡量其发展水准的重要指标，而教材则是体现内容体系、研究成果的集大成者。自 1978 年我国教育学学科恢复重建以来，教育学教材已经从凯洛夫《教育学》体系中跳出，形成了中国自己的、符合学科定位的教材。教育学学科走过了 20 世纪 70 年代复归、80 年代创新、90 年代完善的时代历程，进入了学科体系共识阶段。

教育学教材建设取得的长足发展，为教育学原理内容体系的明晰和成熟奠定了坚实的基础。改革开放以来，如雨后春笋般涌现出来的具有"普通教育学"性质、影响较大、使用广泛的教育学教材主要有华中师范学院等五院校合编的《教育学》（1980 年）、黄济与顾明远主编的中等师范学校教材《教育学》（1982 年）、王道俊和王汉澜主编的《教育学》（1987 年）、石佩臣主编的《教育学基础理论》（1996 年）、十二校联编的《教育学基础》（2002 年）等。这些教育学教材的核心内容包括教育与教育学的概念、教育的产生与发展、教育本质、教育与社会发展、教育与人的发展、教育目的、教育制度、课程、教学、德育、教师、学生、课外或综合实践活动、教育研究方法、学校教育管理等，可归结七个"理论原题"，即教育的起源、教育的本质、教育的功能、教育的规律、教育的目的、教育的制度、教育者与受教育者。教育学原理学科教材的内容体系虽具差异，但就主要研究问题已达成共识，这为教育学原理内容体系的形成开阔了共识空间、扩展了话语平台。

---

① 王建华. 教育之学：超越人文科学与社会科学 [J]. 中国教育学刊，2006（9）：1-4，12.
② 余小茅. 教育学：以人文学科为学科原点的社会科学 [J]. 山西大学学报（哲学社会科学版），2014（6）：80-86.

教育原理类教材的不断涌现为教育学原理确定内容构成、比较教育原理与教育学原理二者提供了很好的学科参照。一般认为，教育原理是教育学或教育学原理的一个组成部分。既是总体中的一个组成部分，教育原理与教育学原理之间当同在"原理"，异在"体系"，即两者既然名称不同，实质内容体系之间也一定是有所不同的。改革开放以来出版的属于"教育原理"性质或明确标示为《教育原理》的著作和教材有厉以贤的《现代教育原理》（1988年）、陈桂生的《教育原理》（1993年）、叶澜的《教育概论》（2006年）、郑金洲的《教育通论》（2000年）、冯建军的《现代教育原理》（2001年）、柳海民的《教育原理》（2006年）。在这些著作和教材的内容体系中，富有倾向性的"理论原题"是教育的基础、教育起源、教育本质、教育功能、教育结构、教育活动及其内容（五育的上位表达）、教育途径（教学、社会实践等途径的上位表达）、教师与学生等。

教育学的理论体系是各类教育学的胚胎，故教育学原理与教育学应有近似的理论体系构成。在彼此近似的理论体系中，教育学与教育学原理之间相似在体系，相异在内容侧重，即两者因为内容体系相近而共同被称为教育学，又因为内容侧重不同而分别被称为教育学和教育学原理。教育学原理侧重理论，故可将教育学原理称为理论教育学；教育学侧重应用，故可将教育学称为实践教育学。改革开放40年来出版的教育学原理著作和教材有成有信等编写的《教育学原理》（1993年）、叶澜主编的《教育学原理》（2007年）、扈中平主编的《教育学原理》（2008年）、柳海民主编的《现代教育学原理》（2002年）等。在这些著作和教材的内容体系中，其"理论原题"一直稳定为教育起源与发展、教育本质、教育规律（教育与社会发展、教育与人的发展）、教育目的、教育制度、课程、教学、德育、教师和学生。

建设具有中国特色、中国风格与中国气派的教育学原理，必须立足中国语境，明确学科定位，拓展学科边界，开阔学科视野，不断从实践中及其他学科中吸取理论养分，守正开新，因应多学科融合日益深入的时代趋势，他我交融；必须具备专业和朴素两种气质，扎根于中国土壤，通俗而不庸俗，采取多元回归策略，从而赢得广大教育学人的认同。①

二、创生学派，融通理论与实践，提供教育学的发展范式

教育学的学科建设主要靠"立论"，教育学的学派建设主要靠"实证"。真正的教育学学派是在实践中"做"出来的，而不是在书斋里"论"出来的。教育学的学派意识及其实践路向，凸显出教育学研究者以及整个教育学科的主体性，是教育学作为一门自立、自为、成熟学科的重要标志。② 中国教育学派的提出，强化了中国教育学的主体意识，凸显了中国教育学发展的民族性与本土化关注。2003 年，中国教育学会发表《关于学术界学风建设倡议书》，呼吁通过教育研究育己、育人，创造出更好的学术精品，孕育出中国的教育学派。21 世纪的中国呼唤教育学派。创生中国教育学派的必要性在于社会和人发展的需要，深化对复杂教育现象认识的需要，学科发展的需要及教育实践的需要；其可能性在于教育学主体的学派意识增强，学科相对成熟，教育家群体的素质得以提高，发表学术著作的渠道相对畅通，以及具有创建学派所需要的组织条件。③ 其意义在于独立于相关学派和独立于西方教育学派；其基本路径包括建构性创生和渐进性创生，移植性创生和内源性创生，理论性创生和实践性创生，而宽容与批评意识、独立与整合意识、现实与学术意识是研究者的基本意识。④"生命·实践"教育学派、主体教育学、新教育学、情感教育学、情境教育学、理解教育学、生命教育学等中国教育学派已破茧而出，并有学派林立、百花竞放之象。

---

① 柳海民，徐海娇. 推进学科反思　促进理论创新：近年来教育学原理学科发展概观 [J]. 教育研究，2016（1）：157-159.
② 靖国平. 从"学科立场"到"学派立场"：论中国教育学的学派意识及其实践路向 [J]. 高等教育研究，2006（1）：76-81.
③ 易连云，杨昌勇. 论中国教育学学派的创生 [J]. 教育研究，2003（4）：37-42.
④ 李政涛. 论中国教育学学派创生的意义及其基本路径 [J]. 教育研究，2004（1）：6-10.

以裴娣娜教授为代表的主体教育理论倡导者认为，教育视野中的"主体"有别于哲学范畴中"主体"的多重规定，主要指"具有社会性的从事着认识和实践活动的现实的个人或社会集团"，包括个体主体和群体主体。其理论脉络是"两个层面""三个体系"和"四个命题"。"两个层面"即"对人主体性的建构"与"对学校作为办学主体的主体性的建构"。"三个体系"即主体教育的理论体系、实践体系和制度体系。"四个命题"是指：其一，价值性追求与工具性追求相结合，将责与权真正还给教育主体；其二，在实践活动基础上通过交往促进主体性的发展；其三，在社会化过程中实现个性化；其四，优化育人环境，实现个体主体与群体主体有差异的发展。主体教育研究的方法论范式则是"形而上"的理论引导与"形而下"的实验研究相结合。①

著名特级教师李吉林，从最初开创语文学科的情境教学，逐步构建了涵盖儿童成长诸多领域的情境教育。她提出情境教育是顺应儿童天性，突出"真、美、情、思"四大元素，以"儿童、知识、社会"三个维度作为内核的教育。情境教育以脑科学的成果为理论支撑，将儿童认知活动与情感活动结合起来，形成了具有独特优势的"全面提高儿童素质"的课程范式与操作体系。② 2008年11月，"李吉林情境教育国际论坛"在江苏省南通市举行，来自国内外的近百名专家学者参与研讨，全面、深入探讨和总结了情境教育的理论价值和实践意义。2013年，李吉林在《一个主旋律"三部曲"——儿童"快乐、高效"情境学习范式的构建历程》报告中展示了对儿童学习本质问题的进一步追问，反思、提炼了新的研究成果。历经近40年的理论建构与实践探索，该成果已享誉中国基础教育界，并于2014年获得我国首届基础教育教学成果特等奖。

改革开放40年来，我国德育领域形成了富有代表性的情感教育、知性德育、生活德育等德育理论主张，引领了我国的德育研究与实践。其中，

---

① 裴娣娜. 主体教育理论研究的范畴及基本问题 [J]. 教育研究, 2004 (6)：13-15.
② 李吉林. 情境教育的独特优势及其建构 [J]. 教育研究, 2009 (3)：52-59.

朱小蔓教授是情感教育理论的倡导者和行动者。情感教育的理论主张是：对己培养自知自控、自尊自爱、自信自强的情感品质；对人培养同情关怀、仁慈宽容、理解体谅的品质；对自然培养敬畏、爱恋、保护、珍惜的品质；对社会培养亲和、公正、负责、奉献等品质。情感教育的实践策略是以情动感受、体验共鸣为内在机制的情感反应模式和移情共感模式为主，创设情境，再现生活，加深感受，重视觉知，把道德认知与道德体验结合起来，把隐性与显性结合起来，在特定的情感场中，形成特定的道德情感品质。①

2004 年，《教育研究》发表的对叶澜教授的专访《为"生命·实践"教育学派的创建而努力》，标志着"生命·实践"教育学的正式面世。"生命·实践"教育学历经 30 余年的理论探究与实践探索，已从多视角、多层面形成了若干重要理论成果和实践成就。在理论探究层面，第一，它对"教育是什么"做出了独到的中国式表达——"教天地人事　育生命自觉"；第二，对中国文化传统、中国社会发展与教育学发展的关系给出了新的学术回答；第三，对教育学研究的性质定位、人性假设、审美追求、发展内动力与路径，以及"教育学人"自身发展问题等进行了专题探究；第四，对中外著名教育家的教育理论"基因"进行了凝练。无论是夸美纽斯、杜威、苏霍姆林斯基的教育学，还是陶行知、黄炎培、晏阳初等开创的教育流派，其共同的教育学"基石"乃是"实践"。"生命·实践"教育学的"基石"是"新基础教育"学校整体转型性变革。叶澜教授于 20世纪 90 年代初发起并主持了中国社会转型时期的学校转型性变革综合研究，她以"育生命自觉""成事·成人"等为核心价值取向，以实现当代中国学校整体转型性变革、改变师生在校生存方式和创造学校教育新生活为目标，先后与上海闵行、江苏常州、江苏淮安、山东青岛、广东深圳、福建厦门等地教育局、教研室和百余所中小学开展合作研究，持续深入学校现场，参与课堂观察，与师生互动交流，实现了理论与实践双向动态建

---

① 朱小蔓，梅仲荪. 道德情感教育初论 [J]. 思想·理论·教育，2001（10）：28-32.

构意义上的"新基础"。

在 30 余年理论与实践交互构建的学术耕耘中，"生命·实践"教育学形成了以教育学独立学科性为立场，以"生命·实践"为内核基因，扎根教育实践、教育学发展史、马克思主义哲学、当代科学哲学、民族文化精神与传统等命脉根系的当代中国教育学之整体形态。2018 年 5 月，《回归突破："生命·实践"教育学论纲》英文版发布会暨国际研讨会举行，标志着"生命·实践"教育学走向世界。

上述中国教育学派是 40 年来中国教育学理论的里程碑式发展成果，也是世界教育学的耀眼中国元素。其昭示了，要改变中国教育学界"向外看""从外取""以外为准"的状态，就需立志追求中国教育学理论的"原创性"，提升中国教育学人的学术自觉与建设自觉，以中国学派"做"中国教育，将学科意识化入学派知行，贯通学科基因与学派命脉，立足本土亦放眼全球，通过"理论与实践的双向建构"激发教育学原创活力。

三、创新话语，关注重大课题，实现新的理论建树

改革开放 40 年来，教育学原理学科取得了长足的发展，形成了诸多具有中国特色、中国风格和中国气派的教育理论，对中国的教育改革与教育实践起着越来越重要的作用。长久以来，我国教育理论界围绕"教育·社会·人""教育学的学科立场""教育和国民性""中国话语原创""教育本质""教育先行""元教育学""素质教育""教育现代化""教师专业发展"等重大理论与实践课题展开了广泛而深入的讨论和实践，这些重大的理论与实践成果不仅对促进教育学原理的学科发展具有非凡意义，也对促进我国教育学的发展产生着持续而深远的影响。时至今日，仍然极富生命力与时代意义的典型理论有"中国话语原创""教育本质""教育现代化""教师专业发展"等。

（一）创新中国话语，凸显理论原创

近代以降，教育学建基于科学范式的理论假设及其实践操作之上，呈现出理论陈述的知识样式和规范控制的话语方式，这使得教育学越来越不可信、不可爱、不可用。[①] 特别是在今天大众化、全球化的语境中，传统的、西化的教育学话语方式正在引起越来越多教育学者的"反常感"与"不适感"，将"主体性""生活世界""自由""生命"等西方哲学话语以及复杂理论、解释学、现象学等嫁接到教育学原理的副作用日益凸显。因此，构建具有中国特色的教育学话语方式及其体系成为教育学原理的时代课题。中国教育学学术话语变迁经历了"知识化和专业化"与"超越知识的文化追求"阶段，目前已进入"构建中国教育学话语体系"阶段。构建具有中国特色、中国风格、中国气派的教育学话语体系，既是中国教育学发展的内在要求，也是使中国教育学走向世界并在世界舞台上发出中国声音的有效途径。中国表达、中国实践、中国经验、中国文化，是教育学中国话语的四个要素[②]，教育实践是教育学中国话语体系构建的物质基础，丰富的现实生活是教育学话语体系的支撑。教育学原理中国话语的现实表达，需要确认教育学话语主体，提高话语自明性；规范教育学话语秩序，提升话语自反力；锻造教育学话语自觉，助推话语创生。[③] 坚持问题导向，用自己的话语解读当代中国教育实践变革，以批判反思的方式准确揭示教育实践变革的内在逻辑，学习借鉴人类文明成果。[④] 坚持"本土情怀"与"跨文化视野"的统一，"政治"与"学术"的话语和谐，"逐利"与"育人"话语平衡。

[①] 靖国平．论教育学的学科范式、知识样式及其话语方式［J］．教育研究与实验，2005（2）：7-10，48.

[②] 冯建军．构建教育学的中国话语体系［J］．高等教育研究，2015（8）：1-8.

[③] 曹雁飞．自我规训：教育学话语自主自持的创生之路［J］．中国教育学刊，2017（11）：28-31，64.

[④] 刘旭东，蒋玲玲．论中国教育学术话语体系的当代构建［J］．教育研究，2018（1）：18-25，58.

教育理论原创是教育学原理赓续的自主话语创新，是教育研究的理性诉求，是教育创新的价值尺度和导向。很多学者认为，原创性的教育理论是一个需要在多维视野中透视其理论意蕴的多重规定性概念：其一，原创理论应是具有"独立之创""始初之创""纯粹之创""确立之创""突破之创"等品性的"新质获得性存在"；其二，原创理论应是对教育理论产生的"自明性""公理性"前提进行先验批判，从而完成思维跃迁，获得认识成果的"先验批判性存在"；其三，原创理论不可能通过一般的逻辑推理来实现，重要的前提是理论研究者能否在已有的复杂的认识背景中分离、改变解释框架和原则，以新方式去体认教育活动的本真内涵，因此，它是一个"逻辑断裂性存在"；其四，原创理论是一个历史的、发展着的概念，其表征及其内涵的提问方式与衡量标准都是伴随着各研究领域的发展、成熟以及与各阶段相适应的人们的认识论基础的变化而不断演进的，因而其又是一个"历史过程性的存在"。① 然而，由于失去传统积淀的支撑，缺乏时代的精神文化氛围，学术批判力的弱化，问题意识的淡薄，以及教育理论与实践的疏离等原因②，我国教育理论原创屡遇瓶颈。但学者们勇于直面困境，建构了教育理论原创的多元路径，即提高学术批判力，增强教育研究问题意识，着力使教育理论向教育实践回归，树立教育研究的超功利关怀，关注本源文化、直面本土对象、创造本土话语，培养创造性的教育理论思维，重建"中国性"的教育知识体系。

（二）诠释教育本质，生发国家战略

对教育本质的探问，既是教育学人的理论自觉，也是见诸教育实践的形上努力。教育的本质是教育的内在规定性，是教育区别于其他事物的根本特性。教育本质问题是所有教育理论问题的"原题"，任何教育论题的展开都以教育本质的在场为内在逻辑。教育本质的核心要回答："教育是

---

① 柳海民，孙阳春. 再论教育理论的原创性 [J]. 东北师大学报，2004（5）：5-14.
② 柳海民，李伟言. 教育理论原创：缺失归因与解决策略 [J]. 教育研究，2003（9）：13-17.

什么""教育应该做什么""教育必须做什么"。

人们对教育本质的认识，体现了"由外而内""求同存异"的认识论图景。自 1978 年开启教育本质讨论始，人们对教育本质的认识经历了从把教育属性当作教育本质的认识迷雾，到认为教育本质是"生产力""上层建筑""双重属性""多重属性""社会实践活动""特殊范畴""生产实践""精神实践""社会化""个性化""产业""非产业"等的百家争鸣①，终至教育本质认识的渐趋统一——教育是一种培养人的社会实践活动。至此，"培养人的社会实践活动"成为界定教育本质的基本内在"尺度"，我们无论为这一基本尺度添加多少其他属性，都无碍于教育区别于其他社会实践活动的"是其所是"。对教育本质的理解并非单向度、单层次的。叶澜教授把对教育概念的界定分为三种：划界式界定、结构性界定与功能性界定，这三种界定分别从教育与非教育之别、教育的内部结构与教育的价值效应等方面对教育的本质给予了阐释，较全面地勾勒了教育本质的理论脉络。明确了教育本质并不意味着对教育本质认识的"大一统"，学术贵在倡新立异。近年来，在不断回顾教育本质论争、总结理论成果的同时，也涌现出一些关于教育本质的再认识，如教育本质的"主体间指导学习说""自为的教育本质观""现象学的教育本质观"等。这些观点逐渐以关系性思维取代实体性思维，从永恒的、固定的教育本质观，走向情境的、开放的教育本质观，对进一步丰富教育本质的内涵具有重要的现实意义。

关于教育本质讨论的意义和价值是重大而深远的。它在认识论上的价值是明晰了教育的本质。它在价值论上的价值是坚定不移地确证和呼唤：教育的初心即基本功能是育人为本。教育发挥了育人为本的功能，才能促进经济社会发展和中华民族的伟大复兴。它在本体论上的价值则是揭示了教育规律。要达到育人为本、优先发展的预期目标和理想效果，就必须始终遵循教育规律，适应社会发展对人才的迫切需求，适应受教育者的身心

---

① 李润洲. 教育本质研究的反思与重构 [J]. 教育研究, 2010 (5)：11-16.

发展特点，培育德智体美全面发展的社会主义建设者和接班人。它在实践论上的价值主要表现在：按照教育本质要求发展教育，遵循教育规律办好教育，革除教育时弊和功利的教育主张，成为素质教育这一世纪性教育改革工程的重要理论基石和核心内容，并不断推动着彻底改革顽固的"应试教育"惯习，建立基于人的全面发展的创新教育形态。它在方法论上的价值则是改变了教育研究范式，推进教育研究和教育研究者走出"象牙塔"，投身火热的教育改革实践，在研究和解决教育发展和教育改革重大问题的过程中建功立业，彰显教育研究的现实价值。它在矛盾论上的价值是有助于认识中国教育的特殊矛盾，针对中国特色社会主义的社会发展道路、中国人口多且地域差别大的发展情境、不同历史时期社会基本矛盾不断变化等现实要求，对不同时期、不同地域、不同类别的教育改革给出富有动态性、针对性和有效性的国家理念与国家设计、国家方案与国家策略，持续提升教育理论的理性魅力和生命力。①

（三）构建教育现代化，推进未来布局

1983 年，邓小平为北京景山学校题词："教育要面向现代化，面向世界，面向未来。"教育现代化的主张一经提出，它在教育学学术场域的延展便与中国其他领域的现代化话语、西方现代化理论以及中国学术生产机制密切交织，开启了中国教育现代化的理论建构与实践探索的热潮。历经 20 世纪 80 年代的萌芽初探、90 年代中期的蓬勃发展，以及进入 21 世纪的全面总结与再布局，教育基本理论界 40 年坚持不懈地致力于中国教育现代化的伟大建设历程。庞大的研究基数体现了教育基本理论界对其"纵横交错的切入视角""内外交融的问题把握""观念与策略多元呈现"的"贯通式"把握与存异求同，其理论构建"大致是按照诸如概念、特点、内容

---

① 雷江华，金保华. 教育本质论争的历史回顾及价值 [J]. 河北师范大学学报（教育科学版），2012（7）：18-22.

与体系、指标、途径、反思等逻辑维度展开的"①。

1. 明确、刷新实质内涵

所谓教育现代化，是将社会现代化的理念全面对象化为教育现实，使传统教育全面转向现代教育的过程。教育现代化不是简单地否定传统教育，而是在新的历史条件下对传统教育的扬弃与改造，通过对传统教育的选择、改造、发展和继承实现，具有强烈的时代性。教育现代化是教育思想观念、教育体制机制、教育内容资源、教育方式方法、教育设备手段、教育管理评价、教师专业素质等全方位的现代化，其核心是"人的现代化"。人的现代化的实质是人的现代性及其实现，教育现代化的本质是教育现代性的增长，教育现代性的框架由教育的多样性及人与社会现代化的客观要求决定。②

2. 开发、完善评价指标

有学者从资源、质量、公平性、持续性、管理及生命活力等角度确定学校教育现代化的指标体系。③ 有研究在实证积累基础上，从教育理念、体系建设、投入保障、管理制度、教育普及、教育质量、教育公平及服务贡献等方面，设计开发国家、区域、省份或特大城市教育现代化监测评价指标体系。④ 有学者对教育现代化评价指标进行了系统研究，在对照借鉴CIPP（背景、投入、过程、产出）评价模型及我国各地评价指标的基础上，确定了教育现代化评价的 4 个基本指标（背景指标、投入指标、过程指标、产出指标）与 5 个综合指标（布局合理度、发展均衡度、学习化社会、教育满意度、改革影响力）。⑤

---

① 孙阳．"教育现代化"的可能诠释：知识社会学路径的话语研究［J］．华东师范大学学报（教育科学版），2014（1）：50-57．
② 褚宏启．教育现代化的本质与评价：我们需要什么样的教育现代化［J］．教育研究，2013（11）：4-10．
③ 邬志辉．学校教育现代化指标体系的建构设想［J］．民办教育研究，2003（5）：29-34，107．
④ 董焱，王秀军，张珏．教育现代化发展评价指标体系研究［J］．教育发展研究，2012（21）：55-58．
⑤ 杨小微．教育现代化评价之核心指标三问［J］．教育科学研究，2015（7）：5-9．

3. 强化传统与人文反思

中国教育学界跳出教育现代化的"文化负累"思维，认识到传统并非教育现代化的对立面，中国教育现代化既不能固守传统，亦不能抛弃传统，而是要在传统与现代的"延传变体链"上重构教育传统，实现传统与现代的整合。[①] 首先要更新传统，确定传统的现代意义，尊重它在现实教育中的反映和价值。同时，整合应具有强烈的开放性，加强与世界各国，包括西方国家在内的文化教育的相互沟通和整合。[②] 另外，需要重审教育现代化进程中的人文向度，以应对科技发达背后的危机、经济富裕背后的贫困以及教育成果背后的失败等现代性困境。

4. 阐明未来战略方向

教育现代化的未来努力，要坚持正确的政治方向，推进中国特色社会主义教育理论体系研究；明确教育的重要战略地位，加快推进教育供给侧结构性改革，办好优质公平教育，统筹城乡教育协调发展；继续深化教育改革，鼓励教育创新，推进我国教育治理体系和治理能力现代化；加强推进教育现代化的实践探索和科研指导，以教育信息化推动教育现代化，提高服务决策及社会发展的质量和水平；着力引领社会舆论，营造教育事业科学发展的良好环境；着力探索教育科研战线协同攻关、集成创新的新途径、新机制等。[③]

（四）关注教师专业发展，助力教师成长

教师专业发展是实现人才培养目标，推动教育改革，促进国家发展的关键。我国自 20 世纪 90 年代明确提出教师专业发展问题以来，其迅速成

[①] 胡金木，栗洪武 . 在"延传变体链"上思考中国教育现代化 ［J］. 华东师范大学学报（教育科学版），2017（2）：92-98，124.

[②] 周鸿 . 教育现代化：传统与现代的整合 ［J］. 教育研究，1997（6）：18-22.

[③] 童世骏，徐辉，陈锋，等.聚焦 2035 中国教育现代化（笔谈）［J］. 中国高教研究，2018（2）：18-21；马晓强，崔吉芳，刘大伟，等 . 中国教育现代化发展的总体趋势和挑战 ［J］. 教育研究，2017（11）：18-27；田慧生 . 协同创新　提高质量　为加快推进教育现代化提供智力支持 ［J］. 教育研究，2017（3）：9-15.

为广大教师、教育学和心理学理论工作者及教育决策者关注的焦点，教师
专业发展的研究成果十分丰硕。

1. 教师专业发展的本体研究

教师专业发展的本体研究主要有几个方面。一是明确教师专业发展的
内涵，即教师专业发展是指教师的专业情意、专业知识和专业能力不断内
在化、深刻化、完善化和个性化的过程，表现为"专业信念与理想的坚持
与追求，专业情感与态度的深厚与积极，教学风格和品质的独特与卓
越"①。二是明确教师专业发展的知识维度，即教育知识、学科知识、学科
教学知识和通识性知识。三是探索教师专业发展的特征，即教师专业发展
既具特殊性、时代性、文化性②，也具发展要素的内生性与自觉性、过程
理解的阶段性与动态性及发展状态的非终结性③。四是建立招生环节、培
养环节、入职环节及职后提高等方面一体化的教师教育质量保证体系。④
五是建构由教师"自我更新""专业学习""发展机制""发展环境"及
"教育大数据"等构成的教师专业发展理论模型。⑤ 六是聚焦教师专业发展
的未来走向：夯实教师专业发展的政策基础，着力于基于专业标准的教师
专业发展模式创新，实现政策制定者与理论研究者的协调。⑥

2. 教师专业发展的多学科路径

从哲学的角度研究教师专业发展成为普遍范式。如有的学者在关于教
师专业发展的哲学主体性思考中建构了教师主体性的结构，即教师主体性
集中体现在独立自主性、自觉能动性、创造超越性和独特性四个方面，以
及发展的主体意识、主体能力、主体人格和主体价值四个层次。⑦ 从心理

---

① 王鉴，徐立波．教师专业发展的内涵与途径：以实践性知识为核心 [J]．华中师范大学学报
（人文社会科学版），2008（3）：125-129.
② 胡定荣．教师专业标准的反思 [J]．高等师范教育研究，2003（1）：38-41，48.
③ 刘万海．教师专业发展：内涵、问题与趋向 [J]．教育探索，2003（12）：103-105.
④ 朱旭东．教师教育标准体系的建立：未来教师教育的方向 [J]．教育研究，2010（6）：30-36.
⑤ 朱旭东．论教师专业发展的理论模型建构 [J]．教育研究，2014（6）：81-90.
⑥ 吴文胜．基于专业发展的教师政策回顾与展望 [J]．教育科学研究，2018（1）：38-42.
⑦ 李骏骑，李春燕，李峻巍．关于教师专业发展中的主体性思考 [J]．教育理论与实践，2005
（18）：33-34.

学角度研究教师专业发展也是一种值得关注的范式。如有学者借西方学者关于"教师焦虑"的研究成果研究教师专业发展，指出了教师的五种焦虑，即身份-结果焦虑、投入或努力焦虑，专业能力焦虑、影响焦虑及公平焦虑。[①] 有学者从社会学角度研究教师专业发展，更多地以"教师专业社会化"或"教师社会化"为命题，应用功能主义研究范式、解释主义研究范式和批判理论研究范式，基于不同文化语境给教师专业发展提供了多样化的诠释。[②] 教育学对教师专业发展的研究重点集中在讨论教师与课程的关系上，形成了两种观点：一是教师外在于课程说，二是教师与课程良性互动说。[③] 另有诸多研究采取了管理学、文化学、生态学、复杂科学等科学理论与方法的阐释进路。教师专业发展研究的学科视角虽然众多，但讨论的问题和研究的宗旨只有一个：面对教师群体的复杂存在，没有一个包打天下的发展范式，不存在教师专业发展的金科玉律。要激励教师专业发展、提高教师发展质量，必须考虑多种因素、应用多种方法、选择多种路径、实施多元政策。

3. 教师专业发展研究的多元方法论

目前，教师专业发展研究方法论呈现多元化趋势，主要有以下四种。一是理性思辨方法论。哲学、教育学、管理学等学科对教师专业发展的研究多是以理性思辨的范式进行的，这也是教育学原理的基本方法论。二是实证主义方法论。从心理学视角研究教师专业发展多采用此类研究方法论。三是人文或解释主义方法论。质性研究是这类研究所采用的主要方法，如教育叙事、教师生活史研究、教育人种志等。四是批判主义方法论。这种方法论在女性主义教育学、马克思主义教育学对教师专业发展的研究中有充分体现。后现代主义的教师专业发展理论中所提倡的教师参与

---

① 孟宪宾，鲍传友. 变革中的教师焦虑与教师专业发展 [J]. 外国教育研究，2004（11）：47-50.

② ZEICHNER K M, GORE J M. Teacher socialization [M] //HOUSTON W R, HABERMAN M, SIKULA J. Handbook of research on teacher education. New York：Macmillan Publishing Company, 1990：329-332.

③ 朱旭东，周钧. 教师专业发展研究述评 [J]. 中国教育学刊，2007（1）：68-73.

社会变革、教师的批判反思精神等也体现出批判的向度。

学者们对教师专业发展的深耕，推动了我国教师教育学理论的成型，全面提高了教师教育研究的理论水平，拓展了其理论视野和理论资源，为教师教育学科建设、教师教育改革决策和教师专业发展提供了全方位的理论支撑和实践依据。

---- **作者简介** ----

柳海民，东北师范大学教育学部教授、博士生导师；邹红军，东北师范大学教育学部博士生。

课程与教学论：本土化实验与理论探索

王　鉴　李泽林　安富海

改革开放40年来，我国课程与教学论学科在不断追求中国特色学科体系建设中，历经了引进国外课程与教学理论、开展本土化教学实验与理论探索、中国特色课程与教学理论生成与发展、新时代背景下立德树人与课程教学理论发展四个阶段，在译介、借鉴、本土化、科学化发展的历程中不断开展原创性的研究，初步构建了具有中国特色的课程与教学论体系。通过对研究内容的可视化分析发现，课程与教学论研究密切关注教学改革与实验、基础教育课程改革、信息技术与课程教学深度融合三个热点。40年来，课程与教学论研究呈现出队伍不断壮大、价值取向趋于合理、方法多元并存、问题不断深入、体系建构不断完善等特点，同时还存在着团队研究成果不足、跨学科研究成果较少、原创性研究缺乏、科学化程度亟待加强等问题。在新时代背景下，立德树人成为中国特色课程与教学论研究的灵魂，信息技术与课程教学深度融合成为中国特色课程与教学论研究的重点，学生的学习成为中国特色课程与教学论研究的基础，传统文化成为中国特色课程与教学论研究的亮点，教学实验成为中国特色课程与教学论研究的生长点。

党的十九大报告指出："改革开放之后，我们党对我国社会主义现代化建设作出战略安排，提出'三步走'战略目标。解决人民温饱问题、人民生活总体上达到小康水平这两个目标已提前实现。在这个基础上，我们党提出，到建党一百年时建成经济更加发展、民主更加健全、科教更加进步、文化更加繁荣、社会更加和谐、人民生活更加殷实的小康社会，然后再奋斗三十年，到新中国成立一百年时，基本实现现代化，把我国建成社会主义现代化国家。"改革开放 40 年来，我国社会主义现代化建设完成了前面的"两步走"，我国的教育事业及教育研究事业正是在这一宏观背景下获得了新的生机与活力，学科建设不断发展并走向繁荣。回顾改革开放 40 年来课程与教学论的研究历程，总结研究经验，反思存在的问题，对于建构新时代具有中国特色的课程与教学论体系具有重要的现实意义与实践价值。

一、课程与教学论研究 40 年历程回顾

改革开放 40 年来，我国课程与教学论研究历经了引进国外课程与教学理论阶段、开展本土化教学实验与理论探索阶段、中国特色课程与教学理论生成与发展阶段、新时代背景下立德树人与课程教学理论发展阶段。

（一）引进国外课程与教学理论阶段

改革开放以来，在"实践是检验真理的唯一标准"问题大讨论的背景下，广大教育工作者对许多教学理论问题重新进行了探讨。

首先，教学论领域开展了关于学术研究的自我反思。因为在改革开放之初，我国的学科分类中只有教学论，课程论尚未成为独立学科，所以学术研究反思便从教学论领域率先展开。"教学论界认真检讨了建国以后乃至近现代几十年来教学论发展的经验教训，揭露了教学实践中发生过的一系列偏差的教学论根源，清算了教条主义、'长官意志'在教学研究中的各种表现和影响。"① "要以科学的方法研究教育问题，大力推进教育科学

---

① 王策三. 教学论十年 [J]. 教育研究, 1988 (11): 35-40.

研究方法的学科建设。"① 理论讨论达成的共识是：以科学的教学研究来改变"长官意志"和"教条主义"的教学研究。

其次，翻译引进国外先进的教学理论。20 世纪 80 年代引进的国外教学理论主要有赞可夫的实验教学论体系②、布鲁纳的结构主义教学思想③、皮亚杰的发生认识论④、奥苏贝尔的学习理论⑤、布鲁姆的教学目标分类系统⑥。同时还引进介绍了苏霍姆林斯基、巴班斯基、洛扎诺夫、瓦·根舍因、罗杰斯等人的教学理论。⑦ 对国外教学理论的引进和介绍解放了多年被禁锢的思想，丰富了我国的教学论研究。

再次，深入开展教学基本理论问题的探讨。在介绍和引进国外理论的同时，我国部分教学论研究者也开始对教学领域的一些重大问题进行理论探讨。讨论的问题主要包括教学中传授知识与发展智力及个性的关系问题⑧，教学过程的本质问题⑨，教与学并重的问题⑩，教学论的学科性质与任务问题⑪，教学设计问题⑫，还有关于教学认识论、教学规律、教学艺

---

① 李秉德．教育研究必须讲求科学的研究方法［J］．教育研究，1979（1）：75-77.
② 艾利康宁．赞可夫教学论思想述评［J］．张渭城，编译．教育研究，1981（3）：89-93.
③ 布鲁纳．论教学的若干原则［J］．教育研究，1979（5）：60-65.
④ 裴娣娜．皮亚杰理论对教学认识论研究的启示［J］．教育研究，1986（5）：34-37.
⑤ 陈昌岑．奥苏贝尔的理论与教学［J］．教育研究，1985（7）：51-54.
⑥ 钟启泉．布鲁姆的教学论及其现实意义［J］．教育研究，1986（9）：55-59.
⑦ 王策三．教学论十年［J］．教育研究，1988（11）：35-40；王嘉毅．从移植到创新：改革开放 30 年来我国教学论学科的发展［J］．教育研究，2009（1）：25-30.
⑧ 胡克英．教学论若干问题浅议［J］．教育研究，1979（3）：17-24；张定璋．教学论问题片段［J］．教育研究，1979（3）：31-34；吴和钧．在教学实践中探索教学规律［J］．教育研究，1982（12）：46-51；熊川武．确立以"发展能力"为重心的教学论：从特级教师的教学经验看教学理论的发展［J］．教育研究，1985（1）：64-67.
⑨ 花永泰．教学本质再议［J］．教育研究，1986（5）：28-33；蒲心文．教学过程本质新探［J］．教育研究，1981（1）：40-44；洪宝书．教学过程本质若干问题之我见［J］．教育研究，1984（11）：34-40；刘要悟．教学过程及其矛盾要素的分析［J］．教育研究，1984（4）：54-59.
⑩ 胡克英．教学论若干问题浅议［J］．教育研究，1979（3）：17-24；吴和钧．在教学实践中探索教学规律［J］．教育研究，1982（12）：46-51；徐勋．国外现代教学论的发展趋势［J］．教育研究，1987（6）：67-68.
⑪ 王策三．简论教学论的研究对象、任务和方法［J］．教育研究，1985（9）：42-46，57.
⑫ 钟启泉．从现代教学论看教学设计的原理与课题［J］．教育研究，1987（7）：55-58.

术、课程论、教学评价等理论问题。理论探讨的成果为教学论学科建设提供了丰富的素材，一大批高质量的教学论研究成果相继涌现，研究队伍也逐渐壮大。

（二）开展本土化教学实验与理论探索阶段

20 世纪 80 年代以来，在不断引进国外教学理论和反思我国教学领域的内外部环境的基础上，我国学者逐渐意识到开展教学实验研究的重要性，并通过实验探索教学理论[①]，在实验中开展了有关教学模式的理论研究[②]、教学方法与艺术的实践探索[③]，以及教学设计等问题的研究[④]。从 20 世纪 80 年代中期开始，一些学者开始将研究重点转向中小学教学实践的改革与实验上，到 90 年代中期，教学实验研究逐渐成为教学研究的主流。其中主要有发端于 80 年代的整体改革实验和情景教学实验，90 年代中期开始的主体教育实验、新基础教育实验、新教育实验等。这些研究与实验，大多数都是专家学者与中小学教师合作，在现代教育理论的指导下开展的，不仅在课程理论上做了大量的探索，而且对中小学教学实践产生了重

---

① 王策三. 简谈教学论的研究对象、任务和方法 [J]. 教育研究，1985（9）；潘菽. 谈谈自学辅导教学问题 [J]. 教育研究，1987（9）：34-36；张法琨. "五步法"与"四段论"简析 [J]. 教育研究，1982（1）：65-69；卢仲衡、王兴华、吕炳昌. 自学辅导教学与常规教学对加速自学能力成长和发散思维发展的比较研究 [J]. 教育研究，1987（11）：52-57.

② 熊川武. 教学模式实质说 [J]. 教育研究，1993（6）：42-46；张武升. 关于教学模式的探讨 [J]. 教育研究，1988（7）：60-63；杨小微. 教学模式研究的方法论三题 [J]. 教育研究，1990（1）：57-59；张肇丰. 教学模式的概念、类型及其应用的条件 [J]. 教育研究，1991（1）：57-62；吴也显. 教学模式的研究方法 [J]. 教育研究，1992（1）：49-52.

③ 刘国俊. 有效教学策略的制定 [J]. 教育研究，1988（10）：9-12；刘继武. 试谈现代教学方法之特点 [J]. 教育研究，1985（10）：28-32；张志勇、李如密. 关于乐学教学策略的研究 [J]. 教育研究，1990（10）：64-68；商继宗. 国外中小学教学方法的比较研究 [J]. 教育研究，1987（6）：69-73；张健. 改进教学方法　提高教学质量 [J]. 教育研究，1979（5）：2-11.

④ 杨琦. 教学设计的四个环节 [J]. 教育研究，1984（10）：53-55；钟启泉. 从现代教学论看教学设计的原理与课题 [J]. 教育研究，1987（7）：55-58.

要影响。① 这充分发挥了教学实验的促进"理论认识"与"实践发展"两大功能②，为本土化教学理论的探索奠定了基础。

（三）中国特色课程与教学理论生成与发展阶段

"改革开放以前，教学论只是我国教育学理论体系中的一个组成部分，尚未形成独立的学科体系。"③ 教学论研究者不断转变教育观念、开阔理论视野、探索研究范式，在经历了反思重建（1978—1984 年）、引进借鉴（1985—1992 年）、构建体系（1993—2000 年）及综合创建（2001 年至今）等几个阶段后④，中国特色课程与教学理论逐渐形成并发展。

教学论学科的建设最初源于教学认识论。王策三出版了《教学论稿》《教学认识论》等著作。教学认识是教师领导学生认识人类文明成果并获得身心发展的特殊认识活动；教学中的各项交往行动都是为学生发展服务的，是为学生认识人类文明经验服务的；教学是在实践基础上相对独立的特殊认识活动，学生发展是教学认识的基本目的，教学认识是教学活动中学生发展的具体过程和方法。⑤ 教学认识论就是把教学作为特殊认识活动来研究所形成的专门理论。李秉德与李定仁在系统论的基础上，出版了《教学论》，"以系统论的观点作为教学论的指导思想，提出了我国教学论的基本体系，形成了自身特色，不仅在国内广泛使用，也得到了国外学者的好评"⑥。施良方梳理了课程、教学与学习三者之间的关系，出版了《教学理论：课堂教学的原理、策略与研究》（与崔允漷合编）、《课程理论：课程的基础、原理与问题》、《学习论》，建构了课程论、教学论与学习论

---

① 王嘉毅. 从移植到创新：改革开放 30 年来我国教学论学科发展 [J]. 教育研究, 2009（1）：25-30.

② 郝志军, 田慧生. 中国教育实验 30 年 [J]. 教育研究, 2009（2）：3-12.

③ 我国教育学学科研究现状与发展趋势调查报告（一）[J]. 教育研究, 1995（9）：3-18.

④ 裴娣娜. 中国教学论学科的当代形态及发展路径 [J]. 教育研究, 2009（3）：37-47.

⑤ 王本陆. 教学认识论三题 [J]. 教育研究, 2001（11）：61-64.

⑥ 同①.

"三足鼎立"的大课程与教学论体系。施良方认为，"我们有必要把学习理论、课程理论和教学理论作为教育科学的三门分支学科独立出来，以便深入研究。……三者是相互依赖、相互促进，而且是有一定的相互渗透的"①。同时，董远骞、张定璋、裴文敏的《教学论》，董远骞的《教学原理和方法》《中国教学论史》，吴杰的《教学论——教学理论的历史发展》，关甦霞的《教学论教程》，路冠英和韩金生的《教学论》，罗明基的《教学论教程》，胡克英的《教学论研究》，胡克英和吕敬先的《小学教学简论》，刘克兰的《教学论》，裴娣娜的《现代教学论》（三卷本），徐继存的《教学理论的反思与建设》，李森的《现代教学论》，迟艳杰的《教学论》等，都突破了凯洛夫教学论的框架，建构了中国特色教学理论。此外，全国教学论专业委员会于 1986 年成立并定期开展学术交流与研讨。中国本土化的教学论学科理论建设从确立研究主题、界定核心概念、凝集重点问题及变革研究方法几方面展开。教学论学科发展的实践指向，集中体现在基础教育课程改革研究、教学方式变革与教学策略的研究、有效教学及其评价标准研究，以及教育技术手段的发展与应用研究等方面。中国教学论学科建设实现了从传统走向现代的历史性超越。②

受苏联教育研究的影响，我国的教育研究重点是教学论，课程论的研究相对较晚一些，兴起于 20 世纪 80 年代中后期。在翻译引进了拉尔夫·泰勒的《课程与教学的基本原理》等美国课程论著作的基础上，我国学者开始探索课程的相关理论，主要包括课程的结构、综合课程、隐性课程以及课程编制等问题。例如，针对新知识很难被纳入现有的课程和教学体系的问题，有学者探讨了课程结构的改革。③ 针对中小学的学制与课程、劳动教育与劳动技术教育、分科课程与综合课程等问题，有学者对中小学课

---

① 施良方. 试论北美教学理论的形成与发展：兼论教学理论与学习理论、课程理论的关系 [J]. 教育研究，1993（1）：53-60.

② 裴娣娜. 中国教学论学科的当代形态及发展路径 [J]. 教育研究，2009（3）：37-47.

③ 江山野，里宁. 改革课程结构　扩大学生的知识领域 [J]. 教育研究，1985（6）：47-53.

程改革进行了系统的探讨。① 针对将非计划的学习活动纳入当代课程研究的发展趋势，有学者探讨了潜在课程（或称隐性课程、隐蔽课程）的概念、理论基础、表现形式、性质与特点、功能与价值等。② 针对学校课程中分科课程占主流地位的形势，有学者研究了综合课程的概念、特点、地位以及在学生发展中的作用。③ 针对课程体系和结构的问题，有研究者提出现代课程编制的教学目标、课程结构、基础学力以及课程评价等问题。④

随着课程理论研究不断深入发展，学者们开始构建课程论的学科体系。陈侠的《课程论》结合中国的实际情况，从课程的性质、任务、类型、编订、实施和评价等方面形成了独具特色的结构体系。钟启泉的《现代课程论》系统展示了课程研究的现状和所取得的成果。廖哲勋的《课程学》着力探讨中小学课程发展的规律，初步形成适合我国国情的课程理论体系。吕达的《中国近代课程史论》系统梳理了我国近代课程发展的历程及不同阶段的课程设置与特点。课程论研究空前繁荣，学术新作不断涌现，如钟启泉的《国外课程改革透视》、杨玉厚的《中国课程变革研究》、丛立新的《课程论问题》、靳玉乐的《现代课程论》和《潜在课程论》、廖哲勋和田慧生的《课程新论》、白月桥的《课程变革概论》、黄甫全的《阶梯型课程引论：关于中小学课程难度的研究》、郝德永的《课程研制方法论》、张廷凯的《分科视野中的课程整合——我国新一轮义务教育课程改革的新走向》等。课程论作为一门独立的分支学科，打破了教学论中教学内容研究的局限性。全国课程论专业委员会于 1997 年成立并定期开展学术交流与研讨。我国课程论研究在经历了翻译引进、本土化问题探索、特色化理论体系构建三个阶段，在借鉴与批判、继承与创新、分科与综合、

① 叶立群. 中小学课程改革若干问题的探讨 [J]. 教育研究, 1987 (8)：13-19.
② 吴也显. 潜在课程初探 [J]. 教育研究, 1987 (11)：48-51；班华. 隐性课程与个性品德形成 [J]. 教育研究, 1989 (12)：19-24；李复新. 隐蔽课程的教育人类学基础 [J]. 教育研究, 1990 (7)：79-81, 36.
③ 杨爱程. 课程综合化的几种模式 [J]. 教育研究, 1988 (10)：13-15.
④ 钟启泉. 现代课程编制的若干问题 [J]. 教育研究, 1989 (5)：53-58.

本土与外来的辩证发展中，逐步形成了中国特色课程论学科体系。

20 世纪 90 年代，随着学科的综合化发展，课程论与教学论整合形成了课程与教学论，并成为教育学下设的二级学科。学者们开始整合探讨课程与教学论学科建设的相关问题。有学者从"课程与教学是教育实践的两个领域"的观点出发，提出"课程论与教学论是现代教育学的两个分支学科"。① 有学者认为，当代课程论与教学论的关系不是"谁包含谁"的关系，两学科具有各自的研究对象，均须拥有各自的子学科群。② 还有学者从"教学作为课程开发过程""课程作为教学事件"的观点出发，批判了课程与教学二元对立的思想，提出了整合的课程与教学论。③ 课程论与教学论的关系论述从"并列论"走向"整合论"，中国特色的课程与教学论学科体系开始形成。比如张华的《课程与教学论》、王本陆的《课程与教学论》、李森和陈晓端的《课程与教学论》、黄甫全的《现代课程与教学论学程》、徐继存和徐文彬的《课程与教学论》、王鉴的《课程与教学基本原理》、潘洪建等的《课程与教学论基础》等。随着学科综合化的发展，融合课程论与教学论的课程与教学论学科逐渐成熟，于 20 世纪 90 年代的学科调整中，教学论与课程论被合并而成为新的专业——课程与教学论，学科建设方面因此而出现了综合趋势。课程与教学论课程随之出现，相应的教材编写也一改传统分科体系而形成综合体系。如何将两门课程的内容整合成较为成熟的一门课程的内容，成为新时期课程与教学论学科建设的重要任务。

（四）新时代背景下立德树人与课程教学理论发展阶段

首先，贯彻落实立德树人根本任务，全面深化课程与教学改革。以习近平新时代中国特色社会主义思想为指导，认真把握当前课程与教学改革

---

① 刘要悟. 试析课程论与教学论的关系 [J]. 教育研究，1996（4）：10-16.
② 廖哲勋. 论当代课程论与教学论的关系 [J]. 教育研究，2007（11）：46-47.
③ 张华. 课程与教学整合论 [J]. 教育研究，2000（2）：52-58.

的主要趋势，加强中国特色课程与教学理论建设，就要坚决贯彻落实立德树人根本任务，将社会主义核心价值观融入中小学课程与教学的研究中，积极回应"为谁培养人""怎样培养人""培养什么样的人"的时代要求。这是新时代课程与教学论学科建设的指导思想。

其次，积极推进信息技术与课程教学的深度融合。21世纪是一个全新的信息化、智能化时代，传统的教学观念、模式、手段和方法等都面临着挑战。协作学习教学设计、线上线下一体化的混合式教学以及移动学习等，为学生学习创造了全新的环境，提供了丰富的课程资源，使在信息技术环境下开展个别化教学成为可能，信息技术与学科课程教学的整合成为必然，信息技术和语言学习、教学资源共享、教学过程优化等方面的整合日益增多[1]，并不断深入到信息技术与教学理念、教学评价、课堂提问、教学信念、教学行为等教学要素与环节中，信息技术已经作为课堂教学变革的重要推手融入教学过程之中。[2] 着眼于智慧教育而设计的微课，建构了信息时代的教育新秩序、新形态，驱动创新了诸多教学模式与教学生态。[3] 尤其是2011年以来，大规模在线课程掀起"印刷术发明以来教育最大的革新"，并呈现"未来教育"的新形态，慕课作为一种学习方式受到全球的重视，教学结构已经发生了诸多的变革。[4] 显然，信息技术引发了课堂教学方式的变革，慕课、翻转课堂、混合学习即是适应这一变革与转型的最新成果。[5] 随着信息技术突飞猛进的发展，全息技术、人工智能、教学机器人等对传统教学造成巨大的冲击，智能计算机辅助教学向适应性

---

[1] 张家全. 利用现代信息技术促进教学过程的改善 [J]. 教育研究, 2001 (10): 46-51; 刘力, 吴国平, 薛小棉. 现代信息技术融入教学的理论构想与实施策略 [J]. 教育研究, 2004 (9): 85-89.

[2] 何克抗. 如何实现信息技术与学科教学的"深度融合" [J]. 教育研究, 2017 (10): 82-92; 刘世清. 教学目标实现: 信息技术与学科整合的视角 [J]. 教育研究, 2007 (10): 57-59.

[3] 陈琳, 王运武. 面向智慧教育的微课设计研究 [J]. 教育研究, 2015 (3): 127-130.

[4] 哈格德. 慕课正在成熟 [J]. 王保华, 何欣蕾, 译. 教育研究, 2014 (5): 92-99.

[5] 蔡宝来, 张诗雅, 杨伊. 慕课与翻转课堂: 概念、基本特征及设计策略 [J]. 教育研究, 2015 (11): 82-90.

学习支持发展。① 尤其是"互联网+"理念的提出，使传统课程与教学论的学科发展逻辑受到冲击，反思与重构"互联网+"时代的课程与教学论发展的重要诉求②，使教学超越了技术属性，生成了新的教学关系与教学形态，使教学面临无限的可能性③，出现教学与"互联网+"的深度融合与相互超越。

最后，课程与教学理论为基础教育课程与教学改革提供了理论指导和行动方案。围绕课程与教学改革的研究成果逐渐丰富起来。针对基础教育课堂教学的价值、过程、方法、评价等方面的问题，有学者开展了系统的研究，提出了重建课堂教学的价值观、过程观、评价观等观点，在创建"生命·实践教育学"的基础上，为中国课程与教学论学科建设提供了本土智慧。④ 有学者全面深入地解读了我国《基础教育课程改革纲要（试行）》，讨论了三维目标、有效教学、研究性学习、综合实践活动、课堂教学方法等问题，为基础教育改革提供了理论支撑。⑤ 越来越多的研究者开始关注基础教育课程和教学的理论与实践问题，涌现出诸如情境教学⑥、

① 张剑平，陈仕品．计算机辅助教学的智能化历程及其启示［J］．教育研究，2008（1）：76-83.
② 王鉴，安富海，李泽林．"互联网+"背景下课程与教学论研究的进展与反思［J］．教育研究，2017（11）：105-116.
③ 张广君．"互联网+教学"的融合与超越［J］．教育研究，2016（6）：12-14.
④ 叶澜．让课堂焕发出生命活力：论中小学教学改革的深化［J］．教育研究，1997（9）：3-8；叶澜．重建课堂教学价值观［J］．教育研究，2002（5）：1-6；叶澜．重建课堂教学过程观："新基础教育"课堂教学改革的理论与实践探究之二［J］．教育研究，2002（10）：24-30；叶澜，吴亚萍．改革课堂教学与课堂教学评价改革："新基础教育"课堂教学改革的理论与实践探索之三［J］．教育研究，2003（8）：42-49.
⑤ 钟启泉．研究性学习："课程文化"的革命［J］．教育研究，2003（5）：71-76；钟启泉．教学活动理论的考察［J］．教育研究，2005（5）：36-42；钟启泉．"有效教学"研究的价值［J］．教育研究，2007（6）：31-35；钟启泉．教学研究的转型及其课题［J］．教育研究，2008（1）：23-29；钟启泉．"三维目标"论［J］．教育研究，2011（9）：62-67；钟启泉．学习环境设计：框架与课题［J］．教育研究，2015（1）：113-121；钟启泉．教学方法：概念的诠释［J］．教育研究，2017（1）：95-105.
⑥ 李吉林．学习科学与儿童情境学习：快乐、高效课堂的教学设计［J］．教育研究，2013（11）：81-91.

生本课堂①、学本课堂②、生态课堂③等一大批具有中国本土经验的理论成果，释放出本土教学理念生成与发展的生命力，也充分调动了实践领域的积极性，如洋思中学、杜郎口中学、东庐中学等的创造性实践探索为新时代中国课程与教学论建设提供了实践经验。④

从中国特色课程与教学论的建构过程来看，聚焦课堂、研究课堂、变革课堂，最终走向基于课堂教学研究的中国特色课程与教学论的构建，整个过程承载着丰富的中国特征，凝结着厚重的中国经验与中国方案。要解答如何在课程与教学变革中弘扬传统文化、如何在国际视野下开展本土行动研究、如何借鉴西方课程与教学理论、如何深化中国特色课程与教学实践等问题，都迫切需要从当下中国基础教育课程与教学的实际出发，走有中国特色、中国精神和中国气派的变革道路。⑤

二、课程与教学论研究 40 年的内容分析

本研究以 1979 年以来《教育研究》杂志"课程与教学"专栏论文以及与该主题相近的论文为对象，共检索到 1021 篇文献资料，借助CiteSpace 分析讨论教学论研究的知识图谱，梳理教学论研究的主要机构、主要问题，以及不同时间段的热点，以直观呈现改革开放 40 年来我国课程与教学论研究的概况。

（一）课程与教学论研究的主要机构分布

课程与教学论的研究机构主要有大学、科研院所、教育部或各省份教

① 郭思乐. 从仿生到靠生：基础教育改革的根本突破 [J]. 教育研究，2009（9）：3-10.
② 韩福辑. 学本课堂：概念、理念、内涵和特征 [J]. 教育研究，2015（10）：105-110.
③ 岳伟，刘贵华. 走向生态课堂：论课堂的整体性变革 [J]. 教育研究，2014（8）：99-106.
④ 时晓玲，于维涛. 中小学课堂教学模式改革的省思与多元创新：基于洋思、杜郎口、东庐等校课堂教学实践的思考 [J]. 教育研究，2013（5）：129-133.
⑤ 杨启亮. 守护家园：课程与教学变革的本土化 [J]. 教育研究，2007（9）：23-28.

育厅相关机构、各级教研室、报刊出版单位以及中小学等约 257 个单位。在研究机构发文情况统计中，按照第一作者所在单位名称来统计研究者，按照学校名称来统计学校二级机构，比如北京师范大学教育学部课程与教学研究院、北京师范大学国际与比较教育研究院、教育部普通高校人文社科重点研究基地北京师范大学教师教育研究中心、北京师范大学出版集团等全部以北京师范大学来进行统计；其间曾更名的单位，均按照目前单位名称进行统计，如中央教育科学研究所、中国教育科学研究院全部以中国教育科学研究院为发文单位进行统计。具体机构分布如图 1 所示。

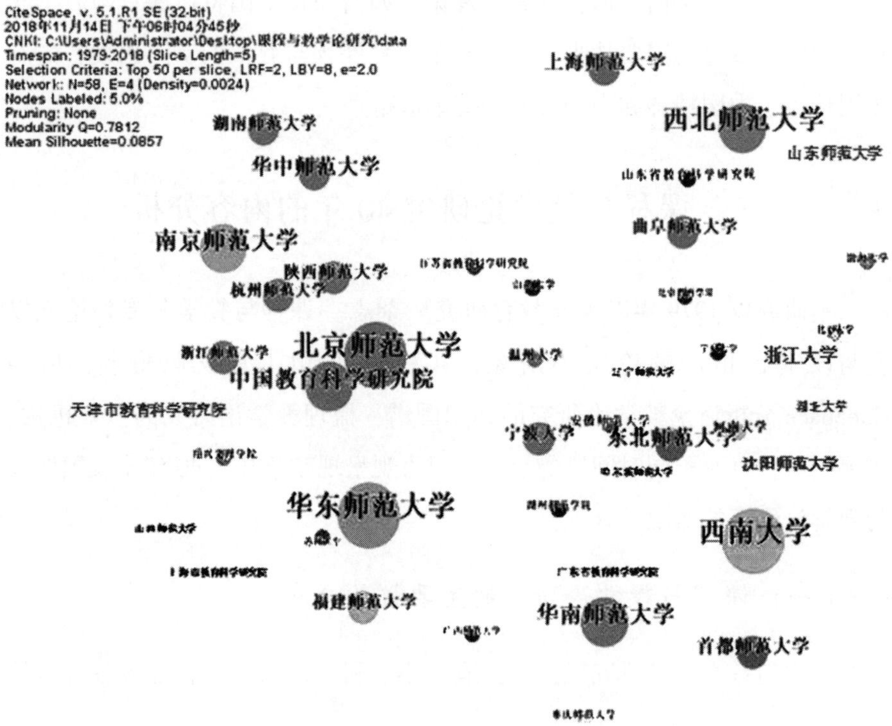

**图 1 1979 年以来《教育研究》发表课程与教学论
相关论文的研究机构分布情况**

如表 1 所示，华东师范大学和西南大学在课程与教学论方面发文量最多，均超过了 60 篇；北京师范大学和西北师范大学紧随其后，分别为

58 篇和 53 篇。发文量为 20 篇及以上的单位有 9 家，4 篇以上的单位有 43 家，排名前 5 位的 4 所大学均为我国较早具有教学论博士培养资格的单位。

表 1　1979 年以来《教育研究》发表课程与教学论相关论文的研究机构统计

序号	研究机构	发文量	序号	研究机构	发文量
1	华东师范大学	68	22	杭州师范大学	8
2	西南大学	64		沈阳师范大学	8
3	北京师范大学	58	25	安徽师范大学	7
4	西北师范大学	53		温州大学	7
5	中国教育科学研究院	36		湖北大学	7
6	南京师范大学	32		渤海大学	7
7	华南师范大学	29	29	北京大学	5
8	东北师范大学	21		山西大学	5
9	华中师范大学	20		山西师范大学	5
10	浙江大学	19		北京教育学院	5
11	上海师范大学	17		绍兴文理学院	5
12	首都师范大学	16		湖州师范学院	5
13	湖南师范大学	14		江苏省教育科学研究院	5
14	陕西师范大学	13		上海市教育科学研究院	5
	福建师范大学	13	37	辽宁师范大学	4
	曲阜师范大学	13		哈尔滨师范大学	4
17	山东师范大学	11		苏州大学	4
	天津市教育科学研究院	11		重庆师范大学	4
19	宁波大学	10		广东省教育科学研究院	4
20	山东省教育科学研究院	9		广西师范大学	4
	浙江师范大学	9		宁夏大学	4
22	河南大学	8			

（二）课程与教学论研究的高频关键词分析

关键词分析是总结研究成果的一种常用方法，反映研究的关注点所在。从课程与教学论相关论文高频关键词的统计分析来看，频次大于等于 7 的关键词有 45 个。其中"教学论""课堂教学""教学过程""课程改革"是研究关注频次较高的 4 个话题，这与 40 年来我国教学改革、课程改革的发展变革密切相关。比如，1978 年颁布《全日制十年制中小学教学计划试行草案》，重点是教学内容的改革；1981 年颁布《全日制六年制重点中学教学计划（试行草案）》《全日制五年制中学教学计划（试行草案）的修订意见》《全日制五年制小学教学计划（修订草案）》，重点是教材的编写与教学大纲的修订；1988 年颁布《义务教育全日制小学、初级中学教学计划（试行草案）》，1992 年颁布《九年义务教育全日制小学、初级中学课程计划（试行）》，将课程表分为"六三制"和"五四制"两种，课程分为"学科类"和"活动类"两大类，突出的特点是在课程管理体制上开始确立"一纲多本"的课程改革方略；2001 年颁布《基础教育课程改革纲要（试行）》，标志着我国基础教育课程改革全面启动。显然，不论是从教学论研究的历史线索还是从国家教育事业发展的历史脉络分析中都可以发现，在改革中求发展，在发展中再改革，是教育教学变革的鲜明特征。

另外，"教学论""课堂教学""教学过程"和"课程改革"四个高频关键词随着课程与教学论学科建设、教学本体论问题研究以及关注教学实践的研究转型而逐渐受到研究者的关注。这与课程与教学论学科建设从传统走向现代，研究范式从思辨走向实证，研究体系不断走向成熟、开放和综合的现实是密不可分的。具体情况如表 2 所示。

表2　**1979 年至今《教育研究》课程与教学论相关论文高频关键词统计（频次≥7）**

序号	频次	中心性	关键词	序号	频次	中心性	关键词
1	46	0.11	教学论	24	11	0.01	概念
2	40	0.26	课堂教学		11	0.02	教学质量
3	36	0.12	教学过程		11	0.06	教学活动
	36	0.19	课程改革	27	10	0.07	分科教学法
5	28	0.14	基础教育		10	0.01	有效教学
6	26	0.16	课程	29	9	0.02	中小学
7	25	0.09	教学模式		9	0.03	思维形式
8	23	0.31	教学改革		9	0.03	教学目标
	23	0.1	教学		9	0.05	教师
10	21	0.05	教学理论		9	0.01	教师教育
	21	0.05	教学方式	34	8	0	教授学
12	18	0.01	学校		8	0.07	语文教学
13	16	0.01	班级授课制		8	0.04	价值取向
	16	0.05	教学法		8	0.05	课程论
	16	0.02	主体性		8	0.02	教育工作者
	16	0.03	中小学生	39	7	0	终身学习
17	15	0.09	教学设计		7	0	课程开发
18	14	0.06	教学方法		7	0.01	中学生
	14	0.02	教学实践		7	0.02	素质教育
20	13	0.03	校本课程		7	0	研究者
	13	0.06	基础教育课程改革		7	0.08	方法论
	13	0.02	学科		7	0	数学
23	12	0.11	儿童				

　　从 1979 年至今《教育研究》课程与教学论相关论文研究关键词共现聚类情况分析来看，教学论、课堂教学、教学过程、课程改革、基础教

育、教学模式、教学改革、教学设计等是研究者关注的重点领域，突出了教学理论研究逐渐转为教学实践研究的取向。加强课程理论及课程实施的研究，为理论引领实践、实践生成理论创造了条件，为课程与教学论科学化发展奠定了基础。这一研究特征与国内课程与教学论研究者对不同时期研究趋势的梳理基本一致。关键词共现聚类具体情况如图2所示。

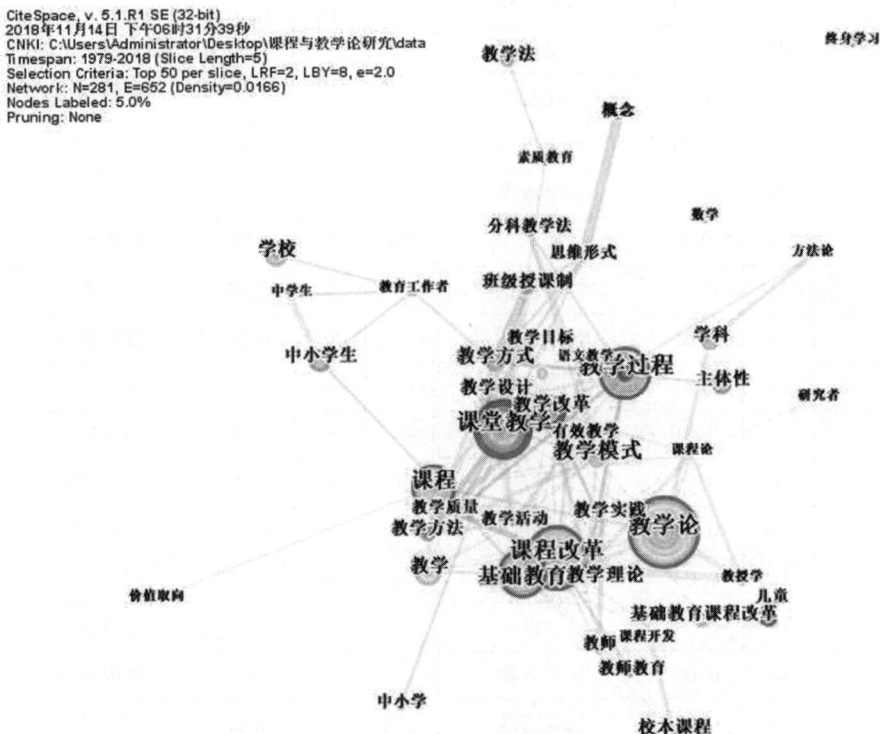

图2 1979年至今《教育研究》课程与教学论相关论文关键词共现聚类

（三）课程与教学论突现关键词的研究热点分析

关键词的突现测度是指文献被引频次或关键词出现次数等的变化率。在某一时段内，以突现词为知识基础的一组文献所探讨的科学问题或专题可以作为研究前沿的判断和预测标准之一。

1. 课程与教学论研究主要突现关键词统计

本研究通过分析得出了课程与教学论研究领域中的 22 个突现关键词，如图 3 所示。

关键词	统计起始年度	突现强度	开始年度	结束年度	1979—2018年
教学过程	1979	12.1705	1979	1992	
教学方法	1979	4.0842	1981	1987	
教学理论	1979	5.7162	1982	1993	
教学改革	1979	3.7696	1984	1989	
教学实验	1979	3.4575	1987	1994	
分科教学法	1979	3.7527	1994	1999	
教授学	1979	3.4676	1994	1997	
班级授课制	1979	4.1803	1995	2002	
中小学生	1979	3.4382	1995	2000	
学科	1979	4.6299	1996	2001	
主体性	1979	4.4495	1999	2002	
学校	1979	5.4782	1999	2001	
校本课程	1979	3.6157	2000	2011	
课程改革	1979	10.3099	2002	2010	
基础教育课程改革	1979	5.7315	2002	2004	
基础教育	1979	6.91	2002	2012	
课程	1979	9.5857	2002	2007	
教学	1979	5.392	2003	2007	
教学目标	1979	4.6711	2007	2009	
有效教学	1979	4.1192	2007	2018	
课程实施	1979	3.4217	2008	2012	
课堂教学	1979	3.7284	2012	2018	

图 3　1979 年至今《教育研究》课程与教学论相关论文 22 个主要突现关键词分析

教学过程作为教学论研究的基本问题，从 1979 年《教育研究》创刊伊始就受到关注，并持续到 1992 年；1981 年受到关注的教学方法、1982 年受到关注的教学理论、1984 年受到关注的教学改革、1987 年受到关注的教学实验，总体凸显出 20 世纪 80 年代我国的教学改革以教学方法为主要抓手，并延续到 90 年代。在这一阶段，有研究者提出我国教学理论历史遗产的继承、老解放区教学经验和理论的研究、对待西方教学理论和方法的态度、对待教学论的态度、苏联教学论的研究、新中国的教学经验（包括教学实验）总结以及马克思主义认识论的学习等新课题，并将这一时期称为"教学论发展的春天"。进入 20 世纪 90 年代，随着教育理论研究的不断丰富，研究者对诸如教学原则、教学目标、教学本质等问题的研究不断深入，出现了教学理论与教学实践"两张皮"① 现象。在此背景下，研究者对教学理论脱离教学实际的问题开始反省，理论与实践的结盟成为教学论研究者和教学实践人员共同努力的方向。进入 21 世纪以来，随着我国新一轮基础教育课程改革的深入推进，以"课程改革""基础教育课程改革"为关键词的课程与教学论研究突现强度增大，课程与教学论研究进入了以课程改革为重点的变革时期，研究者在以往重视理论研究的基础上，推进课程与教学论研究的学科性、实践性，把理论和实践研究有机结合起来，致力于建构立足中国大地、面向世界的中国特色课程与教学论。经过几代人的共同努力，中国课程与教学论实现了标志性发展，形成了一批理论成果，壮大了研究队伍。

2. 课程与教学论研究关键词时区图谱分析

课程与教学论研究的关键词呈现出鲜明的时区特点，不同时期研究的聚焦点各不相同。

从图 4 可以看出，1979—1983 年的研究主要聚焦于教学过程、教学理论、教学方法、教与学、教材以及教学质量提升，这与我国结束"文化大革命"、拨乱反正、改革开放的社会环境密切相关，也与研究者关注教育质量与本体论问题的思考密切相关。1983—1987 年的研究主要聚焦于课堂教学、教学改革、教学原则、教学规律、教学本质以及教学内容，充分反映了当时教育事业恢复发展与积极变革的时代特点。1979—1987 年的近十年间，课程与教学论的研究是在继承传统，发挥潜力，解决一系列矛盾、困难和问题中进行的，主要是在教学实践的基础上，分层次地开展多方面的研究。1987—1991 年的研究主要聚焦于教学、教学模式、教学实验、教学设计、教学艺术以及教学活动等方面，其中以教学模式为根本的教学实

---

① 李秉德. 教学理论与教学实践"两张皮"现象剖析 [J]. 教育研究，1997（7）：32-33.

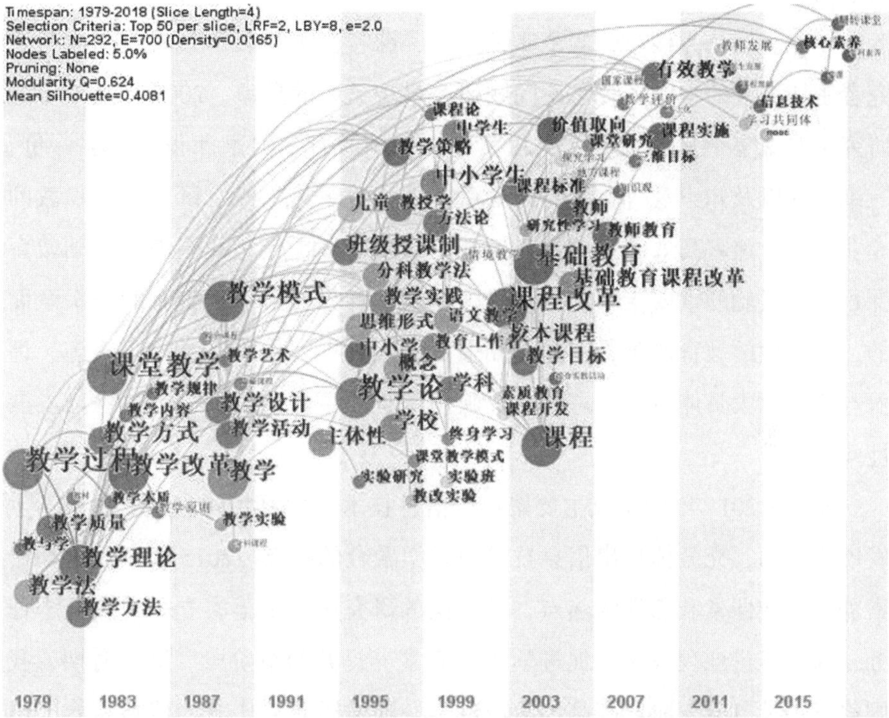

Timespan: 1979-2018 (Slice Length=4)
Selection Criteria: Top 50 per slice, LRF=2, LBY=8, e=2.0
Network: N=292, E=700 (Density=0.0165)
Nodes Labeled: 5.0%
Pruning: None
Modularity Q=0.624
Mean Silhouette=0.4081

图 4　1979 年至今《教育研究》课程与教学论相关论文关键词时区图谱

验是这一时期研究与实践的热点。1991—1995 年的研究主要聚焦于班级授课制、儿童、学生主体，研究处于相对稳定的探索状态。1995—1999 年的研究主要聚焦于教学论、教学实验、教学实践、分科教学、教学策略与方法以及课程论等，呈现出以教学实验为基础的教学基本理论问题研究与探讨的特点。1979—1999 年，我国教学论研究逐步形成正确的教学思想；解放思想，引进外国优秀文化；进行理论探讨，着手教材建设；深入教学实践，开展教育实验；课程论研究成为一个新的热点。

　　1999—2003 年的研究主要聚焦于课程改革、课程标准、校本课程、素质教育、课程开发、中小学生、终身学习、学科教学、情境教学等，呈现出以学校为主阵地、以学生为中心、以课程改革为抓手的世纪之交课程改革的特征。2003—2007 年的研究主要聚焦于课程、基础教育课程改革、价值取向、教学目标、研究性学习、探究学习、地方课程以及教师专业发展等，以课程改革为核心的变革非常活跃，课程改革与教学方式改变成为研究者密切关注的主题，教学论问题研究呈现繁荣的景象。2007—2011 年的研究主要聚焦于有效教学、课程实施、教师教育、国家课程、教学评价、三维目标以及知识观等方面，充分反映课程改革进入深水区后，依靠教师专业发展、追求高效课堂的研究旨趣。2001—2011 年是我国进行基础教育课程改革实验的重要十年，也是我国基础教育界几十年来少有的一次全面的、系统性的教育改革，其内容涵盖了课程功能、内容、结构、实施、评价与管理六大具体目标，总体上反映出课程改革的适应性、创造性与发展性问题。

2011—2015 年的研究主要聚焦于信息技术、学习共同体、教师与学生发展等方面，充分体现出信息技术与教学融合的特点。2015 年后，以核心素养、翻转课堂和慕课为热点，教学论的研究进入了落实立德树人根本任务、深入推进课程改革、促进学生核心素养提升的新阶段。这一时期，我国修订了义务教育阶段和高中阶段各学科课程标准，其中"核心素养"已成为推进教育现代化的战略重点和我国培养创新人才的优先目标，也是对世界范围"核心素养热"的积极应对。同时，伴随着"慕课元年"的到来与信息技术、"互联网+"对教学的影响，教与学的方式必然面临一系列颠覆性的变革。

总体而言，1979 年以来，我国课程与教学论研究内容呈现出三个明显的阶段性热点。从改革开放伊始到 90 年代初，全国开展的以教学方法、教学模式、教材改革为核心的教学改革与实验研究成为第一个研究热点。21 世纪前十年，基础教育课程与教学改革成为第二个研究热点。2010 年以来，信息技术与课程教学的深度融合成为第三个研究热点。这三个热点有共同的聚焦点和着眼点：聚焦点是以提高教学质量为核心，着眼点是以促进学生学习为中心。正因为如此，课程与教学论研究的范式也正在发生转型，聚焦课堂教学、迈向教学实践的研究已成为课程与教学论研究的重要范式。

三、课程与教学论研究 40 年的反思与展望

梳理改革开放 40 年的课程与教学论研究不难发现，随着国家经济社会与教育事业的发展，课程与教学论研究呈现出较强的时代特征和变革趋势，表现出关怀本土研究、观照理论创新的繁荣局面。同时，我国课程与教学论研究还存在一定的问题，值得研究者思考与改进，以更好地服务于未来教育事业发展的需要。

（一）经验总结与问题反思

1. 研究队伍逐渐壮大，团队研究亟待加强

改革开放 40 年来，我国课程与教学论研究队伍的发展大致经历了两个阶段。一是改革开放之初，伴随着教学论学科的建立，专业的教学论研究队伍从无到有、逐渐壮大。二是 21 世纪初，在新一轮基础教育课程改革背景下，国家高度重视课程与教学论研究队伍的建设，培养了大批高素质的课程与教学论研究者。第一，增加学科点、扩大招生数量。1981 年西北师范大学教学论专业博士学位授权点获批。华东师范大学、北京师范大学等高校教学论专业硕士学位授权点获准设立。1984 年，教育部又批准了第二批教学论专业博士学位授权点和硕士学位授权点，西南大学教学论专业博士学位授权点获批，浙江大学（原杭州大学）、华中师范大学、东北师范大学、华南师范大学等高校教学论专业硕士学位授权点获批。1997 年以后，课程与教学论专业学位授权点进入一个新的发展时期。截至 2015 年，全国具有课程与教学论博士学位授权点的高校达到 28 所。几乎所有省属重点师范大学以及一些综合性大学都在培养课程与教学论专业硕士研究生，全国课程与教学论专业硕士学位授权点数量已经超过 120 个。另外，21 世纪初，为推进基础教育课程改革，教育部在 13 所省属师范大学设立了基础教育课程研究中心，整合和培养了一批优秀的课程与教学论专业研究者。

第二，加强基础教育教研队伍建设。我国从国家到省（自治区、直辖市）再到市、县（区）都成立了教育科学院（所）、室，拥有一支稳定的教研队伍，这是一支从教学一线成长起来、具有本土情怀和理论素养的课程与教学论研究队伍，他们既能准确地把握理论，又能有效地指导实践，在推进课程教学改革的深入和解决课程与教学实践问题方面发挥了不可替代的作用。近年来，各地高度重视基础教育课程与教学改革，加强了基础教育教研队伍建设，基础教育教研队伍不断壮大。第三，引导优秀的中小学教师成为研究者。随着课程改革的深入，各级教育行政部门和学校通过政策引导、专业支持等方式帮助优秀的教师成为研究者，引领和推进本地基础教育课程改革。近年来，这部分课程与教学论研究队伍迅速壮大，为我国基础教育课程与教学改革的深入推进做出巨大贡献。然而，这三支课程与教学论研究队伍由于工作场所和工作任务的限制，都在按照各自的工作要求进行着课程与教学论的研究，缺乏应有的沟通与合作。[1] 随着信息时代的到来，课程与教学的理论与实践问题呈现出许多新的特征，产生了许多新的问题，这些问题的解决，需要不同团体、不同场域、不同学科的课程与教学论研究者通力合作，进行团队研究。[2] 只有不同队伍通力合作，研究和解决中国课程与教学的理论与实践问题，才能为世界教学论的发展提供中国经验和中国方案。

2. 研究价值取向趋于合理，实践研究亟待加强

课程与教学论研究的价值取向主要有两种。第一种是理论取向。理论取向依靠大量的学科文献资料，秉持宏大的理论建构的思想，通过逻辑演绎的方法构建学科的理论体系。第二种是实践取向。实践取向强调课程与教学论的应用性、实践性和生成性，认为学科的根和土壤一定在基础教育的学校之中、课堂之上。[3] 两种不同的价值取向对课程与教学

---

① 王鉴，王力争. 课堂教学变革的力量：能动者的联动 [J]. 教育研究，2016（12）：97-105.

② 王鉴，安富海，李泽林."互联网+"背景下课程与教学论研究的进展与反思 [J]. 教育研究，2017（11）：105-116.

③ 杨小微. 教育学研究的"实践情结"[J]. 教育研究，2011（2）：34-40.

论学科建设都做出了巨大的贡献。在过去很长一段时间内，人们曾将师范大学课程与教学论专业培养的研究者认定为理论研究者，将教研系统和学校研究人员认定为实践研究者。事实上，这两种取向可以并存，也可以而且应该互相融通。在课程与教学论研究的价值取向选择方面，既不能让研究者都沉浸于文献资料中做思辨研究，也不能要求所有的研究者都进入基础教育课堂去做田野研究，而是应当根据研究问题的需要，进行合理的选择和调适。从课程与教学论40年发展的历程来看，课程与教学论研究取向逐渐趋于合理。① 课程与教学论研究的价值取向直接决定着学科的建设高度。从当前我国课程与教学论面临的问题和挑战的角度来看，实践取向的课程与教学论研究还需要进一步加强。只有重视实践取向的课程与教学论研究，才能真正生成中国本土特色的课程与教学论学科体系。"这些直面实践的研究不仅促使教育改革的进一步深化，而且会为教育学在中国的发展，由'教育学中国化'转向'中国教育学'建设，即由'引进式加工'向'原创性发展'转换，提供丰富的经验、思想、理论、实践的源泉，使中国教育学研究在新时期发生'扎根本土'的变化。"②

3. 研究方法逐渐多元，跨学科研究亟待加强

改革开放40年来，课程与教学论研究者在借鉴其他学科研究方法的基础上不断探索适应本学科研究的方法。一方面，课程与教学论研究丰富和扩大了哲学、心理学、社会学、伦理学等相关学科的研究视角与内容，使得这些学科的研究范畴得到深化与发展，逐渐关注课程与教学论的研究内容。另一方面，大量相关学科，如语言学、思维科学、人类学、生物学等被应用到课程与教学论研究中，多学科的研究方法与成果为课程与教学论研究注入了新的活力。课程与教学论研究方法日益丰富、成熟和多元，学

---

① 安富海，王鉴. 近年来我国课程与教学论研究的回顾与展望 [J]. 教育研究，2016（1）：47-54，125.

② 叶澜. 中国教育学发展世纪问题的审视 [J]. 教育研究，2004（7）：3-17.

理性思辨与实验探索紧密结合，书斋与田野对话与照应，质性研究与量化研究彼此协调互补。多元化的研究方法对课程与教学论学科的迅速发展发挥了重要作用。然而，随着新时代的到来，尤其是信息技术变革对课程与教学的冲击①，课程与教学论研究中出现了一些新的元素和一些亟待关注的时代问题。② 这些新元素和新问题是在新时代多种矛盾冲突下和多种媒体运用中产生的，必然要求用多学科的视角和多学科综合的研究方法与理论去对待。因此，面对新时代课程与教学领域不断涌现的新问题，课程与教学论研究者不仅要充分借鉴哲学、社会学、心理学、脑科学、教育技术学的研究方法研究课程与教学论问题，还要组建跨学科研究团队合作开展课程与教学问题研究，深入推进课程与教学论学科建设。

4. 研究问题不断深化，原创性研究亟待加强

改革开放之初，在移植和引进国外理论的背景下，我国课程与教学论研究以"什么是教学、什么是教学本质、什么教学规律、什么是教学模式"等"概念性问题"为主，并进行了教学本质问题的讨论，通过讨论和争鸣在学科基本范畴研究上取得了丰富的成果。从 20 世纪 80 年代开始，我国开始全面反思苏联的课程与教学理论，同时也全面引入欧美国家的课程与教学理论，主要包括对引进的理论进行批判与质疑，对多元理论体系进行分析与综合，以及对引进的理论进行本土化改造。在此基础上，我国学者进行了关于现代教学论概念、研究范畴等问题的讨论和争鸣③，进一步深化了对现代教学论概念、性质等学科发展核心要素的认识。21 世纪以来，在新一轮基础教育课程改革的背景下，课程与教学论研究开始直面我国基础教育课程与教学生活，探讨我国课程与教学实践所面临的实际问题。研究者从我国的传统与现实出发，借助国外先进理论和其他学科的理

---

① 杨宗凯. 教育信息化 2.0：新时代信息技术变革教育的关键历史跃迁 [J]. 教育研究，2018（4）：16-22.

② 何克抗. 深度学习：网络时代学习方式的变革 [J]. 教育研究，2018（5）：111-115.

③ 蔡宝来，王嘉毅. 现代教学论的概念、性质及研究对象 [J]. 教育研究，1998（2）：56-59；李瑾瑜，徐继存. 也谈现代教学论的概念、性质及研究对象：与蔡宝来、王嘉毅商榷 [J]. 教育研究，1998（12）：58-62.

论成果，对课程目标、课程内容、课程实施、课程评价、主客体关系、教学目标、教学内容、教学方式等问题进行了深入研究。在研究的过程中，对课程与教学论研究和实践中如何对待本土与外来的关系问题进行了深入讨论。讨论和争鸣是学术发展的必经之路，是学术原创研究的"催化剂"。三次讨论与争鸣为中国课程与教学论开展原创性研究提供了新鲜养料。注重原创性是构建中国特色课程与教学论体系的必然要求。① 然而，从现有的研究成果来看，我国课程与教学论研究的逻辑起点与范畴体系的原创性仍然不足，而且研究商榷与争论的学术风气远不如之前活跃。无论是移植国外理论还是构建本土理论，都属于一种"接力"型研究，研究的逻辑起点或问题主要源自他国，即使发现一些新理论，也仅仅是在"量"上丰富原有的内容，而不能在"质"上获得根本转变。未来课程与教学论原创研究应该面向课堂教学实践，面向中国教育的现实，面向中国特色的理论建设。

5. 学科体系日趋完善，科学化程度有待加强

经由引进借鉴、本土实验和自我建构，我国课程与教学论学科内部逐渐形成了彼此关联、相得益彰、动态整合的学科群。教学论方面，从教学要素的深化研究中分化出了教学目的论、教学过程论、教学方法论、教学技术论、教学评价论等；从学段的角度进行分化，逐渐形成了学前教学论、小学教学论、中学教学论、大学教学论、成人教学论等；从学科领域的角度进行分化，逐渐形成了语文教学论、数学教学论、外语教学论等；从跨学科研究的角度进行分化，形成了教学伦理学、教学生态学、教学社会学、教学心理学等。教学论通过学科借鉴、转化和创生，还形成了教学控制论、教学信息论、教学系统论等诸多教学论的交叉学科。课程论方面，从课程要素研究中分化出了课程目标论、课程内容论、课程实施论、课程评价论等；从学段的角度进行分化，逐渐形成了学前课程论、小学课

---

① 宣小红，薛莉，马潇潇，等. 教育学研究的热点与重点：对 2013 年度人大复印报刊资料《教育学》转载论文的分析与展望 [J]. 教育研究，2014（2）：14-23.

程论、中学课程论、大学课程论等；从学科领域的角度进行分化，逐渐形成了语文课程论、数学课程论、外语课程论等。整合后的课程与教学论经过发展，也形成了多样化的学科群。从学段的角度进行分化，逐渐形成了学前课程与教学论、小学课程与教学论、中学课程与教学论、大学课程与教学论等；从学科领域的角度进行分化，逐渐形成了语文课程与教学论、数学课程与教学论、外语课程与教学论等。总之，经过40年的发展，我国的课程与教学论逐渐形成了相对完整的学科框架与体系，但存在着各体系内部缺乏严谨的逻辑架构、体系与体系之间存在着多重交叉等问题。这些问题不仅会影响学科进一步发展，还会给人才培养造成许多混乱。因此，一定要在充分吸收哲学、社会学、心理学、脑科学、教育技术学等相关学科营养的基础上，加强课程与教学论学科体系建设。

（二）课程与教学论研究的未来展望

世界在变化，教育也必须变化。"新的全球学习格局正在形成。……不仅需要采取新的做法，还要从新的视角来了解学习的本质以及知识和教育在人类发展中的作用。社会变革的这种新态势要求我们重新审视教育的目的和学习的组织方式。"[①] 我们要重新界定教育、教学、知识与学习的内涵，确定新的前进方向。

1. 立德树人成为中国特色课程与教学论研究的灵魂

立德树人是新时期教育的根本任务，是党对教育培养德智体美劳全面发展的社会主义建设者和接班人的本质要求，回答的是为谁培养人、培养什么样的人、怎样培养人的问题。为适应世界教育改革发展趋势、提升教育国际竞争力，在立德树人根本任务的指引下，国家颁布相关政策文件，深入推进课程改革。指向学生核心素养发展的教学目标、内容、方式、评价等方面都将面临改革的需要，课程与教学论研究者应该按照国家要求，

---

① 联合国教科文组织. 反思教育：向"全球共同利益"的理念转变？[M]. 联合国教科文组织总部中文科，译. 北京：教育科学出版社，2017：8.

紧扣时代主题，紧紧围绕立德树人根本任务，结合素质教育精神，开展课堂教学的变革与研究，将这些研究成果融入中国特色课程与教学论体系之中。

2. 信息技术与课程教学深度融合成为中国特色课程与教学论研究的重点

人类已从工业化时代进入信息时代，教学的组织结构与形式、教与学的方式、教学要素的呈现与发挥作用以及教学设计等都发生了巨大的变化，在互联网飞速发展和移动技术迅速普及的推动下，新的教学研究生态正在形成。① 从当前信息技术与教学整合的情况来看，信息技术与课程教学的深度融合已经扩大了优质课程资源的覆盖面，为创新教学模式、变革学习方式提供了条件、搭建了平台，也引发了人们对教学观、学习观的重新思考，解决了课程教学的一些问题。信息时代，信息技术与教学之间的深度融合已成为必然，信息技术强劲的"实现"功能倒逼传统教学实践与研究范式的转型。② 另外，信息时代教学还会遭遇许多我们预想不到的问题。无论从时代的需要还是理论的诉求角度来讲，今后一个时期，我国课程与教学论的研究重点都是重建信息化背景下的现代课程与教学论新体系。

3. 学生的学习成为中国特色课程与教学论研究的基础

学习科学的兴起和深入研究对教学论的研究产生了重要影响，只有立足于"学"，才能实现有效的"教"。学生的任何学习行为都受到其内部心理过程或机制的支撑与调控，教师只有弄清学生在一定年龄阶段学习的内部心理过程或机制的特征，才能依据这些个性特征有的放矢地采取适当的教学策略促进学生学习。当前，我国课程与教学论领域关于教学的研究没有取得突破性进展的一个主要原因就是对学生的学习研究不够深入。立足学习科学研究教与学，已成为美国、英国、法国等欧美发达国家探索创新

---

① 本刊编辑部. 2017 中国教育研究前沿与热点问题年度报告 [J]. 教育研究，2018（2）：3-17.
② 杨宗凯. 教育信息化 2.0：新时代信息技术变革教育的关键历史跃迁 [J]. 教育研究，2018（4）：16-22.

型人才培养与教育政策决策的关键基础，也是改革开放 40 年来我国课程与教学论科学化过程中长期追求的目标。未来课程与教学论研究需要将研究与实践的重心由"教"转向"学"，在真正还原学习者主体地位的同时，进一步研究学习的发生过程，理解技术、学习与设计的关系，研究多种学习形态的特征与作用发挥机理，通过不同学科、不同领域研究者之间的合作，借助于学习科学的研究成果思考教学实践和教学理论面临的挑战与变革的路径。①

4. 传统文化成为中国特色课程与教学论研究的亮点

改革开放 40 年来，我国课程与教学论学科发展与建设的过程，是一个不断追求科学化与本土化的过程。在这一过程中，课程与教学论研究者对"中国特色课程与教学论""课程与教学论中国化""课程与教学论本土化"等问题关注甚多，力求建构基于本土实践、反映中国传统文化、具有中国特色的教学论学科体系和研究问题域，但总体来看，中华优秀传统文化的元素还不够彰显，异域文化的痕迹仍然比较明显。任何一个民族的教育，都是从本民族的文化土壤中生长出来的。在过去很长的时间内，我们都向外张望、借用、吸收，忽视了从本源中汲取营养的不可取代性。中国文化传统本身就具有基本的教育精神与智慧。② 中华优秀传统文化是中华民族的基因，影响着中国人的思想方式和行为方式。我国课程与教学论理应根植本土，研究本国教学现象与问题，"从双重依附走向独立，从移植性的研究转变为本土的研究，从解释性转变为创建性，恐怕是 21 世纪中国教育学发展不能回避的问题"③。尤其在全球化背景下，更加需要彰显中华民族传统文化在课程与教学论研究中的张力，传播课程与教学论研究的中国智慧。

---

① 安富海，王鉴. 近年来我国课程与教学论研究的回顾与展望 [J]. 教育研究，2016 (1)：47-54，125.

② 叶澜. 回归突破："生命·实践"教育学论纲 [M]. 上海：华东师范大学出版社，2015：263.

③ 本刊记者. 为生命·实践教育学派的创建而努力：叶澜教授访谈录 [J]. 教育研究，2004 (2)：33-37.

5. 教学实验成为中国特色课程与教学论研究的生长点

我国课程与教学论研究者和实践者探索出了许多新的方法，如自学辅导教学法、尝试教学法、"读读议议练练讲讲"八字教学法、学导式教学法、最优中学教学方式实验法、引导发现法、知识结构单元教学法、情境教学法、六步自学指导教学法以及读写结合教学法等。这些来自教学改革实验的教学法，大大提高了教育质量，形成了改革开放以来我国课程与教学论研究和实验的繁荣局面。① 21 世纪初，随着我国基础教育课程改革实验的推进，新一轮的课程教学改革风起云涌，改革实验区的实践探索层出不穷，进一步繁荣了我国课程与教学论研究与实验的局面，奏响了教育事业发展变革的最强音。各学术机构与团体在学术带头人的带领下，积极参与基础教育课程与教学改革推进工作，在实践中开展行动研究，形成经典案例，教学实验研究与教学实践研究并行不悖，助推课程与教学论学科建设。随着信息技术的发展，慕课、翻转课堂、人工智能等对课程与教学论的学科建设和发展产生重大影响，亟待开展广泛的实验研究，探索信息化背景下课程与教学论的深度变革。作为一门学科，课程与教学论要提供知识，更应该提供思想。所以，课程与教学论并非求器之术，而是悟道之学、践履之学。② 广泛深入的教学实验正在成为课程与教学论学科建设的源头活水，为中国特色课程与教学论的构建创造了条件。

作者简介

王鉴，云南师范大学高等教育与区域发展研究院教授；李泽林，西北师范大学西北少数民族教育发展研究中心教授；安富海，西北师范大学西北少数民族教育发展研究中心教授。

---

① 陈晓端，毛红芳. 教学论对教学实践指导的困境、意义、方式和限度［J］. 教育研究，2016（5）：84-91.
② 徐继存. 教学论的本性与追求［J］. 教育研究，2010（1）：91-94.

中国教育史学科：成绩·问题·设想

——基于期刊论文和博士学位论文的考察

田正平　潘文鸯

改革开放以来，教育史学科建设取得了重要进展。这一时期期刊论文呈现出以下特征。研究数量经历了由低迷、徘徊，到突破瓶颈，至持续快速发展的历程；研究主题从传统的比较集中地关注教育人物、教育思想和教育制度等领域，拓展到对各类教育形态、各种教育问题的普遍关注；对教育史学理论的关注和兴趣逐渐提升，研究范式呈现多元化的特点。但这一时期的期刊论文也存在质量不高，选题重复、细碎，"过度"关注现实，关注和研究时段失衡等问题。而这一时期博士学位论文所指向的历史时代与期刊论文大体一致，存在重近代、轻古代的现象，研究主题受高考改革的影响，呈现出以教育制度为主题的论文数量超过以教育人物和思想为主题的论文的数量的特点，而有关教育人物和思想的选题则避免了期刊论文选题重复的弊端，主题更加丰富。未来，中国教育史研究应该把提高研究成果的质量和学术水平放在最为重要的位置，在把握好"求真"与"致用"尺度的前提下，积极关注和回应现实问题，在研究范式、理论和方法等方面，保持一种开放的心态。

中国教育史是教育学科中的基础学科。20 世纪初，由于师范学堂等教育机构设置教育学相关课程的需要，教育史作为一门学科课程被引进国内，而中国教育史是教育史课程的重要组成部分。一个世纪以来，经过几代教育史工作者的努力，教育史学科建设取得了重要进展，其中改革开放以来的 40 年特别引人注目。对于 1978 年以来中国教育史学科的发展状况，已有不少学者做过回顾评介，一些硕士论文或博士论文以此为主题，如易琴的博士论文《知识传授与学术探究——中国教育史学科的发展图景》、郝丽霞的硕士论文《2000 年以来教育史研究的主要进展：基于学科内研究生学位论文的综合考察》。此外，娄岙菲等发表的文章《近年来中国教育史研究学术进展评述》也是以此为主题。① 笔者也曾撰文对改革开放 30 年教育史学科建设情况做过讨论。② 本文拟在这些成果的基础上，对改革开放 40 年来中国教育史学科的发展做进一步的探讨。

在《老学科　新气象——改革开放 30 年教育史学科建设述评》一文中，我们从纵向上梳理了 1978—2008 年教育史学科所经历的"恢复重建中的初步发展""硕果累累的十年"和"新世纪的良好开端"这样几个重要的发展阶段及每一阶段的特点，这主要是对学科发展的一种质的描述。本文则基于对 40 年来公开发表的中国教育史研究论文（期刊论文）和博士学位论文数量及内容的统计分析，从成果的角度对学科发展历程做一长时段、综合性的梳理，考察这一时期中国教育史研究所体现出来的总体趋势和存在的问题，并对未来的发展做一些讨论。

一、期刊论文：发表数量的视角③

据不完全统计，1979 年 1 月至 2016 年 12 月，在全国各类期刊上发表

---

① 娄岙菲，包丹丹，于述胜. 近年来中国教育史研究学术进展评述 [J]. 教育研究，2015（9）：119-128.

② 田正平. 老学科　新气象：改革开放 30 年教育史学科建设述评 [J]. 教育研究，2008（9）：7-16.

③ 期刊论文相关数据搜集的主要范围是中国知网《中国学术期刊（网络版）数据库》，以"全文""中图分类号""主题""标题"等多种检索条件相结合进行检索，力求涵盖教育、历史、人物等领域中国教育史类的论文。在检索过程中，笔者注意到数据库中 1979—1993 年的论文收录不够全面，故尽可能对这一时段未被收录的重要期刊的论文进行了补充。本文有关期刊论文的数据均出自上述范围，不再一一注出。

的中国教育史相关论文有 16846 篇①，具体情况如表 1 所示。

表 1 1979 年 1 月至 2016 年 12 月各类期刊刊载的中国教育史论文数量

单位：篇

年份	论文数	年份	论文数
1979	27	1999	287
1980	49	2000	295
1981	45	2001	431
1982	60	2002	455
1983	49	2003	530
1984	70	2004	614
1985	62	2005	740
1986	60	2006	809
1987	80	2007	859
1988	70	2008	896
1989	103	2009	875
1990	71	2010	921
1991	107	2011	1041
1992	84	2012	1159
1993	145	2013	1301
1994	229	2014	1239
1995	248	2015	1190
1996	221	2016	964
1997	212	总数	16846
1998	248		

从 1979 年 1 月至 2016 年 12 月，各类期刊共发表中国教育史相关论文 16846 篇，年均发表 443.3 篇，对于一个教育学科中专业研究人员和学科布点都较少，且作为基础研究受到诸多制约的二级学科而言，这是一个相当可观的数字。当然，这一时期发表论文数量表现出明显的阶段性特点。1993 年以前，只有 1989 年和 1991 年发表论文数超过百篇，分别是 103 篇

① 由于 2017 年、2018 年的部分数据仍无法获得，此处仅统计了 1979—2016 年的数据。

和 107 篇，其余各年均在百篇以下。从 1993 年开始，年发表论文数才稳定地增加到百篇以上。1994 年，年发表论文数为 200 多篇，2001 年，年发表论文数比 1994 年多了近 1 倍，达到 400 篇以上。2006 年，年发表论文数又比 2001 年多了近 1 倍，达到 800 多篇。2011 年以后，年发表论文数稳定在 1000 篇以上。

可以说，改革开放以来，中国教育史的研究成果就数量而言，经历了一个从低迷徘徊到持续快速增长的过程。1979 年，在全国各类期刊上发表的中国教育史相关论文有 27 篇，每月平均只有 2.25 篇；2013 年全年发表的中国教育史相关论文多达 1301 篇，每月平均 108 篇，增长了约 47 倍。

研究范式的多元化可能是 21 世纪第一个十年结束之际教育史研究成果大幅度增加的重要因素之一。1996 年由广东教育出版社出版的"中国教育近代化研究丛书"是教育史学界在马克思主义的历史唯物主义观点指导下，第一次借鉴现代化理论研究中国近代教育发展的尝试。丛书出版后在学术界产生较大影响。虽然该套丛书研究的是中国近代教育史，但是，由于它突破了多年来单一研究范式的束缚，其影响并未局限在近代教育史领域，而是在教育史学界获得了广泛的认同。随着时间的推移，进入 21 世纪之后，在中国教育史研究领域，提倡研究范式或曰分析框架的多元化，已经成为学者们的共识。这种深层次的观念的变革，直接推动了研究视域的转变、史料来源的拓展、问题意识的强化和研究主题的丰富多彩。

1996 年 12 月，由广西师范大学教育系、广西雷沛鸿教育思想研究会承办的中国教育学会教育史研究会第五届学术年会暨会员代表大会在广西师范大学召开。此次大会的最重要成果是选举产生了中国教育学会教育史研究会第四届理事会。从此，其作为全国教育史研究者的一个学术交流平台，有力地引领了中国教育史的学科建设和研究走向。在这里还要指出的是，由北京师范大学、华东师范大学、浙江大学、厦门大学和台湾师范大学、澳门大学共同发起的海峡两岸教育史论坛，从 2007 年开始，每年召开一次，由上述六所大学轮流主办。海峡两岸教育史学界的这一盛事，为中国教育史研究注入了新的活力。

　　还有一个重要因素是，截至 2011 年，全国有 24 个单位被批准获得教育学一级学科博士学位授予权，这就使得全国高等院校中具有中国教育史博士学位、硕士学位授予权的单位数量大幅度提升，助推了研究成果数量的增加。

　　上面我们粗略地考察了改革开放 40 年间中国教育史研究成果在数量方面的发展趋势，并大致分析了这一趋势的原因。对于一门学科的发展水平来说，研究成果的数量当然是一个重要的考量维度，但远不是唯一的衡量标准。下面我们将对这些成果的内容做进一步的考察。对于时间跨度长而数量又较多的研究成果的考察分析，从研究主题切入，可能是一个较好的视角。

二、期刊论文：研究主题的视角

　　为了便于考察，我们以 1993 年为界分两个时间段，第一段是 1979—1993 年，第二段是 1994—2016 年。有时出于比较的需要，会将一个大的时段进一步分作若干小的时段。考察围绕两个维度展开：一是论文本身指向的历史时期；二是论文本身所讨论的教育问题，如教育人物和思想（思潮）、教育制度、高等教育、职业教育（实业教育）、师范教育、普通教育、教育改革、教育史学理论、课程与教学等，后一维度不同时段所分类目或有所增减。

（一）1979—1993 年期刊发表的中国教育史论文主题

　　首先以论文指向的历史时期作为分类依据进行考察。从表 2 可以看出，在这 15 年间，各类期刊刊载的中国教育史论文，以讨论民国时期教育者为最多，有 342 篇，其次是古代和当代，分别有 256 篇和 207 篇，研究革命根据地教育问题的文章有 17 篇。如果把论文发表情况按 5 年一个时段进行考察，那么指向不同历史时期的论文数量变化十分明显。

表2　1979—1993 年期刊发表的中国教育史论文指向的历史时期

单位：篇

年份	古代	晚清	民国	革命根据地	当代
1979	10	0	9	1	7
1980	21	2	16	0	0
1981	13	2	22	0	0
1982	10	5	23	3	16
1983	18	10	13	0	5
1984	23	10	14	4	6
1985	21	10	14	0	2
1986	20	7	17	3	2
1987	20	12	27	1	4
1988	12	5	20	1	5
1989	21	17	41	1	23
1990	18	12	24	2	15
1991	21	16	42	1	27
1992	18	16	24	0	26
1993	10	30	36	0	69
总数	256	154	342	17	207

　　从表3可以看出，1989—1993 年学界对民国时期教育给予了特别关注，这一时段发表的有关民国时期的教育论文几乎等于有关古代和晚清两个时期论文的总数。

表3　1979—1993 年期刊发表的中国教育史论文指向的历史时期（分时段统计）

单位：篇

时段	古代	晚清	民国	革命根据地	当代
1979—1983 年	72	19	83	4	28
1984—1988 年	96	44	92	9	19
1989—1993 年	88	91	167	4	160
总数	256	154	342	17	207

其次以论文研究的教育内容作为分类依据进行考察。从表 4 可以看出，这一时期发表的论文中，以研究人物和思想（思潮）为内容的论文最多，有471 篇；其次是关于教育制度的研究，有 86 篇；论文数量排在第三位的是关于历史上教育改革的研究，有 56 篇；数量最少的是有关课程与教学的文章，仅有 10 篇。以人物和思想（思潮）研究为主要内容的论文数量居于榜首是可以理解的，人物、思想和制度本来就是教育史研究的主要内容，再加上在统计过程中，由于很难把人物研究和人物思想研究分开，最终将这两方面的成果放在一起统计，就更注定了其数量遥遥领先。值得注意的是关于教育改革的研究，就教育史的传统研究视角而言，往往是将之归入教育制度研究之中，事实上，相关论文也很少有突出"改革"二字的。从表 4 可以看出，1979—1983 年，以教育改革为主题的论文一篇也没有，从 1984 年开始零星出现，至 1993 年发展到 12 篇，虽然数量仍然很少，但整体而言，1979—1993 年，这方面的论文总数居于第三位，应该说是一种值得关注的现象。究其原因，这与 20 世纪 80 年代中后期国家开始启动的一系列重大教育改革举措有极大关系，如 1985 年颁布的《中共中央关于教育体制改革的决定》，1986 年通过的《中华人民共和国义务教育法》，1987 年颁布的《关于社会力量办学的若干暂行规定》，1993 年 2 月中共中央、国务院颁布的《中国教育改革和发展纲要》等，这些文件与千百万人参与的层次不同的教育改革事业息息相关，与千家万户的日常生活紧密相连。教育史研究者从现实的改革动态中获得某种感悟或启示，激发了对历史上相应主题的兴趣，试图通过自己的研究成果为现实提供一些可能的参照，这种趋势在 1994 年之后进一步加强。

表 4　1979—1993 年期刊发表的中国教育史论文的研究内容

单位：篇

年份	人物和思想(思潮)	教育制度	教育史学理论	高等教育	职业教育	师范教育	教育改革	课程与教学
1979	10	7	0	2	0	0	0	0
1980	19	0	4	0	0	0	0	0

续表

年份	人物和思想(思潮)	教育制度	教育史学理论	高等教育	职业教育	师范教育	教育改革	课程与教学
1981	26	0	2	0	0	0	0	0
1982	38	0	1	0	0	0	0	0
1983	21	0	2	0	0	2	0	0
1984	30	3	2	2	1	3	2	0
1985	21	5	1	0	1	1	4	0
1986	24	5	3	2	4	0	4	2
1987	28	8	2	3	4	1	1	2
1988	21	9	3	4	0	3	3	1
1989	36	5	4	3	0	3	11	0
1990	35	13	0	1	0	0	3	1
1991	42	10	4	6	1	0	10	0
1992	26	10	2	2	1	2	6	0
1993	94	11	2	10	0	3	12	2
总数	471	86	32	35	12	18	56	10

（二）1994—2016 年期刊发表的中国教育史论文主题

与前面的考察路向一致，首先以论文指向的历史时期作为分类依据进行考察。如表 5 所示，这一时期关于民国教育的研究论文数量继续攀升，达 5999 篇，仍然稳居第一位；紧随其后的是关于晚清教育的研究论文，达 4690 篇，由前一时期的第四位上升为第二位。研究当代教育问题的论文有 1406 篇，总的位次由第三位落到第四位。这一时期研究当代教育问题的论文虽然在绝对数量上有所增长，但增长幅度略小于研究其他时代教育问题的论文。关于古代教育史的研究论文，虽然总的数量增加了，达到 3009 篇，但仅及有关民国教育的论文数的约二分之一，由第二位下降至第三位。研究革命根据地教育的论文数仍然排在最后，共计 236 篇。

表5 1994—2016 年期刊发表的中国教育史论文指向的历史时期

单位：篇

年份	古代	晚清	民国	革命根据地	当代
1994	47	69	58	8	30
1995	53	50	105	12	24
1996	57	68	65	2	16
1997	48	58	73	4	22
1998	52	71	83	8	27
1999	52	89	76	5	52
2000	93	83	83	2	22
2001	85	142	129	3	43
2002	90	170	121	5	44
2003	103	182	165	7	53
2004	135	191	204	3	64
2005	126	239	290	5	64
2006	159	242	324	16	57
2007	189	278	296	11	65
2008	156	289	342	12	68
2009	144	275	331	8	85
2010	154	257	392	14	84
2011	168	343	407	11	85
2012	218	293	454	25	145
2013	268	357	533	24	98
2014	257	356	480	16	111
2015	183	334	555	14	76
2016	172	254	433	21	71
总数	3009	4690	5999	236	1406

从表6可以看出，有关晚清和民国教育的论文在进入21世纪之后出现了一轮猛增。2002—2006年，有关晚清和民国时期教育的论文总数都超过了

1000 篇。有关民国教育的论文，2002—2006 年是 1104 篇，2007—2011 年是 1768 篇，2012—2016 年是 2455 篇，每一阶段增长幅度都在 600 篇以上，民国教育研究持续升温。实际上，目前史学界通行的观点，是把晚清与民国放在一起，统称为中国近代。学界对这一时期的教育给予特别关注的原因，笔者认为有两点。一是在人们的普遍认知中，相对于古代教育而言，近代教育是我们的"昨天"，它所面临的历史场域和境遇与今天有更大的相似性、可比性，所以，它的经验、教训对今天的教育更具有借鉴意义。这种看法尽管不一定全面，但却在很长一段时间占据主导地位。二是对单一研究范式的突破，对于近代教育史的研究而言，更具有深刻的解放思想的意义。长期以来，受正统研究范式的束缚，在中国近代教育发展史研究中，对于从洋务运动时期改革传统教育的破冰之旅，到维新运动时期教育思想解放的第一波高潮，从 20 世纪初清政府主导的废科举、兴学堂、派留学，到辛亥革命后的教育改革、南京国民政府的诸多教育举措，认识和评价大多比较单一。对僵化范式的突破，极大地激发了人们重新认识"昨天"这段历史的积极性和探索兴趣，于是，大量的成果喷涌而出。如果把表 6 中有关晚清和民国时期教育的论文合在一起，总数达 10689 篇，是同一时段有关古代教育论文的 3 倍之多。这一时段学界研究当代教育的热情虽有所增加，但相较于其他历史时期的研究，其研究成果的数量增长相对缓慢。

表 6　1994—2016 年期刊发表的中国教育史论文指向的历史时期（分段统计）

单位：篇

时段	古代	晚清	民国	革命根据地	当代
1994—1996 年	157	187	228	22	70
1997—2001 年	330	443	444	22	166
2002—2006 年	613	1024	1104	36	282
2007—2011 年	811	1442	1768	56	387
2012—2016 年	1098	1594	2455	100	501
总数	3009	4690	5999	236	1406

其次以论文研究的教育内容作为分类依据进行考察。从表7可以看出，这一时期各研究主题论文的分布与1979—1993年相比，发生了诸多显著的变化。

表7　1994—2016年期刊发表的中国教育史论文的研究内容

单位：篇

年份	人物和思想（思潮）	教育制度	教育史学理论	高等教育	职业教育	师范教育	普通教育	社会教育	教育改革	课程与教学
1994	48	28	9	29	5	5	19	11	21	8
1995	50	23	6	43	13	8	7	3	16	7
1996	40	34	10	41	6	9	14	1	19	8
1997	45	23	12	53	9	4	9	2	24	3
1998	53	33	9	40	6	11	15	4	21	8
1999	60	40	12	61	14	1	12	1	39	7
2000	50	46	10	76	13	5	7	4	37	7
2001	94	64	21	88	7	7	20	5	53	15
2002	88	61	18	123	18	6	24	8	63	16
2003	120	72	24	120	14	6	23	13	61	18
2004	159	84	16	134	18	13	23	15	66	13
2005	160	78	48	164	34	16	29	9	66	21
2006	198	91	26	171	84	19	39	22	125	16
2007	179	99	39	146	66	14	42	11	132	25
2008	188	93	33	152	84	22	32	18	104	21
2009	199	81	49	155	64	25	41	18	109	21
2010	186	93	29	178	70	25	33	19	116	32
2011	209	87	41	185	70	20	52	28	143	36
2012	240	125	35	288	62	44	74	28	146	50
2013	323	157	33	322	53	39	107	27	198	51
2014	293	156	27	265	78	34	61	32	173	43
2015	181	139	30	298	70	47	80	20	189	51
2016	160	104	24	237	56	40	79	22	109	39
总数	3323	1811	561	3369	914	420	842	321	2030	516

　　首先是新主题的增加。比如，关于普通教育、社会教育的研究论文分别以 842 篇和 321 篇的总数进入有效统计范围。当然，这并不意味着前一时段这两类研究论文一篇也没有，而是前一时段这两类研究论文数量每年都不到两位数，而未能进入有效统计范围。其中，与普通教育相关的论文达到 842 篇是一个很大的变化，这很可能与世纪之交发布的《中共中央国务院关于深化教育改革全面推进素质教育的决定》（1999 年）、《国务院关于基础教育改革与发展的决定》（2001 年）以及教育部随后启动的新一轮基础教育课程改革有关。而社会教育相关的论文达 321 篇，则与 21 世纪第一个十年我国政府提出"建设全民学习、终身学习的学习型社会"，将发展教育事业作为改善民生的重要举措有直接的关系。

　　其次是各类主题论文数量排序的变化。这一时期，关于高等教育史的研究论文以 3369 篇的数量超过有关教育人物和教育思想（思潮）的论文的数量，由前一时期的第四跃居第一。而关于人物和思想（思潮）的研究论文数量为 3323 篇，有关教育制度的论文为 1811 篇，仍保持了较大的优势。除去人物和思想（思潮）、教育制度这两个主题，这一时期按相关主题论文篇数排序，前五名依次为：高等教育（3369 篇）、教育改革（2030 篇）、职业教育（914 篇）、普通教育（842 篇）、教育史学理论（561 篇）。

　　有关高等教育史、职业教育史的研究论文急剧增多，特别是高等教育史方面的论文数量飙升，是完全可以理解的。从 20 世纪末以来，"211""985""双一流"等名词几乎成了家喻户晓的流行话语，自然引起学术界的高度关注。而高等教育史、职业教育史两个主题相关论文的激增，与前面论及的有关民国时期、晚清时期教育的论文数量剧增互相呼应，因为现代意义上的中国高等教育、职业教育都是从近代开始发展的。

　　有关教育改革的研究论文数量为 2030 篇，接近高等教育研究论文数的三分之二。研究历代教育改革成败得失和经验教训的论文如此之多，从传统的教育史研究视角来看，确实出乎意料。这既是前一时期这一趋势的自然延续，更是中国教育改革重大举措频繁出台的历史回响。《中华人民共和国教育法》（1995 年）、《中华人民共和国高等教育法》（1998 年）、《中华人民共和国民办教育促进法》（2002 年）、《国家中长期教育改革和发展规划纲要（2010—2020 年）》（2010 年）、《现代职业教育体系建设规划（2014—2020 年）》（2014 年）等重大法规、政策、规章纷纷出台，一波接一波，一波推一波。进入 21 世纪以来，"改革"二字成为整个教育领域最响亮的口号，成为推动整个教育学科各类研究最强劲的动力。

这一时期探讨教育史学理论的文章有 561 篇，与前一时期的 32 篇比较，增加了近 17 倍，这是一个很突出的现象。中国教育史学界长期以来对学科理论的研究和探讨相对薄弱，21 世纪以来这方面的研究得到加强，与中国教育史学界同人努力摆脱对其他学科在理论上的依附、试图构建自己学科基础的意识和追求有关。

一般而言，由于学术期刊出版周期短、作者群和读者群广泛、流通便捷，期刊论文往往最能反映某一学术领域的最新研究成果，体现该学术领域的发展趋势，展现不同时期的学术热点和社会关注点。通过对 1979—2016 年各期刊发表的中国教育史论文从数量和主题两个维度进行初步考察，可初步得出如下结论。第一，改革开放以来，中国教育史研究经历了走出低迷、徘徊、突破瓶颈和持续快速发展的历程。第二，中国教育史的研究主题从传统的比较集中地关注教育人物、教育思想（思潮）和教育制度等领域，拓展到对各类教育形态、各种教育问题的普遍关注。高等教育、职业教育、师范教育、普通教育、社会教育、教育史学理论、教育改革、课程与教学等成为教育史研究者稳定持续关注的领域。第三，研究范式的多元化、对教育史学理论的关注和兴趣的提升也是这一时期中国教育史研究的一大特点。第四，对当代中国教育变革现实的持续关注是改革开放以来中国教育史研究体现出来的最大特点。如前所述，无论是研究成果数量的快速增加，抑或是各研究主题论文数的大幅度变动，都受到不同时期中国教育改革主题的影响。

但是，梳理这一时期各类期刊所刊载的关于中国教育史的研究论文，也可以发现一些明显的问题。首先是论文数量的大幅度增加与论文质量并未获得同步提升的反差。这主要表现为出现大量重复的、细碎的选题，主要围绕教育人物、教育事件和各类教育问题。以人物研究而言，讲到先秦教育思想，就是孔子、孟子、荀子、墨子；谈到近现代教育家，就是蔡元培、陶行知、黄炎培、陈鹤琴，较少发掘新的教育人物。而关于上述被反复讨论的教育家，也较少有全面、系统、有深度的研究成果，已有研究较少提供新的材料、提出新的问题、得出新的结论。不少文章从选题到研究思路以至于框架结构，都给人以似曾相识的感觉。这些重复的、细碎的研究，没有提供新的知识，对于学术创新价值不大。其次是关注点和研究时段的失衡。这主要指的是进入 21 世纪以来，学术界把大量的精力、时间集中在对中国近代教育的研究，而对于有着深厚积淀和丰富内涵的传统教育却未能给予应有的关注。

三、博士学位论文：数量与主题①

相对于期刊论文而言，博士学位论文不具备出版周期短、作者和读者群广泛以及流通便捷等优势。一篇博士学位论文从构思写作到通过答辩，至少需要三年的时间。但是，博士学位论文的写作和通过答辩，不但要遵循相对公认的、学术共同体必须遵守的基本的学术底线，而且事实上，学位论文往往承载着申请者本人和指导教师，甚至包括学位申请单位的学术声誉，蕴含着师生两代人的辛勤劳动，从一定意义上讲，它的完成本身就意味着一种学术贡献和创新。所以，梳理改革开放以来中国教育史的研究状况，考察几十年间产出的博士学位论文，同样是一个很好的路径。

---

① 博士论文相关数据主要参考易琴的博士论文《知识传授与学术探究——中国教育史学科的发展图景》中"附录：中国教育史博士学位论文题目一览"，以及《教育史研究与评论》第一辑至第四辑"全国教育史专业博士学位论文目录及摘要"，此外，笔者检索了中国知网优秀博硕士学位论文全文数据库，国家图书馆以及北京师范大学、浙江大学、厦门大学等校图书馆馆藏目录。

我国高等院校中第一个中国教育史博士学位是由北京师范大学于 1986 年颁发的。据统计，自 1986 年至 2016 年，全国共有 415 人获得了中国教育史博士学位。详细情况见表 8。

表 8　1986—2016 年获得中国教育史博士学位的人数统计

单位：人

年份	数量	年份	数量
1986	1	2002	6
1987	0	2003	10
1988	6	2004	15
1989	4	2005	19
1990	2	2006	28
1991	3	2007	26
1992	3	2008	26
1993	1	2009	32
1994	2	2010	38
1995	3	2011	30
1996	3	2012	32
1997	3	2013	39
1998	8	2014	14
1999	5	2015	18
2000	9	2016	19
2001	10	总数	415

从表 8 可以看出，1986—2000 年，每年获得中国教育史博士学位的人数均未达到两位数。这是由于直到 2000 年，全国高等院校中具有中国教育史博士学位授予权并实际开始培养中国教育史博士生的单位只有北京师范大学、华东师范大学和杭州大学（现已合并入浙江大学）三所学校。2000年，华中师范大学获得中国教育史博士学位授予权，三年后，华南师范大

学、西南师范大学（现西南大学）获得了教育学一级学科博士学位授予权，福建师范大学获得教育史二级学科博士学位授予权。2006 年，厦门大学、东北师范大学、西北师范大学等高校陆续获得了中国教育史博士学位授予权。2011 年，经国务院学位办审核批准，全国有 14 所高等院校教育学一级学科获得博士学位授予权，这就意味着有更多的高等院校可以根据自己的情况开设中国教育史博士点。

与期刊论文数量增减的原因相对复杂不同，博士学位论文数增减的最主要原因是学科授权点的变动。从表 8 可以看出，中国教育史博士学位论文产出最多的年份是 2013 年，有 39 篇，这是从 2011 年开始获得中国教育史博士学位授权资格的单位骤然增多的结果。

（一）1986—2016 年中国教育史博士学位论文所指向的历史时期

从表 9 可以看出，以论文所指向的历史时期为分类依据，1986—2016 年，中国教育史博士学位论文的分布情况是：研究晚清教育的论文共 163 篇，研究民国教育的论文共 94 篇，研究古代教育的论文共 92 篇，研究当代教育的论文共 51 篇，研究革命根据地教育的论文共 4 篇，指向不明确的论文共 11 篇。

如表 9 所示，1986—1996 年，中国教育史博士学位论文中，研究古代教育的有 22 篇，而同一时期，研究晚清与民国教育的一共只有 4 篇，二者之比是 5.5：1。而 2012—2016 年，二者之比则变成了 1：4.4，完全逆转过来。研究古代教育的中国教育史博士学位论文数的减少和研究近代（晚清、民国）教育的中国教育史博士学位论文的增加都发生在 20 世纪 90 年代中期以后。这种趋势与前面讨论过的期刊论文的情况十分相似。这种状况的出现，与多年来社会上形成的人文社会科学领域重视与西方相关问题的研究的大环境和学术氛围分不开，就中国教育史的研究而言，近代教育的研究最合此旨。

表 9   1986—2016 年中国教育史博士学位论文指向的历史时期（分时段统计）

单位：篇

时段	古代	晚清	民国	革命根据地	当代	其他	总数
1986—1991 年	12	3	0	0	0	1	16
1992—1996 年	10	1	0	0	0	1	12
1997—2001 年	9	18	6	0	2	0	35
2002—2006 年	15	34	13	3	13	0	78
2007—2011 年	27	65	34	0	22	4	152
2012—2016 年	19	42	41	1	14	5	122
总数	92	163	94	4	51	11	415

1986—2016 年，从历史的视角对当代中国教育问题进行审视的中国教育史博士学位论文有 51 篇，约占总数（415 篇）的 12%。在 2000 年之前没有一篇中国教育史博士论文是研究当代中国教育问题的。从 2000 年开始零星出现研究当代中国教育问题的中国教育史博士论文，2013 年数量最多，达到 8 篇。对比表 5，以当代中国教育为研究主题的期刊论文数最多的年份为 2012—2014 年。可以说，对于当代中国教育的关注，期刊论文与博士论文两者趋向大体一致。而这种关注，无论是为了借鉴经验还是为了总结教训，都与现实教育改革急迫需求的推动分不开。

（二）1986—2016 年中国教育史博士学位论文的研究内容

如表 10 所示，以研究内容为分类依据进行统计，1986—2016 年中国教育史博士学位论文按数量从高到低排序是：教育制度 80 篇、人物和思想（思潮）76 篇、高等教育 69 篇、教育改革 48 篇、普通教育 35 篇、课程与教学 30 篇、教育史学理论 23 篇。研究教育制度的博士学位论文篇数居首位，与前面统计的期刊论文情况差异较大。如前所述，1979—1993 年，有关教育制度的期刊论文数量居第二位，在 1994—2016 年则居第四位。导致这种情况的主要原因可能是，一些中国教育史博士学位授权点对中国科举制度和书院制度给予了长期的关注。以科举制度的研究为例，厦门大学和北京师范大学就产出了大约 15 篇有关科举取士制度研究的博士学位论文。这一现象的出现，应该与 20 世纪 90 年代以来全社会对高考改革的高度关注有关。有关人物和思想（思潮）的中国教育史博士论文数量排第二位，是一个很值得研究的问题。以古代教育人物而言，研究最多的是朱熹，有三篇博士学位论文以朱熹为研究对象，但切入点不同；专门研究孔子、孟子、荀子、墨子等人物的博士学位论文一篇也没有。近代教育人物中，被研究最多的是陶行知，但只有 2 篇，研究蔡元培的只有 1 篇。与这种现象同步显现的是，进入博士学位论文选题的古今教育人物却大大增加，其中的原因，正如我们前面所讲的，得益于改革开放的深入和研究范式的逐步多元化。从表 10 可以看出，2002 年之后以人物和思想（思潮）为题的博士学位论文数有较大幅度的增长，其源亦出于此。除人物和思想（思潮）、教育制度这两个主题外，以高等教育和教育改革为主题的博士学位论文数量也很多，与期刊论文的情况一致。值得关注的是，以课程与教学为主题的中国教育史博士学位论文有 30 篇，相关论文选题的增加，与 21 世纪之初学科史、学术史研究的蓬勃兴起有关，更是教育史学界学者知识结构更新、研究视野拓展的结果。

表 10　1986—2016 年中国教育史博士学位论文的研究内容（分时段统计）

单位：篇

时段	人物和思想（思潮）	教育制度	高等教育	教育改革	普通教育	课程与教学	教育史学理论
1986—1991 年	9	1	1	1	1	0	0
1992—1996 年	6	4	0	1	0	0	0
1997—2001 年	9	8	0	7	2	2	7
2002—2006 年	15	9	12	13	3	4	3
2007—2011 年	21	28	29	19	14	15	8
2012—2016 年	16	30	27	7	15	9	5
总数	76	80	69	48	35	30	23

四、前瞻与设想

我们以 1979—2016 年各期刊发表的中国教育史论文和 1986—2016 年通过答辩的中国教育史博士学位论文为基本素材，从论文内容指向的历史时期和内容主题两个维度，考察了改革开放以来中国教育史研究的总体趋势、不同时段研究主题的变化及其原因，指出了学科发展进程中取得的主要成绩和存在的问题。面向新时代，中国教育史研究应把握以下几点。

第一，把提高研究成果的质量和学术水平放在最重要的位置。中国教育史作为教育学一个比较小的分支学科，目前每年发表的论文已达千篇以上，年产出博士学位论文 20 篇左右，应该说数量的增长是相当快的。与数量上的快速增长相比较，相关成果在教育学学科内外的影响力还不够，中国教育史学科的论文在解释框架、主要观点，以及在新方法的应用、新史料的发掘上还无法对教育学其他学科、人文社会科学其他学科产生较大的影响。与此相反，中国教育史研究者常常从历史学、社会史、文化史学者的论著中受到启迪、获得智慧。这一事实告诉我们，就整体而言，中国教育史的研究水平还有很大的提升空间。注重质量，首先要下决心抛弃那些重复的、零碎的、几乎不产生新知识的所谓"研究论题"。选择研究课题，要尽可能充分梳理前人的相关研究成果，从寻找学术链的短缺环节和薄弱环节入手，努力使自己的研究成果能在前人已有成果的基础上提供新的内容。这虽然是一个看起来有点理想化的目标，但确实是我们从事研究工作的第一步，万事开头难，只有牢记初心，迈出第一步，把握好方向，才可能从根本上提高学科研究水平。

第二，积极关注和回应现实问题，是教育史学工作者应有的态度，也是推动学科发展和研究深入的重要途径，但是如何关注和回应现实问题却大有讲究。前面已论及，部分教育史学者对现实的教育问题特别敏感，但只是从教育史中列举一些例子予以解释，这只是一种浅层次的回应或者一种比较功利性的回应。正如有学者所指出的，这些成果仅止于对历史上某种现象的"具体描述、机械式还原，只运用历史学实证方法描述、还原社会现象的原貌，满足于'讲故事'，而没有社会理论的解释与剖析，缺乏'讲道理'的层面，使研究成果缺乏深度"①。这样的回应很可能无法对解决实际的教育问题提供有意义的启示。我们要摆脱把陈述事实作为教育史研究唯一任务的习惯性思维，努力把讲故事与说道理有机结合起来，既要清晰准确地还原史实，更要合情合理地讲出原因。这就要从提高理论思维能力和提高挖掘史料、陈述事实的能力两方面入手，加强训练，以应对知识创新不足和回应现实乏力的双重挑战。

第三，在研究范式、理论和方法等方面，保持一种开放的心态。多年来困扰教育史研究者的一个老问题是教育史学科是否需要构建自己独立的理论体系、独特的方法论体系。支持者和反对者各抒己见，莫衷一是。我们的看法是，教育史作为教育学科的一个分支学科、历史学科的一个专门史领域，既无必要也没有可能在教育学科和历史学科之外为自己构建一套"专用"的范式、理论和方法，特别是在当今学科渗透交叉日益加强，互联网提供了海量资料共享的学术环境下，一定要坚持这样做，很可能就是画地为牢。应该提倡一种开放的学术心态，在坚持史学研究基本要求的基础上，努力吸收、借鉴、融合其他相关学科的理论、方法，来研究自己的教育问题。需要强调的是，这里的吸收、借鉴、融合不是生搬硬套，不是趋新，更不是赶时髦，而是真正地理解，找到真正适合于自己的研究对象。

> **作者简介**
>
> 　　田正平，浙江大学教育学院教授；潘文鸢，浙江大学教育学院博士生。

---

① 李长莉. 中国近代社会史研究三十年发展趋势与瓶颈 [J]. 南京社会科学，2017（1）：132-140.

外国教育史学科：学科重建、多元探索与革新转型

孙　益　陈露茜　张斌贤

改革开放40年来，我国的外国教育史学科取得了重大进展，为未来的发展奠定了基础。20世纪80年代初期，在全国教育史研究会的领导下，外国教育史学科体系和研究秩序得以恢复与重建。我国学者独立编撰的教材相继问世，突破了苏联教育史教科书的模式，在摆脱"欧洲中心论"影响等方面做出了重要尝试，并且对外国教育史上杜威与赫尔巴特等重要人物进行了重新评价。80年代后期到90年代末，外国教育史学科建设全面展开，构建了老中青三代研究梯队，"教育史学"的理论思考开始出现，研究领域不断扩大，初步形成了多元化的格局。21世纪，时代对外国教育史学科的发展提出了更高的要求。在学科取得巨大成就的同时，教育史学界也不断反思和革新，研究队伍进一步壮大，研究领域得以拓展，研究范式获得突破，引进成果与学术交流活动频繁，外国教育史学科在革新中实现了转型。面向未来，有中国特色的外国教育史学科体系建设仍未完成，外国教育史学科在学术基础与学术积淀上仍有待提高，要实现学科创新及与国际接轨还有很长的路要走。

改革开放40年以来，经过几代人的不懈努力，外国教育史学科在学术研究、人才培养、史料建设、学术交流等方面获得了前所未有的发展。在

某种程度上，可以说，虽然外国教育史"落户"中国已逾百年，但真正的发展却主要出现在近 40 年。

40 年外国教育史学科的发展历程可以划分为三个主要阶段：从 1979 年全国教育史研究会成立和第一次年会的召开到 20 世纪 80 年代中期的恢复与重建阶段；从 1986 年外国教育史博士学位授权点设立起，以 1987 年全国教育史研究会会员代表大会的召开等重大事件为标志，外国教育史学科进入探索与发展阶段；21 世纪以来，外国教育史教学科研队伍新老交替逐步完成，研究主题和研究范式转变，学科发展进入革新与转型阶段。这三个阶段既是相对独立的，又是相互联系的。每一个阶段在为后续阶段的发展奠定基础的同时，也为后续阶段的探索提出了问题，由此构成了一个长达 40 年、生生不息、前后相继的历史进程。

一、恢复与重建（1979 年—20 世纪 80 年代中期）

"文化大革命"当中，外国教育史的一切内容都被当作"毒草"对待。外国教育史的许多专家学者都被当作"反动学术权威"批斗，这使得外国教育史研究在"文化大革命"期间遭受了严重的挫折，教育史的研究工作被一些错误的思想观念所束缚。粉碎"四人帮"以后，特别是十一届三中全会以来，外国教育史研究的首要任务是排除"左"的思想影响和干扰，正本清源、拨乱反正。这是 20 世纪 80 年代初期外国教育史研究的基本工作。

（一）学术机构的建立

1978 年召开的党的十一届三中全会为我国外国教育史研究突破禁区、重新开展创造了前所未有的良好条件。外国教育史的专家学者们很快重新组织起来，只争朝夕，以饱满的热情全身心投入到外国教育史的教学与研究当中，对外国教育史研究中各种"左"的思想观点开展了深刻批判，对外国教育史体系和重大学术理论问题展开了研讨。

1979 年 9 月 24—25 日，全国教育史研究会在上海召开了成立大会，1979 年 12 月 12—18 日在杭州召开了第一届年会。[①] 中央教育科学研究所、北京师范大学、上海师范大学、吉林师范大学、杭州大学等 30 个单位的 61 名代表出席了年会，提交论文 70 余篇。外国教育史学界的罗炳之、赵祥麟、滕大春和王承绪等老前辈都参加了此次年会。会议通过民主协商产生了全国教育史研究会第一届理事会，刘佛年担任理事长，陈元晖担任顾问。[②] 与会代表紧紧围绕"用实践是检验真理的唯一标准，研讨教育史工作中的若干问题"这一中心议题，认真回顾和总结了 30 年来教育史学科发展道路上正反两方面的经验教训，着重讨论了中外教育史研究中的观点和史料的关系、批判和继承的关系以及教育史研究的范围等重大问题。[③] 对这些问题进行学术探讨是解放思想、拨乱反正在教育史学界的具体反映，为学科研究的长远发展扫清了障碍。这次会议是全国教育史学界的第一次盛会，它起到了教育史学科研究史上继往开来的作用，是新时期教育史研究的良好开端。

在这个时期，主要师范院校的教育系开始恢复或建立，外国教育史课程在师范院校教育课程体系中得以恢复，外国教育史学科的教学和科研开始走上正轨。另外，一些省份和高等师范院校也相继成立了教育科学研究所，把教育史学科纳入研究范围，设立了教育史研究室或研究组。湖北省和安徽省还专门成立了省教育史研究会。在全国层面，中国教育学会下属的全国教育史研究会负责协调、组织全国教育史学科的研究。这些机构和组织不仅使教育史研究重新获得学术上的认可，更重要的是，它们为教育史研究工作者进行学术交流与合作、活跃学术风气、丰富思想创造了良好

---

① 关于教育史首届年会召开的时间有两种说法，一种说法是 12 月 12 日召开的，见：韩达. 全国教育史研究会会议述评 [J]. 中国教育学会通讯，1980（1）：11-14. 另一种说法是 12 月 18 日召开的，见：教育史首次年会纪略 [J]. 教育研究，1980（2）：32-33.
② 全国教育史研究会成立大会暨第一届年会在杭州召开 [J]. 人民教育，1980（1）：43.
③ 韩达. 全国教育史研究会会议述评 [J]. 中国教育学会通讯，1980（1）：11-14.

的条件。此外，大量教育刊物和大学学报也相继复刊或创刊，为外国教育史研究成果的发表、交流提供了很大便利。可以说，新时期外国教育史学科研究之所以能迅速重建，在很大程度上得益于上述组织机构，尤其是全国教育史研究会的成立。

（二）学科体系的恢复

1983 年 9 月，全国教育史研究会专门组织了一次外国教育史学科体系讨论会。外国教育史学界的老前辈和中青年学者在会上就建立新的外国教育史学科体系诸方面问题进行了深入的交流与探讨，具体内容包括：外国教育史学科名称及其研究对象和范围，外国教育史学科体系的中心和主线、历史分期，外国教育史的下限及其与比较教育研究的联系，史与论的关系，外国教育史与中国教育史的关系，古与今的关系，教育思想和教育制度的关系等。①

在学科的名称和研究对象的确定上，与会学者提出了"西方教育史""世界教育史""外国教育史"三种不同的观点，经过讨论以后，认为仍以采用"外国教育史"的名称为宜。② 外国教育史应该研究除了中国以外世界历史上一切国家和地区教育实践与教育理论发生、发展的情况，而不限于对西方主要国家教育制度和教育思想的研究。历史上形成的以欧洲为中心、以"西洋"为重点的学科传统应该在新的历史时期有所突破。在此次会议上，与会代表还指出了外国教育史教材编写的重要性，确立了外国教育史教材的编写人员，把外国教育史教材的编写工作提上了日程。

如何创建有中国特色的社会主义外国教育史学科体系是这一时期外国教育史学界学者们共同关心的问题。新中国成立前，外国教育史学科主要承袭的是西方特别是美国的模式，新中国成立以后则主要沿用的是苏联的

---

① 金锵，吴式颖. 四十年来的外国教育史 [J]. 华东师范大学学报（教育科学版），1989（4）：27-39.
② 中国教育学会教育史专业委员会. 外国教育史学科体系讨论会论文集 [C]. 合肥：安徽教育学院，1984：30.

体系，真正有中国特色的外国教育史学科体系一直未能建立起来。外国教育史学科体系讨论会的召开，是外国教育史学科摆脱苏联模式的束缚，建立有中国特色的社会主义外国教育史学科体系的有益尝试。这既是时代发展对教育史学界提出的要求，也是外国教育史学科进一步发展的需要，标志着我国的外国教育史学科开始探索独立发展的道路。

（三）自主编写教材的出版

20 世纪五六十年代，师范院校教育系外国教育史课程所使用的教材主要是苏联师范院校的教科书，包括麦丁斯基的《世界教育史》、康斯坦丁诺夫的《世界教育史纲》和沙巴耶娃的《教育史》等。20 世纪 50 年代中期，北京师范大学、华东师范大学、东北师范大学等高校的教育史教研室编写了一些外国教育史讲义供内部交流使用。1962 年，在曹孚教授的倡导下，河北大学滕大春教授、华东师范大学马骥雄教授、中央教育科学研究所吴式颖教授组成了教材编写组，经过一年多时间的努力，拟定和修改了"外国教育史编写提纲"，并且撰写了部分章节的初稿。遗憾的是，这一工作因故中断，没有完成。

1979 年初，滕大春教授、吴式颖教授和姜文闵教授着手继续完成曹孚教授等人在 60 年代没有完成的外国教育史教材的编写工作。因为曹孚教授的遗稿主要涉及古代教育史部分，所以先行整理了古代部分。经过两年的努力，《外国古代教育史》于 1981 年 3 月由人民教育出版社出版。这部教材是中华人民共和国成立以来由我国学者独立编写的第一部外国教育史教材。此后，多种由我国学者自行编撰的教材相继问世，其中包括东北师范大学谢觉一、乔有华教授编写的《简明外国教育史》（1984 年），北京师范大学王天一、夏之莲、朱美玉教授编写的《外国教育史》（上册、下册）（1984—1985 年）等。这些教材努力突破苏联教育史教科书的模式，从原始社会和奴隶社会的教育开始讲起，将古代东方国家教育列为重要的学习内容，拜占庭的教育和伊斯兰国家的教育也独立成章。这些教材认识到了东西方文化与教育的发展是互相联系、互相渗透的，实事求是地展现不同历史时期各国家教育发展的经验以及它们之间的联系和影响，在摆脱"欧洲中心论"影响等方面做出了有益尝试，在全国高校得到了广泛使用。

（四）对教育史人物的重新评价

"文化大革命"期间，西方教育史上有重要影响力的教育思想家的思想都遭到了全盘否定。"文化大革命"结束以后，全国教育史学界所开展的一项重要工作就是对赫尔巴特、杜威等教育史人物的思想进行重新评价。

从 1980 年开始，老一辈教育史学家率先发表文章对杜威等人的教育思想进行再认识。赵祥麟教授较早明确提出了要对杜威教育思想进行具体研究，既要看到其思想的阶级实质，又要以发展的眼光分析其中有价值的成分，从而客观评价杜威在教育思想史上的地位。[1] 此后，陈景馨、王天一等教授先后著文，从杜威的道德教育学说、杜威学说与赫尔巴特理论的比较等角度，广泛、深入地探讨杜威教育思想，以更加客观、辩证地评价杜威。[2] 这些文章引发了 20 世纪 80 年代初我国教育史学界的"杜威热"。对赫尔巴特的重新评价相对杜威要少一些，在广度和深度上都显逊色。有的研究者力图从教育家所处时代与教育家本人思想结合的角度来评价赫尔巴特[3]，这在当时是非常有见地的尝试。

1984 年在西安召开的全国教育史研究会第二次年会，集中讨论了对赫尔巴特和杜威教育思想的评价问题。会后，全国教育史研究会编辑出版了《杜威、赫尔巴特教育思想研究》（1985 年）。这一著作收录了当时涉及杜威和赫尔巴特研究的所有论文，对杜威和赫尔巴特教育思想进行了全面而

---

① 赵祥麟. 重新评价杜威的实用主义教育思想［J］. 华东师范大学学报（哲学社会科学版），1980（2）：89-92.
② 陈景磐.《杜威的道德教育思想批判》的补充［J］. 教育研究，1982（9）：80-86；王天一. 杜威教育思想探究［J］. 北京师范大学学报（社会科学版），1982（3）：74-83.
③ 肖远. 赫尔巴特教育思想的阶级性格和时代特征［J］. 教育研究，1982（2）：91-95.

深入的分析，以历史唯物主义的观点，本着实事求是的精神，对杜威与赫尔巴特做出了客观公允的评价。其中收录的 14 篇论文中有 9 篇都是对杜威教育思想的研究，包括杜威教育哲学体系在教育史上的地位、杜威的道德教育思想、杜威的儿童中心论、杜威的教学思想、杜威芝加哥实验学校等。有关赫尔巴特教育思想的文章，更多的是针对赫尔巴特教育思想的评价与其地位的解读。在这些文章中，学者们提出了一个观点，认为评价历史上的教育家，除了共同的政治标准以外，还应该有"教育科学的尺度"。这一观点的提出，为以后外国教育史人物的研究与评价奠定了学科的基础与参考。

概言之，从 1979 年到 20 世纪 80 年代中期，外国教育史学科迅速得到恢复和重建，但这种恢复并不是简单地回到过去，而是适应新时代发展要求的一种奠基和革新。这个时期外国教育史学科体系的重建是在总结过去经验教训的基础之上，对建立有中国特色外国教育史学科体系的初步尝试，为外国教育史学科未来的发展奠定了坚实的基础。

二、探索与发展（20 世纪 80 年代后期—90 年代末）

在邓小平同志提出的"教育要面向现代化，面向世界，面向未来"指导思想和《中共中央关于教育体制改革的决定》精神的引领下，20 世纪 80 年代后期，外国教育史学科在前一时期拨乱反正、学科重建的基础上，转向了对学科建设更为深刻、更为全面的探索，迈向了新的发展阶段。

（一）研究梯队的建立

20 世纪 80 年代初，全国师范院校从事外国教育史教学科研工作的师资人数少，年龄结构老化，新生力量欠缺。十一届三中全会以后，外国教育史学界的老前辈，包括北京师范大学的陈景磐教授、河北大学的滕大春教授、华东师范大学的赵祥麟教授、陕西师范大学的吴元训教授、杭州大学的王承绪教授等为了尽快壮大外国教育史的教学与研究队伍，不顾年事已高，坚持工作在教学一线，培养外国教育史教学与科研生力军。这些老教授大都有出国留学、在海外取得学位的经历，外语水平高，"文化大革命"之前就著述颇丰，对外国教育史学科的建立做出过重要贡献。改革开放以后，这些老教授继续在中外交流史、外国古代教育史、外国现代教育史、美国教育史、英国教育史、教育思想史等领域发表著述，对外国教育史领域许多问题的研究都具有开创性意义，提出了不少学术界共同认可的学术观点。在著书立说的同时，他们也孜孜不倦地开展教学工作，把自己的学识与科研经验不遗余力地传授给年青一代。与此同时，一批中年学者如北京师范大学的王天一、夏之莲、吴式颖，华中师范大学的任钟印，杭州大学的金锵，安徽师范大学的戴本博，西南师范大学的任宝祥，福建师范大学的李明德，等等，也在老先生们的引领下脱颖而出，在人才培养与科学研究方面勤奋工作。

在这些学者共同的努力下，国内各大高校开始恢复外国教育史专业设置和招生工作，获批设立了一批硕士学位授权点。1986 年，国务院学位委员会批准河北大学设立了第一个外国教育史专业博士生学位授权点。1991 年，滕大春教授招收的首届博士生贺国庆毕业，成为我国自主培养的第一位获得教育学博士学位的外国教育史学者。1991 年，北京师范大学也获得了外国教育史博士学位授予权，博士生导师为吴式颖。1997 年，华东师范大学、浙江大学也相继获得外国教育史博士招生权。20 世纪 90 年代，我国先后培养了数十位外国教育史专业博士。这些博士不但是此后外国教育史研究的中坚力量，也成为教育学界其他新学科、新领域的开拓者。硕士生和博士生的培养从根本上改变了 70 年代末、80 年代初研究队伍青黄不接的状况，壮大了外国教育史研究的队伍，逐步形成了由老中青三个年龄层次的研究人员构成的研究梯队。这为外国教育史学科研究的繁荣和长盛不衰奠定了坚实的基础。

（二）史料建设的全面展开

从事历史研究，最重要的前提条件就是史料。由于种种原因，长期以来，外国教育史学科研究存在着一个非常重要的缺陷，那就是史料建设落后。在某种意义上，史料贫乏是阻碍外国教育史学科发展的关键因素之一。长期以来，外国教育史史料在数量、品种、版本、国别等方面都严重缺乏，这直接影响到科学研究的深度和广度，也影响到教学质量的提高。由于缺乏史料，外国教育史研究工作中出现了以论代史、观点移植、以偏概全等问题。

1985 年以前，除了张焕庭教授主编的《西方资产阶级教育论著选》、赵祥麟和王承绪教授编译的《杜威教育论著选》等少数几种外国教育史资料汇编外，外国教育史学界的史料建设十分落后。1986 年之后，这种状况开始得到明显改观。1986—1989 年《西方古代教育论著选》《西方思想家论教育》等史料汇编先后出版。20 世纪 90 年代，华中师范大学等四院校教育系翻译的美国著名教育史家克伯雷选编的《外国教育史料》（1991年）和北京师范大学教育系教育史教研室外国教育史组选编的《外国教育发展史料选粹》（上、下册）（1999 年）等出版。这些史料的出版，不但为全国的外国教育史课程教学提供了教材以外的参考资料，也为以后外国教育史的研究提供了丰富的一手资料。

史料建设方面的一个重大突破是人民教育出版社组织了全国教育界的力量，着手重译或者新译外国教育史的名著，形成了著名的"外国教育名著丛书"，名著翻译的数量之多、范围之广是前所未有的。重译或者重印的有《大教学论》《教育漫话》《爱弥儿》《林哈德与葛笃德》和《教育论》。新译的有杜威的《民主主义与教育》、赫尔巴特的《普通教育学》和《教育学讲授纲要》等。此外还翻译了一批西方著名教育史研究者所撰写的教育史作品，包括博伊德和金合著的《西方教育史》、佛罗斯特的《西方教育的历史和哲学基础》等。这些作品的翻译出版，一方面深化了我们对外国教育史上重要人物思想的认识，另一方面也为教育思想史的研究拓展了新的对象与内容。从西方教育史研究者的专著中，中国教育史学界也得以了解到更多的研究视角与研究方法，有利于外国教育史的研究领域的开拓与研究方法的革新。

（三）教材编撰的丰富与专门刊物的出现

在前一阶段教材建设初步尝试的基础之上，这一时期教材的建设全面展开，教材的数量达到数十种之多。例如，1988 年教育科学出版社出版了吴式颖等主编的《外国教育史简编》；1990 年人民教育出版社出版了戴本博主编的《外国教育史》（上、中、下册）；1993 年人民教育出版社出版了马骥雄撰写的《外国教育史略》。1999 年，由吴式颖主编、国内多位外国教育史学界知名学者合作撰写的《外国教育史教程》在人民教育出版社出版。这部教材被列为普通高等教育"九五"国家级重点教材，迄今为止仍在全国各大高校的外国教育史教学中被广泛使用。这些教材与苏联教育史学科模式的差别逐渐扩大，鲜明地表现出我国学者的风格和思想特色，在推进外国教育史学科体系中国化的道路上迈出了重要的一步。

此外，经过几年的酝酿，由全国教育史研究会、中央教育科学研究所教育史研究室和河北教育学院合办的《教育史研究》（季刊）于 1989 年创刊。这是中国自开始研究教育史以来的第一本教育史专门刊物，它不仅使教育史的研究成果有了固定的发表园地，更重要的是，为学科研究的进一步繁荣创造了有利条件，也是教育史学科发展近一个世纪以后，迈向新时期的一个重要标志。

（四）基本理论问题的初步探讨

继前一阶段金锵①、滕大春②和赵祥麟③三位教授在期刊上撰文探讨外

---

① 金锵. 外国教育史研究中的几个理论问题 [J]. 教育研究, 1980 (1)：27-31.
② 滕大春. 试论外国教育史的学科体系和教材建设 [J]. 教育研究, 1984 (1)：28-32.
③ 赵祥麟. 关于外国教育史学科体系的几个问题 [J]. 华东师范大学学报（教育科学版），1984 (2)：76-82.

国教育史理论问题、学科体系和研究方法，打开了外国教育史研究的新局面之后，外国教育史学界展开了对外国教育史基本理论问题研究探讨的一股热潮。1987 年在华中师范大学召开的全国教育史研究会学术研讨会，将教育史研究中的方法论作为中心议题，探讨了如何以马克思主义的历史唯物主义观点去正确评价中国传统教育与西方文化教育，如何在教育史研究与教学的实际中继续贯彻好"古为今用""洋为中用"的方针。[①]

20 世纪 80 年代中期开始，《教育研究》杂志陆续刊发了《浅谈外国教育史研究中的几个问题》（1986 年第 4 期）、《再谈外国教育史研究中的一些问题》（1987 年第 8 期）、《历史唯物主义与教育史学科的建设》（1988年第 9 期）、《再论外国教育史研究中的现实感——与赵卫同志商榷》（1989 年第 5 期）、《也谈外国教育史研究中的一些问题》（1988 年第 5期）、《也谈外国教育史学科建设》（1989 年第 5 期）等论文。这些论文的探讨主要围绕两个方面来进行：第一，对当前外国教育史学科研究存在的主要问题和导致这些问题的主要原因的分析；第二，如何更为科学地把历史唯物主义的观点、方法运用到外国教育史研究中，使教育史研究更加深刻和全面地解释教育历史现象、历史过程，以及评价教育历史人物。这些探讨外国教育史学科基本理论研究问题的文章，虽然在系统性和理论深度上仍显不够成熟，但代表了这一时期外国教育史研究者已经初步具备"教育史学"思考的理论自觉，是外国教育史学科发展的必然趋势和必经之路。

（五）研究领域的扩大与多元格局的初步形成

21 世纪来临之前，我国外国教育史学界已经培养出了众多科研与教学人才，除了教材之外，大量的译著和专著得以出版，发表的论文数量也以几何级数增长。这些都标志着外国教育史的研究不断向纵深发展，研究领

---

① 孔炽. 坚持教育史研究中的科学的方法论：全国教育史研究会学术研讨会述要［J］. 华中师范大学学报（哲学社会科学版），1987（5）：137-141.

域不断扩大。从具体内容来看，外国教育史的研究逐渐打破了此前一门通史包打天下的单调局面，开始初步形成通史、国别史、断代史、专题史并存的多元化格局。

通史方面，从 1986 年开始，滕大春教授联络全国各地的外国教育史学者，组成了当时代表我国外国教育史研究最高水平的写作队伍，经过 8 年努力完成了《外国教育通史》（1994 年）的出版。《外国教育通史》是我国第一部大型外国教育通史著作，以 6 卷本 200 万字的规模，为读者全方位展现了从原始人类开始到 20 世纪人类教育发展的整个历程，涉及除我国以外世界各主要地区的众多国家。这套著作特别对之前的外国教育史著作中没有涉及，或者涉及了而语焉不详的教育制度和教育思想做了详细的论述。这套著作还以相当大的篇幅更为深入地研究了古代东方以及近代以来欧美以外主要国家的教育，包括拜占庭、阿拉伯国家的教育，还有印度、埃及、朝鲜、韩国、菲律宾、印度尼西亚、尼日利亚、澳大利亚及新西兰等亚非澳各洲主要国家的教育及其各国教育家的思想，打破了外国教育史著作"欧洲中心论"的框架。《外国教育通史》还运用辩证唯物主义的观点阐明了东西方文化教育之间的相互交流和影响的事实以及先后时期之间的继承与变革关系，较为清晰而全面地反映了外国教育历史发展的脉络与层次。

国别史方面，20 世纪 80 年代后期，一批国别史翻译作品的出版弥补了国别史研究的不足，包括滕大春、滕大生翻译的鲍尔生著的《德国教育史》（1986 年），诸惠芳等翻译的奥尔德里奇著的《简明英国教育史》（1987 年）等。这些西方著名教育史研究者的国别史作品曾经得到欧美各国学者的广泛好评，在他们的教学和著作中受到广泛征引，在西方教育史学界流传较广并且产生了较大影响。这两部翻译著作详尽练达，对中国教育史学界国别史的研究和教学有重要的参考价值。受到西方研究者国别史研究的启发，我国的教育史学者也开始尝试用中国的视角去审视其他国家教育史的发展，出版了一批独立的著作，例如王桂编著的《日本教育史》

（1987 年），徐辉、郑继伟编著的《英国教育史》（1993 年），滕大春著的《美国教育史》（1994 年）等。我国学者的国别史研究，并非只是简单转述外国学者的观点，而是有史有论，史论结合，论从史出，以丰富的学识、客观公正的学术态度、犀利的学术眼光，不但对各国教育制度发展过程中的经验进行了准确的总结，也认识到了这些国家教育制度发展中所暴露出来的问题和弊端，同时对各国的教育家做出了恰如其分的评论，既有利于学术界对各国教育的发展有一个全面和深入的认识，也能够为科学的教育决策提供借鉴。

断代史方面，继《外国古代教育史》之后，由赵祥麟主编的《外国现代教育史》在 1987 年出版，吴式颖主编的《外国现代教育史》在 1997 年出版。拨乱反正以来教育通史类的教材已经出版了不少，但是断代史的作品却非常少见。而已有的通史类教材一般将古代教育史和近代教育史作为叙述重点，现当代教育史的内容比较简略。这两部著作详细阐述了 19 世纪末、20 世纪初勃然兴起的欧美教育革新运动及其对后世的影响，以及"二战"以后美、英、法等国发展各级教育的重大举措，各级教育的发展与变化，主要教育家的活动与思想。它们同时还对 20 世纪外国教育实践与理论发展的进程和取得的成就进行了综合性的回顾与总结，并以此为基础展望了 21 世纪世界教育发展趋势，弥补了学术界对现当代教育史研究的不足。20 世纪 80 年代末至 90 年代初期还出版了一批断代史的译著，包括张斌贤等翻译的法国教育史家莱昂著的《当代教育史》（1989 年），张法琨等翻译的澳大利亚著名教育史家康纳尔的《二十世纪世界教育史》（1990 年），张人杰等翻译的法国教育史家加斯东·米亚拉雷、让·维亚尔主编的《世界教育史》（1991 年），等等。这些作品的出版，是继苏联学者编写的世界教育史译著之后，国内学术界了解西方学者从事世界教育史研究的方式方法的途径。

专题史方面，过去学界的研究以通史为主，专题研究方面只是涉及一些主要教育家的教育思想。20 世纪 80 年代后期以后，尤其是 90 年代初，学者们开始尝试涉猎教育思想史、高等教育史、学前教育史、教育管理史、中外教育比较史等各个方面的主题。教育思想史方面的研究有赵祥麟《外国教育家评传》三卷本（1992 年）、张斌贤的《西方教育思想史》（1994 年）、单中惠的《西方教育思想史》（1996 年）、褚宏启的《杜威教育思想引论》（1997 年）。一方面，这些作品对教育史上重要教育家及其教育思想进行了较为系统的叙述，对教育家及其思想产生的影响做了较为深入的分析。另一方面，这些作品也尝试以不同时期出现的主要教育思想、思潮和流派为线索，来整体认识教育史上特定时期不同教育家及其教育思想之间的关系，试图归纳教育思想变迁的历史逻辑和基本规律。高等教育史方面的研究有陈学飞的《美国高等教育发展史》（1989 年）、贺国庆的《德国和美国大学发达史》（1998 年）。学前教育史方面有杨汉麟的《外国幼儿教育史》（1993 年），周采、杨汉麟的《外国学前教育史》（1999 年），单中惠、刘传德的《外国幼儿教育史》（1997 年）。教育管理史方面有张斌贤的《外国教育管理史》（1996 年）。中外教育史比较的主题也是这一时期的研究热点，如张瑞璠、王承绪等主编的《中外教育比较史纲》三卷本（1997 年）。这些专题史的作品不仅丰富了外国教育史研究，为深化通史研究奠定了基础，而且从一个非常重要的方面突破了普通学校教育史的编撰模式，拓展了对教育史的认识。

此外，20 世纪 90 年代以后，外国教育史学界也开始逐渐意识到跨学科研究的重要性，尝试采用跨学科的视角去认识外国教育的历史进程。例如，一些研究者开始尝试运用现代化理论的方法和概念，对教育历史发展的本质进行分析。根据这种研究范式，教育的历史进程被认为是教育现代化的过程，教育的制度化、世俗化、法制化、普及化、科学化等被认为是教育现代化的基本指标，现代性的获得被认为是教育现代化过程的目标。这方面的代表作品有：贺国庆的《近代欧洲对美国教育的影响》（1994年）、朱旭东的《欧美国民教育理论探源：教育制度意识形态论》（1997年）、张斌贤的《社会转型与教育变革》（1998 年）、杨孔炽的《日本教育现代化的历史基础》（1998 年）等。

总体来看，从 20 世纪 80 年代末到 90 年代末，在前一个阶段恢复与重建的基础之上，外国教育史学科获得了持续稳定的发展。教学与科研队伍不断壮大，研究成果在数量和质量上都有了较大的提升，外国教育史学者们也不断探索自己的风格和特色，在推进外国教育史学科体系中国化的道路上更进一步。

三、革新与转型（2000年至今）

进入 21 世纪，外国教育史学科不但迎来了百年纪念，也迎来了机遇与挑战并存的新时代。数字网络技术的发展，为外国教育史研究资料的获取提供了前所未有的便利条件；人文社会科学新的理念和方法层出不穷，为外国教育史学科打开了更为广阔的视野，外国教育史学科获得了更大的发展机会。但同时，新的时代也对外国教育史学科发展提出了更高的要求，迫使学科进行自我反思和革新，在革新的过程中实现转型，为未来的发展进一步奠定基础。

（一）总结成就与反思危机

世纪交替之际，教育史学界不少学者从不同的层面和不同的角度，总结反思 20 世纪外国教育史学科发展的成绩与不足，探寻和展望 21 世纪外国教育史学科发展的新趋向。如《外国教育史学科发展的世纪回顾与断想》[1]、《外国教育史学科建设的回顾与反思——基于外国教育史学科著作类出版物的分析》[2]、《外国教育史学科发展的世纪历程》[3]、《二十世纪我

---

[1] 贺国庆. 外国教育史学科发展的世纪回顾与断想 [J]. 河北师范大学学报（教育科学版），2001（3）：23-27.

[2] 洪明. 外国教育史学科建设的回顾与反思：基于外国教育史学科著作类出版物的分析 [J]. 大学教育科学，2005（2）：62-66.

[3] 胡凤阳. 外国教育史学科发展的世纪历程 [D]. 保定：河北大学，2003.

国外国教育史学科建设回眸》①、《外国教育史学科在中国的发展历史回溯与新世纪瞻望》② 等文章，从不同视角出发将百余年来外国教育史学科的发展分为不同时期和不同的发展阶段，历史分期与中国的政治环境、学术氛围以及学科自身的认识有关，不同时期外国教育史学科的发展状况呈现出不同的特征。除了学科发展的角度以外，近年来还有不少文章从学术史的视角出发对外国教育史研究进行了阶段性的总结，如《从艰难恢复到积极革新——外国教育史研究三十年（1978—2008）》③、《外国教育史研究进展：2010—2014 年》④、《近年来我国外国教育史研究进展》⑤、《西方教育史学研究综述（2000—2015 年）》⑥、《新世纪以来我国外国教育史研究知识图谱分析——基于中国知网（2000—2016）数据》⑦ 等。这些文章从不同方面综述了外国教育史研究在不同时段的进展，较为详细地呈现了外国教育史在一定时期内的研究重点和不足之处，也预测了未来研究的趋势。

　　与此同时，在中国教育学会教育史分会主办的历次学术年会和学术研讨会上，在诸多教育史学者所发表的期刊论文中，出现了越来越多对教育史学科危机的思考，许多值得重视的学术见解被提出来。如《全面危机中

---

① 李爱萍，单中惠. 二十世纪我国外国教育史学科建设回眸 ［C］//中国地方教育史志研究会，《教育史研究》编辑部. 纪念《教育史研究》创刊二十周年论文集（1）：教育史学理论及史学史研究，2009：327-331.
② 刘新科. 外国教育史学科在中国的发展历史回溯与新世纪瞻望 ［J］. 大学教育科学，2005（2）：58-61.
③ 王晨. 从艰难恢复到积极革新：外国教育史研究三十年（1978—2008）［J］. 清华大学教育研究，2008（6）：35-42.
④ 张斌贤，林伟，杜光强. 外国教育史研究进展：2010—2014 年 ［J］. 教育研究，2016（1）：109-125.
⑤ 陈露茜，张斌贤，石佳丽. 近年来我国外国教育史研究进展 ［J］. 高等教育研究，2017（8）：79-90.
⑥ 周采. 西方教育史学研究综述（2000—2015 年）［J］. 河北师范大学学报（教育科学版），2015（6）：53-57.
⑦ 雷祎晴. 新世纪以来我国外国教育史研究知识图谱分析：基于中国知网（2000—2016）数据 ［D］. 开封：河南大学，2017.

的外国教育史学科研究》①、《外国教育史学科的困境与超越——基于我国
外国教育史学科功用的历史分析》②、《教育史研究："学科危机"抑或
"学术危机"》③ 等。这些文章从研究队伍、人员结构、学术规范、学科功
用等方面探讨了教育史学科的危机，从学科和学术层面上分析了危机的本
质以及危机产生的原因，并且各自提出了克服危机的途径和办法。这种学
科中的危机意识，从世纪之交就已经产生，十几年来持续"发酵"，如
2016 年仍然有学者发表文章《外国教育史学科在中国的危机》④。任何一
门学科在发展的过程中都会遇到危机，外国教育史也不例外。这一工作对
外国教育史学科发展意义重大，尽管学者们见仁见智、观点不一，但回顾
与反思既是时代对学科发展的要求，也是学科发展的必经之路。

（二）教学科研队伍与平台的进一步壮大

进入 21 世纪以来，全国高校中教育史学科学位授权点迅速增加，硕士
生和博士生教育都取得了显著成果，培养了大批外国教育史的科研人员。
20 世纪 90 年代，拥有外国教育史博士学位授予权的高校只有 4 所。21 世
纪第一个十年中，拥有外国教育史博士学位授予权的高校增加到了 26 所。
其中，北京师范大学、华东师范大学和浙江大学的教育史学科被评为国家
重点学科。国家重点学科的设立提升了外国教育史学科人才培养的能力，
产出了许多具有重要学术价值和社会价值的研究成果。全国教育科学"十
五"到"十三五"规划和教育部人文社科课题立项中，外国教育史学科课
题的立项数持续增长。

外国教育史学界老一辈的学者在 20 世纪 90 年代相继退休以后，一大

---

① 张斌贤. 全面危机中的外国教育史学科研究 [J]. 高等师范教育研究, 2000 (4)：40-45.
② 王保星. 外国教育史学科的困境与超越：基于我国外国教育史学科功用的历史分析 [J]. 河北
师范大学学报 (教育科学版), 2009 (5)：5-11.
③ 张斌贤, 王晨. 教育史研究："学科危机"抑或"学术危机" [J]. 教育研究, 2012 (12)：
12-17.
④ 陈锋. 外国教育史学科在中国的危机 [J]. 高等教育研究, 2016 (5)：51-56.

批中青年学者成为 21 世纪外国教育史学科建设与科学研究的主力，如北京师范大学的史静寰、张斌贤，华东师范大学的单中惠，河北大学的贺国庆，华中师范大学的杨汉麟，南京师范大学的周采等。这些中青年学者培养出了大批硕士和博士研究生，为外国教育史教学与科研队伍注入了新的活力。2000 年前，我国外国教育史方面的博士学位论文总共只有 18 篇，2000 年以来，外国教育史博士论文的数量达到了数百篇之多。从这些博士学位论文的研究题目来看，涉及的时段与国别越来越广泛，涉及的专题越来越丰富和细化。这些博士论文在通过答辩之后都得以正式出版，成为代表 21 世纪初期外国教育史研究水平的重要专著。正是在这个时期，教育史学科顺利完成了研究队伍的新一轮"新旧交替"，从而为学科的可持续发展奠定了坚实的基础。

中国教育学会教育史专业委员会作为教育史研究的学术组织，继续为全国的外国教育史研究者提供交流的平台。截至 2018 年，中国教育学会教育史专业委员会共举办了 18 届学术年会，参会的学者、教师和学生人数逐年增加，提交论文的数量也蔚为可观。其中，在 2007 年，外国教育史学科在安徽师范大学召开了一次独立的学术研讨会，主题是"探索外国教育史研究的新领域和新方法"。大会上提交的 70 多篇论文涉及众多前沿主题，将教育口述史、教育叙事研究以及计量史学等新史学的方法运用到外国教育史研究当中，是外国教育史研究领域拓展和研究方法创新的全面总结，其中精选的论文由广西师范大学出版社在 2009 年结集出版。①

（三）研究领域的拓展和研究范式的转变

世纪之交对于外国教育史学科研究中"危机"的热烈讨论，既引发了外国教育史学界广泛而深入的反思，也促使 21 世纪外国教育史研究整体水平不断提高，在研究成果的数量和质量方面都取得了显著的进步，研究领

---

① 张斌贤，孙益. 探索外国教育史研究的新领域和新方法 ［M］. 桂林：广西师范大学出版社，2009.

域不断拓展，涌现出许多学术热点和亮点。随着近年来研究中"问题意识"的不断增强，这一时期外国教育史研究进入了一个更加微观的领域，进一步推动了外国教育史研究范式从"知识型"向"研究型"的转变。

进入 21 世纪的十几年来，外国教育史的研究成果呈现多种形态并行发展的趋势，既产生了有代表性的大型通史类巨著，也涌现出了更多具有时代气息的新教材。在 20 世纪八九十年代编写通史性著作的基础上，吴式颖、任钟印教授主编了十卷本《外国教育思想通史》（2002 年）。这部巨著动员了全国大部分外国教育史教学科研人员，从策划到出版历时十余年，基本上反映了 21 世纪初期中国学者关于外国教育思想史研究所达到的水准。另外，一批具有时代气息的新教材和著作相继出版。如河北大学贺国庆教授等编写的《外国高等教育史》（2003 年）、厦门大学黄福涛教授编写的《外国高等教育史》（2003 年），以及张斌贤教授编写的普通高等教育"十五"国家级规划教材《外国教育史》（2008 年）和普通高等教育"十一五"国家级规划教材《外国教育思想史》（2007 年）。这些教材的编著者们都更加注重从更为宽阔和综合的视角，在西方整体社会、文化、政治和经济的变迁中来阐释和理解教育，认为外国教育史教材的功能不仅仅在于师资培训，还在于帮助学生达成对异域文化的理解，达成一定程度的精神陶冶与文化熏陶，从而真正让学生在全球意识和历史视野中理解外国教育历史发展与演化的特征。

与此同时，21 世纪的外国教育史研究成果涉及的时段与国别越来越广泛，专题研究也越来越丰富和深入。外国教育史研究中原有主题的"边界"与"壁垒"得到了突破。原来鲜有涉及的历史时期与主题开始受到重视，而原有的一些热门的时段与主题也因为新材料的出现被重新解释。十几年来，研究成果数量最多的是高等教育史专题，包括中世纪大学、学术自由、大学自治、保守主义大学理念、高等教育财政、文化战争、高等教育政策等。其次是美国教育史专题，从时段来看，除了殖民地时期的研究相对较少之外，美国教育发展其余各个历史阶段都受到了不同程度的关注；从内容来看，对基础教育、高等教育、职业教育、教师教育、教育财政、教育政策、教育思想、教育改革等美国教育的几乎所有层面都有所涉及。

此外，21 世纪，越来越多的外国教育史学者以原始文献和一手资料为基础进行外国教育史的专题研究，史料优先成为 21 世纪外国教育史学术研究的新风向。例如，有关中世纪大学的研究成果虽然十分丰富，但由语言障碍所导致的一手史料文献的挖掘、解读和利用的缺失是制约中世纪大学研究的"软肋"。绝大部分学者在进行中世纪大学研究时所使用的是英文文献，而非拉丁语的一手文献，这在很大程度上成了有关中世纪大学研究的遗憾。而《大学之名的中世纪起源与考释》①、《中世纪大学之"学术自由"辨析》②、《欧洲中世纪执教资格的产生与演进》③ 等论文在很大程度上填补了中世纪大学研究的这一缺漏。这些文章对拉丁语文献的重视以及释读，为有关中世纪大学的研究进一步深入打下了坚实的基础。另一个具有代表性的例子是关于德国柏林大学和洪堡大学理念的研究，《从"洪堡的教育观念"到"洪堡神话"——一个特定研究母题的系谱学分析》④、《洪堡大学理念的影响：从观念到制度——兼论"洪堡神话"》⑤、《柏林大学建校史：1794—1810》⑥ 等论文都通过对丰富的德文史料的挖掘，聚焦更细微的研究问题，采用新的研究范式，既弥补了教育史学界对非英语国家缺乏研究的不足，也突破了国内学界的传统认识，引领了新的研究热潮。

---

① 张弢. 大学之名的中世纪起源与考释 [J]. 清华大学学报（哲学社会科学版），2014（4）：86-98，171.

② 张弢. 中世纪大学之"学术自由"辨析 [J]. 北京大学教育评论，2017（1）：89-106，189-190.

③ 张弢. 欧洲中世纪执教资格的产生与演进 [J]. 世界历史，2013（3）：77-91，161.

④ 张乐. 从"洪堡的教育观念"到"洪堡神话"：一个特定研究母题的系谱学分析 [J]. 北京大学教育评论，2017（3）：10-46，188-189.

⑤ 陈洪捷. 洪堡大学理念的影响：从观念到制度：兼论"洪堡神话" [J]. 北京大学教育评论，2017（3）：2-9，188.

⑥ 张斌贤，王晨，张乐. 柏林大学建校史：1794—1810 [J]. 高等教育研究，2010（10）：83-93.

21世纪，在新的时代背景和西方史学理论与方法的影响下，随着史学研究新范式的兴起与传播，外国教育史学界在系统梳理西方教育史学传统与范式的基础上，开始突破传统史学研究范式的束缚，借用相关学科的理论和方法对教育历史现象进行新的探索。以西方教育思想史为例，20世纪外国教育史学界对教育思想的探索主要是建构在哲学史的基本范式之上，集中于经典人物、经典著作、经典文献基础上的人物思想或流派的探讨，较少在宏观历史情境与微观语境相结合的基础上整体解读思想与行动之间的内在联系。西方教育思想史研究成果虽然日益丰富，但西方教育思想史研究本身很难发生实质性的变化和发展，导致了视角单一、视野狭窄、条块分割等问题。《从思想本身到思想建构方式——思想史研究范式演进与教育思想史研究》①、《教育思想史系统性研究方式及其限度》② 等文章开始对西方教育思想史的套路与范式、视角与视野、思想与思想建构方式等教育思想史中"本体论"问题进行有建设性的讨论，为未来的西方教育思想史研究范式的探索奠定了重要的基础，表现出"重语境""重情境""重思想与行动的联系""重多学科参与的反思与讨论"的特征。

（四）引进成果与学术交流活动频繁

21世纪以来，外国教育史学界的学者们在不断强化和深化与国内同行进行学术交流的同时，着力推进与国外教育史学界的交流与合作，不仅把国外的最新研究成果引进到国内，同时也把中国的学术研究成果展现给国外学术界。

在引进国外研究成果方面，除了继续翻译或重译世界教育经典名著之外，西方学者的最新研究成果也能够较快地被国内教育史研究者翻译过来，例如埃伦·康德利夫·拉格曼的《一门捉摸不定的科学：困扰不断的

---

① 王晨. 从思想本身到思想建构方式：思想史研究范式演进与教育思想史研究 [J]. 中国人民大学教育学刊，2015（1）：148-160.
② 王晨. 教育思想史系统性研究方式及其限度 [J]. 教育研究，2012（3）：125-129.

教育研究的历史》（2006 年）、戴维·泰亚克的《一种最佳体制：美国城市教育史》（2010 年）、雷蒙德·卡拉汉的《教育与效率崇拜：公立学校管理的社会影响因素研究》（2011 年）、约翰·塞林的《美国高等教育史》（2014 年）等。这些译著时效性非常强，是当时深受西方学术界欢迎的作品，很快被国内学者发现并翻译，教育史研究的中译工作日益赶上国际出版的步伐。这些作品或者突破了传统教育史的研究领域，开拓了教育学术史、城市教育史、学校管理史等新的研究主题，或者突破了传统教育史的叙述方式和研究方法，从社会史和文化史等更为广泛的视域来考察教育的历史发展进程。21 世纪引进国外研究成果的最大特色是有组织译介和专题译丛的出现，即学者或出版社围绕一定的专题或主题，选择一定数量的著作，组织相关专业人员进行翻译，其成果通常为译丛或多卷本译著，包括《欧洲大学史》、《古典教育史》、"西方教育史经典名著译丛"、"美国教育经典译丛"、"美国研究型大学探索译丛"等。这些译著选题大都是学术造诣高、影响广、在西方教育史学界确立了重要学术地位的作品，既能够体现新时期教育史著作出版的组织性和计划性，也能够体现教育史学科研究的基础性与教育史学科的学术积累。专题译丛全景式呈现教育史某一个专题领域的面貌和形态，充分展现了某一专题研究的学术前沿，为国内的专题研究提供了全面翔实的资料、新的研究方法和研究视角，也有助于推动外国教育史的研究与国际接轨。

最近几年中，越来越多的中国学者出现在了世界教育史常设会议（International Standing Conference for the History of Education，简称 ISCHE）的年会上，既实现了与世界各地教育史学科的学者面对面地交流，了解到世界教育史学科发展的最新动态，也把中国的教育史学科推向了国际舞台。2015 年，北京师范大学还与世界教育史常设会议、德国国际教科书研究所联合主办了教育史国际研讨会，吸引了世界多个国家和地区的学者参加，中外教育史学者共同探讨了国际教育史研究的前沿动态。

近年来，外国教育史专业的青年教师、博士生和硕士生也有越来越多的机会走出国门，去柏林大学、哈佛大学、加利福尼亚大学洛杉矶分校、威斯康星大学麦迪逊分校等世界知名高校进行访学或者攻读学位。北京师范大学、华东师范大学、浙江大学等国内高校也邀请了埃克哈特·福克斯、加里·麦卡洛克、韦恩·J. 厄本、亚当·尼尔森、丹尼尔·珀尔斯坦等世界各国教育史学界知名学者来国内做讲座或者开设美国教育史、高等教育史、教育思想史等方面的专题课程，让外国教育史专业的学者和学生们能够更为便利地与世界教育史学界的知名专家交流，了解到最前沿的教育史研究资讯与动态。

在外国教育史学者的锐意进取、共同努力下，21 世纪的外国教育史学科发展成绩斐然。在十几年的时间里，学科发展已经相对成熟，学科建设和人才培养已经走上了稳定发展的轨道，中国教育学会教育史专业委员会也日益成长为具有较大规模与影响力的学术研究团体，学术平台日益多样化，外国教育史研究成果多元而深入，实现了研究范式的转变，日益频繁的对外交流让外国教育史学科走向了世界舞台，整体水平迈上了新的台阶。

四、挑战与展望

外国教育史是中国了解世界各国教育历史发展状况的一扇窗口。改革开放 40 年给外国教育史学科提供了很好的发展机遇，也对外国教育史学科发展提出了更高的要求。在改革开放 40 年之际，我们回顾外国教育史学科 40 年所经历的恢复与重建、成就与探索，以及 21 世纪以来的革新与转向，能够让学界对外国教育史的学科发展有更清醒的认识。虽然外国教育史学科在 40 年的发展中取得了辉煌的成就，但是成就背后必然是另外一个"十字路口"，经过长时间的学术积累以后，外国教育史学科也如其他学科一样，需要为未来的发展积蓄力量。

第一，外国教育史仍然是一门年轻的学科，有中国特色的外国教育史学科体系建设仍未完成。改革开放 40 年来，经过几代人的不懈努力，外国教育史学科体系建设取得了很大的成绩，但是，如何建立更加适应时代要求的有中国特色的学科体系，仍然值得学界不断探索和思考。外国教育史教学和研究涉及的国别、时段和主题十分广泛，目前的人才队伍建设远远不能满足新形势的客观要求，研究领域还存在着严重的失衡状态——时段研究以近现代为主，国别研究主要集中在欧美一些大国，外国教育史的教学改革与研究领域的拓展仍然是未来几十年的重要任务。

第二，外国教育史学科在学术基础与学术积淀上仍有待加强。对外国教育史研究而言，史料的重要性不言而喻，但从外国教育史教学与研究的整体状况看，史料问题并没有得到充分的重视，目前大多数研究仍然缺乏第一手文献资料作为支撑，系统性的史料建设仍然是未来学科发展的重要工作。改革开放 40 年来，时有学者就史料建设问题发表见解，前辈学者也为史料建设付出了巨大的辛劳，但这些工作还远远不够。未来，每一位外国教育史教学与研究人员都应具有牢固的史料意识，并将这种意识落实到自己的研究工作和对学生的学术训练之中，只有这样才能真正改变外国教育史研究中长期存在的史料建设不足的问题，才能不断提高外国教育史学科的学术水平。

第三，外国教育史的学科创新还有很长的道路要走。从某种程度上说，目前的外国教育史学科还存在人才培养和学术研究上的"路径依赖"现象。在学科发展上，既不能囿于传统做法，又不能完全照搬照抄西方的模式，如何处理好传承与创新的关系，在传承的基础上实现创新与开拓，是未来一段时期需要解决的核心问题。在史观认识上，我们仍要进一步对旧教育史观进行系统反思，消除旧教育史观的消极影响，用唯物史观来指导借鉴西方教育史学的理论与方法，重新建构科学合理的教育史观。在学科功用观上，过去外国教育史学科有着强烈的时代关怀意识，能够不断对现实教育问题做出回应，这是外国教育史学科的优势。但是，我们也要看到，以完全实用的目的和动机开展外国教育史教学和研究，往往缺乏对外国教育史特定主题的长期、持续和深入的研究，在这样的情况下，对外国教育史的研究只能就事论事，很难切入深层次的问题，很难在教育历史发展的脉络中把握研究问题，也很难在教育与社会的复杂联系中挖掘研究问题的本质。这就需要外国教育史学界审慎对待历史实用主义，树立科学的教育史学科功用观。在人才培养上，"大题小作"一直是外国教育史硕士和博士论文选题的痼疾。相当多的学位论文研究主题所涉及的内容、时间和空间跨度，远远超出了单篇论文所能容纳的范围，以至于很难对主题进行多方面、多层次的探讨，其结果或者是面面俱到、浮光掠影，或者是以偏概全、挂一漏万。无论是何种结果，都难以真正获得对研究主题的深入认识，都难以对学科研究不断向纵深推进发挥实际的推动作用，这是导致外国教育史研究缺乏创新、研究工作进展缓慢的重要原因之一。只有在人才培养上转变思路，从"大题小作"转变为"小题大作"，才有可能促进外国教育史研究的创新与深入，产出既能与国际接轨又能彰显有中国特色的学术成果。

作者简介

孙益，北京师范大学教育历史与文化研究院副教授；陈露茜，北京师范大学教育历史与文化研究院副教授；张斌贤，北京师范大学教育历史与文化研究院教授。

中国比较教育学：体系构建与跨越式发展

陈时见　王　远

改革开放 40 年，伴随中国教育的不断变革和教育学科的快速发展，中国比较教育理论体系的建构由单一走向多元，由多元走向整合，由整合走向创生，为中国特色的比较教育理论体系的初步构建与逐步走向成熟奠定了基础。在改革开放 40 年的发展中，机遇与危机并存，比较教育的学科身份在论争中逐步明晰，比较教育学术共同体不断对比较教育的学科身份进行定位、诠释和建构，增进了比较教育的学科认同，激发了学科自觉。比较教育与时俱进，其知识领域不断拓展，学科制度不断完善，应用价值不断提升，为促进教育理论繁荣和教育实践革新起到了积极作用。但比较教育的理论基础、研究范式、内生动力等方面的问题依然存在。改革开放给比较教育带来了重建和发展的机遇，比较教育不仅自身得到快速发展，而且为我国教育理论的繁荣和教育实践的变革做出了不可或缺的重要贡献。总结和反思改革开放 40 年的发展，比较教育需要推动研究范式转型，建构中国特色比较教育理论体系；需要更多地关注其当代意义，立足于服务人类教育发展的高阶追求，积极参与全球教育治理，贡献中国智慧；需要不断开拓其兼容性价值，在构建学术共同体、扩大中国比较教育国际影响力方面做出持续不懈的努力。

一、构建比较教育学科体系，
促进比较教育的理论创新

改革开放40年，我国持续对外开放，深度融入世界，国际互动日益密切。中国比较教育广泛深入地吸收和接纳世界比较教育理论建设的成果，在理论建构方面大致形成了一元主导、多元共存、整合内化、本土创生的发展脉络。尽管中国比较教育起步较晚，发展时间较短，但兼收并蓄、本土创生、走向世界是中国比较教育学人的目标和使命。中国特色的比较教育理论体系也由初步构建逐步走向成熟。

（一）由单一走向多元

改革开放初期，比较教育的功能定位比较单一，主要是借鉴域外先进教育理论成果和教育实践经验，促进本国教育的改革发展，因而借鉴主义成为基本的价值导向。在借鉴主义研究范式下，我国比较教育研究的理论视野主要局限于对外国教育模式的译介与改造。改革开放的不断深入，带来学术思想的自由解放，打开了国际交往的开放格局，唤醒了比较教育研究的全球意识，使中国比较教育与世界比较教育真正实现相互融通。经过我国比较教育学者的引介，除了借鉴主义比较教育理论以外，历史主义比较教育理论、实证主义比较教育理论、文化相对主义比较教育理论、实用主义比较教育理论、系统功能主义比较教育理论等纷纷被介绍到中国。世界比较教育的理论研究成果不断被介绍到中国，极大丰富了中国比较教育理论资源，拓展了研究视野。此外，我国学者在探索和发展比较教育理论体系的过程中，也注重借鉴其他学科的理论方法。例如，在比较教育跨学科特性方面，有学者提出比较教育研究的历史是社会科学化的历史。比较教育的跨学科属性以及学科互涉的理论发展趋势，使得比较教育研究不断跨越学科边界，广泛借用社会科学或自然科学的话语、理论和方法。① 也有学者认为比较教育学与社会学应该是对话互动的关系，比较教育学不应仅是消费者也应该是生产者，从而改变比较教育从其他学科单向度的借用状态。② 再如在方法论研究上，有学者认为，把教育人种志研究方法引入比较教育研究领域，可以弥补比较教育研究注重结果忽视过程的功利属性，为比较教育研究提供一种新的视角、研究方法与范式。③ 一些学者试图将现象图析学的研究方式运用于比较教育，使其成为一种应用于比较教育研究的具有较高外在效度的质性研究方法。④ 对世界比较教育理论的引介和推广、对其他学科理论方法的借鉴与运用，无疑为中国比较教育理论体系的建构做了积极的学术准备。

（二）由多元走向整合

从对世界比较教育理论成果的引介和吸收，再到中国比较教育学者对比较教育理论的研究与反思，中国比较教育理论研究呈现出多元化特征。这首先体现在对比较教育学概念的认识上。王承绪、朱勃、顾明远和成有信等老一辈学者对比较教育的概念进行了界定，确立了比较教育是基于"当代外国教育理论和实践"或"当代不同国家或地区教育"的基调。随着比较教育研究的深入，不同学者以此为基础丰富和发展了比较教育的概念内涵。有学者从比较教育的功能视角出发认为，一项教育研究只要满足主体、客体、参照系三要素中存在一个要素与其他两个要素不属于同一国家（文化）这一条件，就可以被认定为比较研究，因此，比较教育大于一门学科，"比较教育是国际教育交流的论坛"⑤。对于这一观点，学界尚有争论，但它强调了比较教育学的包容性和开放性，在满足一定条件的情况

① 朱旭东. 试论西方比较教育研究的社会科学化历史 [J]. 全球教育展望，2004（1）：64-70.
② 乐先莲. 比较教育和社会学的关系史及其分析 [J]. 比较教育研究，2006（10）：42-47.
③ 徐辉. 教育人种志与比较教育学研究方法的进展 [J]. 全球教育展望，2005（6）：63-67.
④ 张霄，丁邦平，赵芳祺. 现象图析学在比较教育学研究领域应用的初探：以对45名境外访学人员的实证研究为例 [J]. 外国教育研究，2017（10）：16-30.
⑤ 顾明远，薛理银. 比较教育导论：教育与国家发展 [M]. 北京：人民教育出版社，1998：14-15.

下，比较教育可"为一切愿意贡献教育见解的社会群体"提供"公共领域"。① 有学者用"不同空间或时间之间教育理论与实践"② 这一表述替代了其他定义中"当代外国教育理论和实践"或是"当代不同国家或地区的教育"的表述。这一认识上的变化延展了比较教育研究的广度，突破了比较教育研究时间与空间的限制，将比较教育研究聚焦于当代的研究视野拓宽为历史的、发展的全局视野。多元化特征还体现在理论研究的维度转向上，表现为研究的结构化和逻辑性，逐渐出现了比较教育学术生态、学科发展史、本体论、认识论、知识论、价值论、范式论、方法论等体系化的研究。在解决比较教育理论盲区和实践问题的过程中，不断有学者意识到，任何一种理论都不可能为比较教育学提供完整而合适的诠释，每一种理论都有其存在的意义与限度，其合理性是相对而言的。③ 吸收其他学科理论，实现理论的融通，更有助于比较教育理论与实践的发展。因此，对理论进行比较研究，分析优势与局限，并进行批判性反思，成为国内比较教育学界的一种共识。比如在对方法论的比较和选择上，比较教育方法论的演变一直徘徊于人文主义与实证主义之间。实证主义方法论与人文主义方法论的撞击与融合，将比较教育带入了方法论多元化时期。④ 随着对学科理论认识的深化，知识结构日益成熟，我国比较教育理论研究走向内化整合，取得了一系列全面深刻的成果。例如，"比较教育论丛""比较教育文库""中国比较教育研究 50 年"等丛书。这些基于中国教育实践对比较教育理论的遴选、梳理和应用，是中国比较教育理论建设过程中重要的学术积累。

---

① 顾明远，薛理银. 比较教育导论：教育与国家发展 [M]. 北京：人民教育出版社，1998：14-15.
② 高如峰，张保庆. 比较教育学 [M]. 上海：上海外语教育出版社，1992：32.
③ 杨茂庆，陈时见. 比较教育学理论选择：意义及可能 [J]. 外国教育研究，2015（4）：27-34.
④ 赵明玉，李雅君. 徘徊于人文主义与实证主义之间：比较教育方法论的发展轨迹探析 [J]. 外国教育研究，2006（9）：21-25.

（三）由整合走向创生

改革开放 40 年来，中国比较教育的发展实际上已完成对西方比较教育研究成果的内化学习。从理论上讲，在新的发展时期，我国比较教育学者和西方比较教育学者已经站在了同一起跑线上。[①] 尽管比较教育研究是一种跨文化的学术实践，但在西方话语主导下，其理论研究也未能摆脱"西方中心主义"。"学徒状态"是对包括中国在内的学术边缘国家的学术地位的形容。虽然中国比较教育学已经具备了与西方比较教育学界平等对话的学术底蕴和条件，但因为没有形成独特的理论和话语体系，中国的比较教育研究仍依附于西方理论体系之下。当今中国的人文学术和社会科学研究正试图摆脱它对于外来学术的"学徒状态"，提出其自身的"自律性"要求。[②] 中国比较教育学界也萌生了创建中国特色比较教育学的研究意识。顾明远教授一直致力于中国比较教育的建设和发展，倡导从文化的视角构建中国特色的比较教育理论体系。冯增俊教授就建设中国特色比较教育学提出四个要点：建构系统的学科目的体系；形成辩证理性建构的学科分析框架；建立科学的方法论体系；形成民族特色的学科观。[③] 王长纯教授也指出中国比较教育本土创生的重要性，并认为比较教育之根在哲学，本土比较教育理论构建必须植根于本土哲学。[④] "和而不同""求同存异""双赢"这些表达中华民族兼收并蓄、富于开放精神的语言符号，反映了中国文化的强大包容性和多元性基因，与比较教育开放性、跨文化性等特征具有内在的一致性。项贤明教授认为，中国哲学中"和"的思想为比较教育提供了一种理想的学科思维模式。"和的模式"表现为对各民族国家教育

---

① 田小红. 知识的境遇：中国比较教育学的学术生态 [M]. 北京：高等教育出版社，2011：163.
② 吴晓明. 论当代中国学术话语体系的自主建构 [J]. 中国社会科学，2011（2）：4-13，220.
③ 冯增俊. 建设有中国特色的比较教育学 [J]. 华东师范大学学报（教育科学版），1998（2）：45-54.
④ 王长纯. 文化自觉、理论自觉和实践自觉（论纲）：比较教育和而不同发展的途径 [J]. 比较教育研究，2005（3）：18-26.

之间互补性与和谐发展关系的关注。这种非西方学术范式的生长也能够促进世界比较教育研究的多元化发展。① 中国比较教育学的学术积累为中国比较教育学理论创生提供了实践基础，我国学者对学科发展自主性的危机感和焦虑意识则是形成中国比较教育学派的心理动力。② 综合各方论述，中国特色比较教育学应具备以下四个特征：基于中国哲学和文化因素形成，塑造本土话语体系和核心理论；基于独特的理论范式；基于比较教育理论与本土教育实践的互动关系；基于本土学派积极开展与世界的对话。

二、厘定比较教育学科身份，
激发比较教育的学科自觉

自 20 世纪 90 年代以来，比较教育学"身份危机论"一直存在着，已成为我国比较教育研究的重要课题。对于中国比较教育学而言，身份危机与其说是危机，不如说是发展机遇。身份危机的论争主要缘于比较教育学术共同体自身的反思，因而不仅有助于厘定比较教育的学科身份，而且能更好地激发比较教育的学科自觉。

（一）关于比较教育身份危机的讨论

从西方比较教育身份危机发展脉络来看，危机发端于西方比较教育界20 世纪五六十年代对比较教育学定义的争论。20 世纪七八十年代，学科统一性危机和社会价值危机使比较教育研究共同体面临分裂，挫伤了研究者的认同感和归属感。20 世纪 90 年代危机不断加重，比较教育身份危机成为公认的问题域。③ 在我国，1993 年王英杰教授在《比较教育学定义问题浅议》一文中首先在中国学界提出比较教育的身份危机。他认为，由于

---

① 项贤明. 比较教育学的文化逻辑 [M]. 哈尔滨：黑龙江教育出版社，2000：247-249.
② 田小红. 全球结构中中国比较教育学派的建立 [J]. 外国教育研究，2013（1）：10-17.
③ 李现平. 比较教育身份危机之研究 [M]. 北京：教育科学出版社，2005：8-9.

比较教育学界对比较教育认识的分歧，未能对比较教育的定义形成一致的意见，导致学科的发展受到了一定的阻碍，出现了所谓身份危机。① 在王英杰教授正式提出身份危机之前，马骥雄曾在 1989 年撰文《比较教育学科的重建》，对比较教育学科性质提出过疑问，在展望比较教育学科建设这一语境中谈及危机现象，认为比较教育仍是一个"研究领域"，尚未建成严格意义上的"学科"②，但相比于西方学界，我国的危机意识还是滞后的。李现平在其专著《比较教育身份危机之研究》中提出比较教育身份危机的四种表现：学科统一性危机、社会地位和社会价值危机、学者归属感和认同感危机、文化群体的生存危机。不过，也有学者对"身份危机论"持不同见解。例如，杨洪在《我国比较教育研究的立足点》一文中认为，比较教育是一片热土，中国比较教育学者不应过度彷徨于所谓的危机之中，而应立足现实服务于教育和国家发展。③ 顾明远教授也指出，比较教育学者不应纠缠于比较教育是什么的争论，而应在研究和解决当代世界教育问题的过程中找到解决比较教育自身问题的答案。④

（二）比较教育身份危机的表征

比较教育身份危机主要体现在三个方面。

首先，比较教育学缺乏整合的理论基础。比较教育学创立之初并没有像其他学科一样拥有一个相对同质的理论框架。在其后的发展中，比较教育学因缺乏自己独特的理论、概念和方法而不得不一再从其他学科借鉴概念、理论和分析框架⑤，从而导致比较教育学成为一门奠基在一个不断重组和变化的"流动沙丘"上的学科⑥，引发了比较教育究竟是学科、领域、方法或是具有学科、领域双重属性的争论。尽管我国比较教育学以比较思

---

① 王英杰. 比较教育学定义问题浅议 [J]. 外国教育研究, 1993 (3)：6-9.
② 马骥雄. 比较教育学科的重建 [J]. 高等师范教育研究, 1989 (5)：55, 60-63.
③ 杨洪. 我国比较教育研究的立足点 [J]. 比较教育研究, 2005 (10)：19-22.
④ 顾明远. 比较教育的身份危机及出路 [J]. 比较教育研究, 2003 (7)：1-4.
⑤ 王英杰. 再谈比较教育学的危机 [J]. 比较教育研究, 2007 (3)：14-16.
⑥ 李现平. 比较教育身份危机之研究 [M]. 北京：教育科学出版社, 2005：15.

维和宏大的跨文化研究视野安身立命，在改革开放 40 年里借鉴国外教育经验，努力推动本国教育和国际教育的发展，在教育学体系中建立了独特的学科地位，但它在理论体系层面仍难以确立其独立性、特殊性、完整性和连续性。①

其次，比较教育学缺乏独特的方法论基础。一个学科如果不能在方法论上获得证明，那么它的学科地位会受到质疑。在比较科学的各学科中，方法论一直是争论的焦点，众学科均面临因比较法普遍性而引发的方法论缺乏独立性和独特性的争议。对于比较教育方法论独特性问题，学界有三种不同的观点。第一种观点认为比较教育学通常运用教育学和其他社会科学的研究方法，缺乏独立独特的研究方法。第二种观点认为社会科学的研究方法都是相通的，其他社会科学的研究方法也都适用于比较教育学。没有任何方法是某一学科的"私有财产"，研究方法的价值在于是否适合或与研究内容是否相匹配。第三种观点认为比较教育有自己独特的方法论体系，构成比较教育学方法论基础的就是比较研究法。② 学界对方法论问题认识的不统一显示出比较教育学发展的不成熟。

最后，比较教育无边界性带来去中心化。比较教育的开放性、跨学科性以及以借鉴为主的目的和功能导致了比较教育研究的无边界性。比较教育在其发展过程中开放地接纳了社会科学和自然科学的理论与方法，同时其随意进出其他学科领域的跨学科特性，也导致比较教育发展成为覆盖教育全域，由各种欣欣向荣而又互不相干的思潮构成的松散的集合体③，比较教育的固有研究领域受到忽视。解构借鉴行为会发现，被占领是借鉴的不在场意义。比较教育在不断拓展研究领域，借鉴其他学科理论和方法的同时，也埋下了被其他学科反噬的隐患。随着时代变迁，教育学内各个学科都在走向国际化，教育问题的比较研究不再是比较教育学者的专利，而

---

① 项贤明. 比较教育学的文化逻辑 [M]. 哈尔滨：黑龙江教育出版社，2000：3.
② 褚远辉，陈时见. 比较教育学研究中的"两端对立"现象：以对比较教育学科独立身份的认识为例 [J]. 外国教育研究，2010（6）：11-15.
③ 项贤明. 比较教育学的学科同一性危机及其超越 [J]. 比较教育研究，2001（3）：30-36.

成为各教育学科学者们研究工作的一部分。① 其他学科在比较研究领域的异军突起挤压了比较教育的生存空间，导致比较教育学解释力和话语地位下降。但是，比较教育身份危机不单是破坏性的，更是建设性的。20 世纪90 年代以来萦绕在我国比较教育学者心头的身份危机感唤醒了他们关于学科建设的使命感与责任感。比较教育学术共同体对理论与实践发展的不平衡的反思和外部环境变迁引发的学科竞争成为激发比较教育自我完善的内生动力。为解决比较教育身份危机，比较教育研究者致力于建构学科内在统一性，批判与反思学科的理论与方法，解析比较教育身份危机的存在和表现方式，以寻求解决之道。

（三）比较教育学科身份的诠释

对于如何诠释比较教育学科身份，我国学者做出了诸多有益的探索。无论是对学科理论的争辩，还是对学科发展的自省，比较教育共同体对比较教育学科身份的建构促进了比较教育知识的更新和学科结构的完善。有学者从光的"波粒二象性"获得启发，指出事物身份与功能具有多样性是客观实在，比较教育学科身份的多重属性也具有合理性。② 比较教育学科多重身份的观点获得不少学者的支持。有学者从后现代主义思想出发为比较教育学科身份辩护，对比较教育身份危机论题展开批判，质疑基于现代主义二元对立思维生成的对学科概念、方法、知识必须具备唯一性和确定性论调的合法性，认为比较教育可以拥有多重身份、性质和功能。比较教育不仅具备成为独立学科的基础条件，也是一个多学科集合体，是贡献教育见解的"公共领域"，更不妨碍其运用比较研究法作为主要方法。③ 有学者主张遵循比较教育借鉴传统，从其他成熟学科借鉴研究范式和方法论来规范比较教育学，从根本上为学科构筑一块稳固的基石。例如，有学者认

---

① 陈时见. 论比较教育的学科属性与学科体系 [J]. 比较教育研究，2008 (6)：1-7.
② 李现平. 比较教育身份危机之研究 [M]. 北京：教育科学出版社，2005：77.
③ 温静. 全球化背景下比较教育的多重身份及其构建 [J]. 比较教育研究，2008 (6)：22-24.

为比较教育研究覆盖教育全域，已成为涉及社会文化各领域并不断异质化发展的前提，进而提出以文化视野作为比较教育学的同一性基石，从而以"文化比较研究"这一总体框架统整比较教育学。① 有学者以比较研究法为基础，力图为比较教育建构独特的方法论体系，指出，比较教育作为一门学科，采用的是一种哲学层面的比较视野，是研究主体基于跨文化视野考察研究对象，形成比较的广度和深度，从而获得整体性认识，这与其他学科仅仅将比较作为研究工具有本质的不同。② 从研究价值角度出发，比较教育本质上是基于文化理解的教育研究活动，解决比较教育身份危机的关键在于提高研究层次和成果水平。由于比较教育研究者文化理解意识淡薄，缺乏对研究资料历史文化因素的挖掘，没能提供具有学科独特研究视角与价值的理论成果，因此比较教育要维护学科尊严、摆脱危机就必须提高学术研究水平。③ 教育的根本立场是培养人，比较教育学应该把培养"人"的民族国家教育知识作为学科存在依据和逻辑起点，重塑比较教育学的内涵，以"比较方法一元论基础上的多元方法论"展开以民族国家教育为对象的研究，进而重塑比较教育学。④ 出于摆脱西方中心主义的束缚和应对学科危机的双重需要，我国本土学界一直致力于从中国哲学与文化中为比较教育身份危机提供中国方案。中国特色比较教育学的发展既要"洋为中用"，又要"中为洋用"，⑤ 中国学者有责任也有必要挖掘和建构本土概念和理论，与世界展开对话，为比较教育学发展贡献中国智慧。在理论探索上，中国学者致力于对中国传统文化精神的批判继承，提出以"和而不同"作为中国比较教育研究的哲学基础和方法论取向。⑥ 继承和发

① 项贤明. 比较教育学的学科同一性危机及其超越 [J]. 比较教育研究，2001 (3)：30-36.
② 陈时见. 比较教育学的概念建构及其现实意义 [J]. 比较教育研究，2013 (4)：1-10.
③ 马健生，陈玥. 论比较教育研究的四重境界：兼谈比较教育的危机 [J]. 比较教育研究，2013 (7)：56-61, 66.
④ 朱旭东. 比较教育学：内涵重构 [J]. 比较教育研究，2012 (6)：1-7, 13.
⑤ 方彤，欧阳光华，向蓓莉. 建设有中国特色比较教育学的探索者：杨汉清教授比较教育学术思想述要 [J]. 国家教育行政学院学报，2007 (12)：9-15.
⑥ 王长纯. 文化自觉、理论自觉和实践自觉 (论纲)：比较教育和而不同发展的途径 [J]. 比较教育研究，2005 (3)：18-26.

扬中国传统文化精神，为中国比较教育研究奠基并推动中国比较教育走向世界舞台，在全球结构中呈现中国比较教育的独特性，为走出比较教育身份危机提供了思路。

三、拓展比较教育知识领域，
提升比较教育的学科价值

比较教育是一门发展性学科，外部环境的异变要求比较教育改变知识领域的预设模式，从发展的视角看待比较教育知识领域的变化。回顾改革开放 40 年，一方面，在学科互涉、知识融合的时代背景下，比较教育的触手不断伸向其他领域，比较教育研究涉足多领域的客观现状影响着学者对研究对象的认知；但另一方面，比较教育研究者出于对现代学科发展规律的体认，不断对跨越边界的研究行为进行反思和矫正，试图将比较教育稳定在安全的时空当中。比较教育学者对比较教育知识领域实然的变化与应然规定性的争论，促使学界对不断拓展变化的知识边界进行勘定。需要明确的是，对比较教育知识领域定位的目的是提升比较教育的应用价值，定位与发展是相互制约、相互促进的关系。①

（一）比较教育的当代性

比较教育是否应严格保持其当代教育的视域，是比较教育研究在时间维度上的变化与学界争论的焦点。1982 年出版的我国第一本比较教育学科教材《比较教育》将比较教育研究范围界定为"当代外国教育的理论和实践"，其目的是"为本国教育改革提供借鉴"。② 可以看出，时间维度上的当代性逻辑是建立在以教育借鉴促进当代教育发展的需要之上的。因此，把比较教育研究范围限定于当代，是对当时比较教育研究现状的真实反

---

① 乐黛云，等. 比较文学原理新编［M］. 北京：北京大学出版社，2002：70.
② 王承绪，朱勃，顾明远. 比较教育［M］. 北京：人民教育出版社，1982：17.

映。随着我国比较教育多元化和国际化发展，比较教育研究目的由单一借鉴向对话交流和跨文化理解转变。从教育是文化的反映这一角度而言，比较教育研究者若要对他者文化所孕育的教育全貌有清晰的认识，就必然要回溯到异文化催生出教育特殊性的历史原点。因此，比较教育研究不能割断历史与当代的联系，不能孤立地看待具有强烈文化背景的教育现象。正如康德尔（Isaac Kandel）所言，比较教育研究是继续教育史的研究，是把教育史延伸到现在。[①] 在比较方法上，也有学者提出比较教育研究可采用"异期纵向比较法"，即历史比较法。这也从侧面证明了比较教育研究可超越当代。但是我国学者审慎地指出，比较教育与教育史在历史领域的研究有本质的不同。教育史研究的目的是重现教育理论与实践发展的历史，而比较教育研究不论是运用历史研究法进行古今对比，还是运用因素分析法对历史上的教育现象进行分析研究，都以作用于当代为条件，其目的则是促进本国、本地的教育改革，为世界教育改革服务。[②] 我国比较教育学界基本也认同比较教育研究应强调当代性这一特征。当代性一词也由时间概念演变为具有现实意义的概念，不再指某一时段，而是一个不断运动的形态，是历史、现在、未来的混合体。在发展逻辑上，当代性是历史发展演变的结果，当代也终将成为未来的过去，因此当代性中也蕴含了未来的趋势。比较教育的当代性意在立足于现实，回顾过去，展望教育的未来。

（二）比较教育的内容体系

改革开放初期，比较教育学者专注于外国教育研究，特别是对苏联与五个经济强国（美、英、法、德、日）的教育思想、教育制度做了系统的介绍与研究，但未将中国教育纳入比较研究。随着比较教育理论研究的深入，学科建设问题开始得到关注，朱勃等学者提出应将中国作为对象国纳

---

① KANDEL I. The new era in education：a comparative study ［M］. London：Chambers Harrap Publishers, 1955：46.

② 冯增俊. 比较教育学 ［M］. 南京：江苏教育出版社, 1996：126.

入比较研究。① 比较教育研究逐步形成了以外国教育、国际教育、发展教育、比较研究为主要分类的内容体系。随着时代发展，比较教育不断向教育领域的各个方面延伸，研究兴趣日益多样化，涉及全球教育治理、全球各国教育改革与政策、"一带一路"教育建设、人才流动等多种课题。学者们就比较教育研究的边界展开了探讨，目前大体形成了两类观点。其一，有学者从对科学发展的规律认识出发，认为比较教育研究应有基本的范式和尺度，因此明确比较教育的研究范畴，为比较教育研究划定内容界线，是比较教育学存在与发展的内在要求。有学者提出以民族国家为主要分析单元开展研究，这是比较教育在教育学科体系中存在的合法性基础。② 但无论研究领域如何划定、分析单元如何选择，其目的都是希望比较教育在多样性基础上显示出内容的统一性和独特性。其二，有学者认为，国内外比较教育研究实际上已经覆盖了教育全域，研究领域和内容的不断开拓正是比较教育的实然状态。比较教育学科的一个本质特征就是开放性，它不断根据社会经济发展和教育改革的需要开拓新的研究领域，生产新的知识。③ 因此，与其将比较教育研究的范畴强制性地约束在指定内容体系的界限内，倒不如承认比较教育研究范畴的全域性和多层次性，从研究思维和方法上证实比较教育在交叉领域存在的合理性与价值。有学者提出"三圈层、多交叉结构"的学科内容体系，既对比较教育异质性的研究领域进行了分层，也使各层次对应比较教育的不同思维方法，为比较教育研究建立起内在统一逻辑。三圈层分别是比较教育发展研究、国际教育发展研究和教育比较研究；其对应的研究对象分别为比较教育基本理论、国际教育、具体教育事实；对应的方法体系则为比较范式、比较视野、比较方

① 朱勃. 比较教育学科建设的探讨 [M] //全国比较教育研究会. 国际教育纵横：中国比较教育文选. 北京：人民教育出版社，1994：10-17.
② 朱旭东. 论比较教育研究的分析单位和"智识"基础 [J]. 比较教育研究，2010 (7)：1-8, 15.
③ 刘宝存. 大变革时代中国比较教育研究的使命与发展道路选择 [J]. 比较教育研究，2014 (2)：1-6, 94.

法。三圈层相互交叉形成比较教育特有的体系特征。① 比较教育学内容体系的建构一直处于这两种观点所形成的张力之中。无论是从比较教育的存在还是从存在的比较教育出发去建构比较教育学内容体系，其归宿都是对学科内容合理性的解释。两种观点是对立统一的关系。随着比较教育与其他学科进一步交叉，研究内容不断深化，比较教育学也产生了边缘学科，例如比较军事教育、比较教学论等。还有学者从学科融合趋势、比较教育学科属性和社会发展需要出发，预测未来比较教育学可能与政治学、社会学、经济学、文化人类学等诸多学科发生联系并形成亚学科群。②

（三）比较教育的热点主题

由于比较教育研究往往立足于现实教育问题的解决与革新，因而比较教育研究始终站在社会和时代发展的最前沿。改革开放初期，在实现教育现代化的迫切需求的背景下，比较教育研究在教育决策层面获得重视。"六五"第二次全国教育科学规划中，教育部将比较教育研究列为国家教育科学研究的重点项目之一。③ 据统计，这一时期比较教育学科共承担了 7 项研究课题，主要研究国外教育改革和发展的经验。国内比较教育学者基于全球视野对世界主要国家和区域的教育进行系统的梳理，形成了"外国教育丛书"等成果。全国教育科学规划"七五""八五"规划中，比较教育学科承担的课题数量大幅增加，达到 46 项之多。④ 研究主题更加广泛，涉及教育现代化、公共教育事业、高等教育比较、课程模式比较等宏观和微观教育论题。"九五"规划中，比较教育学科共有 11 项重点课题，主要涉及义务教育投资、民族文化传统与教育现代化、国际科技教育比较、教

① 陈时见. 论比较教育的学科属性与学科体系 [J]. 比较教育研究, 2008 (6): 1-7.
② 朱旭东. 论比较教育研究的跨学科性: 比较教育亚学科群建构 [J]. 教育学报, 2011 (4): 46-53.
③ 朱勃. 比较教育史略 [M]. 广州: 广东高等教育出版社, 1988: 2.
④ 顾明远, 阚阅, 乔鹤. 改革开放 30 年中国比较教育的重建和发展 [J]. 比较教育研究, 2008 (12): 1-6.

育与国家竞争力关系、综合国力与教育发展关系等发展研究的内容。进入
21 世纪以来，中国比较教育学科伴随社会的变革不断进行自我调适以应对
学科内外的各种挑战。有学者对 2001—2016 年比较教育研究热点进行了统
计分析，这一时期我国比较教育研究聚焦于亚洲国家课程比较研究、基础
教育改革及其政策研究、教育公平视角下的全纳教育研究、教师教育研
究、西方国家研究生教育研究、基于课程改革和教师教育的职业教育研
究、高等教育发展研究、公民教育与道德教育研究、基于全球化的比较教
育学元研究九个主题。一方面，比较教育研究保持其研究的广域性和当代
性特征，这些研究主题都是近些年教育各领域持续改革和发展的重要课
题；另一方面，比较教育也越来越重视学科转型发展，不断加强比较教育
元研究以实现范式转型。① 对 2015—2017 年中国比较教育研究的热点与动
态的分析显示，研究热点依然与同期教育改革和发展的需要相契合。在战
略层面，比较教育学科为"一带一路"建设、构建人类命运共同体提供智
力支持；在各具体教育领域，比较教育学科关注高等教育"双一流"建
设、大学治理现代化，基础教育中的核心素养、教育公平与质量，职业教
育体系的构建与转型，学前教育政策与质量提升等主题的国际比较研究。②
党的十九大以来，我国进一步以自信、开放的姿态融入世界，参与全球治
理。比较教育在促进国际教育交流与合作中发挥着更重要的作用，为世界
贡献中国智慧逐渐成为新的热点话题。

四、完善比较教育学科制度，
推动比较教育的持续发展

改革开放 40 年来，中国比较教育学科制度不断完善，在教育系统内建

---

① 陈琪，李延平. 21 世纪以来我国比较教育研究热点与趋势：基于知识图谱的可视化分析 [J].
现代教育管理，2018（3）：116-122.
② 陈时见，刘方林. 比较教育的价值构建与主题选择：2015—2017 年中国比较教育研究的热点
与动态分析 [J]. 教育研究，2018（1）：26-35.

立起比较教育学科，实现了比较教育后备人才的培养；成立了比较教育学术组织，提升了中国比较教育凝聚力和国际影响力；推动了比较教育研究机构的建设，促进了比较教育的专业化。中国比较教育学科制度的完善为中国比较教育的可持续发展奠定了基础。

（一）比较教育的人才培养

1980 年《中华人民共和国学位条例》颁布，比较教育被列为教育学的二级学科。1982 年我国第一本比较教育学科教材《比较教育》问世，为比较教育作为一门课程重新进入师范院校的课堂提供了保障。改革开放以来，比较教育课程与教材建设与时俱进，不仅在拥有学科点的高校开设课程，还借助国家精品课程网络平台推出国家精品资源共享课，以促进优质教育资源共享。在教材建设上，中国比较教育学者开发了大量各具风格的教材，据不完全统计，仅 1979—2010 年国内出版的比较教育学教材已达20 种。[1] 教材内容随时代发展不断完善，注重理论性与实践性、学术性与可读性的统一。其中使用广泛、影响较大的教材有王承绪、顾明远主编的《比较教育》，吴文侃、杨汉清主编的《比较教育学》，冯增俊、陈时见、项贤明主编的《当代比较教育学》等。经过不懈的努力，比较教育打通了高层次人才培养路径，首个硕士点于 1982 年在北京师范大学设立，首个博士点于 1984 年在杭州大学设立。比较教育学科有了培养后备力量的据点。[2] 经过近 40 年的发展，比较教育人才培养体系日益壮大。根据对中国研究生招生信息网上的研究生招生信息及各学校招生简章的统计，2018 年共有 45 所高校招收比较教育专业硕士研究生，15 所高校招收比较教育专业博士研究生。这些高校培养出的比较教育专业高层次人才为我国比较教育学的发展提供了人才支撑。2018 年初《国务院学位委员会关于下达2017 年审核增列的博士、硕士学位授权点名单的通知》批准 6 所高校增设

---

[1] 王瑜. 比较教育学教材的内容分析 [J]. 教学研究，2014 (1)：25-29，123.
[2] 高益民. 改革开放与中国比较教育学三十年 [J]. 清华大学教育研究，2008 (6)：28-34.

教育学博士学位一级学科，8 所高校增设教育学硕士学位一级学科，我国比较教育学科规模有望进一步扩大。

（二）比较教育的学术组织

1978 年 7 月，来自全国各地的外国教育研究学者在北京师范大学召开了第一届外国教育研讨会。[①] 1979 年 10 月，全国比较教育学者于华东师范大学召开了第二届年会，并决定成立全国性的学术组织。中国教育学会比较教育分会的前身——中国教育学会外国教育研究会正式成立，通过章程，举办了第一届理事会。1982 年 7 月第四届年会上，该组织更名为中国教育学会比较教育研究会。2001 年第十二届学术年会上，研究会又更名为中国教育学会比较教育分会，基本形成了两年一届的学术年会传统，为国内外比较教育学者提供交流平台。其会刊《比较教育研究》成为我国比较教育学者学术探索和沟通的重要发声渠道。中国教育学会比较教育分会是以研究比较教育为宗旨的学术团体，通过开展学术活动以及与学术研究密切相关的其他活动，促进比较教育的发展。[②] 比较教育学术自治组织的成立凝聚了国内比较教育研究力量，提升了比较教育研究者的身份认同感和学科自信。

近 40 年来，中国教育学会比较教育分会共举办了十九届学术年会，特别是在第二届年会上正式组建学术组织后，历届学术年会均以我国教育改革和发展的现实需求为主题，关注国际教育前沿热点，成为国内比较教育研究的风向标，起到了学术引领的作用。20 世纪 80 年代举办的三次学术年会，涉及比较教育学科建设、国际教育经验借鉴和教育改革相关的议题。20 世纪 90 年代共举办了五次年会，在社会主义市场经济改革、全球化背景下，这一时期会议主题主要围绕教育现代化，教育与经济、文化的

---

① 高益民. 改革开放与中国比较教育学三十年 [J]. 清华大学教育研究，2008（6）：28-34.
② 李文英，王薇. 中国教育学会比较教育分会的发展、组织及作用 [J]. 比较教育研究，2014（2）:7-11.

关系，对新世纪教育的展望及创新人才培养这些热点问题。进入 21 世纪以来，尤其是中国加入世界贸易组织后，我国比较教育研究视野更加宏大，在会议主题的选择上更重视本土教育需求，兼具全球意识和时代使命感。比较教育学术组织为我国教育决策和实践提供了智力支持，也为中国学界与世界比较教育学界对话搭建了平台。1984 年中国教育学会比较教育分会加入世界比较教育联合会，更是打开了中国教育与世界教育交流合作的窗口，促进了比较教育学者的国际交往。中国教育学会比较教育分会分别于1998 年、2014 年组织了第二届和第九届亚洲比较教育学会学术年会，2016年在北京师范大学召开了第十六届世界比较教育大会。中国教育学会比较教育分会影响力和号召力的提升证明中国比较教育已成为世界比较教育界的重要力量。

（三）比较教育的机构建设

改革开放后，比较教育研究机构的建设与发展极大地提升了比较教育研究的专业化水平，所发行的专业学术刊物成为比较教育学者发声的主要平台。例如北京师范大学外国教育研究所主编的《外国教育动态》（现《比较教育研究》）、华东师范大学外国教育研究所主编的《外国教育资料》（现《全球教育展望》）、东北师范大学外国教育研究所主编的《外国教育研究》、中央教育科学研究所主编的《外国教育》（现已停刊）、上海师范大学主编的《外国中小学教育》。[①] 随着比较教育研究的专业化发展，各高校或是在原有研究机构基础上扩大规模，或是专门成立新的比较教育科研机构。其中影响较大的有北京师范大学国际与比较教育研究院，华东师范大学、西南大学、东北师范大学、华南师范大学、浙江师范大学等高校下设的国际与比较教育研究所，浙江大学中外教育现代化研究所，厦门大学比较教育研究所，华中师范大学教育史与比较教育研究所等。依

---

① 顾明远，阚阅，乔鹤．改革开放 30 年中国比较教育的重建和发展 [J]．比较教育研究，2008（12）：1-6.

托于高校的比较教育研究机构汇聚和培养了大批具有国际视野的比较教育专业人才，积极承担国家重大教育研究任务，发挥着重要的智库作用。

五、反思比较教育发展现状，展望比较教育的未来走向

改革开放 40 年来，中国比较教育发展历程与中国社会变革历程一样，在高速发展的同时经历了危机阵痛，在自省、求变、互动过程中不断自我完善。随着中国社会的发展及其在世界格局中的地位提升，中国比较教育需要在多极化的全球结构中成为重要的引领者，这需要中国比较教育学界持续而坚实的努力。

（一）推动比较教育研究范式转型，建构中国特色比较教育理论体系

在中国教育现代化发展背景下重建并发展的中国比较教育具有鲜明的后发性特征。中国比较教育研究基本建立在引进和内化西方比较教育的理论与范式基础之上，通过消化西方比较教育研究成果，逐步构建比较教育理论体系，拓展比较教育知识领域。改革开放以来，中国社会的飞速发展及世界格局的巨大变化，深度全球化和大数据时代的到来，推动比较教育动摇原有范式，进入发展的新时期。中国比较教育在短时间内完成对西方理论与成果的内化整合，与西方一起进入了范式动摇的科学革命阶段，但是由于在发展中缺乏理论与实践的积淀，没有形成一套完整的理论框架和知识体系，缺失范式转换应有的内在逻辑，因此在经历范式演变阵痛、寻找新的学科生长点的同时，未来还需肩负形成本土的概念体系、理论基础、分析框架和方法论的学科使命。在与世界比较教育融合对话的过程中，应当形成中国特色比较教育话语体系、研究范式和学科传统，进而促使中国比较教育发展经由文化自觉、理论自觉和实践自觉走向文化自信、

理论自信和实践自信，建构体现中国文化和哲学根基的中国特色比较教育理论体系。

（二）提升比较教育实践价值，积极参与全球教育治理

中国比较教育学术共同体还需在提升实践价值方面做出持续不懈的努力，提高学术研究水平，满足国家战略发展的需要。比较教育自产生之日起就具有强烈的实践性和应用性指向，具有浓厚的实用主义色彩。[①] 比较教育应该为国家教育改革和发展做出贡献，因此中国比较教育研究必须扎根于本土教育实践，服务于国家教育发展需要，实现比较教育在教育决策、教育政策制定、教育改革与发展方面的智库功能，加强比较教育对国家教育发展的影响。随着我国进一步扩大对外开放，深度融入世界，中国比较教育共同体更要致力于在这个竞争与合作、全球化与反全球化、孤立主义与世界主义共存的多元化时代中实现比较教育的价值。社会和经济的复杂程度不断加深，对当今全球化世界中的教育决策提出了挑战。教育如何应对来自现实社会、经济、环境等领域由可持续发展引发的问题和挑战，需要比较教育做出回应。教育和知识已被视为全球共同利益，未来比较教育研究应超越国家中心主义，以构建人类命运共同体的格局参与全球教育治理。

（三）夯实比较教育学术共同体，扩大中国比较教育国际影响力

无论是出于比较教育学科自身发展需要还是应对社会变迁给教育带来的挑战，比较教育专业人才培养都亟待加强。学科影响力归根结底是建立在学科专业人才影响力基础之上的。中国比较教育若要彻底改变学术边缘

---

① 陈时见. 比较教育基本理论［M］. 北京：高等教育出版社，2014：168.

地位，从知识体系的消费者转变为世界知识体系的生产者、合作者、对话者①，就必须重视比较教育专业化人才的培养，这是构筑比较教育学术共同体的关键。除了在教育体制内不断更新培养方案、完善学科制度、搭建交流平台，也要强化与国际学者和组织的交流对话，全方位完善专业人才培养机制。全球化给比较教育带来了压力，也带来了机遇。压力主要来自全球化所带来的环境的变化，而机遇则来自学者们、政策制定者和实践者之间在国际事务上日益增加的兴趣。② 新的变化使得正在经历常规化、快速发展的比较教育在研究领域、研究方法及研究目的等方面遭遇挑战。③比较教育学者应树立学科自信心和使命感，直面痛点和难点，在复杂多变的环境中创生新的思维方式和认识。在这种新环境下，机遇也应时而生。"人类命运共同体"全球治理观的提出与"一带一路"倡议的实践更要求学者、政策制定者和实践者以跨文化、跨学科的国际视野看待和研究教育问题，需要更多的比较教育专业人才为我国参与全球教育治理提供智力和人才支持。拥有博学多识、思想活跃、见解精辟、能够引领学科潮流、适应时代发展的专业人才队伍，才能让中国比较教育有底气立足本土教育实践，关注世界教育发展，在国际教育发展中提升影响力。

┄┄┄ **作者简介** ┄┄┄

　　陈时见，西南大学副校长，教育学部教授；王远，西南大学教育学部博士生。

---

① 李梅，丁钢，张民选，等 . 中国教育研究国际影响力的反思与前瞻 ［J］. 教育研究，2018（3）：12-19.

② BRAY M. 全球化时代的比较教育：发展、使命和作用 ［J］. 阎保华，译 . 比较教育研究，2002（S1）：6-13.

③ 胡瑞，刘宝存 . 世界比较教育二百年回眸与前瞻 ［J］. 比较教育研究，2018（7）：78-86.

从稚嫩到成熟：改革开放40年来中国学前教育学科建设与发展

虞永平　张　斌　刘　颖

改革开放是我国学前教育发展史上的重要里程碑，学前教育事业在多个方面取得了历史性的突破。学前教育学科也经历了一个以学科体系不断完善为主要特点的历史过程。改革开放40年来，我国的学前教育专业学术团体得以创立，专门的学术刊物得以创办，国际学术交流日益频繁，学科的专门性和独特性逐渐得到承认；学前教育学科的体系日臻完善，构建起了特有的学术话语和学科视野；学术成果数量大幅度增长，研究主体愈加多元，研究方法更加规范、严谨；更值得一提的是，我国学前教育理论研究的结论对教育行政决策起到了一定的引领作用，使得学科与事业发展之间保持了良性的互动。

改革开放40年来，我国的学前教育事业历经了一系列重大变革，取得了历史性的突破及跨越式的发展。截至2017年，全国共有幼儿园25.50万所，在园幼儿4600.14万人，学前教育毛入园率达到79.6%；2016年，财政性学前教育经费达到1326亿元，分别占GDP和财政性教育经费的0.18%和4.22%，打破了财政性教育经费中学前教育经费占比长期徘徊在1.2%—1.3%的局面；师幼比呈递增趋势，2016年全国平均师幼比为1：18，逐渐接近1：17—1：15的较理想状态；科学的儿童观、教育观逐渐成为学前教育理论与实践的主流观点，幼儿园教育质量不断提高。学前教育事业的发展、改革，以及其中产生的问题，促进了学前教育研究的不断深入。伴随着我国学前教育事业的发展，学前教育学科取得了独立，获得了成长，其成果亦在学前教育实践的改革与发展中发挥着指引方向、影响决策的重要作用。

在我国，现代的机构学前教育起步较晚，至今不过百余年历史，因而在教育学科家族中，学前教育学科属于后起之辈。本文认为，我国的学前教育研究与学科至今经历了两个蓬勃发展的阶段：一个是 20 世纪中早期以陈鹤琴、张雪门等学者为代表的，主要围绕幼稚园教育展开理论与实践研究的阶段；一个是改革开放以来，以学前教育学科体系日益完善为主要特点的阶段。在第二阶段，我国的学前教育研究成果不仅愈加丰富，研究的本土化、独立化程度也得到提升，在学科地位、学科体系、学术研究的量与质、理论研究的实践价值、国际学术交流等方面均取得了发展与进步。

一、学前教育学科的学术地位得以确立

学科是相对独立的知识体系。[①] 改革开放以后，我国逐渐有了专业机构、专业团体、专门的学术刊物对中国学前教育学的理论和实践问题进行研究，学前教育学科的知识体系的专门性和独特性也逐步得到承认。

（一）学前教育研究专业机构的成立

改革开放 40 年来，我国学前教育科研机构纷纷成立并发挥重要作用，研究范围不断拓展，研究成果不断深化。1978 年 7 月，国务院批准恢复重建中央教育科学研究所，设置了"幼儿教育研究室"，这是我国第一个国家级的幼儿教育研究机构。该研究室的任务是探索 3—6 岁幼儿体智德美全面发展教育及幼儿教育事业发展等方面的规律，研究具有中国特色的社会

---

① 陈中原．中国教育改革大系：教育改革理论卷［M］．武汉：湖北教育出版社，2016：94．

主义幼儿教育体系的基础理论问题，辅助决策部门制定和修改幼儿教育方针、任务，为幼儿园编写教育纲要、教材与教法等有关幼儿教育研究书籍提供科学依据。中央教育科学研究所幼儿教育研究室通过各种形式的课题研究，培养了参加项目的地方科学研究人才，带动了地区和幼儿园的科学研究工作，对全国的学前教育科学研究工作起到了指导作用。

在中央教育科学研究所设置幼儿教育研究室后，辽宁、吉林、黑龙江等其他地区也相继在教育科学研究所中设立幼教研究机构，北京、上海、江苏等省市的教育科学研究所设专职的幼教研究员。20 世纪 90 年代以来，幼教科研工作得到进一步加强，各省份在教育局或教科所设幼教研究机构或专职研究员，县级教研室也有专职幼教研究员。各地基本形成了省、地（市）、县（区）幼儿教研工作的组织管理体系。地方幼教研究机构主要面向幼儿园，围绕《幼儿园教育纲要》《幼儿园工作规程》贯彻执行及提高保教质量和教师的业务能力，开展教研和科研工作，在开展幼儿园课程改革探索研究、解决教育发展与改革中的实际问题、为地方政府提供决策依据方面，取得了丰富的研究成果。①

与此同时，许多高等师范院校和幼儿师范学校也相继成立了幼儿教育研究室，相关的研究机构开展了广泛的研究。例如：南京师范大学教育科学研究所学前教育研究室与南京市实验幼儿园合作进行的"幼儿园综合教育课程结构"的研究；屠美如主持的"学前儿童综合艺术教育研究"；卢乐珍主持的"幼儿道德启蒙的理论与实践研究"；北京幼儿师范学校科学研究室与北京宣武区幼儿教育研究室及幼儿园合作进行的"关于幼儿创造力教育的实验研究"；等等。②

学前教育研究机构的广泛设立，缘于学前教育学科知识体系的专门性和特殊性初步得到承认，呼唤专业研究者和研究机构的介入。同时，学前教育理论工作与实践工作相结合，研究者运用科学的研究方法，深入实际，对学

---

① 中国学前教育研究会. 百年中国幼教：1903—2003 ［M］. 北京：教育科学出版社，2003：216.
② 同①：215.

前教育学科的专门知识体系进行研究，进一步推动了学科的成熟。

（二）群众性专业研究组织的成立和发展

为组织学前教育科研力量，切实推动学前教育科学研究开展，中国教育学会幼儿教育研究会作为群众性学术团体，于 1979 年成立。当年 4 月，参加全国第一次教育科学规划会议的 9 名幼教界代表倡议发起成立中国教育学会幼儿教育研究会，倡议书指出，幼儿教育是一门教育科学，是基础教育的基础，倡议在中国教育学会的领导下，组织全国幼儿教育研究会，交流幼教科学研究成果和教育经验。1979 年 11 月 3 日，中国教育学会幼儿教育研究会在南京正式成立并召开了第一届年会。陈鹤琴任名誉理事长，左淑东任理事长。研究会收到了国务院副总理、全国托幼工作领导小组组长陈慕华，全国妇联主席康克清等的贺电、贺信。陈鹤琴在大会讲话中指出，"幼儿教育是一门教育科学，是基础教育的基础。搞好幼儿教育的科学研究工作，摸索出一条中国化的幼儿教育的客观规律，与社会主义现代化的建设有十分密切的关系"[①]。1989 年 9 月，中国教育学会幼儿教育研究会在世界学前教育组织理事会上，被接纳为正式会员，加强了与世界各国学前教育界的交流与联系。

为加强研究会的组织建设，使研究会的研究对象更为明确，1992 年 2 月，中国教育学会幼儿教育研究会更名为中国学前教育研究会，成为全国一级学会。1995 年 10 月 26 日，中国学前教育研究会第一次代表大会在成都召开，会议通过了《中国学前教育研究会章程》。1996 年，中国学前教育研究会成立了五个专业委员，分别为托幼机构教育专业委员会（后更名为幼儿园课程与教学专业委员会）、游戏和玩具专业委员会、学前家庭与社会教育专业委员会、学前儿童健康教育专业委员会、学前教育事业发展与管理专业委员会（后更名为学前教育管理研究专业委员会）。自创办

---

① 孙岩. 我们的足迹：中国学前教育研究会 20 年资料汇集［Z］. 中国学前教育研究会内部资料，1999：13.

起，研究会就致力于推动学前教育学术研究，扩大研究成果的影响面，培养和动员学前教育研究专业人才。目前，研究会在全国各地设有分会，团体会员和个人会员遍布全国各地。

中国学前教育研究会成立和发展的历程体现出一种自下而上的努力，充分展现了中国幼教工作者探索学科理论和实践知识体系的专业自觉和专业热情。正是由于自陈鹤琴以来的几代幼教工作者积累了学前教育研究和实践的丰富经验，幼教工作者才能充分认识到建立学前教育研究的群众性组织，结合中国儿童扎扎实实地进行调查研究和科学实验，探索我国幼儿教育的客观规律的必要性，中国学前教育研究会这个专业性团体才能建立并不断发展起来。

（三）专业研究刊物的创办

专业研究刊物能够系统地发表和传播学科研究成果，对促进研究成果交流、建设学科体系具有重要作用。1979 年中国教育学会幼儿教育研究会在成立之初即提出要办刊物，但因主客观原因暂且搁置。1986 年，中国教育学会幼儿教育研究会和长沙师范学校联合召开第一次编委会，创办《学前教育研究》。该期刊初创之时即明确了专业性研究刊物对学科建设的重要意义，后来成为中国学前教育研究会的会刊。第一次编委会提出，"刊物应成为国内学前教育理论研究与科研成果的主要发表园地，要积极研讨幼教工作中存在的重大现实问题，及时传递信息介绍和评价国外先进幼教理论和经验，为建设具有中国特色的社会主义的幼教理论体系作出贡献"[①]。该刊物在 1994 年被评定为"中文核心期刊"，1996 年被国务院学位委员会评定为"全国学前教育理论核心刊物"，目前是我国唯一一本学前教育类 CSSCI 期刊。

除此以外，改革开放 40 年中，我国还先后创办了多本学前教育专业刊

---

① 《学前教育研究》第一次编委会会议纪要［Z］//孙岩. 我们的足迹：中国学前教育研究会 20 年资料汇集. 中国学前教育研究会内部资料，1999：376.

物，包括 1982 年创刊的《幼教通讯》（1984 年更名为《学前教育》）、1982 年创刊的《幼儿教育》、1982 年创刊的《幼教园地》、1983 年创刊的《早期教育》、1992 年独立出刊的《上海托幼》。这些刊物的出版起到了传播学前教育研究成果、指导我国学前教育改革实践、普及学前教育基础理论和知识的作用。

二、学前教育学科体系不断成熟

改革开放 40 年来，人们对于学前教育价值的认识逐渐脱离了对其他教育阶段和社会事业的依附，学前教育自身的价值日益显现，学前教育不再只是为后续学段提供支撑的基础，而是拥有独立价值的教育阶段。学前教育需要解决的内部问题越来越分化，促使该学科不但逐渐建构起了较为完善的体系结构，而且形成了独特的话语体系和综合的学科视野。

（一）构筑了日臻完善的学科结构

学科结构的完善程度是一门学科成熟程度的反映。这里通过对黄人颂教授主编的《学前教育学》的两个版本的内容结构进行对比，来分析学前教育学科体系的主要变化。虽然《学前教育学》是面向高校学前教育专业学生的教材，但其内容有学前教育概论色彩，较全面地反映了学前教育学科所涵盖的主要内容，是我们了解教材撰写时期的学前教育学科体系的一扇窗口。

对比两版《学前教育学》的目录（见表 1）可以看出，尽管随着时代的变迁，具体的观点和内容有所变化，但学前教育的社会功能与个体价值、幼儿园游戏、幼小衔接、家庭教育和教师是学前教育学科持续关注的内容。第一版专章列述了学前教育的目的，用大量篇幅呈现了幼儿园体育、智育、德育和美育的相关知识，分科思路明显，第三版则增加了"学前儿童全面发展教育"一章，将上述内容整合其中，强调了全面发展的教育目标，弱化了分科色彩。第三版增加了对幼儿园课程的论述，与原来的教学活动联合成章，增加了日常生活活动等内容，反映出学前教育研究的重要突破之一——开始认可并深入探讨"课程"，形成了幼儿园教育活动多元化的思想。"课程"与"教育活动"概念的产生，颠覆了早前幼儿园教育过度倚重教学，缺乏对其他具有教育价值的活动的深度思考的局面，理顺了对从教育目标到教育过程问题的学理解释。第三版还增加了社区及幼儿园管理与评价的内容，反映出学前教育学术研究视野的拓展。

　　此外，加上该教材中未涉及的学前教育体制与机制问题研究，目前学前教育学科主要研究学前教育事业与学前教育活动两大维度，前者关注办园、管理、投入、师资队伍等外部保障，后者关注教育基本观点、课程、环境、质量等教育活动的内部要素，构筑起了学前教育中观层面的学科结构，使得原来较为零散的学科结构更加体系化。

表1　两版《学前教育学》结构对比

第一版（1989年）①	第三版（2015年）②
第一章　学前教育学的对象、任务及发展	第一章　学前教育学的对象、任务及发展
第一节　学前教育学的对象和任务	第一节　学前教育学的对象和任务
第二节　学前教育学的发展	第二节　学前教育学的建立与发展
第二章　学前教育与社会的关系	第二章　学前教育与社会的关系
第一节　学前社会教育的产生和发展	第一节　学前教育的产生和发展
第二节　学前教育与社会的关系	第二节　学前教育与社会经济、政治、文化等方面的关系
第三章　学前教育和儿童身心发展的关系	第三章　学前教育和儿童身心发展的关系
第一节　学前教育和其他因素在儿童发展中的作用	第一节　学前教育和其他因素在儿童发展中的作用
第二节　儿童身心发展水平对学前教育的影响	第二节　儿童身心发展的规律对学前教育的影响

---

① 黄人颂. 学前教育学［M］. 1版. 北京：人民教育出版社，1989：目录.
② 黄人颂. 学前教育学［M］. 3版. 北京：人民教育出版社，2015：目录.

续表

第一版（1989 年）	第三版（2015 年）
第四章　教育目的与学前教育任务	第四章　学前儿童全面发展教育
第一节　我国的教育目的	第一节　教育目的和学前教育目标
第二节　学前教育的任务	第二节　学前儿童体育
第五章　婴儿教育	第三节　学前儿童智育
第一节　婴儿教育的意义、任务和原则	第四节　学前儿童德育
第二节　婴儿日常生活的护理和教育	第五节　学前儿童美育
第三节　婴儿发展动作和发展智力的教育	第五章　0~3 岁儿童的教育
第四节　发展婴儿社会性及情感的教育	第一节　0~3 岁儿童教育的意义、任务
第六章　幼儿体育	第二节　0~3 岁儿童教育的内容
第一节　幼儿体育的意义和任务	第三节　0~3 岁儿童教育的方式
第二节　幼儿体育的内容和手段	第六章　幼儿园的游戏
第七章　幼儿智育	第一节　游戏概述
第一节　关于智育的一般问题	第二节　学前儿童的游戏
第二节　幼儿智育的意义	第三节　游戏在学前教育中的运用
第三节　幼儿智育的任务和内容	第四节　幼儿园游戏指导
第四节　发展感知觉与观察力的教育	第七章　幼儿园的课程与教学活动
第五节　发展思维能力	第一节　幼儿园课程与教学活动概述
第六节　正确对待幼儿的问题	第二节　幼儿园课程和教学的理论与模式
第八章　幼儿德育	第三节　幼儿园教学活动的原则和方法
第一节　幼儿德育的意义	第四节　幼儿园教学活动的过程、环境和组织形式
第二节　幼儿德育的任务和内容	第八章　幼儿园的日常生活和节日娱乐活动
第三节　幼儿道德品质的形成与培养	
第四节　幼儿德育的原则	第一节　幼儿园的日常生活活动
第五节　幼儿德育的途径与方法	第二节　幼儿园的节日和娱乐活动

续表

第一版（1989 年）	第三版（2015 年）
第九章　幼儿美育	第九章　幼儿园与小学的衔接
第一节　美育的一般理论	第一节　幼小衔接工作的意义和任务
第二节　幼儿美育的意义和任务	第二节　幼小衔接工作的问题与措施
第三节　幼儿美育的实施	第十章　家庭、社区与学前教育
第十章　幼儿园的游戏	第一节　家庭教育及其作用
第一节　游戏的理论基础	第二节　家庭教育的特点和要求
第二节　幼儿园的角色游戏及其指导	第三节　独生子女教育
第三节　表演游戏和结构游戏的特点和指导	第四节　幼儿园的家长工作
第四节　幼儿园有规则游戏及其指导	第五节　社区与社区学前教育
第五节　幼儿的玩具	第十一章　学前教师的专业发展及其培养
第十一章　幼儿园的教学	第一节　学前教师的职业特点和作用
第一节　幼儿园教学的一般概述	第二节　学前教师的专业素养结构
第二节　幼儿园教学的过程	第三节　学前教师的专业发展
第三节　幼儿园教学的原则	第四节　学前教师的培养
第四节　幼儿园的教学方法	第十二章　幼儿园管理、评价与研究
第五节　幼儿园的课程设置	第一节　幼儿园管理
第十二章　幼儿园与小学的衔接	第二节　幼儿园教育评价
第一节　幼儿园与小学衔接的意义	第三节　幼儿园教育研究
第二节　幼儿园与小学的衔接工作	
第十三章　托儿所、幼儿园与家庭	
第一节　家庭教育的含义和特点	
第二节　家庭教育的地位和作用	
第三节　良好家庭教育应具备的条件	
第四节　家庭教育的内容和方法	
第五节　独生子女教育	
第六节　托儿所、幼儿园的家长工作	

续表

第一版（1989 年）	第三版（2015 年）
第十四章　学前教师及其培训 　　第一节　学前教师的职业特点和作用 　　第二节　学前教师的职业品质 　　第三节　学前教师的培训 第十五章　学前教育的科学研究 　　第一节　概述 　　第二节　学前教育科学研究的步骤 　　第三节　学前教育科学研究方法	

（二）产生了独特的学科话语

改革开放初期，可谓是我国学前教育研究"重新拾起"的阶段，在社会各界的高度重视下，学前教育研究重新进入学术视野。当时，学前教育的学术研究主要聚焦在学习国外先进的学前教育理论与实践上。通过对中国知网收录的 1978—1988 年学前教育文献互引的网络分析来看，这些文献的关键词除了包括幼儿教育、学前教育、儿童、幼儿教师、幼儿、幼儿园、学前儿童以外，还包括美国、英国、苏联以及陈鹤琴、福禄贝尔等教育家的名字。可以看出我国学前教育研究当时主要处于学习阶段，我国学前教育学术研究迫切需要建立自身的话语体系。可喜的是，自 20 世纪 80 年代中期起，我国的学前教育研究很快开启了自我建构的历程，逐步形成了具有学科特征和中国特色的学术话语。概括来看，这一话语体系具有以下几方面的特点。

其一，反映学前教育学科的概念、命题逐渐增多，更为准确地揭示了本学科的内在规律。我国学前教育学科发展早期，主要通过借用心理学、教育学等学科的术语来进行学术表达，随着对相关学科理论的吸收和融合，例如，对人类发展生态学、文化学、神经科学等新兴学科理论的借鉴，我国的学前教育学科逐渐建立起了属于自己的话语体系，特有的概念、术语慢慢增加，学科话语体系日臻完善。例如，借助结构主义心理学和人类发展生态学的理论，学前教育语境中的"环境"不再只是教师用于开展教育的物质条件或精神背景，而是教育活动的重要、必要因素，是幼儿发生学习必不可少的条件，它既是教师引导幼儿的媒介，更是幼儿自我教育的抓手，是"不说话的教师"。

其二，以对儿童的研究作为整个学科研究的基础。纵观改革开放 40 年的学前教育学科发展，研究者们对于"儿童"始终保持了高度的关注。如何看待儿童成为学前教育研究的主要问题，大家对学前教育现象与问题的理解都是建立在这个基础之上的。例如，20 世纪 80 年代，学前教育研究界就开始了关于儿童观的大讨论，《教育研究》《学前教育研究》等杂志都刊载了一系列文章，提出了"我们需要一个崭新的儿童观作为社会主义教育的前提"，虞永平、刘晓东、卢乐珍等对儿童观进行了一系列探讨和研究，对儿童观的形态、结构和内涵做出了纲领性的阐述，分析了中国传统文化中的儿童观，此类研究不断发展、成熟，萌芽并形成了"儿童学"这一对儿童的生活、观念及其本体从事研究的纯正科学①。可以毫不夸张地说，虽然儿童学的研究对象是广义上的儿童（0—18 岁的人类），但与针对中小学阶段的教育研究相比，我国的学前教育学科更加亲近儿童，是与儿童学关系最为密切的学科。

这种以儿童研究为基础的学科立场，使得与儿童相关的命题成为学前教育研究话语中的高频词，例如，"健康""发展""成长""权利"等，这就为学前教育理论研究和实践确立了价值前提，即以儿童为出发点。

其三，围绕影响学前儿童发展的要素"做文章"，不断丰富学前教育学术话语内容。从某种角度而言，教育是借助各种因素对人进行有目的、有计划的影响的过程，学前教育的学术话语正是随着对这些因素的深入认识而展开的。这些要素主要包括了课程与游戏、班级管理、教师、家庭教育、学前

---

① 方明生，万丽红. 儿童学的提出与日本大学设置的儿童学专业课程 [J]. 外国中小学教育，2008 (2)：41-46.

教育管理与政策、教育投入、学前教育质量评价等。对上述话题的研究基本都经历了从以介绍西方理论为主，到批判现实问题，再到提升国内经验，并逐渐形成本土思想或理论体系的过程。例如，在课程与游戏研究方面，20 世纪 80 年代，卢乐山和刘焱通过对游戏活动特点的介绍阐明了游戏对促进幼儿智力发展所起的作用。① 陈帼眉等从"游戏是儿童的天性"出发，以时间为线索，详细梳理和阐述了古典游戏理论、现代游戏理论和当代西方游戏理论。② 这些研究为扭转学前教育中轻视游戏的观念和做法提供了理论依据。1996—1997 年，《学前教育研究》开展了"幼儿园究竟应该教些什么"的 13 个系列讨论，对于深化我国幼儿课程改革起到了积极的作用。刘焱等开展了一系列关于游戏的研究，并介绍了美国学前教育领域中的一个新概念——"适宜发展性教育"，即要求教师在设计课程、准备环境、与儿童相互作用等过程中要考虑儿童的年龄特点和个人特点。③ 20 世纪 90 年代末，我国学前课程研究逐渐受到外国课程研究的启发，李季湄④、王春燕⑤等通过对日、美、德、法四国幼儿教育课程改革的对比，总结出 21 世纪世界幼儿教育课程发展的趋势：强调幼儿主体性发展、在游戏活动中学习、个别差异等，体现了儿童本位的课程设计理念，关注儿童的整体性及和谐发展。南京师范大学虞永平教授一直以来呼吁幼儿园课程要生活化、游戏化，其所主持的全国教育科学"十五"重点课题"生活化、游戏化的幼儿园课程研究"一方面致力于从多学科的理论视角研究生活、游戏与幼儿发展和幼儿园课程的关系，建构幼儿园课程生活化、游戏化的基本理论框架，另一方面又尝试通过实践形成相关实践策略，通过不懈努力，课题研究取得丰硕成果。⑥

---

① 戴伊. 游戏在儿童早期教育中的价值 [J]. 刘焱，译. 卢乐山，校. 比较教育研究，1984（3）：34，60-64.

② 马尔柯娃. 年龄教育学的心理学基础：年龄发展的规律 [J]. 陈帼眉，译. 苏心，校. 外国教育动态，1990（3）：25-30.

③ 刘焱. DAP：学前教育领域中的新概念 [J]. 学前教育研究，1994（6）：4-7.

④ 李季湄. 面向新世纪的世界幼儿教育 [J]. 学前教育研究，1999（5）：4-7.

⑤ 王春燕. 中国学前课程百年发展变革的特点与启示 [J]. 教育研究，2008（9）：93-97.

⑥ 丰力. 全国教育科学"十五"规划课题简介：六 [J]. 教育科学研究，2003（Z1）：96.

其四，观照我国的学前教育现实问题。为解决学前教育事业发展中的问题与困难提供策略方法一直是我国学前教育学科坚守的使命。例如，农村学前教育是我国学前教育发展的短板，几十年来学者们对此开展了持续的探索和研究。"八五"期间，中央教育科学研究所开展了"农村幼儿教育体系"课题研究。为了改变农村幼儿教育的状况，刘占兰等成立了"农村学前教育项目"课题组，几经探索形成了包括有效的行政管理网、师资培训网（多形式、多层次、多渠道快捷有效）、幼儿教育网（家庭教育和机构教育相结合）三网在内的行之有效的农村幼教体系。[①] 1994—1995 年，在安徽和广西的 8 个县开展了"早期儿童发展"项目，1996—2000 年，在西北、西南 11 省 32 个国家级贫困县开展了该项目。随着农村留守儿童问题逐渐浮出水面，我国研究者相继开始关注农村留守儿童问题。我国对农村留守儿童教育问题的研究主要集中在道德品质问题、学习状况、心理健康问题、安全问题、监护者类型及有效度、解决问题对策建议等方面。[②]段成荣等利用 2005 年全国 1% 人口抽样调查数据估算了全国农村留守儿童的规模、结构、地域分布等基本情况，重点阐述了农村留守儿童的受教育状况、家庭照料状况等。[③] 殷世东等基于对皖北农村留守儿童教育问题的调查，建议国家、学校、家庭、社区合力建立农村留守儿童教育社会支持体系，消除留守儿童教育问题。[④] 农村学前教育作为政策法规研究中的热点话题，受到越来越多学者的关注，此方面的研究呈逐年增长的趋势。刘晓红指出当前农村学前教育发展中存在的问题及面临的主要困难包括物质条件有限、多种安全隐患、各项规章制度不规范、师幼比例失衡、课程设置随意、农村幼儿教师素质低等，并为我国农村学前教育的发展指明路

---

① 刘占兰. 中国农村幼儿教育体系的探索 [J]. 学前教育研究，1995（4）：21-23.
② 肖正德. 我国农村留守儿童教育问题研究进展 [J]. 社会科学战线，2006（1）：246-249.
③ 段成荣，杨舸. 我国农村留守儿童状况研究 [J]. 人口研究，2008（3）：15-25.
④ 殷世东，朱明山. 农村留守儿童教育社会支持体系的构建：基于皖北农村留守儿童教育问题的调查与思考 [J]. 中国教育学刊，2006（2）：14-16.

向。① 赖昀等人认为面对学前教育普及化趋势，农村地区学前教育学校迎来巨大挑战，如何通过多种途径加强农村学前教育教师资源的合理配置，提高学前教育质量，是一个不可回避的现实课题。②

（三）形成了跨学科的综合视角

改革开放 40 年来，我国学前教育学科愈发明显地体现出学科的独立性、应用性和综合性。③ 其中，综合性体现为综合应用各学科的知识基础、理论观点、研究技术，哲学、社会学、法学、心理学、生态学、文化学等为学前教育研究打开视野、提升水平提供了不同侧面的帮助和支持。

例如，联合国儿童基金会与我国国家教育委员会的合作项目"幼儿园与小学衔接的研究"就是多学科合作研究的结果，它结合了教育学、心理学、生理学、教育社会学等学科内容，从不同角度为幼儿园与小学衔接问题的解决提供了理论基础和实践操作途径。程秀兰从社会学、心理学、现象学视角对幼儿园教育"小学化"现象进行透视，认为幼儿园教育"小学化"是一种失范现象，社会竞争环境影响着教师和家长的主体意识。幼儿园教育"小学化"是幼儿园教育生活实践中的一种现象存在，在此基础上，她提出了防止与纠正幼儿园教育"小学化"的路径。④ 张辉蓉等基于人口学理论，以 2009 年人口数据作为基点，对我国 2013—2020 年城乡学前教育阶段学龄人口数进行预测，发现 2013—2020 年城市学龄人口将逐年上升，而农村则逐年下降，至 2020 年两者基本接近。⑤

又如，有研究以统计学理论为指导，制定量表并运用于统计分析。如

---

① 刘晓红. 我国农村学前教育发展中的问题、困难及其发展路向［J］. 学前教育研究，2012（3）：30-33.
② 赖昀，薛肖飞，杨如安. 农村地区学前教育教师资源配置问题与优化路径：基于陕西省 X 市农村学前教师资源现状的调查分析［J］. 教育研究，2015（3）：103-111.
③ 虞永平. 学前教育学［M］. 苏州：苏州大学出版社，2001：10-12.
④ 程秀兰. 多学科视野中幼儿园教育"小学化"现象透视［J］. 教育研究，2014（9）：69-76.
⑤ 张辉蓉，黄媛媛，李玲. 我国城乡学前教育发展资源需求探析：基于学龄人口预测［J］. 教育研究，2013（5）：60-66，74.

刘焱、潘月娟对《幼儿园教育环境质量评价量表》的特点、结构和信效度进行了检验。① 刘占兰、高丙成结合国内学前教育发展现状构建了由 4 项一级指标和 6 项二级指标构成的中国学前教育综合发展水平指标体系，用于对全国和各地区学前教育发展指数进行统计。② 叶平枝、张彩云基于国家 2010—2012 年公布的相关数据，对影响发达地区学前教育发展的各类因素进行因子分析和区域比较。③

借助不同的学科视野，研究者对学前教育的认识更加多维、立体、客观、全面。生态学视野下的学前教育研究体现为利用生态学视角考察学前教育的不同侧面，关注幼儿园教育中的生态文明，倡导人与人、人与社会、人与自然和谐共荣的可持续发展。哲学视野下的学前教育研究则关注著名思想家的哲学思想，并分析其对学前教育理论和实践的指引。社会学视野下的学前教育研究主要集中在对农村留守儿童、流动儿童等弱势群体的关注。而借助法学领域的相关理论，研究学前教育立法和学前儿童受教育权保护成为近年来的热点之一。社会文化能制约幼儿教育政策目标、影响幼儿教育内容和幼儿教育的办学形式与发展④，儿童不仅处于文化之中，儿童本身还创造着属于他们的儿童文化，基于此，将幼儿作为文化主体的研究也是改革开放以来学前教育研究者们关注的话题。

三、学前教育学术研究日益繁荣

改革开放以来，我国学前教育专业研究力量不断壮大，学前教育学术研究成果丰硕。学前教育学术研究的数量呈现明显的增长趋势，研究主体多元化，研究方法的规范性、严谨性增强。

---

① 刘焱，潘月娟.《幼儿园教育环境质量评价量表》的特点、结构和信效度检验［J］. 学前教育研究，2008（6）：60-64.
② 刘占兰，高丙成. 中国学前教育综合发展水平研究［J］. 教育研究，2013（4）：30-37.
③ 叶平枝，张彩云. 发达地区学前教育发展影响因素研究［J］. 教育研究，2015（7）：23-33.
④ 贺永琴. 社会文化对幼儿教育政策和实践的影响［J］. 教育理论与实践，2013（33）：48-49.

（一）学前教育学术研究数量呈明显增长趋势

全国教育科学规划课题是国家设立的高级别教育科学研究课题。通过从全国教育科学规划领导小组办公室网站获取 2003—2017 年的课题立项数据并进行分析，可以从一个侧面了解我国学前教育研究的发展状况。2003—2017 年，全国教育科学规划课题共有 6141 项，学前教育领域的课题有 198 项，所占比例为 3.22%。在这 15 年间，学前教育领域的课题占比为 1.44%—4.48%。2010 年《国务院关于当前发展学前教育的若干意见》发布实施以后，学前教育领域的研究课题占比一直维持在 2.8% 以上，近两年一直保持在 4.5% 以上的水平，高于此前的平均水平。

检索中国知网期刊数据库有关学前教育的论文，可见学前教育领域研究成果数量增长明显。在中国知网以"学前教育"或"幼儿教育"为主题对 1979 年 1 月以后刊发的期刊论文进行模糊匹配检索，得到文献总数为 29760 篇。如图 1 所示，学前教育相关学术研究成果总体上呈现增长态势。尤其在进入 21 世纪以后，增长势头较为明显。2010 年进入学术成果数量增长的高峰期，此后每年发表的学前教育主题的论文篇数达到 1000 篇以上，2010—2013 年增长迅速。学前教育学术研究也受到我国学前教育事业发展的外部环境的影响。

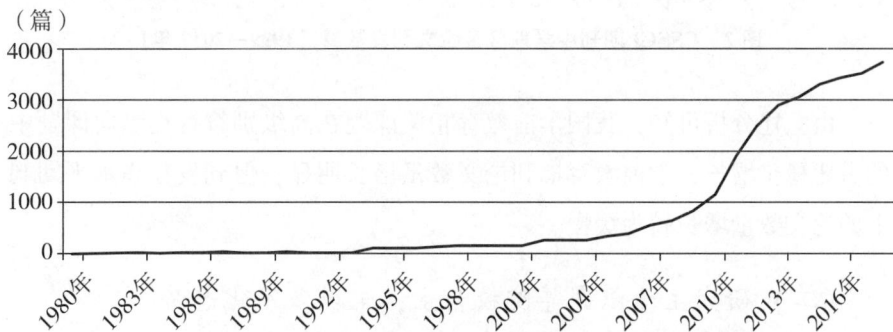

（篇）

图 1　中国知网期刊数据库中以"学前教育"或"幼儿教育"
为主题的论文数量（1980—2016 年）

在总体发文数量增长的同时，国内高质量的学前教育研究成果数量在近 20 年却没有呈现相应的增长态势。图 2 呈现了 1999—2017 年刊发在 CSSCI 来源期刊上的论文数量，从中可以看出在 2003—2005 年波动较大，主要是由于 CSSCI 来源数据库调整，部分学前教育发文量较大的期刊被调整出数据库，导致进入该数据库的论文在 2004 年呈现断崖式下跌。2010 年以前，CSSCI 期刊学前教育相关论文发文数量存在振荡波动的状况。2010 年以后，随着学前教育事业发展的外部环境发生变化以及《学前教育研究》重新进入 CSSCI 来源数据库，发文数量整体呈现缓慢回升的态势。

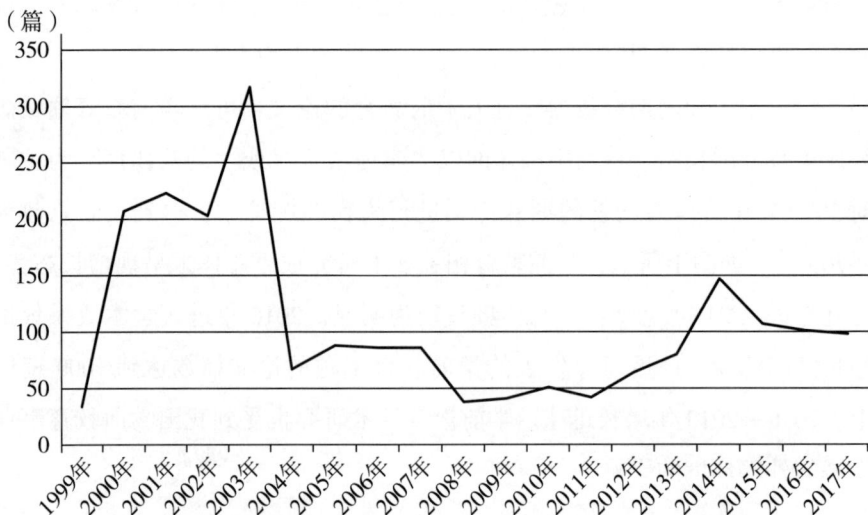

图 2　CSSCI 期刊中学前教育论文刊发数量（1999—2017 年）

由上述分析可知，我国学前教育相关课题在高级别教育类纵向课题中的占比稳步增长，学前教育期刊论文数量增长明显，但刊发在高水平期刊上的论文数量增长较为缓慢。

（二）研究主体以高等院校为主，呈现多元化态势

从 1979 年全国教育规划会议将学前教育纳入国家教育科研规划以后，教育规划课题从主要由高校学前教育研究所、中央和省级教科所承担，转

变为由多样化的组织机构承担。对 2003—2017 年全国教育科学规划课题学前教育课题承担人的单位进行分析可以发现，学前教育的研究主体来源于高等院校、幼儿园、专门研究机构、各省市教育学院、出版社、地方教育局、企业、教育协会、幼教学区。具体来说，来自高等院校的研究主体是最多的，比例高达 75.76%；其次是幼儿园，比例为 10.61%；专门研究机构的比例达到 7.07%；各省市教育学院比例为 2.53%。可以看出，这四类的研究主体占大多数。对 1994—2018 年《学前教育研究》的载文进行计量分析发现，主要发文机构类型为高校，其中最多的为南京师范大学、北京师范大学、华东师范大学三所师范类高校。同时，来自中央和地方教科所、其他研究机构、幼儿园的作者也在期刊发文中有较多贡献。

（三）学术研究的对象不断扩展、细化

1979 年末，中央教科所幼儿教育研究室主持的第一个项目，即 "3—6 岁幼儿言语发展特点的调查研究" 启动。1984—1986 年，该室又与 16 个省份的幼儿教育工作者协作，进行了 "我国幼儿形态、机能、基本体育活动能力的调查研究"，分析了 34000 余名幼儿的 58 万个有关数据，为支持我国幼儿生理素质发展的有效教育行为和策略提供了可靠依据。此后，我国学前教育学术研究对象呈现覆盖面逐步扩大、内容逐渐丰富、形式多样的特点。

全国教育科学规划领导小组办公室将 198 项关于学前教育研究的课题进行了主题分类。发现以下 6 个主题的研究较多：幼儿园教师及园长（33 项）、儿童发展与教育（25 项）、幼儿园五大领域（22 项）、学前教育政策与法规（20 项）、农村学前教育发展（17 项）、课程与游戏（14 项）。近年来学前教育政策与法规、儿童观与教育观、处境不利儿童的学前教育、国际比较研究、学前教育人才培养这 5 类主题的研究不断增多，尤其是 2010 年后变化更加明显。除了类别不断扩展外，各类主题研究的内容也不断深化。例如，幼儿教师及园长这个主题的研究，包含的内容有职前培

养、师资准入、职后培训、专业成长发展、教学策略、教师权力、课程能力、教师支持、园长领导力等等。

对 2010 年以后刊登在核心期刊的学前教育研究论文主题进行统计分析发现，除了儿童发展、课程与教学等学前教育研究中一直关注的研究课题以外，学前教育管理与政策、幼儿教师专业发展等方面的研究也受到研究者的青睐，成为研究的热点问题。正确地理解课程与教学才能让幼儿的童年是快乐且有意义的，因此，课程与教学一直都是学前教育领域的研究人员和一线教师重点关注的问题。幼儿教师是决定学前教育质量的关键因素，随着《幼儿园教师专业标准（试行）》《教师教育课程标准（试行）》的出台、幼儿教师资格证考试制度改革进程的推动，幼儿教师的专业化也成为研究者聚焦的问题。《国家教育中长期教育改革和发展规划纲要（2010—2020 年）》《国务院关于当前发展学前教育的若干意见》等相关政策陆续出台，使得研究者们对学前教育管理与政策的关注度达到前所未有的高度。如何理顺和完善学前教育管理体制、办学体制、投入体制，实现体制机制创新，促进学前教育事业可持续发展，成为国内学前教育领域近年来研究的热点。

（四）学前教育研究方法日益科学规范

学前教育研究方法日益科学规范，主要体现在研究方法的引进、移植与数字化，研究方式的跨学科和跨文化性，研究手段的现代化三方面。[①]邻近学科、自然科学研究方法的引进、移植及数字化给教育研究注入了活力，不仅丰富了学前教育科学研究方法，而且促使学前教育研究走上科学化、客观化之路，逐渐向实证化发展，定性分析与定量分析相结合。总的来说，学前教育研究方法发展呈现实证化、多种研究方法综合使用的特点。

实证研究方法是基于事实和证据的研究方法，量化是实证研究的基本

---

① 刘电芝. 现代学前教育研究方法［M］.重庆：西南师范大学出版社，1999：10-13.

特征和思维方法之一。① 以内容分析法为例：过去研究者通过阅读自己检
索到的相关文献进行主观综述，而随着计算机的发展，文献计量学理论的
应用，研究者也开始采用文献计量软件对文献进行更为系统、科学的聚类
分析，结果以表格、图形呈现，更为简单、直观、清晰。如刘晶波选取了
1987—2007 年全国教育科学规划课题的学前教育课题以及中国学前教育研
究会自行设立的课题做多重分析。② 罗若飞对我国和其他几个典型国家的
近现代学前教育发展概况及发展趋势进行了分析。③ 郭文斌等采用关键词
共词分析法，分析了我国学前教育研究热点知识图谱，客观和直观地展示
了我国 2003—2013 年学前教育的研究成果。④ 张媛等基于《学前教育研
究》进行文献计量分析，分析了 1994—2012 年我国学前教育研究的发展
情况。⑤ 兰国帅等对学前教育领域 SCI 和 SSCI 期刊文章进行知识图谱分析，
研究了 21 世纪以来国际学前教育研究的趋势。⑥ 以上这些研究均基于文献
计量软件，绘制知识图谱，按照一定的年限范围，对学前教育研究进行过
综述。

　　多种研究方法互为补充，可以从不同角度、不同侧面揭示信息，使研
究获得的材料丰富而全面。例如，学前儿童心理发展研究常常结合问卷调
查、访谈、实验等方法进行。如姜勇、庞丽娟编制《幼儿责任心问卷》，
对 120 名 4—5 岁中班幼儿的教师进行问卷调查，采用探索性因子分析和验

---

① 袁振国. 实证研究是教育学走向科学的必要途径 [J]. 华东师范大学学报（教育科学版），
2017（3）：4-17，168.
② 刘晶波. 我国学前教育研究年发展状况分析 [J]. 教育研究，2011（8）：39-44.
③ 罗若飞. 近现代学前教育发展趋势及其对学前教育专业建设的启示 [J]. 黑龙江高教研究，
2013（11）：61-64.
④ 郭文斌，周念丽，方俊明. 我国学前教育研究热点知识图谱 [J]. 学前教育研究，2014（1）：
11-18.
⑤ 张媛，蔡建东. 中国学前教育研究二十年：基于《学前教育研究》的文献计量分析 [J]. 学前
教育研究，2014（1）：3-10.
⑥ 兰国帅，程晋宽，虞永平. 21 世纪以来国际学前教育研究：发展与趋势：学前教育领域四种
SCI 和 SSCI 期刊的知识图谱分析 [J]. 教育研究，2017（4）：125-135.

证性因子分析探讨幼儿责任心的维度构成。① 邓赐平等运用《家庭情绪表露问卷》《表情识别程序和幼儿社会行为教师评估问卷》，对 82 名 3—4 岁幼儿的家庭情绪表露气氛、情绪认知和社会行为表现进行测查，并分析三者间的相互关系。② 陈英和等则运用横断设计，以北京市某幼儿园大、中、小班共 98 名幼儿为被试，通过对其心理理论、情绪理解及语言能力的测试，考察幼儿心理理论和情绪理解的发展状况以及二者之间的关系。③ 彭君等采用实验研究法，选择幼儿园 4—5 岁幼儿进行工作记忆训练，考察工作记忆训练对流体智力的提升及保持效应。④

四、理论研究对教育决策的影响增强

与以哲学为代表的"纯粹理论"研究有别，教育理论研究与教育实践有着与生俱来的共生关系，许多理论问题源自对现实的提炼、反思与质疑，而不少理论研究成果又可以引领实践的方向、滋养实践的品质。尽管理论研究与实践应用的壁垒仍未完全消解，但就理论研究对教育决策的引领而言，学前教育学科走在了教育研究领域的前列。其典型体现之一就是改革开放 40 年来，国家发布的学前教育政策法规所持的立场、理念越来越与学术界主流的理论观点相呼应。这里以"儿童观"研究为例，剖析学前教育理论研究对教育决策的影响。

儿童观是指如何看待和对待儿童的观点的总和，它包括对儿童的特

① 姜勇，庞丽娟. 幼儿责任心维度构成的探索性与验证性因子分析 [J]. 心理科学，2000（4）：6，34-37，127.
② 邓赐平，桑标，缪小春. 幼儿的情绪认知发展及其与社会行为发展的关系研究 [J]. 心理发展与教育，2002（1）：6-10.
③ 陈英和，崔艳丽，王雨晴. 幼儿心理理论与情绪理解发展及关系的研究 [J]. 心理科学，2005（3）：527-532.
④ 彭君，莫雷，黄平，等. 工作记忆训练提升幼儿流体智力表现 [J]. 心理学报，2014（10）：1498-1508.

点、权力与地位、童年意义、教育同儿童发展间的关系等问题的观点。① 姚伟曾提出按照观念主体可将儿童观划分为四种形态，即思想理论形态、社会法规形态、行为动机形态和大众观念形态。② 纵观改革开放 40 年的历史，以上四种形态的儿童观历经了冲突、发展错位、逐渐一致的曲折过程，其中思想理论形态的儿童观始终保持了科学性、先进性和前沿性，处于专业引领的位置。由于自改革开放以来，我国的教育"决策注重科学化、民主化"③，尊重科研成果和专家意见，因此社会法规形态的儿童观与思想理论形态的儿童观保持了一致。

（一）儿童观理论研究的发展历程

改革开放伊始，沉寂已久的学前教育研究界重新焕发生机，众多国外心理学、教育学理论开始被引入国内，如福禄贝尔、蒙台梭利、杜威、皮亚杰等人的研究成果，欧、美、澳、日、苏联等国家和地区的学前教育经验陆续被介绍到国内。同时，学界还对陈鹤琴等老一辈进步教育家的学说与实践进行了再认识和再评价。在这一背景下，"儿童是什么""应当如何对待儿童"等问题开始为学前教育研究者们所关注并思考。如赵寄石呼吁幼儿教师要"尊重孩子"，儿童作为"人"与成人是平等的；儿童所处的发展阶段与成人不同；儿童具有个别的特点。④ 胡克英认为，社会主义教育的前提是必须有崭新的儿童观，即"承认并相信儿童独立自主及其发展可能性"⑤。韦禾认为正确的儿童观应尊重、发展儿童的独立自主性，承认儿童发展的可能性，使其成为可能动地认识和变革自然与社会的主体，获

① 祝士媛，唐淑. 幼儿教育百科辞典 [M]. 上海：上海教育出版社，1989：6.
② 姚伟. 儿童观及其时代性转换 [M]. 长春：东北师范大学出版社，2007：47.
③ 虞永平. 学前教育学 [M]. 南京：江苏教育出版社，1996：29.
④ 赵寄石. 赵寄石文集 [M]. 南京：江苏教育出版社，2006：149-150.
⑤ 胡克英. 儿童观与教育问题 [M] //黄人颂. 学前教育参考资料：上册. 北京：人民教育出版社，1991：322-332.

得自我认识和自我教育的能力。① 可以看出，这一时期学术界首先明确了儿童在教育中的决定作用，既确立了学前教育理论研究的逻辑起点，也孕育了后来专门的儿童研究。其次，研究者对儿童观的讨论主要集中在儿童"主体性"这一话题上，也就是对儿童与成人关系的反思，研究者批判了我国教育实践中长期以来将儿童看作成人附属品的错误观念，并开始触及对儿童的独特性的思考。虽然这时学前教育理论界没有建构起更多的有关儿童本体的知识，但相关论断击中了长期隐匿在我国学前教育中的要害痼疾，科学的儿童观随之萌芽。

20世纪90年代，理论界对儿童及儿童观的研究日益增多，视野更加开阔，研究讨论的焦点从批判反思逐渐转向建构，研究从话题到视角再到方法都繁荣丰富起来。这段时间，对"儿童观"元问题的研究出现并增多，反映出学术界对儿童观这一命题本身的科学性和规范性诉求。王志明厘清了人类儿童观的历史发展，认为儿童观是人类文化的产物，儿童期的确立对人类社会具有巨大的意义，科学的儿童观包括对儿童本质的正确认识，承认和接受儿童期的存在及其价值，对儿童的发展规律和影响发展的诸因素有一个全面正确的理解，对待儿童的正确态度。② 虞永平对儿童观的内涵、形态、结构进行了分析，为明晰现实社会中各种儿童观的交错关系与矛盾提供了框架。③ 一些研究者开始借生物学、哲学、法学、文化历史学等的相关理论来探究儿童的本质与特质。如，刘晓东梳理了胚胎学发展历史中其对人类儿童观的影响④；李旭东、张效珍从法的角度阐述了儿童的权利，指出儿童与成人是平等的，成人社会对儿童承担一定的法律义务⑤；高岚、申荷永分别阐述了儿童生态学、儿童心理学、儿童人类学、

---

① 韦禾. 幼儿教育研究的几个问题［M］//黄人颂. 学前教育参考资料：上册. 北京：人民教育出版社，1991：262-264.

② 王志明. 关于儿童观的研究［J］. 学前教育研究，1994（1）：7-11.

③ 虞永平. 论儿童观［J］. 学前教育研究，1995（3）：5-6.

④ 刘晓东. 论胚胎学思想对儿童观演进所产生的影响［J］. 现代教育论丛，1994（5）：6-9.

⑤ 李旭东，张效珍. 法学视野中的儿童观［J］. 学前教育研究，1996（1）：16-17.

儿童社会学、儿童哲学与幼儿教育的关系，拓展了"看待"儿童的理论视角①。思想理论研究逐步建构起了现代儿童观的内涵，其主要观点包括：儿童是人，生来具有一切基本人权；儿童是一个处在特殊发展时期的人，具有潜能和个体差异；童年不只是为成人期做准备，它具有自身存在的价值；儿童是一个具有主体性、完整性的有能力的个体；儿童应当享有欢乐自由的童年。②

　　进入 21 世纪，对儿童及童年本质与应然状态的诠释仍然是学界钟爱的话题之一，这一时期的相关研究切入角度更加丰富，都对儿童期的价值给予了肯定，都坚持带有自然主义思想的立场，如刘晓东沿着他先前研究的思路，进一步提出儿童不是"小大人"，是"探索者""思想家""艺术家""梦想家""游戏者""自然之子""历史之子""成人之父""成人之师"，以及文化的创造者。③ 一些研究者开始思考儿童观研究方法与思考范式的问题，为在新的历史阶段拓展儿童研究提供了规范和思路。如姚伟提出"人化"的反思方法，要求我们以理解人的方式理解儿童，且我们永远说不出"儿童是什么"的答案，只能讨论儿童的"为什么"和"什么样"。④

　　近年来，相关研究对儿童内涵的立论、阐释更加理性、辩证，对儿童内涵的研究逐渐引入了后现代理念，对强调统一的工业时代的儿童概念提出了批评，强调儿童的具体、真实、丰富与非概括性。如蒋雅俊和刘晓东认为，儿童的成长是儿童自身的"内在自然"朝向"自然目标"的展开，社会文化是这种展开的必要条件，儿童是自己的创造者，儿童与成人一样

① 高岚，申荷永. 学前教育学：原理与应用 [M]. 北京：中国和平出版社，1991：21-41.
② 可参见当时具有代表性的研究，如：鲁洁，赵志毅. 幼儿教育现代化的关键：观念现代化 [J]. 学前教育研究，1995（6）：2-4；刘晓东. 中国传统文化中的儿童观及其现代化 [J]. 学前教育研究，1994（8）：8-11；王志明. 关于儿童观的研究 [J]. 学前教育研究，1994（1）：7-11；虞永平. 论儿童观 [J]. 学前教育研究，1995（3）：5-6.
③ 刘晓东. 儿童文化与儿童教育 [M]. 北京：教育科学出版社，2006：1-33.
④ 姚伟. 以人的方式理解儿童：儿童观的方法论思考 [J]. 学前教育研究，2003（5）：5-7.

享有"目的"地位，成人应"跟随儿童"而非"创造儿童"。① 丁道勇认为，无论是从时间维度还是从地理维度来看，儿童生活的样态从来都是多样的，儿童在成人世界里的游荡富有教育意义。② 同时，不少研究将视线转向关乎儿童生活的现实世界，开始致力于帮助大众树立科学儿童观的思路、策略的讨论。如张斌和虞永平提出，儿童意识是公众意识的重要组成部分或一种表现，政府、教育机构、大众媒体等有责任促进儿童意识融入公共意识③；张娜和陈佑清指出，现代儿童观对当前学前教育课程设计具有重要意义，课程设计要做出相应调整④；张斌结合对常见实例的剖析，揭示幼儿园教育中儿童意识缺失、儿童观谬误的现象仍普遍存在，但具有隐蔽性、迷惑性⑤。

（二）法规政策中儿童观的演变

1979 年，全国托幼工作会议提出"在各种活动中，充分发挥儿童的主动性和创造性"，"严禁体罚和变相体罚儿童"⑥，使得学前教育的价值立场从"阶级斗争"向儿童的成长发展转移。1981 年 10 月，教育部颁发了《幼儿园教育纲要（试行草案）》，第一部分用了近 2000 字描述 3—6 岁幼儿的生长特点，表明了国家将了解儿童、熟悉儿童作为开展学前教育工作的前提要求。

1990 年 8 月 29 日，中国常驻联合国大使代表我国政府签署了《儿童权利公约》。1991 年，中国政府签署了《儿童生存、保护和发展世界宣言》和《执行 90 年代儿童生存、保护和发展世界宣言行动计划》。同时，

---

① 蒋雅俊，刘晓东. 儿童观简论 [J]. 学前教育研究，2014（11）：3-8.
② 丁道勇. 儿童观与教育 [J]. 教育发展研究，2015（15-16）：26-32.
③ 张斌，虞永平. 让"儿童意识"融入公众意识 [J]. 幼儿教育（教育科学），2011（9）：16-18.
④ 张娜，陈佑清. 现代儿童观及其对学前教育课程设计的意义 [J]. 全球教育展望，2013（3）：91-98.
⑤ 张斌. 幼儿园教育中"儿童意识"缺失的问题分析 [J]. 幼儿教育（教育教学），2015（12）：6-8.
⑥ 冯晓霞. 中国教育改革大系：学前教育卷 [M]. 武汉：湖北教育出版社，2016：309-316.

我国政府也相应颁布了一系列保护儿童的法律、法规。1991 年 9 月，全国人大通过了《中华人民共和国未成年人保护法》。1992 年 2 月，国务院颁布《九十年代中国儿童发展规划纲要》，提出："儿童的健康成长关系到祖国的前途命运。……在全社会倡导树立'爱护儿童，教育儿童，为儿童做表率，为儿童办实事'的公民意识。"① 1994 年 10 月，全国人大通过《中华人民共和国母婴保健法》。这些法律的签署与出台，标志着我国政策中的儿童观逐渐转型。中国传统文化历来强调社会本位、国家本位，而上述法律均显示着儿童本位的理念。始于思想理论界的"回归儿童"观念影响了国家决策，国家法律政策所蕴含的儿童观与学术观点很快趋于一致。

1989 年，国家教委颁布《关于实施〈幼儿园管理条例〉和〈幼儿园工作规程（试行）〉》的意见，明确指出："当前幼儿园保育、教育和管理工作较普遍存在忽视幼儿身心发展特点和教育规律的现象，因此必须从端正教育思想入手，使广大幼教工作者、幼儿家长以及社会人士明确幼儿园保育和教育的指导思想、培养目标和应该遵循的基本原则，建立正确的儿童观和教育观。" 1996 年《幼儿园工作规程》正式发布，它在教育目标、内容、方法、保教环境等方面都体现了以幼儿健康成长为首要诉求、尊重幼儿年龄特点、遵循幼儿成长规律等思想。自此，我国的教育规章不再事无巨细地呈现教育工作的具体操作内容与方法，而是将核心理念的变革作为思想引导，以此来达成对教育的宏观领导。

21 世纪的法规文本对"儿童优先"原则、"儿童中心"理念、儿童权益保障的准则的宣传不仅体现在指导思想的表述上，更体现在对策略措施的观照上。2001 年 5 月，国务院颁布了《中国儿童发展纲要（2001—2010年）》，宣布要坚持"儿童优先"原则，从儿童与健康、儿童与教育、儿童与法律保护、儿童与环境 4 个领域，提出了目标和策略措施。同年颁布的《幼儿园教育指导纲要（试行）》"倡导先进的教育观念，如尊重每个

---

① 中国学前教育研究会. 中华人民共和国幼儿教育重要文献汇编 [M]. 北京：北京师范大学出版社，1999：325-326.

幼儿，尊重幼儿身心发展规律；力求体现终身教育的思想；将社会、文化、环境与教育密切结合的思想"①，提出了幼儿教育的内部原则，是对科学儿童观的集中反映。此时，科学的现代儿童观开始渗透在法规的各个方面，使其带有了行动方案的意味。这既推动了现代儿童观从理念性观念向功效性观念②的转化，又因将抽象的观念具体化、行动化、情境化，从而提升了广大一线学前教育工作者对现代儿童观的可及性，起到了进一步推广现代儿童观的作用。

与前文所述的理论研究的转向非常相似，2010 年以来，法规政策在坚持科学、先进的儿童观的同时，加大了贯彻和宣传的力度，一方面出台相关指导规范，让现代儿童观能"看得见、做得到"，另一方面针对学前教育实践中违背科学理念的问题进行专项治理，并在此过程中持续亮出改善家长育儿观念的措施。如 2010 年 7 月，《国家中长期教育改革和发展规划纲要（2010—2020 年）》正式发布，对我国学前教育的发展专门设立了目标。同年 11 月，《国务院关于当前发展学前教育的若干意见》发布，该意见针对"入园难""入园贵"的民生问题，针对学前教育事业的薄弱环节，提出了 10 条具有操作性的意见，这种对学前教育的高度重视本身就是对"儿童优先"原则的力行。2011 年 7 月，国务院颁布了《中国儿童发展纲要（2011—2020 年）》，确立了"依法保护""儿童优先""儿童最大利益""儿童平等发展""儿童参与"等原则。2012 年 10 月，教育部发布了《3—6 岁儿童学习与发展指南》，用大量可观测的典型表现阐释各项发展目标，并将幼儿教育工作者及幼儿家长作为主要读者，标志着教育部在进一步下大力气普及、落实现代儿童观。2016 年，已实行 20 多年的《幼儿园工作规程》被修订，删除了"幼儿园同时为家长参加工作、学习提供便利条件"，增加了大量关于保护幼儿身心健康和安全的内容，明确提出"幼儿园……发现幼儿遭受或者疑似遭受家庭暴力的，应当依法及时向公安机

---

① 王湛. 在全国幼儿教育工作座谈会上的讲话 [J]. 学前教育研究，2002（1）：5-10.
② 虞永平. 幼儿教育观新论 [M]. 北京：人民教育出版社，2006：5.

关报案"。可以看出，新的《幼儿园工作规程》对幼儿的关怀更加全面。

2011 年及 2018 年，教育部还分别发布了《关于规范幼儿园保育教育工作防止和纠正"小学化"现象的通知》和《关于开展幼儿园"小学化"专项治理工作的通知》，这是我国政府针对学前机构教育和社会教育中违背科学儿童观现象的大规模整顿。快乐童年的意涵在这两份通知中被反复提到。

尽管我们无法将儿童观理论研究的成果与法规政策的精神——对应，但从上述两条脉络可以看出二者具有相互映照的联系，思想理论形态儿童观的理念在同时期或稍晚时期，会在社会法规形态的儿童观中有所体现。从中可以管窥到学前教育学术研究实践价值的彰显。

五、学前教育学术交流更加开放、多元

中国学前教育的国际交流始于近代。20 世纪 20 年代，陶行知、陈鹤琴等创造性地利用西方先进的教育思想，努力探索适合中国国情的幼儿教育发展规律，并开始在国际儿童教育会议上阐述中国教育界关于儿童教育的立场。新中国成立以后，我国学前教育在一段时期内停留在学习、引进苏联的模式，学术交流较为封闭、单一。改革开放以后，随着中国的国际交往日益频繁，中国学前教育学术交流也逐渐变得开放、多元。

（一）开展广泛的国际合作研究项目

改革开放以后，我国教育部与联合国儿童基金会等组织展开了广泛的国际研究合作，既有效推动了我国学前教育研究水准的提升，也有利于基于中国国情的学前教育研究成果的国际传播。1990 年朱慕菊主持了国家教委与联合国儿童基金会合作的"幼儿园与小学衔接的研究"；1991 年开展"中国社区学前教育研究"；1994 年开展"学前教育机构一体化教育教学策略研究"，推进"早期儿童发展项目"研究；2001 年实施"早期儿童养育与发展"项目；2005 年，借助联合国儿童基金会"遍及全球"项目，我国推动了《3—6 岁儿童学习与发展指南》的研制工作，为提高我国学前教育质量，进一步贯彻和落实《幼儿园教育指导纲要（试行）》和《幼儿园工作规程》起到了重要作用。此外，国内外学前教育科研机构和组织之间也开展了多层次的合作研究，如中央教科所幼儿教育研究室与国际教育成就评价协会开展了学前教育合作研究项目。20 世纪 90 年代，越来越多的高校学前教育工作者与其他国家或地区的科研人员进行了多个领域的合作研究，并在国际期刊、会议上发表重要研究成果。例如浙江师范大学李克建与澳门大学的胡碧莹教授等人合作，完成了《托幼机构教育环境评价量表》（ECERS-R）的中国化和关于中国幼儿教育环境质量评价的系列研究，并将相应成果发表在《儿童早期教育研究季刊》（*Early Childhood Research Quaterly*）。

（二）组织和参加高水平国际学术会议

从 20 世纪八九十年代起，中国学前教育界代表就开始频繁地出席国际幼教会议，进行学术交流。如 1983 年，北京师范大学卢乐山教授出席亚非儿童游戏研讨会；1986 年，国家教委幼教处处长魏振高和南京师范大学赵寄石教授一同参加澳大利亚"童年早期工作协会"年会；1986 年，中国代表参加了联合国教科文组织在巴黎召开的国际幼教专家会议，赵寄石教授做了题为"幼儿园综合教育结构的探讨"的报告。

1987 年，中国教育学会幼儿教育研究会加入世界学前教育组织，中国学前教育界与国外学术界的交流更加系统、频繁和深入。1989 年开始，世界学前教育组织的中国会员们先后走出国门，参加在不同国家举办的国际学术活动。1989 年 7 月，华东师范大学代表被邀请出席在伦敦召开的世界学前教育组织第 19 届世界大会，在大会上代表中国委员会致辞。1993 年 8 月，世界学前教育组织中国委员会派代表，赴日本参加世界学前教育组织"亚太地区学前教育促进和发展"国际研讨会，中国有 12 位代表出席，提交了 12 篇大会论文。2013 年，世界学前教育组织第 65 届国际研讨会在中国上海召开，来自 57 个国家的 1200 名学前教育专家共同就学前教育机会与质量话题进行探讨。2017 年，在克罗地亚召开的世界学前教育组织年会上，南京师范大学虞永平教授做"关键七年：可持续发展的中国学前教育"主题报告。2018 年，在捷克召开的世界学前教育组织第 69 届国际研讨会上，中国有近百名代表参会并做分享，成为与会人数最多的国家。

（三）开展学前教育中外合作办学

中外合作办学是一种具有中国特色的对外合作交流模式，其宗旨是通过引进外方的优质资源，提升我国教育事业发展水平。通过中外合作办学，也能够实现合作双方优质学术研究资源的相互了解和学习。近年来，我国学前教育在本科层次、专科层次都开展了中外合作办学。目前，有包括华中师范大学、广西师范大学、上海师范大学在内的 16 所高校与美国、澳大利亚、英国、俄罗斯等国的高校合作开展学前教育本科教育项目；有内蒙古师范大学、徐州幼儿师范高等专科学校等 13 所高校与美国、加拿大、澳大利亚、新西兰等国的高校合作开展学前教育或早教专业专科教育项目。

六、问题与展望

尽管学前教育领域的研究取得了一定的进展，但现有研究还存在不足。首先，在研究主题的选择上，仍然存在着跟风式的研究和大量低水平的重复。例如，在学前教育政策与管理研究方面，大量的研究成果以介绍国外现成经验兼谈启示为主，相对缺少国内学前教育政策的实证研究。其次，研究者对一些有价值的问题关注不够，对涉及学科独立性的关键和本质问题的研究还需要进一步推进。再次，在研究方法的使用上还存在着不规范的现象，仍然有一部分研究停留在经验总结和提升的层次，未采用适宜的研究方法，研究方法的科学性有待提高。

　　与教育学其他二级学科相比，学前教育学的学理成熟度还不高。在不断积累研究成果的基础上，学前教育学科未来应该更多地关注学科理论的总体架构，要在形成具有学科特质的概念、命题和原理上下功夫，推动学科的成熟和发展。未来一个阶段研究的重点问题和领域主要有以下几个方面。一是进一步加强学前教育法律与政策研究，特别是学前教育立法与执法研究、学前教育管理体制与机制的研究、学前教育立法与政策案例的研究。二是进一步加强学前教育基础理论研究，加强学前教育思想史的研究、注重学科交叉与融合，注重学前教育规律的研究。三是深化学前教育质量与课程研究，深入研究学前教育质量标准、幼儿园课程的特质、幼儿园课程资源系统、幼儿发展的多个方面等。四是加强学前教师教育研究，紧紧围绕学前教育的专业性，深入研究教师的专业标准，开展幼儿园教师专业性研究，研究幼儿园教师成长的特点和规律，研究促进幼儿园教师成长的条件和措施等。

── 作者简介 ──

　　虞永平，南京师范大学教育科学学院教授；张斌，常熟理工学院学前教育研究中心副教授；刘颖，南京师范大学教育科学学院博士生。

中国高等教育学科发展40年

胡建华

我国高等教育学科的发展建立在改革开放40年来波澜壮阔的高等教育实践基础之上。40年的高等教育学科成长首先体现在制度化的建设上，发展了大学中的学科组织，构建了学科人才培养体系，繁荣了学科研究成果发表平台，组建了学科学术共同体机构。作为学科"基础建设"的理论研究及其水平提升始终是高等教育学科建设的重要内容与努力目标。这集中表现为学科体系的构建、高等教育规律的研究和学科性质的探讨。作为一门社会科学，高等教育学科致力于服务国家高等教育发展战略，促进高等教育观念更新，服务高校人才培养改革实践，展现了高等教育学科研究的应用性特征。面向未来，高等教育学科建设需要进一步提升理论与研究的解释力、建构力、影响力。

改革开放以来，我国高等教育在数量和质量上均获得了飞速发展，取得了巨大成就。数量上，1978年全国有普通高等学校598所、专任教师20.6万人、招生40.2万人、在校生85.6万人、毕业生16.5万人[①]，到2017年，全国有普通高等学校2631所、专任教师163.3万人[②]、招生（普

---

① 中华人民共和国教育部计划财务司. 中国教育成就：统计资料：1949—1983 [M]. 北京：人民教育出版社，1984：50.

② 教育部. 各级各类学校校数、教职工、专任教师情况 [EB/OL]. (2018-08-08) [2018-09-21]. http://www.moe.gov.cn/s78/A03/moe_560/jytjsj_2017/qg/201808/t20180808_344699.html.

通本专科与研究生，下同）842.1 万人、在校生 3017.5 万人、毕业生
793.6 万人①，普通高校学校数、专任教师数、招生数、在校生数、毕业生
数分别为 1978 年的 4.4 倍、7.9 倍、20.9 倍、35.3 倍、48.1 倍，毛入学
率从 1978 年的不足 5% 提高到现在的超过 40%。质量上，高等教育培养的
各类人才在我国社会政治、经济、文化、科学技术等各个领域发挥了积极
且重要的作用，支撑起经济的高速增长、国力的不断增强与人民生活水平
的持续提高。与此同时，社会的发展与人们日益增长的需求不断要求深化
高等教育体制机制等各方面的改革，发展与改革中出现的问题、提出的课
题也不断促进着高等教育研究的深入。高等教育学科的发展正是建立在这
样波澜壮阔的高等教育实践基础之上，高等教育学科在伴随着改革开放 40
年的高等教育成长的同时，也在高等教育改革与发展中发挥了决策咨询、
观念更新、实践指导的重要作用。

　　高等教育学科在教育学科大家庭中是后起的成员。从世界范围内看，
尽管高等教育有着悠久的历史，与近代大学有着直接血缘关系的中世纪大
学也早在 12 世纪就已出现，但是高等教育研究直到 20 世纪中叶才逐渐形
成规模。以至于有学者感叹，长期以来大学的研究触及人类社会与自然界
的几乎所有领域，唯独很少研究大学自己。在我国，20 世纪 70 年代之前
虽有厦门大学教育学教研组编写《高等学校教育学讲义》这样的零星研
究，但高等教育学科的真正建立则始于改革开放政策的实施，并在制度建
设、理论研究和实践服务层面越来越成熟。

一、高等教育学科的制度建设

　　一门社会科学的学科之建立需要什么样的条件，包括哪些要素呢？华
勒斯坦（I. Wallerstein）这样认为："在 1850 至 1945 年期间，人们对一系

---

① 教育部. 高等教育学校（机构）学生数 [EB/OL].（2018-08-08）[2018-09-21]. http://
www.moe.gov.cn/s78/A03/moe_560/jytjsj_2017/qg/201808/t20180808_344685.html.

列的学科进行了界定，这些学科共同构成了一个可以'社会科学'名之的知识领域。实现这一点的步骤是，首先在主要大学里设立一些首席讲座职位，然后再建立一些系来开设有关的课程，学生在完成课业后可以取得该学科的学位。训练的制度化伴随着研究的制度化——创办各学科的专业期刊，按学科建立各种学会（先是全国性的，然后是国际性的），建立按学科分类的图书收藏制度。"① 华勒斯坦通过总结历史上社会科学的发展，提出学科的训练制度化与研究制度化是一系列学科得以成立以及由它们所构成的社会科学成为知识领域的重要步骤。因此，可以认为，制度化是一门社会科学的学科成立的基本过程与重要标志。学科制度化包括建立与发展大学中的学科组织、学科人才的培养体系、学科研究成果的发表平台和学科组织的学术共同体机构。

（一）大学中学科组织的发展

学科的发展必有载体，这一载体即学科组织。由于大学，尤其是现代大学是学科最为丰富的社会机构，因此学科发展必先在大学中成立相应的组织机构。1978 年 5 月 17 日，潘懋元先生创建了我国第一个高等教育研究机构——厦门大学高等教育科学研究室（1984 年 2 月经教育部批准更名为厦门大学高等教育科学研究所）。研究室在成立之初即确定了"探讨当前高等教育改革和编写中国第一部《高等教育学》"② 的工作目标。厦门大学高等教育科学研究室的成立如同"星星之火"，点燃了全国其他高校开展高等教育研究的热情。1978—1979 年，北京大学、华中工学院、兰州大学、北京工业大学等高校相继成立了高等教育研究机构。第一批高等教育研究机构的成立，使高等教育问题、高等教育改革进入教育研究的视野，开辟了教育研究的新领域，为后来高等教育学科在教育学科大家庭中

---

① 华勒斯坦，等. 开放社会科学：重建社会科学报告书 [M]. 刘锋，译. 北京：生活·读书·新知三联书店，1997：31-32.

② 李均. 中国高等教育研究史 [M]. 广州：广东高等教育出版社，2005：104.

"登堂入室"打下了基础。时至今日,全国的高等教育研究机构已经遍地开花,据不完全统计,"全国现有各种类型的高等教育研究机构近 1300 所"①。一项调查显示,在被调查的 878 所本科院校中,有 514 所高校设立了高等教育研究机构,占被调查高校总数的 58.5%。② 数量众多的高等教育研究机构形成了高等教育研究与高等教育学科发展的群众性基础,其中的部分机构则成为高等教育学科建设的中坚力量。

(二)学科人才培养体系的构建

在大学中开设课程、授予学位是华勒斯坦所说的学科训练制度化的重要内容。学科专门人才的培养不仅推动着学科知识体系的不断成熟,而且为学科的可持续发展积蓄着新鲜力量。20 世纪 70 年代末成立的第一批高等教育研究机构在开展高等教育研究的同时,也将开展高等教育学科的研究生教育、构建高等教育学科的人才培养体系纳入了工作范围。1981 年,厦门大学高等教育科学研究室率先招收高等教育学专业硕士研究生。1984 年,高等教育学被国务院学位委员会正式列为教育学的二级学科,厦门大学获批成为第一个高等教育学硕士学位授予单位,1986 年又获批高等教育学博士学位授予权,潘懋元先生成为第一位高等教育学博士生导师。至此,高等教育学科正式获得了我国学科体制、人才培养体系中的"市民权",队伍不断壮大,人才培养的数量不断增加,质量不断提高。据统计,1991 年,全国高校中有高等教育学博士学位授权点 2 个、硕士学位授权点 6 个③;2003 年,全国有高等教育学博士学位授权点 10 个、硕士学位授权点 56 个④;2015 年,全国高等教育研究机构中设有博士学位授权点 35 个、

① 瞿振元. 在 2015 年高等教育研究机构协作组会暨第四届全国优秀高等教育研究机构表彰会上的讲话 [EB/OL]. (2015-05-07) [2018-09-21]. http://www.hie.edu.cn/news_ 12577/20150507/t20150507_ 993206_1.shtml.
② 刘献君, 刘怡, 余东升, 等. 在机构转型中深化院校研究:基于对我国本科院校高教研究机构的调查 [J]. 高等教育研究, 2015 (11):42-49.
③ 李均. 中国高等教育研究史 [M]. 广州:广东高等教育出版社, 2005:200.
④ 同③:296.

硕士学位授权点 103 个①。高等教育学博士学位授权点、硕士学位授权点设立以来，全国高校中的各培养单位培养了数以千计的高等教育学博士与硕士。例如，根据万方中国学位论文全文数据库的搜索结果统计，仅2006—2009 年，就有高等教育学专业的博士、硕士学位论文 2141 篇。② 这些经过专门训练的博士、硕士中的一部分佼佼者成为高等教育学科建设的新生力量，在高等教育学科走向成熟的过程中发挥着重要的作用。

（三）学科研究成果发表平台的繁荣

学科研究成果发表平台主要指学术期刊和学术著作出版。华勒斯坦将创办专业期刊作为学科研究制度化的重要一环。学术研究不能没有交流，学科发展要求在各大学的学科研究组织之间有经常性、制度化的研究成果交流，学术期刊正是学科思想、理论、观点及研究成果交流的重要平台。高等教育学科的学术期刊是伴随着学科组织的出现、学科人才培养体系的构建而逐步发展的。20 世纪 70 年代末，第一批高等教育研究机构成立之后不久，早期的高等教育研究学术期刊即问世。其中华中工学院于 1980 年创办的《高等教育研究》，后被作为全国高等教育学研究会会刊，在高等教育学科建设中发挥了重要的作用。20 世纪 90 年代初，高等教育研究刊物迅速发展到 400 余种，随着学术研究的不断深入和学科制度化水平的提高，高等教育学科的学术期刊发展也由初期的数量扩张转向质量提升，在竞争的环境下锻造出一批学术水平高、影响力大的学术期刊。2017 年的统计显示，《教育研究》《高等教育研究》《中国高教研究》《北京大学教育评论》等 18 种教育类中文核心期刊共发表高等教育类研究论文 3517 篇。③

---

① 瞿振元. 在 2015 年高等教育研究机构协作组会暨第四届全国优秀高等教育研究机构表彰会上的讲话［EB/OL］.（2015 - 05 - 07）［2018 - 09 - 21］. http：//www. hie. edu. cn/news_ 12577/20150507/t201505-07_ 993206_ 1. shtml.

② 胡建华. 潘懋元先生之于我国高等教育学科发展的意义［J］. 高等教育研究, 2010（8）：26-29，41.

③ 《中国高教研究》编辑部. 2017 年全国高校高等教育科论文统计分析：基于 18 家教育类中文核心期刊的发文统计［J］. 中国高教研究, 2018（4）：29-34.

高等教育学科学术刊物的繁荣正是高等教育学科学术研究活动活跃的重要写照。

（四）学科学术共同体机构的发达

作为进行学术交流的学术共同体组织机构，学会同样是学科研究制度化不可或缺的。早在 1979 年，成立全国高等教育学会的工作就启动了。同年 10 月，厦门大学高等教育科学研究室、上海师范大学高等教育研究会、北京师范大学高等教育研究会等 8 个单位在上海召开了全国高等教育学会筹备工作会议。经过几年的努力与准备，1983 年 5 月，中国高等教育学会正式成立。由于中国高等教育学会涉及的高等教育研究的范围过于宽泛，为了集中力量开展高等教育理论研究与高等教育学科建设，1993 年 10 月，作为中国高等教育学会所属的专业委员会，专门从事高等教育理论研究的全国高等教育学研究会成立了，潘懋元先生为首任理事长。中国高等教育学会与全国高等教育学研究会（现名为中国高等教育学会高等教育学专业委员会）成立以来，在积极推动高等教育研究与高等教育学科建设的同时，自身也得到了很大的发展。第六届中国高等教育学会会长瞿振元在总结学会工作时将"学术立会"作为学会的首要工作，"'十二五'期间，学会立项重点课题 46 项、一般课题 160 项，支持经费累计达到 130 万元。'十三五'头两年立项重大攻关课题 11 项、重点调研课题 25 项、一般课题 164 项，投入经费比'十二五'翻了一番"，"学会以'推进高等教育现代化'为主题，连续 5 年举办学术年会暨高等教育国际论坛，3500 余人参会，提交学术论文总计 2200 余篇，吸引了美国、英国、澳大利亚、日本等十余个国家和国际学术组织的专家学者参会"①。中国高等教育学会高等教育学专业委员会理事长张应强在专业委员会成立 20 周年纪念会上做报告时认为："经过 20 年的建设和发展，我会已经成为团结和凝聚全国高等教育

---

① 瞿振元. 发挥群众性学术社团优势　在推进高等教育现代化进程中建功立业：中国高等教育学会第六届理事会工作报告［J］. 中国高教研究，2017（8）：3-9.

学学者和研究人员、致力于高等教育理论研究和高等教育学学科发展、培养学科人才和研究人员的群众性学术团体，积聚了全国高等教育理论研究的主要研究力量。尤其是学会成立 20 年来，一直秉持潘懋元先生等老一辈高等教育学家的创会理念和思想，坚持将在中国建立和发展高等教育学科、建立和发展中国特色高等教育思想和理论体系作为学会的重要使命，取得了一系列的学科建设成就和理论创新。"①

二、高等教育学科的理论研究

学科的理论研究是一门学科能否得到学术界的认可、立于学术之林的关键所在，在此意义上，学科的理论研究通常也表现为学科的内在制度化过程。高等教育学科是教育科学学科群中的后来者，在学科建设与发展之初，高等教育学科与已有的教育学科有什么区别、高等教育学科有无自己的独特理论、高等教育学科能否成为一门独立的学科，这些都是教育研究界存在的疑问。因此，作为学科"基础建设"的理论研究始终是 40 年来高等教育学科发展的重要内容，提升理论研究水平始终是高等教育学科建设的努力目标。

（一）学科体系的构建

构建学科体系，是学科理论研究的基础内容，对于一门社会科学来说是十分必要的。"形成独立的体系是一门学科建立的重要标志。这是因为，我们所研究的任何事物都存在着各种不同的属性和关系，而这种属性和关系都是相互联系的，构成一个统一体。反映在理论上，就不能不是由许多相互联系着的概念、范畴所构成的一个体系。"② 厦门大学高等教育科学研

① 张应强. 凝聚力量 协同创新 为繁荣我国高等教育理论研究而努力：中国高等教育学会高等教育学专业委员会第五届理事会工作报告 [J]. 高等教育研究，2015（11）：1-5.
② 南京师范大学教育系. 教育学 [M]. 北京：人民教育出版社，1984：5.

究室成立之后不久，潘懋元先生及团队就开始着手构建学科体系的工作——编写《高等教育学》。"从编制大纲、组织编写、反复修改、油印试用，到定稿出版，前后经历六年，《高等教育学》终于出版。它的出版成为中国第一部高等教育学著作，成为高等教育学作为一门学科正式建立的标志性著作。"①潘懋元先生在这部1984年出版的《高等教育学（上）》中，就高等教育学的学科体系做了如下阐述："从我国高等教育的实际出发，根据高等教育的基本特点，参考教育学的一般体系，我们认为：高等教育学的基本体系首先应当论述高等专业教育在社会主义物质文明和精神文明的建设中、在社会生活中的地位与作用，专业设置原则和专业培养目标，受教育对象的大学生的生理和心理的基本特征和教育者的职责任务；其次，应当论述全面发展教育的各个组成部分在高等学校实施中的任务、过程、内容、方法、形式等等；再次，论述高等教育工作的组织制度、领导、管理及其方法。"②潘懋元先生主编的第一部《高等教育学》奠定了我国高等教育学科发展的基础，开启了学科体系研究与构建的潮流。1992年，潘懋元先生在全国高等教育学科建设研讨会上所做的报告《关于高等教育学学科建设的若干问题》中进一步指出："一门社会科学的学科，可能有三种相互联系的不同体系：第一，理论体系；第二，知识体系（经验体系、工作体系）；第三，课程体系（教材体系）。""一门成熟的学科，必须有它完整的科学理论体系。"③第一部《高等教育学》出版之后的大约20年间，高等教育学科体系研究成为高等教育学科建设的一项主要内容，数十部高等教育学著作出版。这些著作既有知识体系、课程体系的，也有理论体系的。其中，胡建华等著的《高等教育学新论》朝着构建科学理论体系的目标"跨过一大步，在'走向成熟的学科'的巉岩间攀上了一个新台阶"，"《高等教育学新论》的作者们，是以构建'一个新的学科体系'

① 潘懋元.潘懋元教育口述史［M］.肖海涛，殷小平，整理.北京：北京师范大学出版社，2007：175.
② 潘懋元.高等教育学：上［M］.北京：人民教育出版社；福州：福建教育出版社，1984：6.
③ 潘懋元.关于高等教育学学科建设的若干问题［J］.高等教育研究，1993（2）：1-6.

自期的，也确实构建了一个有别于知识体系、课程体系的学科框架"，"全书条理清晰，结构严整，具有中国式的学科体系构建的特色，超越西方某些高等教育只作为一个研究领域而构建的散、无序的论著"。① 高等教育学学科体系的研究及其构建对我国高等教育学科的发展起到了积极的作用，使高等教育学在不太长的时期内确立了学科地位。

（二）高等教育规律的研究

"任何一门学科的科学性主要体现在对学科研究对象的特殊矛盾的揭示与客观规律的发现。因为，只有矛盾才反映事物的本质，只有规律才具有普遍的意义。建立在矛盾分析与规律探讨基础上的学科研究才是科学的，学科体系才是逻辑的，学科理论才会对实践具有广泛的指导作用。"② 高等教育理论界形成了这样一种共识，即研究高等教育规律是高等教育学科的主要任务与研究对象。例如，潘懋元先生认为高等教育学是"一门以高等教育为研究对象，以揭示高等专业教育的特殊规律，论述培养专门人才的理论与方法为研究任务的"新学科③；郑启明、薛天祥主编的《高等教育学》写道："高等教育学是教育科学的一个分支学科，它在一般教育理论的基础上，专门研究高等教育所特有的矛盾，揭示高等教育发展的客观规律。"④ 田建国认为，"高等教育学是研究高等教育规律的一门科学，是研究高级专门人才培养的科学"⑤。40 年来，对高等教育规律的探讨与研究贯穿高等教育学科理论研究的全过程。其中，有关教育内外部关系规律的探讨与研究尤为引人关注，因为"教育内外部关系规律是高等教育学中一个重要的理论问题"⑥。早在 1980 年，潘懋元先生在湖南大学讲学时，

---

① 胡建华，等. 高等教育学新论［M］. 南京：江苏教育出版社，1995：序 1-2.

② 同①：6.

③ 潘懋元. 高等教育学：上［M］. 北京：人民教育出版社；福州：福建教育出版社，1984：2.

④ 郑启明，薛天祥. 高等教育学［M］. 上海：华东师范大学出版社，1985：5.

⑤ 田建国. 高等教育学［M］. 济南：山东教育出版社，1990：4.

⑥ 潘懋元. 潘懋元教育口述史［M］. 肖海涛，殷小平，整理. 北京：北京师范大学出版社，2007：178.

就"第一次正式提出教育有两条基本规律：一条是外部关系规律，一条是内部关系规律"①。"教育的外部规律是指教育与政治、经济、文化的关系。这条规律可以这样表述：'教育必须与社会发展相适应'……适应，包括两个方面的意义。一方面，教育要受一定社会的政治、经济、文化科学所制约；另一方面，教育必须为一定社会的政治、经济、文化科学服务。所以，这条规律也可以表述为：'教育必须受一定社会的政治、经济、文化科学所制约，并为一定社会的政治、经济、文化科学服务。'"② "人的全面发展，是一切教育活动应遵循的，它是第二条基本规律，即教育内部的基本规律。"③ 这两条教育内外部关系规律不仅从"关系"而来，且相互之间也有着重要的关系，即"教育的外部规律制约着教育的内部规律，教育的外部规律必须通过内部规律来实现"④。潘懋元先生关于教育内外部关系规律的论述成为高等教育学学科体系构建的重要思想基础，此后的很多理论研究都是以内外部关系规律为基本出发点展开的。同时，内外部关系规律的理论也引起了学术界的广泛反响与热烈讨论。2013 年，《北京大学教育评论》发表《理性的视角：走出高等教育"适应论"的历史误区》一文，认为"高等教育'适应论'是一种突出强调高等教育发展必须与社会发展需求相一致的高等教育发展观。该观念先后把国家工业化、政治运动、经济体制改革和建设'世界一流大学'等目标当作高等教育的主要适应对象，其代表性表述是关于高等教育'两个规律'的理论"⑤。文中对"适应论"及内外部关系规律的质疑开启了又一轮有关教育内外部关系规律的学术争鸣。这一学术争鸣一方面反映了有关高等教育规律研究的不断深入，同时也说明对规律的研究可以促进高等教育学科理论研究的发展。

---

① 潘懋元. 潘懋元教育口述史［M］. 肖海涛，殷小平，整理. 北京：北京师范大学出版社，2007：179.
② 潘懋元. 高等教育学讲座［M］. 北京：人民教育出版社，1993：34.
③ 同②.
④ 同②：32.
⑤ 展立新，陈学飞. 理性的视角：走出高等教育"适应论"的历史误区［J］. 北京大学教育评论，2013（1）：95-125，192.

（三）学科性质的探讨

"学科性质是基于学科分类基础之上的对某一学科本质特点与基本形态的界定。研究学科性质，是学科发展一定阶段上人们回顾学科发展过程，反思学科发展规律的必然结果。只有科学认识与正确把握学科性质，才能明确学科发展方向，提高学科科学水平。"① 高等教育学的学科性质探讨，首先源于人们对高等教育学是"学科"还是"领域"的认识。众所周知，美国是较早系统开展高等教育研究的国家，在美国，高等教育研究被看作一个领域。"自从 1893 年霍尔在克拉克大学展现了其开创性的才能以来，高等教育作为一个研究领域已经为那些想要成为或继续成为高等教育专业人员的教师、行政人员和学生提供了博士和硕士学位项目。"② 美国的大学现在拥有约 230 个与高等教育有关的博士和硕士学位项目③，且这些项目"已经鼓励了其教师从事与高等教育主题或问题相关的研究，同时也使得高等教育的多学科领域拥有了一个广泛的知识基础"④。在其他一些高等教育发达国家，高等教育研究也普遍被看作一个领域，而不是学科。国外高等教育研究界的这种认识当然对我国产生了一定的影响，所以有关高等教育研究是"领域"还是"学科"的讨论时常出现。不过，在有关高等教育研究是"领域"还是"学科"的讨论中，人们更倾向于认为我国的高等教育研究是一门学科。高等教育学作为一门学科的成立是基于我国特有的学科制度，基于高等教育（学科）研究 40 年的发展成果与经验。刘海峰认为，"中国的高等教育研究在世界上独树一帜，经历了从一般的高等教育研究到高等教育学理论构建的过程。在中国，高等教育学既是自成体系的学科，同时也是高度开放的研究领域。即使西方永远不出现'高等教

---

① 胡建华，等．高等教育学新论［M］．南京：江苏教育出版社，1995：序 1-2.
② 古德柴尔德．在美国作为一个研究领域的高等教育：历史、学位项目与知识基础［J］．北京大学教育评论，2011（4）：10-40，182-183.
③ 高野笃子．アメリカ大学管理運営職の養成［M］．东京：东信堂株式会社，2012：196-231.
④ 同②.

育学'的提法，中国的'高等教育学'也可以理直气壮地称之为学科"①。
张应强从区分经典学科与现代学科的角度出发，指出"过去三十多年来，
我国高等教育学界整体上是在经典学科框架下建设和发展高等教育学的，
这种学科建设取向对促进高等教育学发展发挥了重要历史作用，也带来了
学科建设和发展方向上的问题。超越'学科论'与'研究领域论'之争，
建设作为现代学科的高等教育学，是我国高等教育学发展的方向"②。如何
依照现代学科范式来建设高等教育学？首先，需要突破经典学科的框架，
厘清高等教育学的学科性质，还其作为现代学科的本来面目；其次，"需
要确立开放的学科姿态"，广泛运用多学科、跨科学的研究方法研究高等
教育问题；再次，需要重视高等教育学核心理论的研究。③

　　高等教育学学科性质探讨的另一来源是对高等教育学科发展危机的认
识。关于学科发展的危机，可以从多种角度去理解。如从危机的内容来
看，有学术性危机与制度性危机。学术性危机通常指学科理论体系的不成
熟、研究方法的不科学等，制度性危机则指学科组织的不健全、学科人才
的匮乏等。从危机的性质来看，有发展性危机与生存性危机。发展性危机
对于许多学科来说或许时常出现，生存性危机则关乎学科的生死存废。从
危机范围来看，有整体性危机与局部性危机。高等教育学科的危机，既有
学术性的、发展性的危机，也有制度性的、生存性的危机。围绕学科发展
的危机，学术界展开了热烈的讨论。张应强提出了"再学科化"的问题，
认为当前高等教育学所面临的危机，来源于"作为学科建制的高等教育学
与作为知识体系的高等教育学这两种形态学科危机的'共振效应'"，关
系到高等教育学科的生死存亡。克服学科发展危机，需要高等教育学的
"再学科化"，"即必须在坚持高等教育学学科化发展方向的前提下，致力
于学科建制层面的'再学科化'——努力建设高等教育学一级学科，同时

---

① 刘海峰. 高等教育学：在学科与领域之间 [J]. 高等教育研究，2009 (11)：45-50.
② 张应强. 超越"学科论"和"研究领域论"之争：对我国高等教育学学科建设方向的思考
　　[J]. 北京大学教育评论，2011 (4)：49-61，184.
③ 同②.

要突破一般教育学的视界，促进知识形态高等教育学的'再学科化'"。①
王建华认为，"为走出学科发展危机，高等教育学亟需一场'革命性'的
改造，以适应新的实践需要。在高等教育日趋普及和学术专业分工日益精
细化的时代，高等教育学只有为改进人类的高等教育实践作出切实的贡
献，才能得到学界和社会的广泛承认，成为真正意义上的学科"②。

三、高等教育学科的实践服务

作为一门社会科学，高等教育学科发展过程中，研究的应用性是其主
要特征之一。所谓应用性，可以理解为研究的许多问题来源于实践，解释
实践中产生的问题并以提出可资参考的方法思路为研究的主要指向。因
此，"高等教育学研究必须关注高等教育实践的发展，必须研究实践中暴
露出来的问题，为解决实践中的问题提供理论上的指导是高等教育学的学
科功能之一"③。改革开放 40 年来高等教育的改革与发展实践是高等教育
学科成长之养分，改革与发展实践不断对高等教育学科的研究提出课题与
问题，促使高等教育学科的研究保持着与实践的密切联系，跟上并适应实
践的步伐。

（一）服务国家高等教育发展战略

在改革开放 40 年来高等教育发展的过程中，政府的重大决策起着重要
的指导与影响作用。例如，1985 年《中共中央关于教育体制改革的决定》
的颁布，开启了持续 30 多年的高等教育体制改革，其中提出的扩大高校办
学自主权成为高等教育体制改革的重头戏，一直延续至今。1999 年国务院
出台有关高校扩大招生的决策，我国高等教育规模得以不断扩大，高等教

① 张应强 . 当前我国高等教育学的危机与应对 [J]. 高等教育研究, 2017 (1)：8-11, 24.
② 王建华 . 高等教育学的危机与改造 [J]. 高等教育研究, 2016 (11)：32-38.
③ 胡建华，等 . 高等教育学新论 [M]. 南京：江苏教育出版社, 1995：14.

育学历人口不断增加，高等教育毛入学率很快突破 15%，高等教育历史性地进入了大众化阶段。20 世纪 90 年代，国家相继实施了 "211 工程" "985 工程" 这两项重点建设工程，推动高校着力提升办学水平、教育水平、学术水平，从而提高了高等教育的整体水平和社会贡献度。政府重大决策之所以能够对高等教育发展产生如此大的影响，是由我国高等教育制度与体制的性质所决定的。因此，在这样的高等教育体制内，高等教育学科研究服务实践的内容当然包括为政府的决策提供咨询，为国家的高等教育发展战略提供智慧。

服务国家高等教育发展战略一直以来都是我国高等教育学科研究的主要功能之一。2008 年初，中国高等教育学会启动 "遵循科学发展，建设高等教育强国" 重大项目的研究工作，该项目分别被列为 "教育部哲学社会科学研究（2008 年度）重大课题攻关项目" 和 "国家社科基金'十一五'规划 2008 年度教育学重点课题"。项目研究汇集了我国高等教育研究领域的众多专家，分为 13 个子课题，参与高校有 150 多所，参与研究的人员有1500 多名。历经 6 年的研究，项目所取得的研究成果不仅回答了 "什么是高等教育强国" "为什么要建设高等教育强国" "怎样建设高等教育强国" 等一系列问题，而且在一些理论问题上取得了重大突破和进展，为高等教育强国建设奠定了坚实的理论基础。项目研究的主要成果之一《建设高等教育强国》一书的 "结语" 中写道："党的十五大报告首次提出了'两个一百年'的奋斗目标，党的十八大报告再次重申：在中国共产党成立一百年时全面建成小康社会，在新中国成立一百年时建成富强民主文明和谐的社会主义现代化国家。社会主义现代化国家需要以高质量、高水平的高等教育体系作为坚实的基础，因此可以认为，建设高等教育强国与'两个一百年'的奋斗目标是同步的，即到建国 100 年时，我国应该跻身世界高等教育强国的行列。"① 2015 年 10 月，国务院发布的《统筹推进世界一流大

---

① 建设高等教育强国发展战略研究课题组. 建设高等教育强国［M］. 北京：高等教育出版社，2015：209.

学和一流学科建设总体方案》中第一次正式列出了建设高等教育强国的时间表，即"到本世纪中叶，一流大学和一流学科的数量和实力进入世界前列，基本建成高等教育强国"。项目研究的结论与政府的时间表恰好一致，这充分说明"建设高等教育强国的研究，已由学术界的研究转化为国家意志"①。

（二）促进高等教育观念更新

观念更新对于高等教育改革与发展具有重要的作用。改革开放 40 年来，观念更新始终伴随着高等教育改革与发展的进程。也可以说观念更新引导着高等教育改革与发展的走向。如果不改变计划经济体制下所形成的高等教育管理理念、高校办学理念、人才培养理念等，市场经济环境下的高等教育就无法发展，我国高等教育也就不会有现在的规模与水平。观念更新植根于思想的活跃、知识的创造、研究的进展，高等教育学科研究对我国高等教育观念更新的作用是不可忽视的。

这一作用首先表现在高等教育大众化研究对于高等教育发展观念更新的影响。高等教育大众化是进入 21 世纪以来我国高等教育发展的主要趋势之一。早在 20 世纪 80 年代末 90 年代初，我国高等教育研究界就已有关于高等教育大众化的研究。在中国知网收录的以"高等教育大众化"为主题的论文中，发表时间最早的一篇为 1989 年的《日本高等教育的大众化过程及其结构》（《外国教育资料》1989 年第 2 期）。21 世纪初出现了高等教育大众化研究的热潮。相关论文 2000 年有 175 篇，2001 年有 308 篇，2002 年有 499 篇，2003 年有 499 篇。学术界有关高等教育大众化的研究将高等教育大众化的概念及理论传播至全社会，形成了新的高等教育发展理念，对高等教育的实践产生了积极的影响。1999 年 6 月发布的《中共中央国务院关于深化教育改革全面推进素质教育的决定》将标志着进入高等教育大

---

① 瞿振元，王建国．建设高等教育强国的意义与使命 [M]．北京：高等教育出版社，2015：224．

众化阶段的高等教育入学率达 15%作为国家高等教育事业发展的目标，提出"通过多种形式积极发展高等教育，到 2010 年，我国同龄人口的高等教育入学率要从现在的百分之九提高到百分之十五左右"。"高等教育大众化"现已成为描述 21 世纪以来我国高等教育发展特征的一个重要术语，并从学术论著中的概念成为大众媒介的日常用语。

其次，这一作用表现在有关学术权力的研究对于大学内部治理观念更新的影响。在近年来关于大学治理改革的探讨中，"学术权力"是人们常常提到的词。学术权力也成为完善我国大学治理结构实践必须认真面对的一个主要课题。最早将"学术权力"一词引入我国学术界的是 1989 年王承绪教授团队出版的译著《学术权力——七国高等教育管理体制比较》。进入 21 世纪之后，随着高等教育改革的不断深入，有关学术权力的研究广泛而深入地开展起来。张德祥于 2002 年出版了《高等学校的学术权力与行政权力》，指出"高等学校中的学术权力和行政权力是由高等学校基本特性决定的，不对这个问题在管理体制上给予科学定位，很难使高等学校的管理做到科学化、民主化，很难使高等学校管理做到按高等学校运行的规律办事。随着高等学校成为面向社会自主办学的实体，处理好学术权力和行政权力关系问题将越来越显得必要"①。

中国知网收录的以"学术权力"为主题的发表于 1990—2017 年的论文共 3860 篇，其中绝大多数论文都发表于 2000 年之后，2006 年之后每年发表的论文超过 200 篇，研究进入了一个热潮期。深入而广泛的研究使得人们对大学内部治理结构中各种权力、各种组织之间的关系有了更加深刻的认识，意识到必须明确作为学术权力主要载体的学术委员会在大学内部治理体系中的地位，及充分发挥它们作用的重要性。

（三）服务高校人才培养改革实践

人才培养是高等教育改革的核心。在我国高等教育改革的进程中，高

---

① 张德祥. 高等学校的学术权力与行政权力［M］. 南京：南京师范大学出版社，2002：1.

校人才培养模式、课程体系、教学改革始终是实践与研究的主要课题。例如，随着计划经济向市场经济的转变与高等教育体制改革的深入发展，20世纪 50 年代形成的大学教学制度及人才培养过分专业化的问题日益引起人们的关注。20 世纪 80 年代末开始，加强基础、拓宽专业成为高校教学改革的重要内容。在这样的背景下，通识教育研究逐渐兴起。汪永铨先生认为："通识教育（general education）是对近代高等教育有重大影响的一种教育思想与实践。研究它，既为认识高等教育发展历程与规律所必需，更对当前和今后的高等教育改革有重要意义。"[①] 进入 21 世纪之后，在中国知网的数据库中，以"通识教育"为主题的论文数量呈逐年增加的趋势，2002 年有 96 篇，2003 年有 119 篇，2007 年之后，通识教育研究形成热潮，2015—2017 年每年的相关论文都在千篇以上。有关通识教育的理论研究对高校教学改革的实践产生了积极的影响。北京大学 2001 年开始实施以本科教学改革为主要内容的"元培计划"，改革课程体系，以哈佛大学实施通识教育的核心课程为参照，面向全校学生开设通选课。复旦大学 2002年提出"大学本科教育是通识教育基础上的宽口径专业教育"的理念，改革了课程体系，以综合教育课程、文理基础教育课程、专业教育课程作为新课程体系的组成部分，通识教育体现在综合教育课程与文理基础教育课程中。[②] 北京大学在 2014 年修订本科教学计划时，将加强基础作为思想原则，认为在加强专业教育基础的同时一定要注重学生文理通识教育的基础（包括自然科学、人文、社会科学等领域的基础），要努力在专业教育中贯穿博雅教育的理念与思想，全面提高学生的综合素质与学术能力。[③] 经过多年的改革，通识教育已经在我国大学的教学中扎下根，通识课程已经成为许多大学本科生课程体系的一个重要组成部分。

---

① 李曼丽. 通识教育：一种大学教育观 [M]. 北京：清华大学出版社，1999：Ⅰ.

② 王生洪. 追求大学教育的本然价值：复旦大学通识教育的探索与实践 [J]. 复旦教育论坛，2006（5）：5-10.

③ 北京大学. 2014 版本科生教学手册 [EB/OL]. （2015 - 04 - 04）[2018 - 09 - 21]. http：// dean. pku. cn/notice/content. php？mc＝61431&id＝1428041075.

1999 年高校开始扩大招生，各高校学生数量迅速增加，高等教育整体规模迅速扩大，同时也产生了引人关注的教学质量问题。为此，教育部在 2007 年发布了《关于进一步深化本科教学改革全面提高教学质量的若干意见》，随后，推出了"高等学校本科教学质量与教学改革工程"。2012 年教育部又发布了《关于全面提高高等教育质量的若干意见》，指出："牢固确立人才培养的中心地位，树立科学的高等教育发展观，坚持稳定规模、优化结构、强化特色、注重创新，走以质量提升为核心的内涵式发展道路。"在高校提高教学质量的过程中，教师的重要性是不言而喻的。我国高校师资状况与提高教学质量的要求之间还存在着一些不适应情况。一是长期以来形成的"重科研、轻教学"的观念、制度在一定程度上仍然影响着人们；二是大量的青年教师（据教育部统计，2017 年普通高校专任教师 163.3 万人中，不满 40 岁的教师有 87.6 万人，占总人数的 53.6%[①]）面临着如何提升教学能力与水平的问题。与提升教学能力与水平相关的高校教师发展理论在 10 多年前就已引起高等教育研究界的关注。在中国知网的数据库中，2005 年之前以"高校教师发展"为主题的论文还相当稀少，2007 年之后逐步增多，2011 年相关论文数突破 100 篇，2017 年达到 373 篇。教师发展理论的研究成果逐步影响到高校的办学实践。近几年来，许多大学建立了教师（教学）发展中心，以教师培训、教学咨询、教学改革、教学研究为中心开展活动。教育部 2012 年发布《关于启动国家级教师教学发展示范中心建设工作的通知》，提出："以提升高等学校中青年教师和基础课教师业务水平和教学能力为重点，完善教师教学发展机制，推进教师培训、教学咨询、教学改革、质量评价等工作的常态化、制度化，切实提高教师教学能力和水平，建设高素质教师队伍。'十二五'期间，教育部在中央部委所属高等学校中重点支持建设 30 个国家级教师教学发展示范中心。"

---

① 教育部. 专任教师年龄情况（普通高校）[EB/OL].（2018-08-04）[2018-08-21]. http://www.moe.gov.cn/s78/A03/moe_560/jytjsj_2017/qg/201808/t20180808_344755.html.

从以上三个方面可以比较清楚地看到，高等教育研究及高等教育学科在得益于 40 年来我国高等教育改革与发展的同时，也在高等教育改革与发展实践中发挥了重要的作用。可以说，40 年来高等教育理论研究与高等教育实践之间存在着相互促进的关系。这种关系的存在一是因为高等教育学科是一门应用性学科，应用性学科发展的直接动力来自实践，离开了与实践的关联、离开了对实践的回应，高等教育学科发展就会成为"无源之水"；二是因为 40 年来我国高等教育发展在取得巨大成就的同时，也面临着诸如人才培养模式与社会经济不太适应、高等教育管理体制不甚合理、现代大学制度不够完善等诸多深层次的问题，对这些问题的认识与解决需要高等教育学科研究不断提出合适的理论、思路与方法。经过 40 年的发展，高等教育理论与研究介入、影响高等教育实践的路径和渠道逐渐形成，除了学科成果发表平台对实践的辐射之外，决策咨询、实践指导越来越直接地将理论研究与实践发展结合起来。

四、高等教育学科的未来展望

回顾 40 年的高等教育学科发展，可以比较清楚地看到一条伴随高等教育改革与发展的轨迹。高等教育的改革与发展实践在对高等教育研究提出要求的同时，也为高等教育学科提供了丰富的素材。当下，我国高等教育发展进入了一个新的时代，普及化、现代化、国际化是高等教育发展的主要趋势。高等教育毛入学率已经超过 40%，高等教育进入普及化阶段已无须多少时日。"双一流"建设项目在一定意义上规划了到 21 世纪中叶我国高等教育现代化发展的蓝图，即"到本世纪中叶，一流大学和一流学科的数量和实力进入世界前列，基本建成高等教育强国"。我国高等教育将更加深入地融入高等教育国际化的潮流，进一步扩大开放；进一步吸取外国大学发展的经验与教训，深化高等教育改革；进一步注重教育、科研质量与办学水平的提高，提升大学的国际竞争力与学术地位。面对高等教育的未来趋势，高等教育学科发展需要进一步提升理论与研究的解释力、建构力和影响力，以使高等教育学科在我国高等教育普及化、现代化、国际化的发展过程中发挥更大作用的同时，自身也不断成长与成熟。未来，我国高等教育学科发展将从以下方面发力。

首先，提升理论与研究的解释力。所谓解释力，即理论与研究对于现实问题的解释能力——理论与研究能在多大程度上认识事物的本质、厘清事物发展的规律、看清问题的所在及问题产生的原因。高等教育学科面对的是纷繁复杂的高等教育现实和不断深化的高等教育改革。改革开放 40 年来，我国高等教育的发展与改革取得了巨大的成就，在这些成就背后究竟是哪些因素发挥着重要的作用？我国高等教育改革已经进入了深水区，所面临的改革问题主要是哪些？阻碍高等教育改革的因素是什么？完善高等教育治理结构和提升治理能力是当前我国高等教育改革的主要领域之一，什么是适合我国国情的高等教育治理结构？提升治理能力需要什么样的环境与条件？人才培养质量尤其是本科教育的质量已经引起人们的广泛关注，我国人才培养、本科教育中存在的主要问题究竟是什么？其背后的社会、文化、体制的因素又是什么？"双一流"建设已经成为我国高等教育发展的主旋律之一，"双一流"建设需要什么样的制度环境？"双一流"建设会给我国高等教育发展带来什么样的影响？等等。这些现实问题需要高等教育学科进行深入的研究，提出科学、合理的解释。毋庸讳言，经过 40 年的建设，高等教育学科理论与研究已经具备了对高等教育现象和问题的解释能力，但是解释力还不高。进一步提升高等教育学科理论与研究的解释力，需要在研究方法、研究视野、研究思路、理论思维等方面做进一步的努力。

其次，提升理论与研究的建构力。所谓建构力，即理论与研究提出解决问题的思路与方法以及构建学科理论体系的能力。马克思说过："哲学家们只是用不同的方式解释世界，而问题在于改变世界。"改变世界不仅需要批判能力，同时需要建构能力。高等教育学作为一门应用性的社会科学，不仅要对高等教育现实中的问题与改革提出科学的解释，而且应对解决问题的对策与改革的思路做出合理的推论。如关于前面提到的问题与改革，如何完善高等教育治理结构与提升治理能力，如何提高人才培养尤其是本科教育的质量，如何实施"双一流"建设，如何提高我国高校的科技创新能力与服务社会能力，等等，都需要高等教育学科理论与研究给出合适、可行的参考答案。

此外，理论与研究的建构力还包括构建学科理论体系的能力。如前所述，高等教育学科在建设之初就将构建学科体系作为主要目标，40 年来，许多研究者在构建高等教育学科的理论体系、知识体系方面做出了积极的努力，取得了不少进展。不过，应该看到高等教育学的学科体系尤其是学科理论体系尚存在一些不完善、不成熟之处。潘懋元先生曾经说过："学科建设，应当把最终建立完整的科学理论体系作为一个长远努力的目标。"① 进一步提升高等教育学科理论与研究的建构力，需要融通其他学科的理论与方法，保持"板凳甘坐十年冷"的学术定力以及长期坚守的学术理想。

再次，提升理论与研究的影响力。所谓影响力，可以从两个维度来理解，一是就理论与实践的关系维度而言，指理论与研究对实践的影响力，可谓实践影响力；二是从我国与外国的关系维度出发，指我国的理论与研究在国外的影响力，可谓国际影响力。

理论与研究的实践影响力与解释力、建构力紧密关联。如果理论与研究不能对实践中的问题做出科学、准确的解释，不能为解决问题给出合理、可行的思路与方法，就不能对实践产生应有的影响，实践影响力也无从谈起。从前面对高等教育学科发展 40 年的回顾与总结可以看到，无论对国家高等教育发展战略、政府政策，还是对高校内部治理、人才培养改革，高等教育学科理论与研究都产生了积极的影响，这些影响有些是直接的、显性的，有些是间接的、隐性的。进一步提升高等教育学科理论与研

---

① 胡建华，等 . 高等教育学新论 ［M］. 南京：江苏教育出版社，1995：序 1.

究的实践影响力，需要坚持学科研究的应用性，强化学科研究的问题意识，优化学科研究的方法和思路。

高等教育国际化是近几十年来世界高等教育发展的主要趋势之一。高等教育国际化给开放的中国高等教育带来了许多影响，这些影响既表现为人员、机构国际交往的日益频繁，也表现为学术、理论国际交流的日渐深入。我国是高等教育后发国家，长期以来处于学术理论与思想的"受信"状态，学习国际上先进的学术理论与思想，用国际上先进的学术理论与方法研究中国问题。经过40年的改革开放，随着经济发展与国家实力的逐步增强，我国学术研究队伍也不断壮大，向国际学术界"发信"正在或即将成为现实，也就是把我国的学术理论与思想传播至国外，扩大国际影响力。由"受信"发展到"发信"，这需要高等教育学科研究在理论、方法以及研究者素质、传播能力等方面做持续而长期的努力。唯有如此，才能提升高等教育学科理论与研究的国际影响力，进而使我国由高等教育研究大国发展成为高等教育研究强国。

⋯⋯ **作者简介** ⋯⋯

胡建华，南京师范大学教育科学学院教授。

中国成人教育学科发展的历史回顾、研究主题与展望

孙立新　乐传永

改革开放 40 年来，中国哲学社会科学所取得的成绩有目共睹，作为一门兼具实践与理论特性、紧密契合时代发展潮流的新兴学科，成人教育学科是否也获得了同步的发展？中国成人教育学科取得的成绩具体体现在哪些方面？涉及哪些研究主题？未来的研究热点和研究趋势又将是如何？本文以上述问题为出发点，对中国成人教育学科的现状与未来加以系统的梳理与分析。研究发现，经过学者们 40 年的艰辛求索，成人教育学科在研究机构的组建、专业学位点的授权与建设、学术研究进展、平台载体的建设等方面取得了巨大进步。结合文献图谱分析、内容分析以及对国内知名成人教育专家的访谈等方法，我们发现，成人教育学科的发展主题聚焦于成人教育学科范式、终身教育、远程教育、社区教育、特定群体教育五个方面。展望未来，成人教育研究在一定时期内将更加聚焦于实践问题，老年教育与农民工教育将成为研究热点，实证研究方法将成趋势，中国成人教育研究在国际成人教育领域的话语权有待进一步提高。

改革开放 40 年来，随着终身教育、学习型社会实践的不断推进和日渐深入人心，我国的成人教育学科发展取得了空前的成就，成人教育实践变革的水平得以迅速提升。进入新时代，我国成人教育学科发展要立足实

践，通过问题导向和问题聚焦，以实证研究方法，不断拓展理论研究的视野，提升研究的质量和水平，为实践改革提供坚实的理论指导。

一、成人教育学科发展的历史回顾

1986 年 12 月，我国首次召开了全国成人教育工作会议，随后，国务院批转了国家教育委员会《关于改革和发展成人教育的决定》，这对我国成人教育学科的发展有着里程碑式的意义。此后，成人教育学科发展问题逐渐被学者们所关注。目前，我国成人教育学的学科体系已初步构建并逐渐走向完善，在研究机构组建、学位点授权、学术研究、平台建设等方面取得了显著成效。

（一）研究机构的建立

我国成人教育研究机构主要分为三大类，分别是官方组建的研究机构、高校组建的研究机构和社会性学术组织①。

官方研究机构由政府组织和管理，主要为政府咨询决策服务。1978年，中央教育科学研究所成立了教育制度研究室，该研究室是成人教育研究中心的前身，这为我国成人教育理论工作者进行研究活动提供了官方平台。② 随后，地方各级教育行政部门、教育科学研究院等也相继成立了成人教育研究机构。

高校的成人教育研究机构主要包括普通高校成人教育学院、独立设置的成人高等院校的成人教育研究机构以及成人教育学专业博士或硕士学位授权点。1981 年华东师范大学成立了成人高等教育研究室，1986 年曲阜师范大学成立了成人教育理论研究室，全国其他高校也纷纷效仿建立了成人

---

① 贾凡. 我国成人教育学科建制的 30 年回顾与展望 [J]. 河北师范大学学报（教育科学版），2009（1）：106-110.
② 何红玲，夏家夫. 我国成人教育研究的回顾与反思 [J]. 成人教育学刊，2002（4）：16-19.

教育研究机构。1979 年，中央广播电视大学（现国家开放大学）和各地广播电视大学相继成立。这些机构都广泛开展成人教育的学术研究和应用研究。

1982 年成立的中国成人教育协会是我国最早成立并且最具代表性、影响力的社会性学术研究团体，现有分支机构 22 个、单位会员 454 个。中国成人教育协会成立后，中国职工教育研究会、中国继续工程教育协会、中国老年教育协会等相继成立。这些学术团体在全国各地也相应成立了分支团体，与地方学术团体一起形成了全国性的组织网络，以少数专职人员为骨干，以兼职研究人员为主体，初步形成了专兼职相结合的成人教育研究队伍。这类学术团体和研究人员从自己所从事的专业出发，在工作中对实践经验进行总结、反思，开展学术研究活动，形成了一些具有实际应用价值的理论。

随着成人教育学科的不断发展，成人教育研究力量也在不断发展壮大，各种研究团队渐成规模，在全国范围内呈现出良好的发展态势。

（二）专业学位点授权与建设

1. 学位授予单位分布情况

1992 年，《学科分类与代码》颁布，成人教育学作为二级学科被列入我国国家标准体系。1997 年，《授予博士、硕士学位和培养研究生的学科、专业目录》由国务院学位委员会与国家教育委员会联合颁布，成人教育学专业被列入其中。在此背景下，1993 年，华东师范大学获批设立我国第一个成人教育学硕士学位授权点；1998 年，曲阜师范大学获批设立全国第二个成人教育学硕士学位授权点；进入 21 世纪，我国又相继有多所高校获批设立了成人教育学硕士学位授权点；2004 年，华东师范大学获批设立了我国成人教育学专业第一个博士学位授权点。到目前为止，我国已有华东师范大学、西南大学和南京师范大学等高校的成人教育学专业招收博士研究生，成人教育学博士、硕士学位授予单位已达到 42 个，主要集中在华东、华北、西南等地区的师范类院校。

2. 研究生培养情况

研究生培养是成人教育学学科建设和发展的重要内容，是保存、扩大成人教育研究力量的重要手段。目前，我国成人教育学的研究方向有近 20 个，包括成人教育学原理、终身教育与学习、成人教育哲学、成人教育社会学、成人教育管理、成人教育课程与教学论、成人教育心理学、成人高等教育、企业人力资源开发、社区教育、老年教育、教师继续教育、比较成人教育等。

截至 2018 年，成人教育学各学位点共发表了 1258 篇学位论文。其中，学位论文发表数超过 100 篇的有华东师范大学（204 篇，其中博士论文 16 篇）、四川师范大学（154 篇）、曲阜师范大学（140 篇）。

（三）学术研究进展情况

1. 研究课题的立项

"六五"期间，成人教育学作为一个独立研究领域，其课题首次被纳入全国教育科学规划之中，共有 2 项全国教育科学"六五"规划立项重点课题，分别是张腾宵的"干部教育问题研究"、王文林和余博的"成人教育概论"。[①] 此后，从"六五"到"十三五"的八个五年规划课题中，涉及成人教育的课题共计 401 项，几乎涵盖了成人教育的所有领域（见表 1）。

表1　"六五"至"十三五"期间全国教育科学规划成人教育课题主题分布

研究领域	立项数（个）	比重（%）
岗位培训	86	21.45
远程教育	63	15.71

---

① 孙培东，徐明祥. 我国成人教育期刊的历史发展回顾 [J]. 中国成人教育，2016（10）：4-9.

续表

研究领域	立项数（个）	比重（%）
农村成人教育	60	14.96
社区教育	25	6.23
成人高等教育	18	4.49
教学与课程	18	4.49
继续教育	19	4.74
老年教育研究	18	4.49
成人学习	20	4.99
成人非正规教育研究	15	3.74
成人教育发展战略研究	13	3.24
成人教育社会学研究	11	2.74
妇女教育	9	2.24
终身教育研究	9	2.24
扫盲教育	8	2.00
社会力量办学研究	5	1.25
成人教育学科建设研究	4	1.00

2. 学术论文的发表

1989—2018 年，成人教育方面的学术论文发表总量为 174525 篇，呈不断上升之势。其中，成人教育主题 85707 篇，远程教育主题 25880 篇，特定群体教育主题 36076 篇，终身教育主题 13221 篇，社区教育主题 10787篇，其他主题（华侨教育、父母教育、乡土教育等）2854 篇。

3. 相关著作的出版

成人教育的著作不仅是成人教育研究者思想的结晶，也是成人教育研究中较具代表性的成果。

利用国家图书馆、超星数字图书馆、读秀学术搜索、中国知网、百度学术检索平台的检索结果显示，40 年间，我国成人教育学著作达到 634 部，尤其在 1991 年后呈现明显的增长趋势（见图 1）。从著作的研究主题看，涉及的范围较广，其中以"成人高等教育""成人教育基本理论研究""地方成人教育"为主题的著作分别以 98 本、77 本和 70 本的总量位居前三。2011—2018 年，农村成人教育、网络教育、终身教育与终身学习的相关研究明显增多，这与当今我国城镇化进程加快、信息技术发展和终身教育理念普及不无关系。

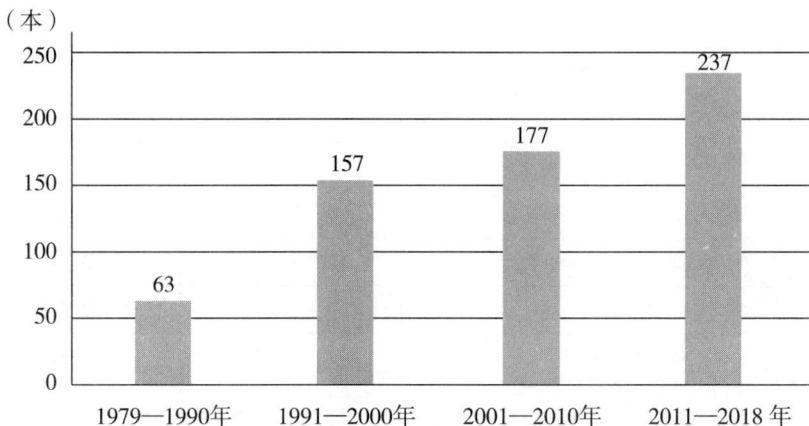

图 1　1979—2018 年我国成人教育著作的增长趋势

（四）平台载体的建设

经过 40 年的发展，成人教育学科的学术期刊与网络平台已初具规模，已成为成人教育学科建设中重要的文献载体与沟通平台。

1. 专业学术刊物

黑龙江广播电视大学在 1979 年创办的《电大教育》是我国第一本成人教育专业学术期刊。随后，我国综合性成人教育期刊《北京成人教育》（1980 年）、《成人教育》（1981 年）、《上海成人教育》（1983 年）也相继创刊。2000—2011 年是我国成人教育期刊的调整、转型期。从 2012 年至今，成人教育相关期刊开始稳步、快速地发展起来（见表 2）。

表 2　我国成人教育相关期刊汇总

期刊	主办单位	创刊时间	期刊级别
《现代远程教育研究》	四川广播电视大学	1988 年	CSSCI
《远程教育杂志》	浙江广播电视大学	1983 年	CSSCI
《中国远程教育》	中央广播电视大学	1981 年	CSSCI；核心期刊
《现代远距离教育》	黑龙江广播电视大学	1979 年	CSSCI
《终身教育研究》	江苏开放大学	1990 年	—
《继续教育研究》	哈尔滨师范大学	1984 年	核心期刊
《成人教育》	黑龙江省教育学院	1981 年	核心期刊
《中国成人教育》	中国成人教育协会、山东省教育厅、山东成人教育协会	1992 年	核心期刊
《当代继续教育》	湖北大学	1993 年	—
《高等继续教育学报》	华中师范大学	1988 年	—
《现代教育》	山东省职业教育与成人教育研究所	1999 年	—
《中国培训》	中国职工教育和职业培训协会	1992 年	—
《继续教育》	总装备部继续教育中心	1987 年	—
《妇女生活（现代家长）》	河南省妇女联合会	2002 年	—
《贵州广播电视大学学报》	贵州广播电视大学	1996 年	—
《家庭教育（幼儿家长）》	浙江省妇联、浙江省家庭教育学会	1983 年	—
《家庭教育（中小学生家长）》	浙江省妇联	1983 年	—
《早期教育（家教版）》	江苏教育报刊社	1983 年	—
《中国农村教育》	教育部城市与农村教育综合改革办公室	1989 年	—
《中华家教》	中国家庭教育学会	1992 年	—

2. 专业网络平台

1998 年中国成人教育信息网成为我国第一个成人教育类网站。此后，其他成人教育类的网站也相继开通。例如，2003 年成人教育协会开通中国成人教育协会网络中心，2004 年教育部开通社区教育实验网站等。除了协会团体、政府所开通的网络媒介，我国一些高校的继续教育学院的官方网站也是强有力的成人教育网络载体。此外，中国知网、维普中文期刊服务平台、超星数字图书馆和万方数据知识服务平台等中国各大学术文献数据库也收录了有关成人教育的著作、期刊论文和报纸等电子版文献。

二、成人教育学科的研究主题

我们利用中国知网、万方数据知识服务平台、维普中文期刊服务平台、超星数字图书馆等几大文献搜索平台，使用 SPSS、Excel、CiteSpace 等研究工具，结合文献图谱分析、内容分析以及对国内知名成人教育专家的访谈等，研究发现，改革开放 40 年来中国成人教育学科的发展主题聚焦于成人教育学科范式、终身教育、远程教育、社区教育、特定群体教育五个方面。

（一）成人教育学科范式研究

我国成人教育研究始于 20 世纪 80 年代，代表性的成果有关世雄的《成人教育的理论与实践》（1986 年），王文林等的《成人教育概论》（1988 年），王茂荣等的《成人教育学基础》（1988 年），叶忠海等的《成人教育学通论》（1997 年），杜以德等的《中国成人教育学科体系结构及其分类研究》（2006 年），谢国东等的《面向 21 世纪中国成人教育学科建设研究》（2002 年），董明传等的《成人教育史》（2002 年）、《中国成人教育改革发展三十年》（2008 年），乐传永等的《成人教育转型发展研究》（2014 年），高志敏的《成人教育学科体系论》（2017年），等等。

1. 成人教育学科体系建设

对于成人教育学科体系相关研究贡献较大的分别是曲阜师范大学杜以德牵头的团队，华东师范大学的叶忠海、高志敏，以及江西师范大学曾青云带领的团队，他们或是对成人教育学科发展做出了巨大的贡献，或是长期致力于成人教育学科的相关研究，对促进成人教育学科体系的建设、完善发挥了举足轻重的作用。成人教育学科体系的相关研究大致经历了缘何构建、如何构建以及构建何如三个阶段。

缘何构建主要着眼于解决学科体系构建的元问题。相对于创建成人教育学或以成人教育学为主干的成人教育学科群的欧美诸国而言，中国的成人教育学科体系建设面临从"成人教育学在中国"转向"中国成人教育学"的挑战，这是中国成人教育理论研究及学科建设的应然趋势。① 成人教育学科在建立之初，其存在的必要性与价值意义饱受质疑和争议，对其进行价值分析与目标定位在当时显得尤为重要。②

21 世纪初，人们从对成人学科体系的独立性、价值意义等内容的关注开始转向探讨如何构建成人教育学科体系。首先，要解决元认识问题，即逻辑起点问题。随着成人教育学理论体系逐步走向成熟，探讨成人教育学科体系逻辑起点的内外部条件和主客观条件已基本具备，这对成人教育学科的独立性具有重要的价值和意义。成人教育学科要想获得完全独立，走向真正成熟，就必须认真研究并确立自身的逻辑起点。③ 除了逻辑起点，还应该确定成人教育学科的研究对象，并审视成人教育学科的科学性问题。在辨明相关问题的基础上，要遵循反思性、自主性、综合创造性、科

---

① 韩钟文，杜以德. 中国成人教育学科发展构想 [J]. 中国成人教育，2005（7）：36-37.

② 张红艳，张夫伟. 我国成人教育学学科建设的价值分析与目标定位 [J]. 湖北大学成人教育学院学报，2003（3）：33-35.

③ 杜以德. 成人教育学科体系的逻辑起点 [J]. 教育研究，2006（10）：43-45.

学性等四大原则①，通过提高"理论一体化水平"、创新研究方法、组建研究基地等举措，推进成人教育学科体系建设②。理论创新与学术建设是成人教育学科进一步发展的关键。③ 也有研究者提出，成人教育学科建设需要寻找自己的母体学科，并从中汲取养分。④ 此外，学者们也开始针对成人教育学科所涉及的具体内容展开研究，如对学科独立性的探讨、对成人教育学词源的追溯、对成人教育学语境的审思、对当代成人教育期刊困厄的焦虑、对我国成人教育学专业硕士学位学科建设问题的探讨、对成人教育著作目录的分析、对成人教育学科发展史的梳理等。

2010 年前后，成人教育学科体系研究进入了一个新的发展时期。成人教育学科体系研究内容包括成人教育专题，成人教育基础性学科或主干性学科，成人教育分支学科，成人教育学科群中的边缘学科、交叉学科、综合性或整合性学科，成人教育元理论。⑤ 从反思和改革角度看，成人教育学科体系研究包括对成人教育学科体系建设的回顾、对转型语境下的成人教育学科建设与发展的关键因素的界定、对成人教育学科定位问题的剖析、对学科使命的关注、对评价体系构建的科研引导等。

2. 成人教育定位研究

成人教育定位的相关研究主要包含成人教育概念的界定以及与其他教育类型的关系梳理两个方面。

由于成人教育本身的复杂性以及不同研究者不同的立场与价值取向，学界对成人教育学与成人教育概念的认识仍然存在辨识不清的问题，这种现状极不利于成人教育的理论建构和实践发展，因此，厘清成人教育相关

① 柳士彬. 成人教育学科体系建设的基本原则 [J]. 教育研究，2006（10）：45-47.
② 何爱霞. 成人教育学科体系建设的推进举措 [J]. 教育研究，2006（10）：47-48.
③ 赖立. 推进成人教育学科发展的关键：理论创新与学术建设 [J]. 河北大学成人教育学院学报，2007（1）：5-8.
④ 许瑞泉. 成人教育学：期待母学科的重建：成人教育学学科建设之思考 [J]. 现代教育管理，2008（9）：67-69.
⑤ 杜以德，韩钟文，何爱霞. 中国成人教育学科体系结构及其分类研究 [M]. 北京：高等教育出版社，2006：3.

概念具有重要价值和意义。

成人教育的概念、本质的研究始于 20 世纪 80 年代。王文林等人认为，"成人教育学是从分析研究成人教育过程中的诸多现象入手，揭示成人教育作为一门独立的社会科学的特有规律"①。张维认为，"成人教育学是教育学的一个分支学科，是研究成人教育规律的各门学科的总称，是成人教育实践的提炼和升华，并在社会实践中得到检验和发展"②。谢国东等人提出，"成人教育学是教育学的一个分支学科，是成年人教与学的科学和艺术，是对成人教育进行学术性研究而形成的一个理论体系"③。该观点被认为是关于成人教育学最权威的概念界定。尽管如此，此表述仍然没有摆脱美国成人教育学家马尔科姆·诺尔斯（Malcolm S. Knowles）的成人教育学定义——帮助成人学习的艺术、科学和方法④。时至今日，有关成人教育学概念的研究并未有太大突破，大多通过对名称由来、意涵界定、关系辨析等考察，把"成人教育学"作为一种由概念、关系、范畴、命题构成的认知领域。

自 20 世纪 90 年代以来，所谓"替代论""合并论""分解论""终结论""淡化论"等模糊观点被认为影响成人教育的发展。⑤ 通过与其他相关教育类型进行比较，成人教育学科的独特性得以凸显。相关成果主要聚焦在成人教育与继续教育、职业教育、终身教育三个教育类型的关系辨析上。关于成人教育与继续教育的关系，有三种观点。第一种是阶段论。"继续教育是成人教育形成中的高级形态"，是"成人教育中实施高层次教育的部分"。⑥"成人教育"与"继续教育"不仅"名"不相同，而且在教

---

① 王文林，余博，宋文举. 成人教育概论 [M]. 哈尔滨：黑龙江教育出版社，1988：3.

② 张维. 成人教育学 [M]. 福州：福建教育出版社，1995：39.

③ 谢国东，赖立，刘坚. 面向21世纪中国成人教育学科建设研究 [M]. 北京：高等教育出版社，2002：29.

④ 杜以德，韩钟文，何爱霞. 中国成人教育学科体系结构及其分类研究 [M]. 北京：高等教育出版社，2006：109.

⑤ 叶忠海. 现代成人教育研究：历程和进展特点：为我国改革开放30周年而作 [J]. 成人教育，2008 (6)：90-93，114.

⑥ 丁保朗. 成人教育、继续教育、终身教育概念之诠释 [J]. 成人高教学刊，2006 (2)：33-35.

育本质属性、教育对象、教育功能、教育形式和内容、教育实践等"实"的方面也差异甚大，继续教育只是成人教育中层次最高的部分，如果用"继续教育"来取代"成人教育"，就把成人教育的范围窄化了，导致名实不符。① 第二种是代替论。这种观点主要是基于《国家中长期教育改革和发展规划纲要（2010—2020 年）》第一次从国家政策层面系统阐述了继续教育的内涵、任务，认为这有效避免了对"继续教育""成人教育"概念的语义学误解，保持了语言系统的一致性。② 第三种观点是并行论。这种观点认为"成人教育"和"继续教育"之间最恰当的关系是保持各自的教育旨趣，在实践中并行不悖、共生共荣。③ 目前对成人教育与职业教育关系的研究，主要有三种观点：二者既相互联系又相互区别；二者虽存在交叉，但又不能互相取代；二者各有特色却趋于融合。④ 产生于 20 世纪 60年代的终身教育与成人教育联系密切：终身教育是成人教育的指导理论；成人教育是终身教育的实践途径；成人教育对象构成了终身教育对象的主体；终身教育是成人教育的最终目的，应以终身教育理念来引导我国成人教育转型发展。

3. 成人教育学分支学科的研究

成人教育管理学、成人教育哲学、成人教育社会学、成人教育史等学科获得了巨大的进展。

成人教育管理学研究涉及宏观与微观、外部与内部、静态与动态等多重问题，研究内容主要有管理体制、政策法规、组织管理、教学管理、人事管理等。成人教育哲学作为成人教育研究的理论基础和指导方法，在成人教育学科体系中占有重要位置。我国的成人教育哲学研究起步于 20 世纪

---

① 邵晓枫. 不能用"继续教育"代替"成人教育"：谈"成人教育"与"继续教育"的名与实[J]. 职教论坛，2010（28）：27-30.

② 龙汛恒，张妙华，武丽志. 成人教育与继续教育：概念的内涵与发展［J］. 中国成人教育，2013（14）：7-10.

③ 康燕茹. "成人教育"与"继续教育"真实关系剖析：名与实的角度［J］. 继续教育研究，2017（6）：4-6.

④ 叶忠海. 成人教育和职业教育关系研究［J］. 教育研究，1996（2）：20-25.

七八十年代，主要以引进西方成人教育哲学理论为主。2000 年以来，我国成人教育哲学本土化研究开始萌芽，并逐步影响成人教育理论和实践活动。① 我国成人教育社会学的发展虽然与西方相比起步较晚，但成果较为丰富，主要包括社会结构与成人教育之间的关系，社会变迁、社会流动与成人教育之间的关系，成人社会化与成人教育等方面。成人教育史的研究主要聚焦于研究对象与方法、研究内容与类型等。成人教育比较研究分为区域研究和问题研究，以国家或世界整体为研究对象，几乎涵盖成人教育的所有研究领域，包括成人教育制度、成人教育管理、成人教育立法、成人教育课程设置、成人扫盲、成人高等教育、大学后继续教育、函授教育、远距离教育、农民教育、职工教育、妇女教育等。

（二）终身教育相关研究

终身教育自 20 世纪 60 年代被正式提出并于 80 年代被引入我国后，相关理论和实践研究不断发展，涌现出了一大批研究成果，如胡梦鲸的《终生教育典范的发展与实践》（1997 年），吴遵民的《现代国际终身教育论》（1999 年）、《现代中国终身教育论》（2003 年），陈乃林的《终身教育纵横谈》（2001 年）、《面向 21 世纪中国终身教育体系研究》（2002 年），吴明烈的《终身学习：理念与实践》（2004 年），赵红亚的《迈向学习社会：美国成人教育思想与实践的传统和变革》（2004 年），高志敏等的《终身教育、终身学习与学习化社会》（2005 年），叶忠海的《创建学习型城市的理论和实践》（2005 年），孙冬喆的《通向终身学习的路径与机制：中国学分银行制度建设研究》（2015 年），潘懋元、李国强的《现代终身教育理论与中国教育发展》（2017 年），朱敏的《国际终身学习政策推展模式研究》（2017 年）。这些研究成果主要包括四个方面的内容：终身教育政策、终身教育体系构建、学习成果认证、终身教育比较。

---

① 耿金龙，刘卫萍. 近三十年我国成人教育哲学研究综述 [J]. 河北大学成人教育学院学报，2008（1）：29-31.

1. 终身教育政策研究

作为国际化的教育思潮，终身教育为采取不同社会制度的国家所广泛接受，成为国家教育的基本政策和发展战略。我国早期的终身教育研究大多还停留在对国外终身教育政策的借鉴上，如饶从满、满晶以比较的角度对日本终身教育政策进行了分析①。随着终身教育理念和实践的深入，研究者们开始关注终身教育政策的构建等相关问题，如对区域终身教育政策的比较、对终身教育的历史分析、对终身教育政策基本架构的思考等。

2. 终身教育体系构建研究

1986 年，李友芝就提出了建立一个全人生、全社会的终身教育体系。② 现在终身教育体系的相关研究主要集中于终身教育体系的必要性与可行性、完善终身教育体系的构想及建议、学习成果认证问题。建立和完善一个能满足所有社会成员教育需求的终身教育体系，必须结合我国具体国情，树立终身教育、终身学习理念，改变教育观念，调整教育结构，创新教育体制，协调各类教育的关系，研究各类教育之间的融合和衔接，建立一个融会贯通的终身教育体系。③

3. 学习成果认证问题研究

终身学习体系中，学习路径是多元的，需构建科学合理的制度和体制机制，让学习者的学习成果认证更方便、更快捷，搭建终身教育"立交桥"，打破各种教育类型之间的壁垒，加强各教育类型之间的衔接。④ 学分银行被认为是借用了银行的名称和部分功能，对学习者从不同教育系统、不同学习方式中所获得的学分或学习成果进行认证、累积和转换。因此，首先需解决学分银行建设的动力机制问题，明确政府的主体角色，教育机构积极主动参与，行业积极配合。同时，充分认识学分银行理念是构建学

① 饶从满，满晶. 日本终身教育政策试析 [J]. 外国教育研究，1994 (4)：35-40.
② 李友芝. 建立一个全人生、全社会的终身教育体系：教育未来发展探讨：上 [J]. 北京成人教育，1986 (6)：28-29；李友芝. 建立一个全人生、全社会的终身教育体系：教育未来发展探讨：下 [J]. 北京成人教育，1986 (7)：28-30.
③ 齐幼菊，龚祥国. 终身教育体系构架探析 [J]. 中国远程教育，2010 (11)：29-34.
④ 黄小云. 学分银行在终身教育中理念及价值的思考 [J]. 天津电大学报，2017 (3)：44-47.

分银行动力机制的前提；激发动力、控制过程、避免阻力是构建学分银行动力机制的内容；整合动力，形成上下联动、系统推进的各类措施是构建学分银行动力机制的关键。① 学习成果认证与转换的质量直接影响学分银行的生存和发展，需借鉴当前国际学分银行和资格框架关于学习成果认证质量的保障机制与具体内容，建立内部保障体系及相应流程。②

4. 终身教育的比较研究

我国关于终身教育的比较研究始于 20 世纪 80 年代对日本终身教育问题的研究。③ 这些研究对日本从小学到大学的各层次教育情况，以及涉及社会教育和职工教育等各类教育的进展情况进行了梳理。④ 直至今日，有关国外终身教育的研究视野大大拓宽，涉及日本、韩国、瑞典、美国、英国、瑞士、加拿大等国。研究包括以下几个方面。对国外终身教育发展的特点与现状进行分析和介绍；对国外终身教育政策中的具体问题（如国民教育机会、发展进程）进行研究；对现代国际终身教育理论发展进行研究；对联合国教科文组织终身教育的话语实践进行分析⑤；对国际教育思潮发展趋势进行探析；等等。

（三）远程教育研究

远程教育的研究始于 1982 年对国外开放教育的引入与介绍，包括对韩国开放大学制度、英国开放大学模式、西班牙马德里的远距离教育大学，以及后来对斯里兰卡、德国、加拿大、美国的大学远距离教育的研究。1986 年以后，以丁兴富等为代表的研究者开始探讨远距离教育的课程设置问题，有关远程教育的研究取得了丰富的成果。一是较高的研究平台，如

① 吴南中. 学分银行建设的动力机制及其构建研究 [J]. 中国远程教育, 2017 (4)：72-78.
② 江颖，黄霖. 终身教育中学分银行学习成果认证和转换的质量保障研究 [J]. 当代继续教育, 2017 (2)：36-43.
③ 梁忠义. 关于日本的终身教育问题 [J]. 日本教育情况, 1980 (1)：9-11.
④ 孙世路. 日本终身教育的进展 [J]. 东北师大学报, 1981 (5)：6.
⑤ 滕珺. 回归人的价值理性：联合国教科文组织 "终身教育" 的话语实践分析 [J]. 比较教育研究, 2011 (4)：68-72.

相关杂志,《中国远程教育》《中国电化教育》《开放教育研究》《现代远程教育研究》《电化教育研究》《现代远距离教育》《远程教育杂志》等都被 CSSCI 收录。二是研究人员和研究机构比较集中。远程教育的研究人员主要是长期从事远程教育的专家和学者。丁兴富、陈丽、丁新等被认为是国内远程教育方面的开拓者和引导者。华南师范大学和北京师范大学南北两个研究中心逐渐形成。相关著作如周简叔的《世界函授高等教育概观》（1988 年），丁新等译的《远距离教育基础》（1996 年）、《远距离教育理论原理》（1999 年），黄清云的《国外远程教育的发展与研究》（2000年），丁兴富的《远程教育学》（2001 年）、《远程教育研究》（2002 年），陈丽的《远程教育》（2011 年），冯晓英的《远程教育中的专业课程体系开发》（2014 年），都是较有代表性的作品。总的来看，主要的研究成果大致可以归为质量、资源、教学三个方面。

1. 远程教育的质量研究

经过 20 多年的发展，远程教育已经成为我国成人教育的重要力量。在经历了前几年快速的规模扩张之后，如何提高质量成为当前远程教育亟待解决的问题。目前，有关远程教育的质量问题主要聚焦于教学的质量提升与监控①、质量保证及评价体系的构建。提高远程教育实践教学质量，必须建立规范、合理、科学的远程教育实践教学质量保障体系。由政府、继续教育机构、第三方质量监测中心协同完成组织实施，三者同为质量保证的核心利益相关者，三者协同作用促进质量保证体系的有效实施。②

2. 远程教育资源研究

远程教育资源研究主要包括资源的建设研究、资源的开发与应用研究等内容。远程教育资源建设开展了十余年，在教育界产生了较大影响。资

---

① 朱起民. 互联网+时代电大（开放大学）开放教育学生课堂教学质量提升方面"互联网+教育"内涵解析与推进机制研究 [J]. 教育现代化, 2017（50）: 63-64; 肖俭伟, 张莉, 杨钰, 等. 远程高等教育教学服务质量标准研究 [J]. 江西广播电视大学, 2018（2）: 16-28.
② 叶忠海. 现代成人教育研究: 历程和进展特点: 为我国改革开放 30 周年而作 [J]. 成人教育, 2009（12）: 4-8.

源建设的重要内容之一就是课程资源，其中涉及网络精品课程、微课程的开发与设计等。有学者认为，开放在线课程是从开放"资源"走向开放"课程"和"教学过程"。

3. 远程教育的教学问题研究

远程教育中的教学问题受到研究者的普遍关注，主要包括两个方面：教师综合素养与教学平台设计。远程教育并没有削弱教师在教学过程中的作用，相反，它对从事远程教育的教师提出了更高的要求。20 世纪以来，远程教育界为建设专业化的师资队伍进行了持续的实践探索和理论研究。有研究者对远程教育中教师的角色、素养和专业发展的实践与研究进行了梳理和分析，反思该领域的现状与存在的问题。[1] 有学者提出，远程教育教师培训可以借鉴企业大学的经验，提高教师的教学能力和支持服务能力，线上线下相结合的混合培训是主要途径和基本形式。[2] 随着科技的发展，各种技术手段为远程教育提供了更多的平台，如慕课的远程教育平台、微信公众平台、"互联网+"的教育直播平台、安卓平台实时互动系统设计[3]等。

（四）社区教育研究

我国社区教育于 20 世纪 80 年代初期起步。1986 年上海市真如地区率先成立真如中学社会教育委员会，标志着我国社区教育进入了自觉发展的新时期。[4] 社区教育的相关研究始于对美国社区学院的关注，包括发展困境、经费来源，经费支配、职能、发展前景等内容。1989 年，我国学者在区域范围内对社区教育的情况展开了零星的分析。[5] 总的来看，1980—2000 年，社区教育研究主要集中在对国外经验的介绍、概念界定和关于其

---

① 翁朱华. 我国远程教育教师角色与专业发展 [J]. 开放教育研究，2012（1）：98-105.
② 严冰，孙福万. 关于远程教育教师专业发展的若干思考 [J]. 中国远程教育，2012（6）：68-74.
③ 俞军. 基于网络环境的远程教育平台设计与实现 [D]. 成都：电子科技大学，2011.
④ 宁安生. 我国社区教育回顾与展望 [J]. 辽宁教育研究，2000（12）：30-32.
⑤ 宋崇鑫. 社区教育初探 [J]. 华东师范大学学报（教育科学版），1989（1）：71-74.

性质、内容和功能等方面的思考。到 21 世纪初，社区教育相关研究逐渐增多，涌现出一批研究成果。代表性著作有叶忠海、朱涛的《社区教育学》（2009 年），陈乃林、刘建同的《学习型社会建设中的社区教育发展研究》（2010 年），汪国新、余锦霞的《社区学习共同体的四大支柱》（2016 年），黄健、庄俭的《社区教育我们这样做：上海终身教育案例》（2016 年）、张永的《社区教育内涵发展论》（2018 年）等。对社区教育的研究主要集中在社区教育模式、社区教育资源共享两大方面。

1. 社区教育模式研究

社区教育模式是指社区教育的主要构成要素按一定的结构和功能，为保障社区居民终身学习、实现社区教育目标而形成的运作方式。目前对社区教育模式的研究主要从内容、区域、比较、对象、形式等几方面展开：对健康教育模式的探讨；对具体区域教育模式，如城乡统筹背景下成人社区教育模式的研究；对日本"原型体验"教育模式的研究；针对青少年的"三位一体"教育模式及实施路径的探究；对移民、农民工的社区教育模式创建及价值的研究；对教师继续教育社区模式的探析；对社区教育模式创新、发展方向的研究，如建构智慧行动教学模式倡导从做中学，实现愉悦学习、行知互动、大家分享、成果测评的目的。

2. 社区教育资源共享研究

随着终身教育体系的构建，社区教育的资源共享问题日益受到关注，目前还存在着共享意识淡薄、资源利用效率不高、缺乏健全的社区教育资源共享机制等问题。[①] 要发展优质的共享信息资源，建立相互协调的资源共享模式，需要政府、社会组织、开发社区教育信息资源的相关企业以及居民共同参与。因此，要增强政府和社区居民的信息公共服务意识，完善社区教育资源共享系统，使其正常运行。[②]

---

① 王竞，胡俊峰，郭艳. 社区教育资源共享的推进策略 [J]. 中国成人教育，2018（7）：141-144.

② 薛仁喜，李德收. 社区教育资源共享机制探究 [J]. 山东广播电视大学学报，2018（1）：24-26.

（五）特定群体教育研究

1. 老年教育研究

老年教育是我国老龄事业和教育事业的重要组成部分，是应对人口老龄化、构建学习型社会的重要手段，也是提升老年人生命和生活质量、促进社会和谐的必然选择。1983 年，山东创立了第一所老年大学。[①] 随后老年大学、老年书院、老年人学校等各种形式的老年学校在全国各地兴办起来。1981 年，第一本老年学杂志《中国老年学杂志》创刊。[②] 1986 年，中国老年学学会成立，将老年教育思想等问题纳入其研究范围。2003 年，中国人民大学率先设立了老年学专业，招收、培养硕士和博士研究生。北京大学、清华大学等国内高校也相继建立了老年学专业、老年学研究中心（所）。由于广大老年教育工作者和专兼职科研人员的共同努力，我国老年教育事业从理论到实践都有了长足的发展，取得了丰硕成果。例如，熊必俊、郑亚丽编著的《老年学与老龄问题》（1989 年）一书对老年教育与老年教育学进行了阐述；邬沧萍主编的《社会老年学》（1999 年）是第一本系统论述老年学学科的著作，为中国老年教育学的发展奠定了基础；叶忠海担任总主编的"老年教育理论丛书"（2014 年）包括《老年教育心理学》《老年教育学通论》《老年教育管理学》《海外老年教育》《老年教育经济学》《老年教育社会学》，成为国内老年教育科学初创时期有影响的系列著作。总的来看，我国有关老年教育的成果主要体现在两个方面。

一是老年人的继续社会化研究。人口老龄化程度的不断加深以及社会的急速变迁，使得老年人的继续社会化问题越来越显现出重要性，老年教育成为促进老年人继续社会化的重要途径之一。对知识传授、社会适应、社会参与、社会交往、代际关系等方面的研究显示，老年人在老年大学的

① 董之鹰. 试析我国改革开放以来老年教育的发展历程 [J]. 社会科学管理与评论，2009（1）：77–82.
② 张竹英. 国内老年教育研究发展综述 [J]. 天津电大学报，2012（3）：15–23.

各种学习及参与，可以避免因退休和空巢等因素带来的社会不适应，从而起到了促进老年人继续社会化的重要作用。① 政府应成为老年教育主要的供给主体，推动老年教育法制化；高校应发挥其在老年教育中的高水平示范作用，促进老年教育向专业化发展；以企事业组织为主的社会力量参与老年教育，旨在促进老年教育的多元化发展；老年教育向社区发展，旨在实现普及化，最大限度满足老年群体教育要求。② 老年人的社会收益问题也是老年人继续社会化研究的重要内容，成人后增加的教育（人力资本投资）可以显著提高老年人和准老年人的就业概率。老年就业需要的不断增加，将使得教育和培训成为提高老年人就业能力的重要手段。③

　　二是老年教育的比较研究。最早介绍国外老年教育成果的是黄志成于1980 年发表的《世界正在重视老年人的教育》一文④，而最早涉猎老年大学研究的是吕维善、林竞成对日本老年大学的历史、现状、教学内容等问题的介绍。⑤ 此后，我国老年教育的比较研究视野扩大到美国、英国、加拿大、瑞士、韩国等国家。研究内容也从原来对国外老年教育发展状态的简单介绍，逐渐扩展到国际老年教育兴起的背景、模式、发展趋势、国际协会组织现状的分析。随着国家层面老年教育发展规划的相继出台，相关法律也呼之欲出。在此背景下，借鉴国外的老年教育立法显得尤为必要。从 2012 年开始，有关国外老年教育政策的研究开始增多。我国老年教育实践活动在借鉴、学习国外经验的基础上也契合了我国的实际需要。

2. 进城务工人员教育研究

　　有关进城务工人员教育的研究开始时间相对较晚，有资料可查的研究始于刘华学对培训进城务工人员重要性的呼吁，以及邹慧夫对进城务工人

① 付晓萍. 老年教育对老年人继续社会化功能的研究：以上海老年大学为个案［D］. 上海：上海大学，2005.
② 李晓文. 基于现实需求的老年教育社会化实践方式探究［J］. 人力资源管理，2015（3）：203-205.
③ 黄燕东. 老年教育：福利、救济与投资［D］. 杭州：浙江大学，2013.
④ 黄志成. 世界正在重视老年人的教育［J］. 外国教育资料，1980（4）：62-63.
⑤ 吕维善，林竞成. 日本的老年大学［J］. 国外医学（社会医学分册），1986（1）：22-27.

员安全教育的探讨。① 改革开放后，我国大量农村劳动力向城市转移，形成了进城务工人员群体。就业市场对这个群体提出了要求。我国政策对进城务工人员教育问题予以关注，如 1994 年《国务院关于〈中国教育改革和发展纲要〉的实施意见》提出，"城市和农村每年都应有一定比例的从业人员接受多种形式的岗位培训"。1995—2005 年，有关进城务工人员教育的研究比较零散，缺乏系统性，主要关注进城务工人员的思想教育问题、安全教育问题，以及进城务工人员教育的必要性与机制问题。2006 年以后，有关进城务工人员教育的研究主要涉及进城务工人员的社会融入、教育对进城务工人员的影响两个方面。

一是进城务工人员社会融入研究。我国进城务工人员数量庞大，他们自身的素质、能力对城市化进程和新农村建设具有重要影响。2010 年以后，新生代进城务工人员作为弱势群体更应当享有接受优质教育的机会。虽然新生代进城务工人员的社区融合性教育的需求总体仍处于潜伏状态，但也逐步显现并趋向多元化。社区融合性教育需求的情况因受教育者的性别、婚姻状况、流出地以及学历层次等的不同而有所差异。促进进城务工人员城镇融入的教育培训策略主要包括：拓展教育培训内容，全面促进城镇融入；革新教育培训模式，提升教育培训实效；多方力量协同参与，打造"四位一体"教育合力。②

二是教育对进城务工人员的影响研究。有研究者利用 2008 年中国居民收入调查中有关进城务工人员的数据，发现新生代进城务工人员的教育收益率比老一代农民工要高很多，尤其体现在高中学历与大专学历的教育收益率上。③ 不同地区进城务工人员的教育回报率也有所差别，研究者通过分析 2013 年流动人口动态监测调查数据发现，进城务工人员教育回报率存

---

① 刘华学. 培训教育农民工不容忽视 [J]. 中国培训，1995 (7)：1；邹慧夫. 刍议对农民工的安全教育 [J]. 建筑安全，1995 (5)：1.
② 何爱霞，刘雅婷. 城镇化进程中农民工从结构到实质融入的教育培训问题 [J]. 现代远程教育研究，2017 (1)：79-87.
③ 张锦华，王雅丽，伍山林. 教育对农民工工资收入影响的再考察：基于 CHIP 数据的分析 [J]. 复旦教育论坛，2018 (2)：68-74.

在明显地区差异，初中及以下教育程度的教育回报率区别不大，高中及以上教育程度的教育回报率差距较大。① 在产业结构调整升级背景下，不同类型的技能培训对新生代进城务工人员工资满意度和就业稳定性的影响存在较大差异。② 除经济回馈外，教育对进城务工人员幸福度的影响也成为研究者关心的重要内容。

三、 成人教育学科的未来展望

（一） 价值取向：实践问题导向

成人教育学科的实践特点决定了该学科有别于其他学科的独特之处，即成人教育研究紧密联系社会发展的需求，体现时代发展的特色，将会根据发展需求的变化、时代的更新而随时调整研究的领域、问题。例如，改革开放初期围绕改革开放主题开展的相关研究；党的十四大后掀起的社会主义市场经济体制下的成人教育研究热潮；进入 21 世纪，建设学习型社会、构建终身教育体系成为成人教育研究的重心。③ 目前我国成人教育哲学、成人教育社会学、成人教育心理学等学科建设角度的深度理论挖掘，在一段时间内并不会成为学界研究的主流。这有别于国际上热衷使用社会-文化理论、批判教育学、后结构主义等理论来解决问题的现象。④ 成人教育开展过程中产生的新问题、呈现的新特点、得出的新成果将成为我国成人教育学科研究的重点领域。但值得注意的是，对实践成果的经验介绍与推广不能脱离理论的引领与反思，否则，成人教育的发展必将成为无源

---

① 李强，王天浩. 不同地区农民工教育回报率有何差异 [J]. 人民论坛，2016 (35)：62-63.

② 樊茜，金晓彤，徐尉. 教育培训对新生代农民工就业质量的影响研究：基于全国 11 个省（直辖市）4030 个样本的实证分析 [J]. 经济纵横，2018 (3)：39-45.

③ 叶忠海. 现代成人教育研究：历程和进展特点：为我国改革开放 30 周年而作 [J]. 成人教育，2009 (12)：4-8.

④ FEJES A，NYLANDER E. How pluralistic is the research field on adult education？dominating bibliometrical trends，2005-2012 [J]. European Journal for Research on the Education and Learning of Adults，2015，2 (6)：1-23.

之水、无本之木，失去发展的动力，迷失前进的方向。[①]

（二）研究热点：老年教育与进城务工人员教育研究

一方面是呼应国家的方针政策，另一方面是社会老龄化以及农村城镇化的趋势使然，今后有关老年教育与进城务工人员教育的研究将更加丰富。从全国教育科学"十三五"规划 2018 年度课题的评审结果可以看出，在涉及成人教育学科的课题中，主要研究对象是老年人和进城务工人员。其中有四项老年教育课题："我国老年教育资源短缺的协同发展研究""教育溢价视角下老年人的幸福测度与实证研究"两项国家一般课题，"新时代老年教育服务供给体系构建研究""老龄化背景下我国老年教育体系的构建研究"两项教育部重点课题。有关进城务工人员或者新型职业农民的课题包括"乡村振兴背景下新型职业农民培育云平台研究""新型职业农民培养机制创新研究""返乡农民工创业培训扶持政策实施绩效及其优化路径研究"三项国家一般课题，"新生代农民工市民化的终身职业教育体系研究""乡村振兴战略下新型职业农民培育的社会支持系统研究"两项教育部重点课题。由此可见，未来的一段时间内，老年教育资源配备、学习需求、服务供给，进城务工人员的职业培训体系、平台构建等都将成为学科研究的重要方向，这与国外成人教育学科研究更多地以学校以及学生为关注对象有较大差别。

（三）研究方法：实证研究或将成趋势

随着研究范围、研究对象的扩大，简单的经验总结与推广已然不能满足成人教育研究深入发展的需要，再加上 2017 年以来关于加强教育实证研究、促进研究范式转型、促进高水平教育研究的呼声日益高涨，实证研究方法得到学界的普遍关注和认可。运用实证手段的确对成人教育学科的丰富与创新具有不可否认的积极作用，推动了成人教育学科研究的深度、广度、信度与

[①] 孙立新，乐传永．近年来成人教育研究的主题分析与问题考量：基于 2015—2017 年的文献梳理与分析 [J]．教育研究，2018 (5)：99-110．

效度提高，其优势受到部分研究者的青睐。从国际成人教育学科所使用的研究方法来看，访谈法以及与访谈法结合的观察法更受研究者的青睐。此外，大数据分析、实证研究等方法在成人教育学科研究中的作用也非常重要，如果我国成人教育研究要与国际接轨，对相关研究方法的使用必须加以重视。

（四）研究影响度：研究平台与国际参与度仍需进一步提高

作为新兴学科，改革开放 40 年来，成人教育学科在学术组织发展、学科点建设、研究生培养和研究成果产出等方面都取得了不俗的成绩。但是相对于其他学科来说并不算突出。国内出版的成人教育相关著作，多是对国外先前研究成果的翻译或引介。从期刊来看，虽然发表的成人教育论文数量逐年增多，但研究内容缺乏创新性，导致学科发展的推力不够。这是成人教育研究亟待解决的问题，学界需要对这方面加以重视，并适当引导。除了远程教育类期刊外，目前为止还没有成人教育类的期刊被 CSSCI 收录，平台建设迫在眉睫。通过对国际上比较有影响力的成人教育类期刊，如《成人教育季刊》（*Adult Education Quarterly*）、《终身教育国际期刊》（*International Journal of Lifelong Education*）、《澳大利亚成人学习期刊》（*Australian Journal of Adult Learning*）的研究发现，研究者主要聚集在几个英语国家，其中美国、英国、加拿大、澳大利亚占主导地位，有关中国成人教育的研究以及来自中国学者的研究数量非常少，在国际上的认可度较低。今后我国成人教育研究除了要不断提高研究质量，并在国内争取更高的研究平台之外，也需要不断拓宽研究视野，争取在国际成人教育研究领域发声，传播中国成人教育发展经验、发展模式，并力争在国际成人教育学科领域占据一席之地。

⋯⋯ 作者简介 ⋯⋯

孙立新，宁波大学教师教育学院副教授；乐传永，宁波大学副校长，教师教育学院教授。

改革开放40年职业技术教育学科发展的回顾与思考

匡　瑛　石伟平

改革开放40年来，我国职业技术教育研究走过了从初创到蓬勃壮大的艰辛道路，取得了令人瞩目的成就。本文根据不同时期职业技术教育学科发展的特征，将其划分为学科初创、快速发展、内涵发展三个阶段。其发展历程呈现出与众不同的特点：学科发展与事业发展紧密相连、相得益彰；学科发展逻辑从聚焦问题到逐步生发学科自觉；从作为教育学分支到从跨学科兼容中凝练学科发展主线。未来的职业技术教育学要走向"现代学科"，建设成为一级学科；加强系统理论研究，完善制度规范，共创健康学术氛围；促进学科价值转向，注重文化观照与生态和谐。

改革开放40年来，我国职业技术教育研究走过了从初创到蓬勃壮大的艰辛道路，取得了可喜的进展。随着职业技术教育事业的不断发展，中国的职业技术教育学从20世纪80年代开始进行学科建制，在职业技术教育问题研究领域取得了令人瞩目的成就。同时，专业研究机构、研究人员、学术组织以及学术刊物等方面获得了长足发展，探索出一条源于实践又持续推动实践的学科发展独特道路，积累了宝贵的经验。站在历史的新起点，回顾我国职业技术教育学的嬗变历程，总结有益经验，展望未来道路，对于进一步促进学科的持续、健康、繁荣发展，具有重要的现实意义。

一、改革开放 40 年职业技术教育学科的发展历程

作为一门年轻的学科，职业技术教育学科发挥了以下作用：一是为职业技术教育事业发展提供理论与人力资源支持；二是推动职业技术教育的内涵发展及社会认可度的提升；三是使职业技术教育学的基本概念和理论得到前所未有的实践反映，为理论研究提供了广阔的空间。本文以我国职业技术教育学科自身发展的内在逻辑为主线，这一内在逻辑深受国家宏观战略、社会经济背景以及职业教育事业发展需求三方面影响。根据不同时期学科发展的特征，本文把职业技术教育学科发展划分为三个阶段。

（一）学科初创阶段（1978—1984 年）

改革开放以前，职业技术教育研究已有萌芽和初步探索。1978 年党的十一届三中全会确立了"解放思想，实事求是"的指导思想，开始了以经济建设为中心的历史性变革。1979 年开始，教育学界展开了规模宏大的教育本质大讨论。在争鸣与交锋中，人们越来越认识到教育的生产性，自觉而强烈地把教育与经济发展联系了起来。[1] 其中，与经济关系最为密切的就是职业技术教育。这一历史时期，我国职业技术教育实践面临的核心问题是：如何通过大力发展职业技术教育改变中等教育结构严重失衡的困境。

为了回应上述诉求，职业技术教育研究开始起步。一方面，职业技术教育学科正式建立，职业技术教育学成为教育学二级学科；另一方面，职业教育实践中的困惑倒逼职业技术教育学科积极开展基于问题的研究。1980 年，专门的理论刊物《职业技术教育》创刊；1985 年，《职教论坛》《职教通讯》相继创刊；同年，《教育与职业》复刊。1983 年，国务院学位委员会公布的学科专业目录将"职业技术教育学"正式列为教育学的二

---

① 李桂荣 . 改革开放 30 年中国教育经济学发展历程回眸［J］. 教育与经济，2009（4）：33-38.

级学科。1983 年，华东师范大学教育科学研究所成立技术教育研究室，专门从事职业技术教育研究，当时，江铭、钱景舫、黄克孝、卞英杰等前辈开创了中国职业教育研究，该机构成为最早的职教思想策源地之一。同年，首个全国教育科学规划职业技术教育学课题立项。使用中国知网相关数据统计的结果显示，1978—1984 年，职业技术教育论文仅为 206 篇，主要聚焦于中等教育结构调整的思路与策略，针对职业技术教育举办初期学校质量低、教师水平差、生源质量差、职教规划不足、办学条件缺乏考量等问题，以及对国外职业技术教育经验的介绍与借鉴等。这些研究成果对于改进职业技术教育实践发挥了非常重要的作用。

职业技术教育学科建设在这一时期刚刚起步，研究底子薄弱，开展的主要是基于普通教育学范式的研究，聚焦于国外先进经验的介绍引进，以及回应经济建设中职教实践面临的挑战。尽管如此，这些探索和建设为后来职业技术教育学科的持续繁荣发展奠定了重要的思想、机构和人力资源基础。

（二）快速发展阶段（1985—2001 年）

1985 年，《中共中央关于教育体制改革的决定》确定了职业技术教育的发展思路和体系建设的蓝图。此后，国家先后颁布了《国务院关于大力发展职业技术教育的决定》《中国教育改革和发展纲要》《中华人民共和国职业教育法》《面向 21 世纪教育振兴行动计划》等重要文件，突出强调大力发展职业技术教育。在这一背景下，职教事业迅速扩容，职业技术教育学科发展也随之进入"快车道"。

学科建制是一门学科发展的制度和物质保障，它的完善取决于健全制度基础上的学科基地、研究机构、学术理论期刊等学科发展平台之间的协作运行。依据这一标准，该阶段的职业技术教育学科建制逐渐丰富和完善起来。1985 年，全国首个职业教育管理本科专业在天津职业技术师范学院诞生；1987 年，全国首个职业技术教育学硕士点在华东师范大学设立；2006 年，全国首个职业技术教育学博士点在天津大学设立。至此，职业技术教育学科建立起了完整的三级学位制度，即学士—硕士—博士的完整体系，隶属于教育学一级学科。1990 年，中国职业技术教育学会和教育部职业技术教育中心研究所成立。随后，各省份纷纷建立了自己的职业技术教育研究机构，如 1990 年成立的上海市教育科学研究院职业技术教育研究所和辽宁职业技术教育研究所，这些研究机构在后续的职教研究中发挥了重要作用。1993 年，由教育部主管、教育部职业技术教育中心研究所、中国职业技术教育学会和高等教育出版社共同主办的《中国职业技术教育》创刊，它与 1985 年创刊或复刊的三种理论刊物一起，成为后续支撑职业技术教育研究、观点争鸣、思想碰撞的主要阵地。

就研究成果而言，"六五"期间，全国教育科学规划立项课题中，职业技术教育学科仅有 1 项，而在随后的 15 年，职业技术教育学科取得的全国教育科学规划立项课题数出现了持续大幅增长，占比也有所升高（见图 1）。

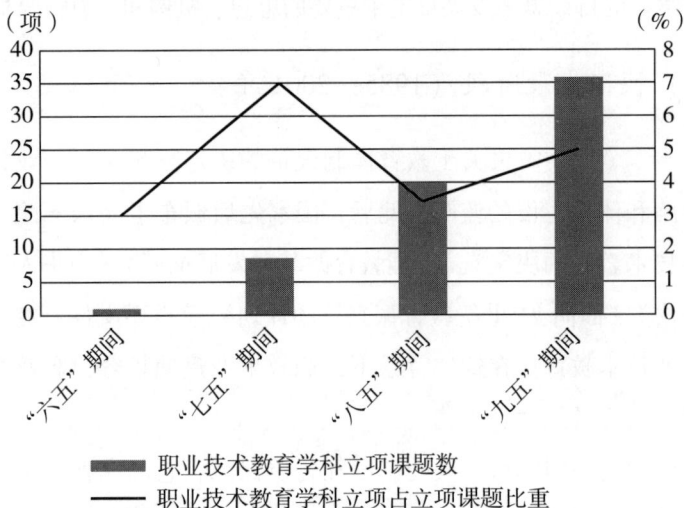

图 1 "六五"到"九五"期间全国教育科学规划职业
技术教育学立项课题数量增长

资料来源：李术蕊. 改革开放以来我国职业教育科研发展的特点研究：以"六五"至"十一五"全国教育科学规划职业技术教育学科课题为对象［J］. 中国职业技术教育，2012（21）：33-40.

从公开发表论文的情况来看，1985—2001 年，职业技术教育学科共公开发表论文 14368 篇，其中中文核心期刊发表 3522 篇。其主题较为广泛，最为突出的议题包括如何突破中职教育的困境、高等职业教育要不要发展和如何发展、如何构建符合职教特点的课程、职业院校如何面向市场办学、农村职业教育如何改革等。这些都直接回应了职业技术教育事业发展中的种种困惑。

与此同时，该阶段还出版了一批重要的职业技术教育学专著和教材。严雪怡主编的《中专教育概论》，梁忠义、金含芬主编的《七国职业技术教育》，杨金土、罗宏述主编的《部分国家和地区职业技术教育法规选编》，孟广平主编的《当代中国职业技术教育》，张家祥、钱景舫主编的《职业技术教育学》，石伟平著的《比较职业技术教育》，黄克孝主编的《职业和技术教育课程概论》，刘德恩等著的《职业教育心理学》，等等，为后续职业技术教育学科的人才培养提供了丰富的理论资源。该阶段职业技术教育研究成果延续上一阶段的比较职业技术教育，为处于初步发展阶段的我国职业技术教育谋求先进经验和发展规律。此外，学界初步开展职业技术教育学科架构，特别是 20 世纪 90 年代后，研究者们开始效仿一级学科教育学，着手建立职业技术教育学科自身的架构。这些学科探索和学术成果都对学科后续的繁荣发展产生了深远的影响。职业技术教育课程研究成为热点，不仅开展了对西方基于工作分析的课程模式的研究与实践推广，而且开始提出本土化的课程理论，如在我国职业技术教育课程改革领域具有相当影响力的"宽基础、活模块"课程、"群集课程"等。同时，各地也纷纷开展职业技术课程改革，形成了一批课程研究成果。

在研究队伍方面，职业技术教育学科形成了多元化的、覆盖行政机关、研究机构、普通高校和职业院校等不同部门研究人员的科研队伍。这也意味着，职业技术教育学科开始从不同视角展开多方面研究。

从学科发展的进程来看，短短十几年，该阶段的职业技术教育学科快速成长为教育学一级学科下一个不容忽视的二级学科：出现了一大批专门从事职业技术教育研究的机构，建立了培养专门从事职业技术教育研究的人才的体系，积累了丰富的研究成果。这些对于职业技术教育学科发展而言，具有里程碑和划时代的意义。它的快速发展很大程度上得益于国家大力发展职业技术教育的总体战略，因此，其研究成果紧紧围绕实践需求，体现了理论与实践的结合。

（三）内涵发展阶段（2002 年至今）

该阶段，推动职业教育事业发展的文件和举措频出，颁布了《教育部等七部门关于进一步加强职业教育工作的若干意见》《2003—2007 年教育振兴行动计划》《国家中长期教育改革和发展规划纲要（2010—2020年）》《中等职业教育改革创新行动计划（2010—2012 年）》《现代职业教育体系建设规划（2014—2020 年）》《教育部财政部关于实施职业院校教师素质提高计划（2017—2020 年）的意见》《职业学校校企合作促进办法》等文件，并于 2005 年召开了全国职业教育工作会议。在上述政策的强力推动下，职业技术教育事业发展得到越来越多的学科外部关注与支持。与此同时，国家战略对于职业技术教育的需求愈发凸显，"一带一路"倡议、"中国制造 2025"战略、"互联网+"计划、"大众创业，万众创新"等都对人才支撑和智力支持提出了新要求。因此，该阶段的职业技术教育学科发展的重点逐步从解决实践困惑转向科学谋划职业技术教育服务国家战略需求。在这一背景下，职业技术教育学科建设进入了质的转变时期，积极探索基于本土的职业技术教育研究范式和理论。

其一，人才培养体系逐步健全，学科方向愈加丰富。2006 年，全国第一个职业技术教育学博士点落户天津大学；2007 年，华东师范大学建立了全国首个职业技术教育学博士后流动站。截至 2017 年，学位点稳步发展，全国职业技术教育学博士点增加到 27 个，硕士点增至 134 个，覆盖师范院校、研究型高校、地方院校等。2015 年开始，开展职业技术教育专业学位研究生的招生与培养工作。可见，职业技术教育研究人员正在大幅扩充，研究方向也更为丰富。

其二，学科认可度稳步提升，学术成果突破性发展。2006 年，天津工程师范学院职业技术教育学学科被评为天津市重点学科；2006 年，吉林工程技术师范学院职业技术教育学学科被评为吉林省重点学科；2007 年，华东师范大学除此前教育学一级学科及下设二级学科均为全国重点学科外，职业技术教育学学科被评为上海市重点学科；2017 年，华东师范大学教育学一级学科被评为"双一流"建设学科。可见，职业技术教育学科建设的质量不断提升，逐步得到学术界的认可。

职业技术教育研究在量和质上均有突破性发展。就课题研究而言，"十五"期间，全国教育科学规划职业技术教育课题立项 156 项，"十一五"期间为 121 项，"十二五"期间为 156 项，"十三五"期间截至 2018 年为 138 项。与此同时，从 2008 年开始，教育部哲学社会科学研究重大课题攻关项目设职业技术教育学方向，开展职业技术教育重大问题和服务重大决策的高水平研究。就论文发表而言，2002 年至 2018 年 6 月，发表于中文核心期刊上的职业技术教育学科论文合计有 3 万余篇。其主题极为广泛，涉及高等职业技术教育、专业设置、办学模式、集团化办学、职业技术教育国际化等诸多方面。

其三，学科架构基本成型，课程研究异军突起。根据职业技术教育学科下设研究方向以及学术研究成果分析，职业技术教育学科的分支学科架构逐步完善，主要包括职业技术教育原理、比较职业技术教育、职业技术教育课程与教学论、职业技术教育心理学等。在职业技术教育研究全面繁荣的背景下，课程研究更是进入了如火如荼的阶段，其中有代表性的如北京师范大学赵志群教授提出的"学习领域/行动导向课程"①、教育部职业

---

① 赵志群. 关于行动导向的教学［J］. 职教论坛，2008（20）：1；赵志群. 职业教育学习领域课程及课程开发［J］. 江苏建筑职业技术学院学报，2010（2）：1-8.

技术教育中心研究所姜大源教授提出的"工作过程系统化课程"①、华东师
范大学徐国庆教授提出的"项目课程"②。这几项研究把职业技术教育课程
论研究迅速推向深入。而且,这些理论对于 2006 年以来的国家示范性高等
职业院校建设计划、国家中等职业教育示范学校建设计划等系列改革产生
了极为深远的影响,起到了积极的引领作用。应该说,职业技术教育课程
研究在该阶段的突飞猛进为推进职业技术教育事业进入内涵发展阶段提供
了重要的驱动力和学术基础。

其四,学术组织日益活跃,搭建国内外学术交流平台。由中国职业技
术教育学会学术委员会主任石伟平教授倡导发起的"中青年职教论坛"从
2004 年开办第一届,每年一次,至今已有 14 届。该论坛旨在为我国从事
职业技术教育研究的中青年学者提供观点交锋、学术争鸣的平台,论坛涉
及的主题均为当年职业技术教育领域的热点和难点问题。在国内学术交流
平台构建的基础上,这个阶段还突破性地开展了丰富的国际交流,其中最
为典型的事件是中国学者积极参加"亚洲职业技术教育协会"(Asian Aca-
demic Society of Vocational Education and Training,简称 AASVET),华东师
范大学石伟平教授、北京师范大学赵志群教授和沈阳师范大学徐涵教授在
该协会的筹建组织和健康运营方面起到了积极的作用,定期开展学术高峰
论坛和项目合作。这一平台的建立对于中国职业技术教育学科走向世界、
形成国际对话与交流、赢得国际话语权与开展合作研究等具有里程碑
意义。

其五,跨学科研究蓬勃开展,研究方法愈加多元。职业技术教育学科
从建立伊始就定位于教育学下设的二级学科。随着研究的深入,职业技术
教育学问题的研究者越来越多元化,其学科背景和研究视角也愈加广泛。

---

① 姜大源. 论高等职业教育课程的系统化设计:关于工作过程系统化课程开发的解读 [J]. 中国
高教研究,2009 (4):66-70;姜大源. 关于工作过程系统化课程结构的理论基础 [J]. 江苏
技术师范学院学报,2006 (1):7-9.
② 徐国庆. 职业教育项目课程的内涵、原理与开发 [J]. 职业技术教育,2008 (19):5-11;徐
国庆. 职业教育项目课程开发指南 [M]. 上海:华东师范大学出版社,2009.

开展职业技术教育研究的机构更加广泛，例如，北京大学中国教育财政科学研究所、南开大学周恩来政府管理学院等也开展了许多项职业技术教育研究。由此可见，职业技术教育的问题已经形成了研究领域，吸引了不同学科的研究者共同开展研究。该阶段的研究突破了前一阶段主要局限于文献和经验的方法，借鉴社会学、历史学、经济学、心理学等学科的研究方法，开启了基于证据的学术研究，推动了职业技术教育研究科学性的大幅提升。

综上所述，随着该阶段职业技术教育事业进入黄金发展期①，职业技术教育学科也随之进入内涵发展阶段。这一阶段，学科架构基本成型，学术研究人才辈出，学科研究日渐繁荣规范，学术交流走向勃兴，中国特色的职业技术教育理论流派呼之欲出。

二、改革开放 40 年职业技术教育学科发展的主要特点

西方职业技术教育研究虽然起步较早，但从西方的学科设置来看，鲜有"职业技术教育学"的学科设置。关于职业技术教育的学术研究通常以问题域的形式散见在不同学科和不同专门化方向中，常见的有"工业教育""职业科学""社会学""劳动力教育""人力资源与教育""经济学""就业研究"等。历史证明，独立的学科建制这条全新道路，适应了我国国情和职业技术教育发展的实际需要，推动了我国职业技术教育学术研究和职教事业的超常规跨越式发展，为建设人力资源强国提供了坚实的基础。

---

① 鲁昕：中国职业教育改革发展进入黄金时期 [EB/OL]. (2015-10-26) [2018-06-10]. http：//edu. people. com. cn/n/2015/1026/c1006-27739768. html.

（一）学科发展与事业发展紧密相连、相得益彰

职业技术教育学科建立伊始，就是一门"求用"的学科。其主要动力源是我国职业技术教育事业的加速发展和日渐繁荣。通过对不同时期职业技术教育研究重大课题的回顾不难发现，我国职业技术教育研究热点问题的转移，与我国职业技术教育改革发展的进展几乎是同步的，其研究成果服务并引领一线实践和政府决策；与此同时，职业技术教育事业发展中的重点与难点必然成为职业技术教育研究争鸣的议题，这也为职业技术教育研究的发展提供了取之不尽、用之不竭的动力和选题。

我国职业技术教育研究之所以从一个默默无闻的领域发展成为繁荣壮大的事业，是因为它与职业教育实践有着密不可分的天然关系；也正因为职业技术教育问题研究与职业技术教育学科建设都以服务实践为目的，两者才能相互融合、相得益彰、共同繁荣。

（二）学科发展从聚焦问题到逐步生发学科自觉

回顾改革开放40年的历程，职业技术教育学科发展主要遵循两条路径：一是问题导向，其成果旨在解决或缓解职业技术教育事业遇到的现实困境；二是学科逻辑，学科发展到20世纪90年代后期开始萌发学科自觉的意识，试图从学科独立的角度架构学科研究，积极致力于构建职业技术教育学的学科体系。前者是学科建立至今的研究主旋律，后者是进入繁荣阶段后，高校专门从事职业技术教育研究的学者们开始重点探索的。有学者提出，对职业技术教育的研究，理论上要找出职业技术教育基本问题，然后通过对基本问题的研究推演出职业技术教育非基本问题，从而构建整个职业技术教育研究的基本框架和理论大厦。[1]"职业教育改革与发展实践呼唤职业教育的学科自觉。对此，职业教育理论工作者应自觉地肩负起学科建设的使命，确立职业教育学科的源概念，形成独立的学科基本概念；

---

[1] 欧阳河. 职业教育基本问题初探 [J]. 中国职业技术教育，2005（12）：19-26.

明确职业教育学科定位，确立学科建制；克服'学术自由主义'，凝练职业教育学科方向。"① 可见，学术界已萌发学科自觉意识，然而这种学科自觉仍然处于初级阶段，大力倡导和发扬学科自觉仍有很长的路要走。对于职业技术教育学科发展而言，这两条路径不可偏废。忽视前者，学科的根基将发生动摇，学科的中国特色也不复存在；忽视后者，学科发展将难以突破瓶颈而走向成熟。

（三）从作为教育学分支到从跨学科兼容中凝练学科发展主线

放眼世界，我国职业技术教育学科走出了一条完全不同于西方的中国道路。职业技术教育学最初设在教育学一级学科目录下，成为教育学研究的一个分支，其研究所采用的视角、方法和概念体系主要是从普通教育学演绎而来，点缀职业技术教育学的若干特色。学科进入快速发展阶段后，除了受到教育学的影响外，更多地受到其他学科的影响。职业技术教育学研究问题具有复杂性，这种复杂性决定了仅凭单一学科无法解决问题，它们更多地与经济现象、社会现象、文化现象、哲学现象等息息相关，需要从跨学科视角来协同解决。基于此，多学科的职业技术教育学研究日渐繁荣，尤其是近年来职业科学的引入，对职业技术教育学科领域研究产生了重要影响。② 在多学科视角的关注下，职业技术教育学形成了一条以问题为逻辑，兼容并包了诸如教育学、心理学、社会学、职业科学等多学科研究的发展主线。

三、对未来职业技术教育学科发展的展望

设立于 20 世纪 80 年代的职业技术教育学科，与时俱进，快速发展。

---

① 肖凤翔，唐锡海. 我国职业教育学科自觉的思考 [J]. 教育研究，2013（1）：113-118.

② PAHL J-P. 职业科学与职业教学论研究的起源 [J]. 姜大源，译. 职业技术教育（教科版），2006（28）：5-10；徐国庆，陆素菊，贺艳芳，等. 职业技术教育学科的国际发展状况分析 [J]. 职教论坛，2018（1）：44-51.

然而，从学科发展的角度来看，它依然是一门年轻学科，其学科范式、制度规范、价值取向等方面存在诸多不足，离成熟学科仍有差距，有待进一步改革发展，朝着更高的目标迈进。

（一）走向"现代学科"，建设作为一级学科的职业技术教育学

职业技术教育学科发展至今，职业技术教育研究虽然开始了从概念到理论体系的探索，但占主导地位的基本逻辑仍是"问题逻辑"，形成的是职业技术教育研究领域，而非学科。特别是按照传统学科的标准来衡量的话，职业技术教育学尚未形成公认的独特研究对象、聚焦且逻辑清晰的理论体系，以及学科独有的研究方法，因此还谈不上是真正意义上的学科，面临着学科认同危机。而随着"现代学科"概念的发展，职业技术教育学科化发展有了新的生机。所谓"现代学科"又称为外生学科，与经典学科完全不同。现代学科的学科发展逻辑，不是学科知识的自然演化逻辑，而是由社会需要逻辑主导的。这一逻辑主线与职业技术教育学科的主导逻辑不谋而合。现代学科表现出高度的开放性：一是研究内容的开放性，一般以重大社会问题和综合性主题为研究对象，出现问题研究学科化倾向，导致研究内容的变动性和开放性；二是研究方法的开放性，以多学科和跨学科研究、交叉研究为主，各门具体学科的研究方法，可能为所有研究者所共同采用；三是学科知识结构的松散性，其学科知识结构不是像经典学科一样，由学科知识演化逻辑主导，从而形成严密的树形结构或阶梯结构，而是表现出学科知识边界模糊、学科知识交叉和叠加现象，形成如托尼·比彻（Tony Becher）所说的关联性结构[1]。由此可见，职业技术教育学应广泛采用多学科的研究方法、复杂系统的研究方法，开展交叉研究，朝着现代学科的方向不断成长和成熟。

---

[1]　张应强. 高等教育学的学科范式冲突与超越之路：兼谈高等教育学的再学科化问题［J］. 教育研究，2014（12）：13-23.

作为一门现代学科，未来的中国职业技术教育研究要以更为宽广的胸怀，借鉴多学科的高水平理论成果；还要通过交流与合作，让我国的职业技术教育研究成果为世界同行所熟悉和认可，逐步确立在世界学术界的地位。重视职业技术教育学学科建设，发挥其更广泛的研究服务功能，提高职业技术教育学学科地位，建设成为一级学科，将更有助于职业技术教育研究服务经济社会发展和支撑人力资源强国战略。

（二）加强系统理论研究，完善制度规范，共创健康学术氛围

职业技术教育学科不断提升学术水平的关键是要从观点研究转向理论研究，逐步聚焦和深化，形成理论体系并加以巩固。观点是零碎的、局部的，而理论是系统的、整体的，是由经过严密论证的概念和命题系统组成的；观点是浅层的、临时的，而理论是深刻的、长远的，对事实有着强大的解释功能；观点是主观的、个人的，而理论是获得了证据支持的。在观点研究范式下，不同研究成果只能相互竞争。唯有上升到理论研究，才能实现研究成果的不断积累叠加，有效地推动研究不断深化，才能获得能从根本上解决问题的策略建议，促进学科的成熟以及职业技术教育事业的有序和谐发展。因此，有必要在学术界达成共识，形成学术研究规范，积极倡导开展有深度、有积淀的理论研究。

与此同时，学科内外建制的互动机制是促进职业技术教育学科有序发展的内在机理。内在知识体系的发展和理论体系的构建，加上专业研究机构、学术交流平台和资源的支持，才能避免学科建设处于无序状态，促进学科内在建制的有序规范发展。"外在建制一方面是学科内在知识和精神规范的外在社会延伸和形式，另一方面更是促进学科内在建制成熟的条件，为学科内在建制的成熟提供了多种支持和保障。"① 有必要从如下几个方面入手：建立各类职业技术教育研究机构之间的合作机制，促进学术共同体的孕育；建立职业技术教育研究刊物的分类管理制度，建立和完善学

---

① 刘小强 . 高等教育学学科分析：学科学的视角［J］. 高等教育研究，2007（7）：72-77.

术评审机制和质量保障制度；建立职业技术教育研究成果的转化机制；完善职业技术教育研究学术规范；等等。没有规矩，不成方圆。唯有建立规范和制度，才能避免僵化，保障学科健康、可持续地发展。

（三）促进学科价值转向，注重文化观照与生态和谐

一直以来，职业技术教育学科定位于应用性学科，其发展主要偏重于工具理性范式。职业技术教育学科的进一步成熟需要脱离"工具理性"的价值导向，逐步过渡到文化观照的主线上来，从文化出发对职业技术教育问题进行考察，在改革与实验中进行文化分析，开展职业技术教育适应文化发展的对策研究，如此才能让职业技术教育摆脱"头痛医头，脚痛医脚"的功利性范式，走向一种关注外部文化、调节整体生态的新范式。

改革开放40年，我国职业技术教育学研究取得的进展是显著的。职业技术教育学科的建立，提高了职业技术教育理论解决问题的有效性，推进了职业技术教育研究的科学化进程。职业技术教育学紧紧围绕实践问题展开研究，描述教育现象、分析教育事实、解释疑难、预测未来，形成了一大批有影响力的实践成果，服务决策咨询，极大推进了职业技术教育研究的繁荣和发展，为职业教育事业提供了强有力的理论支撑和智力支持。

···· **作者简介**

匡瑛，华东师范大学职业教育与成人教育研究所副教授；石伟平，华东师范大学职业教育与成人教育研究所所长、教授。

特殊教育学：响应学科需求，实现跨越发展

王 雁 朱 楠

改革开放极大地推动了我国特殊教育学学科的发展，使其实现了从无到有并不断壮大的跨越发展。创立特殊教育学学科、确定学科研究对象、明确学科属性、形成学科体系，为特殊教育学学科的规范化发展打下了坚实基础。融汇中西方特殊教育理论和实践，扎根中国大地，创生中国特殊教育学学科特色理念，开启了特殊教育学本土化的发展进程。探索中国特殊教育理论与实践模式，关注融合教育、医教结合、特殊教育教师专业发展、循证实践等关键课题，引领我国特殊教育本土化改革实践，为特殊教育学学科的建设与可持续发展提供了理论支撑和实践依据。面向未来，特殊教育学学科在本土化理论和实践积淀上仍有待提高，中国特色特殊教育学学科体系建设仍有很长的路要走。

相较于教育科学的其他分支学科，特殊教育学是一门比较年轻的学科。20 世纪 20 年代开始，特殊教育才逐步发展成为一个需要特定知识与技能的职业领域，形成自己独特的话语体系、概念范畴与研究领域，初步获得独立学科的地位。[①] 特殊教育学以各类特殊儿童的特殊教育活动、现象为研究对象，目的是探寻现象背后的本质联系（即规律），并力图寻求

---

① WINZER M A. The history of special education: from isolation to integration [M]. Washington, D. C.: Gallaudet University Press, 1993: 210.

更有效的教育方法。它是一门具有较强实践性的多学科、多层次相互交叉和渗透的综合性学科。中国盲、聋特殊教育学校虽产生于19世纪末，但当时只有极少数热心人研究过特殊教育。新中国成立后，中国的特殊教育才有了很大发展。回眸百年学科发展历程，改革开放以来的40年尤为引人注目。改革开放的宽松环境、"四个现代化"的宏伟目标、科教兴国战略方针的确立，为特殊教育学的学科建设和发展提供了深厚的土壤，注入了强大的动力，中国的特殊教育学学科从无到有并不断壮大，实现了跨越式发展，同时也促进了中国教育学学科发展和体系完善。洞见学科发展的理论与实践成果，总结学科发展经验，既是向改革开放交出一份答卷，也可以进一步加强学科反思，开掘学科场域，推进学科发展，助力建设中国特色特殊教育学学科体系。

一、创立特殊教育学学科，明确学科属性，推动学科规范化发展

　　一个世纪以来，经过几代特殊教育工作者的努力，中国特殊教育学学科建设取得了重要进展。从19世纪末、20世纪初到1949年前，特殊教育学经历了漫长的萌芽时期。这一时期，特殊教育仅是有些教育学著作中涉及的部分篇章，人们对特殊教育的理解较为宽泛，包括家庭教育、社会教育、平民教育、补习教育、职业教育、特殊教育。[①] 新中国成立后，随着国家对特殊教育的重视，特殊教育很快被纳入了整个国民教育体系，尽管当时提出了特殊教育学是教育学的一个分支学科，包括聋童教育学、盲童教育学、智力落后儿童教育学等，但缺乏自成体系、单独论述特殊教育问题的特殊教育学著作。改革开放以来，特殊教育学学科发展迎来了新的曙光，特殊教育学也实现了从被质疑是否能够成为一门独立学科，到追求发展中国特色特殊教育学学科的飞跃。特别是进入21世纪，中国特殊教育学

① 郑金洲，瞿葆奎. 中国教育学百年［M］. 北京：教育科学出版社，2002：45.

遭遇"学西方之风日盛、反思自身则不足""已有理论体系难以支撑中国特殊教育学科的独立地位"① 等问题，于是扎根我国特殊教育本土实践，展开了关于规范化的学科理论体系、本土化的特殊教育学学科话语体系的研究与讨论，肩负起回应我国特殊教育现实需要的重任。这些探讨对特殊教育学学科的确立、学科研究对象及属性的明确以及基本学科体系的形成极具意义。

（一）创立特殊教育学学科

1978 年召开的党的十一届三中全会为我国特殊教育学学科的创立与发展带来了曙光。1980 年 4 月，教育部部长蒋南翔同志在中国盲人聋哑人第三届全国代表会议上提出要尽快筹办一所全国性的特殊教育师范学校，为各地新建学校培养特殊教育师资。1981 年，黑龙江肇东师范学校首先开办特殊教育师范部。1982 年，南京特殊教育师范学校开始筹建，1985 年秋季正式招生。在高等师范院校中，1980 年，北京师范大学教育系成立了特殊教育研究室，成为我国最早的特殊教育专门研究机构。1981 年，朴永馨教授开始在北京师范大学教育系开设特殊教育的选修课，这是我国在高等师范院校最早设置的特殊教育课程。1986 年，特殊教育作为国家批准的专业在北京师范大学开始招生，拉开了我国特殊教育学学科专业化发展的序幕。特殊教育专业以"040103"作为其学科代码，首次出现在 1988 年国家教委审订的《普通高等师范院校本科基本专业目录（征求意见稿）》中，这也是国家部委颁布的第一个对特殊教育学具有重要影响的学科建制文件。此后，1988 年，华东师范大学心理系设立特殊教育专业。1989 年，华中师范大学教育系特殊教育专业成立并开始招生。在这个时期，辽宁师范大学、西南师范大学、陕西师范大学等一批师范院校也纷纷设立特殊教育专业。

特殊教育专业设立之后，教育部开始加强师范院校特殊教育课程体系

---

① 肖非，冯超. 建设有中国特色特殊教育学科之思考 [J]. 现代特殊教育，2017（12）：5-7.

的建设。1982 年，朴永馨教授受教育部委托，牵头研制中等特殊教育师范学校课程方案，这不仅是中国特殊教育师资培养与培训体系建设的开端，也标志着特殊教育学学科体系建设进程的开启。北京师范大学特殊教育专业在借鉴苏联、美国以及我国台湾地区高等师范特殊教育专业课程建设经验的基础上，根据我国大陆的实际需求，建立了一套高等师范特殊教育课程体系，进一步丰富了特殊教育学学科体系。1989 年 10 月，国家教委师范司在北京师范大学召开全国高等师范院校特殊教育专业课程方案研讨会后，向全国印发了以北京师范大学方案为主的《高等师范院校特殊教育专业教学计划（草案）》。同年 11 月，《中等特殊教育示范学校教学计划（试行）》由人民教育出版社出版。至此，我国特殊教育领域盲教育学科群、聋教育学科群和智力落后教育学科群的雏形逐步形成。

高等师范院校在加强专业建设的同时，纷纷设立特殊教育研究机构，1982 年中国教育学会特殊教育分会成立，1988 年北京师范大学经国家教委批准建立了特殊教育研究中心，华东师范大学成立了特殊教育研究所，中央教育科学研究所成立了特殊教育研究室，研究团队不断扩大。《特殊教育研究》《中国特殊教育》《现代特殊教育》等学术杂志也相继创刊，更为特殊教育学学科的发展提供了广阔平台。

特殊教育专业的设立以及学术机构的建立成为特殊教育学学科发展的一个标志，对于特殊教育学学科发展意义重大而深远。据教育部高等教育教学评估中心数据，目前我国有 90 余所高校设立了特殊教育专业。这无疑成为有志于从事特殊教育学研究与教学的领域专家和莘莘学子的主要基地，也凝聚了特殊教育学学科的研究主题、研究话语、研究群体和研究活动，并由此孵化出一大批学术研究成果和学科发展平台，如特殊教育学学科硕士和博士学位授权点等，这为特殊教育学学科的发展和繁荣奠定了坚实的基础。特殊教育学学科创立，实现了由无到有的历史性飞跃，成为教育学科中不可或缺的重要组成部分。

（二）确定学科研究对象

研究对象是确立学科范式的基本问题，研究对象的转换反映不同研究者不同的研究视角和理论倾向。① 有学者指出特殊教育学是研究特殊教育现象及其规律、原则和方法的科学。② 但是，严格来说，特殊教育学是研究特殊教育现象，揭示特殊教育规律的科学。③ 从特殊教育学作为教育学的分支来看，广义的特殊教育现象是指发生在各种特殊需要儿童教育场域中的各种现象，狭义的特殊教育现象则指发生在各类残疾儿童教育场域中的各种现象。可见，特殊儿童范围的变化决定了特殊教育学的研究范畴。

在世界特殊教育发展近百年的历史进程中，从"缺陷"到"残疾"再到"特殊教育需要"，是特殊教育学学科研究对象与范围扩大的过程，也是特殊教育基本理念与实践模式变化的过程。④ 早期特殊教育学学科出发点为"缺陷"，即"人的心理、生理或解剖结构或功能的缺陷"，强调特殊儿童的病理学特征，研究对象为残疾程度较重的盲、聋、智力障碍人士。⑤ 20 世纪中期以后，特殊教育出发点转为"残疾"，即"一个人的活动能力从正常人的角度看受到限制或完全缺失"，描述了损伤引起的身体功能或活动能力的限制。特殊教育研究对象范围随之扩大，残疾类型更加分化，情绪/行为障碍、自闭症、学习障碍等新的残疾类型不断出现，轻中度残疾儿童教育与社会适应问题受到更多关注。而 1978 年英国发布《沃诺克报告》，首次提出"特殊教育需要"的概念，指出它既包括轻微、暂时性的学习困难，也包括严重的、永久性的残疾。这一概念以动态视角表明学生在成长过程中不同阶段可能有不同的教育需要。特殊教育学学科范围也

---

① 郭卉. "学科"标准的审视与超越：对我国高等教育管理学学科建设的思考 [J]. 现代教育科学，2005（1）：3-5.

② 朴永馨. 特殊教育学 [M]. 福州：福建教育出版社，1995：5.

③ 雷江华. 中国特殊教育学学科论初探 [J]. 华中师范大学学报（人文社会科学版），2005（4）：132-136.

④ 邓猛，肖非. 特殊教育学科体系探析 [J]. 中国特殊教育，2009（6）：25-30.

⑤ 刘全礼. 特殊教育导论 [M]. 北京：教育科学出版社，2003：11.

首次超越了"残疾"范畴，面向更加多样化、由各种要素导致的学习困难。改革开放以来的很长一段时间，我国学界及相关文件和法律规定中多取狭义，即残疾儿童的特殊教育。进入 21 世纪后，特殊教育学有了快速发展，尤其是随着随班就读及融合教育的推进，用正常/异常二分法简单划分儿童、普通教育与特殊教育之间隔离和不平等的现象愈加受到学界质疑，包含残疾儿童、问题儿童、超常儿童的广义取向赢得广大特殊教育学者的认同。

（三）明确学科属性

尽管"特殊教育学是一门应用学科"[①]，但是"特殊教育的实用主义也在渐渐影响着特殊教育作为一门学科的独立性和科学性"，其独立性和科学性如何体现？这也是在特殊教育学学科建立之初，学界对其能否成为一门独立学科而存在所探讨的经典论题。有学者指出，特殊教育"没有自己专业的理论，指导特殊教育的理论是从其他学科借来的，如：医学、心理学、教育学、社会学等的学科理论是特殊教育经常引用的。近代的脑科学研究和电子计算机学的研究也被特殊教育充分的引用"[②]。也有学者认为，特殊教育学有自己的理论基础，它主要由两个部分组成，"一是与普通教育相同的哲学世界观和方法论，这是人们认识特殊教育和进行特殊教育活动的总的理论基础；另一个是与普通教育不全相同的，在其哲学思想指导下的相关学科的具体理论，如有关心理学、医学、社会学等方面的理论以及特殊教育本身的理论"[③]。两种观点对峙的焦点在于特殊教育学是否有自身的专业理论，反映出学界对实用主义影响下特殊教育学学科的独立性和科学性问题的认识分歧。

毋庸置疑的是，特殊教育学作为一种知识理论体系，具有"层次性、

---

① 雷江华．中国特殊教育学学科论初探［J］．华中师范大学学报（人文社会科学版），2005（4）：132-136.
② 陈云英．建构特殊教育理论［J］．中国特殊教育，2003（1）：1-6.
③ 朴永馨．特殊教育学［M］．福州：福建教育出版社，1995：61.

交叉性与发展性"的基本特性。① 它是教育学的分支或子学科，是教育学一级学科下的二级学科，其内部也具有多层次结构。按特殊儿童的区别可分为狭义或广义的特殊教育学；按照残疾种类可分为视障教育和视障教育学、听障教育和听障教育学、智障教育和智障教育学等；按学段可分为学前特殊教育、职业特殊教育、基础特殊教育、高等特殊教育等。② 特殊教育学又具有交叉性的特点，"来自医学、心理学、教育学、社会学等学科的理论奠定了特殊教育学科的最核心基础，其外围则是语言学、管理学、经济学、哲学、人类学等学科的相关内容"③。但是，特殊教育学属于发展中而非成熟的学科，学科的系统性与完整性有待加强。特殊教育学的发展性就体现为其自身理论的发展，如特殊教育理论范式从隔离走向融合、从医学-心理模式走向社会学-教育学模式、从"残疾"走向"特殊教育需要"等。而"马克思主义指导下的缺陷补偿理论是中国特殊教育理论基础"④。概言之，特殊教育学是一门多学科、多层次相互交叉和渗透的综合性学科。发展有中国特色的特殊教育学学科是改革开放以来尤其是 21 世纪以来的重要任务，必须将丰富的本土实践与理论密切结合，借他山之石与民族特色有效融合，百花齐放与团结协作科学调和，明确学科属性，拓展学科层次，丰富学科理论，促进学科的发展与成熟。

（四）形成学科体系

一个学科是否具有逻辑清晰、结构合理、要素完备的内容体系是衡量其发展水准的重要指标，而教材则是体现内容体系、研究成果的集大成

---

① 邓猛，肖非. 特殊教育学科体系探析 [J]. 中国特殊教育，2009（6）：25-30.
② 朴永馨. 特殊教育学 [M]. 福州：福建教育出版社，1995：7.
③ 同①.
④ 同①.

者。^① 自 1980 年我国特殊教育师资培养机构开始筹建以来，特殊教育学教材的建设走过了 20 世纪 80 年代借鉴、90 年代本土化、21 世纪创新的历程，形成了中国自己的符合学科定位的学科体系。

特殊教育学内容体系的创建和发展得益于我国特殊教育学教材建设取得的长足发展，教材建设为特殊教育学内容体系的明晰和成熟奠定了坚实的基础。20 世纪 80 年代，师范院校特殊教育专业所使用的特殊教育学教材主要是单本译著，如鲁宾施泰因的《智力落后学生心理学》（朴永馨译，人民教育出版社 1984 年出版）、柯克和加拉赫的《特殊儿童的心理与教育》（汤盛钦等译，天津教育出版社 1989 年出版）等。1991 年，朴永馨在华夏出版社出版了我国第一本本土特殊教育学教材《特殊教育概论》，为中等特殊教育师范学校教学用书。其后，1995 年福建出版社出版了朴永馨主编的第一本高等师范院校特殊教育专业教材《特殊教育学》。这部教材与汤盛钦主编的《特殊教育概论：普通班级中有特殊教育需要的学生》（1998 年）、方俊明主编的《当代特殊教育导论》（1998 年）成为我国特殊教育学本土化教材的先驱，也为 21 世纪以来特殊教育学教材的创新奠定了体系基础。21 世纪后，如雨后春笋般涌现出来的特殊教育学教材共有九种，以 2005 年方俊明主编、人民教育出版社出版的《特殊教育学》为代表。这部教材被列为普通高等教育"十五"国家规划教材。此外还有 2003 年教育科学出版社出版的刘全礼主编的《特殊教育导论》，2011 年北京大学出版社出版的雷江华、方俊明主编的《特殊教育学》，以及教育科学出版社出版的盛永进主编的《特殊教育学基础》等。这些特殊教育学教材的核心内容包括特殊教育的概论、发展脉络、支持保障、体系与模式、教育教学、各类特殊儿童的心理与教育、专业人员、研究方法等。^② 不同时期的特殊教育学教材内容体系虽具差异，但主要内容均聚焦于各类特殊儿童

① 柳海民，邹红军. 教育学原理：历史性飞跃及其时代价值：纪念改革开放 40 周年 [J]. 教育研究，2018（7）：4-14.
② 贾玲，宫慧娜，陈影，等. 我国特殊教育学教材的实证分析：基于 13 本教材的内容比较 [J]. 中国特殊教育，2017（3）：14-20.

的心理与教育、教学、特殊教育基本概论等三个部分，印证了特殊教育学以各类特殊儿童的特殊教育活动和现象为主要研究对象的学科属性。特殊儿童的心理与教育所占比重最大，是构成特殊教育学研究对象的主要组成部分，这说明教育学和心理学是特殊教育学的学科源流。特殊儿童教学模块中可窥见医学、社会学、语言学等诸多学科，反映出特殊教育学作为交叉学科的特性。学界对特殊教育学的主要研究问题已达成共识，这为特殊教育学内容体系的形成提供了基础平台。

特殊教育学教材的不断涌现为特殊教育学学科确定内容、构建体系提供了基本的参照。区别于教育学原理、教育史等基础性、传统型教育学科，特殊教育学作为一门年轻的多层次、综合性学科，其内容体系的发展并非仅体现于单本特殊教育学教材的建设。作为一个学科群，成体系出版的特殊教育类教材进一步扩展了话语平台，深化与丰富了学科的内容体系。改革开放以来，分别由华夏出版社、天津教育出版社、华东师范大学出版社、北京大学出版社、南京师范大学出版社出版了五套系统的特殊教育教材。这些系列教材的主要主题包括特殊教育的理论基础、融合教育、特殊教育史、特殊儿童的心理学、特殊教育研究方法、各类特殊儿童的心理与教育、特殊儿童的康复训练等，可归纳为三个核心主题，即特殊教育的理论与基础、特殊儿童的发展与教育、特殊儿童的康复与训练。特殊教育的理论与基础系列着重探讨特殊教育的学科性质和任务、特殊教育学与其他相邻学科的密切关系。特殊儿童的发展与教育从广义的特殊教育对象出发，密切联系学前教育、学校教育、家庭教育、职业教育和高等教育的实际，对不同类型特殊儿童的发展与教育问题进行了深入论述。特殊儿童的康复与训练着重探讨特殊教育中早期鉴别、干预、康复、咨询、治疗、训练教育的原理和方法。特殊教育学系列教材的内容体系虽具差异，但主要研究问题与基本内容体系是一致的，是对特殊教育学学科内容体系的进一步深化和完善。

二、 创生特色理念，融汇中西理论实践，
开启特殊教育学本土化发展进程

一个学科的发展成熟，除了要有确保学科活动顺利开展的外在制度外，还需要有规范的学科理论体系，它确立了诸如研究对象、学科性质、基本假设和原理、范式方法等学科发展核心问题。[1] 后者更是一门学科能否获得独立学科尊严的"魂灵"所在。关于特殊教育的学科理论体系，1998 年朴永馨在《特殊教育研究》发表的《努力发展有中国特色的特殊教育学科》一文中提出：要处理好"借他山之石"与"发展民族特色"之间的关系，因为没有任何其他国家可以为中国几百万残疾儿童教育准备好现成"药方"。[2] 中国特殊教育学学科发展需要扎根于本土特殊教育实践，促进特色理论创新应当成为特殊教育学学科建设的重点。建构特殊教育学学科本土化理论的意义在于：教育本就是极具个性的社会活动，特殊教育更是将这种个性化实践推向了极致。大到文化传统，小到教育对象，时间空间、精神物质、群体个体的差异，都会成为影响特殊教育效果的重要因素。指导实践发展的特殊教育理论，必须扎根于本土特有文化和社会境脉之中，只有这样才能有针对性地解决当下我国社会环境中特殊教育所面临的实际困境。[3] 尽管当前我国特殊教育学学科发展仍处于"尚不成熟"的"初级阶段"，但是国内学者所提出的三因素补偿理论、实用主义融合教育的观点、特殊教育差异教学的主张，初步开启了特殊教育学学科发展民族性和本土化的进程。

朴永馨提出以"特殊儿童既有共性也有特性"为代表的特殊儿童观和以"特殊教育既有共性又有特性"为代表的特殊教育观，并由此提出

---

[1] 肖非，冯超．建设有中国特色特殊教育学科之思考 [J]．现代特殊教育，2017（12）：5-7．
[2] 朴永馨．努力发展有中国特色的特殊教育学科 [J]．特殊教育研究，1998（1）：1-2．
[3] 同①．

残疾儿童的三因素补偿理论。他进一步指出，补偿是机体在失去某种器官或某种机能受到损害时的一种适应，是一种与正常发展过程不完全相同的有特殊性的发展过程。在这种有特殊性的适应和发展过程中，被损害的机能可以被不同程度地恢复、弥补、改善或替代，从而把缺陷所带来的不利影响减到最小限度，或者使缺陷已带来的影响得到最大限度的克服。特殊教育中缺陷的补偿有三个主要影响因素。一是生物因素，主要指人的比较稳定的各种解剖结构、机能、本能和特点，生物因素在产生功能损害时首先起着重要作用，是补偿的物质基础，为补偿过程提供了可能性。二是社会因素，这是补偿过程能够进行的外界条件。社会环境，尤其是社会和家庭创造的教育条件、康复条件等使残疾人潜在的可能性更顺利地变为现实性，潜在的能力变为现实的能力。三是意识（或心理）因素，主要包括人对社会存在和发展的认识、对环境的认识、对人际关系的认识，包括残疾人对自身缺陷和残疾的认识与态度等。人的自觉的有意识的活动，使人的补偿与动物的补偿具有完全不同的性质。以上三个方面的因素在补偿过程中是统一的、相互作用的和协调平衡的。缺陷补偿是需要发挥潜能的，潜能的发挥是为了补偿缺陷，二者是统一的、一致的。这三个因素可以归结为补偿的生物–社会–意识（或心理）模式。补偿是一种动态变化和发展过程，补偿中的三个因素也是发展变化的。只有全面地、动态地分析补偿的诸因素，并在不断的变动中求得补偿过程诸因素的发展中的平衡，才能对补偿有正确的认识，并按照客观规律自觉地促进补偿过程。[①]

　　关于特殊教育领域内讨论最热烈的融合教育思想，国内学者结合我国随班就读本土化实践形成了富有代表性的实用主义融合教育的观点。我国自 20 世纪 80 年代中期开始了接收能够跟班学习的残疾儿童在本村普通小学随班就读的实验，正式开启了我国融合教育的发展之路。随班就读是西方融合教育的形式与我国特殊教育实际的结合，是一种实用主

---

① 朴永馨. 特殊教育学 [M]. 福州：福建教育出版社，1995：67–72.

义的融合教育模式，旨在为我国大量还没有机会接受任何形式教育的有特殊教育需要的儿童提供上学读书的机会。① 它是我国作为发展中国家，在经济文化还不够发达的情况下发展特殊教育的一种实用的，也是无可奈何的选择。这区别于西方理想主义模式下要为特殊儿童提供平等的、适当的受教育机会的融合教育，我国的随班就读主要是为儿童提供平等接受教育的机会，提高入学率。融合教育背后的一些诸如平等、个性自由、多元等西方的哲学观念以及适当、高质量的教育等原则在我国没有或很少得到强调。②

以华国栋为代表的"差异教学"主张的倡导者提出，"差异教学是指班集体教学中立足学生的个体差异，满足学生个别学习的需要，以促进每个学生在原有基础上得到充分发展的教学"③。差异教学强调在承认学生共性的同时，也要关注学生的差异；将共性与个性辩证地统一起来，不仅要关注个体间的差异，也要关注个体内的差异，扬优补缺，以促进学生发展。其本质是满足学生的不同学习需要，使教学与每个学生的学习最大限度匹配，并促使学生转向优势的学习方式，最终促进每个学生最大限度发展。④ 融合教育提倡为每个学生提供适合的教育，这就要求普通教育进行教学改革，"大一统"的教学已不能有效照顾学生的差异。但是基于我国班集体教学的现实，促进学生个性发展的个别化教学又难以与班集体教学对接。而差异教学追求教学与每个学生最大限度的匹配，这也是融合教育的必然要求，也是随班就读质量提升的有效途径。⑤ 差异教学的实施具有五个典型特征：以测查与评估为施教前提；以系统的

---

① 邓猛，朱志勇. 随班就读与融合教育：中西方特殊教育模式的比较 [J]. 华中师范大学学报（人文社会科学版），2007（4）：125-129.
② DENG M，POON-MCBRAYER K F. Inclusive education in China：conceptualization and realization [J]. Asia-Pacific Journal of Education，2004，24（2）：143-157.
③ 华国栋. 差异教学论 [M]. 北京：教育科学出版社，2001：24-25.
④ 华国栋，李泽慧. 实施差异教学，提高随班就读质量 [J]. 中国特殊教育，2006（12）：9-12，8.
⑤ 华国栋. 实施差异教学是融合教育的必然要求 [J]. 中国特殊教育，2012（10）：3-6.

多样化的教学策略的构建为途径；以开发每个学生的潜能、提高教学效率为目标；以平等和谐的教学环境和多方合作为依托；着眼于学生的群体，将个别学习、小组学习和班集体学习结合起来，在班集体活动中发展学生的个性潜能，但在随班就读中的差异教学仍需要个别教学做补充。①

　　上述中国特殊教育学的理论、理念或观点是中国特殊教育学理论本土化发展为数不多的代表。我国特殊教育在改革开放以来短短 40 年间走过了西方特殊教育两个多世纪的发展历程。尽管学科发展经历了从无到有的质的飞跃，学科建设取得较大进步，随班就读、送教上门、普特融合、医教结合等也逐步成为构建中国特色特殊教育理论体系的本土化概念，但是审视当前特殊教育学学科的理论体系，学西方之风日盛，反思自身则不足，所谓的中国特殊教育学科理论体系基本源自西方，鲜有中国本土化的理论贡献②。因此，要改变中国特殊教育学界"遵奉"西方话语、对"西方理念""国际前沿"亦步亦趋的现象，就需扎根本土实践，将中国特殊教育改革发展的历史轨迹和当今存在的现实问题作为中国特殊教育学学科建设的基点，批判地继承和吸收国际特殊教育经验，"善于提炼标识性概念，打造易于为国际社会所理解和接受的新概念、新范畴、新表述，引导国际学术界开展研究和讨论"③，形成中国特色特殊教育学学科理论体系。

三、 创新中国模式，关注核心课题，引领特殊教育本土化改革实践

　　改革开放 40 年来，特殊教育学学科取得了长足的发展，形成了自己独

---

① 王辉，华国栋．论差异教学的价值取向［J］．教育研究，2004（11）：41-45；华国栋，李泽慧．实施差异教学，提高随班就读质量［J］．中国特殊教育，2006（12）：9-12，8.

② 肖非，冯超．建设有中国特色特殊教育学科之思考［J］．现代特殊教育，2017（12）：5-7.

③ 习近平：在哲学社会科学工作座谈会上的讲话（全文）［EB/OL］.（2016-05-18）［2018-10-28］. http://politics.people.com.cn/n1/2016/0518/c1024-28361421-4.html.

特的话语体系、概念范畴与研究领域，创新发展了一些具有中国特色、中国风格的特殊教育理论或模式，对中国的特殊教育改革与实践起着越来越重要的作用。长久以来，我国特殊教育学界围绕"融合教育""随班就读""医教结合""特殊教育课程与有效教学""特殊儿童有效教育干预""循证实践"等核心理论和实践课题展开了广泛而深入的讨论与实践，这些核心理论和实践成果不仅促进了特殊教育学学科的发展，也对特殊教育事业改革实践产生了深远影响。贯穿中国特殊教育学学科发展始终，具有跨时代发展生命力和价值的典型课题有融合教育中国理论、医教结合、特殊教育教师专业发展、循证实践等。

（一）探索融合教育中国理论，催生本土有效实践

融合教育一经引入中国，它在特殊教育学学术场域的延展便与中国本土的随班就读实践、西方特殊教育理论以及中国特色特殊教育学学科发展密切交织，引发了中国融合教育理论建构与实践探索的热潮。历经 20 世纪 90 年代的理念解读及 21 世纪多学科反思和本土理论探索，中国融合教育理论和实践发展的历程体现了特殊教育学界多元的切入视角、全面及深刻的研究。

1. 融合教育的理论反思

首先，多学科视角和多元理论视野剖析融合教育理论的主要范式。有学者从社会分层的理论视野出发，将融合教育视作主流社会群体对处于弱势和边缘地位的残疾人群体由拒绝到接纳、由排斥到融合的社会博弈与文化演进。[①] 有学者以后现代主义视角，从特殊教育模式、普遍性和同一性、平等性以及效率等方面对特殊教育的固有思维范式进行解构。[②] 也有学者沿着从解构到重构的后现代主义范式，以一种建设而非革命的心态对随班就读进行剖析，破除随班就读中二元对立、实用主义、同

---

① 彭兴蓬，邓猛．融合教育的社会学分析［J］．中国特殊教育，2013（6）：20-24.

② 熊琪，邓猛．从解构到重构：全纳教育的后现代解读［J］．教育探索，2013（10）：1-4.

质平等以及医学残疾观的传统特殊教育思想，力求转变其边缘地位，赋予其追求平等的融合教育精神和更具说服力的话语地位。① 还有学者从实证主义、社会建构主义视角指出融合教育理论发展体现了建构对实证、人文对科学的批判与颠覆。②

其次，本土化理论探索成为融合教育理论扎根中国本土实践的基础。我国关于融合教育的讨论聚焦于融合教育在中国"嫁接与再生成"的过程，探索"扎根"于中国特有社会文化的融合教育理论的生成与发展。西方融合教育是西方特有的社会文化发展的结果，也是特殊教育发展规律的自然体现。③ 应将融合教育与中国特定历史文化背景相联系，扎根于中国特定文化情景与过程之中。有学者指出应将融合教育本土化的契合点定位于东西方共有的宽容文化。融合教育在本土化进程中，应以我国和谐社会的建构为起点，逐步构筑融合教育所需要的宽容的社会生态环境，并通过宽容策略使之从历史走向现实。④ 随班就读与融合教育关系的争论也是融合教育理论研究的主要内容。有学者将我国随班就读和西方回归主流或融合教育等同对待，认为我国随班就读模式受国际特殊教育理论影响，因而具有国际性。⑤ 也有学者指出随班就读"与西方的一体化、回归主流在形式上有某些共同之处，但出发点、指导思想、实施办法等方面有中国的特色"⑥。随班就读是为我国大量没有机会接受任何形式教育的特殊儿童提供上学读书机会的一种实用的、无可奈何的选择⑦，是一种实用主义的融合

---

① 于松梅，曾刚．从解构到重构：随班就读后现代主义的剖析［J］. 中国特殊教育，2017（2）：3-6.
② 邓猛，肖非．全纳教育的哲学基础：批判与反思［J］. 教育研究与实验，2008（5）：18-22.
③ 邓猛，苏慧．融合教育在中国的嫁接与再生成：基于社会文化视角的分析［J］. 教育学报，2012（1）：83-89.
④ 熊絮茸，邓猛．宽容与全纳教育的历史互动与本土演化［J］. 中国特殊教育，2013（5）：3-6，20.
⑤ 邓猛，潘剑芳．关于全纳教育思想的几点理论回顾及其对我们的启示［J］. 中国特殊教育，2003（4）：1-7.
⑥ 朴永馨，顾定情，邓猛．特殊教育辞典［M］. 北京：华夏出版社，2014：58.
⑦ 邓猛，朱志勇．随班就读与融合教育：中西方特殊教育模式的比较［J］. 华中师范大学学报（人文社会科学版），2007（4）：125-129.

教育模式。随班就读是产生于我国的本土性理论，是通往融合教育的现实之路①，属于融合教育的范畴，其理论形式与实践方式更多地受到西方回归主流或融合教育思想的影响，是西方特殊教育理念与中国特殊教育实践相结合的产物②。

2. 融合教育的本土实践

一是聚焦融合教育态度研究。人们对残疾儿童和随班就读的态度是影响残疾儿童个体发展与随班就读效果的重要因素。③ 残疾融合教育理念引入及随班就读模式开展之初，学者更多聚焦于随班就读态度研究。利益相关者对随班就读的态度存在差异。如普通小学教师对随班就读的态度经历了从反对、赞同到谨慎地支持的发展过程；特殊学校教师对残疾儿童随班就读态度积极，但不乏偏见、对残疾人有拒绝倾向的表现；教育行政人员的态度受限于地域发展现实；师范生因缺乏对随班就读的深入认识，态度则更倾向于消极；特殊儿童家长较之普通儿童家长对随班就读的态度更积极、理解、支持，但对融合教育实施的信心较低，对融合教育实施过程的心理和管理需求很高；普通同伴对特殊儿童及其接纳态度存在差异。④

二是关注融合教育实践和效率。随着融合教育及随班就读的迅猛发

①　李拉. 当前随班就读研究需要澄清的几个问题 [J]. 中国特殊教育，2009 (11)：3-7.

②　邓猛，颜廷睿. 我国特殊教育研究新进展与发展趋势 [J]. 现代特殊教育，2016 (10)：3-9.

③　转引自陈光华，张杨，石颖，等. 我国大陆随班就读态度研究综述 [J]. 中国特殊教育，2006 (12)：27-32.

④　陈光华，张杨，石颖，等. 我国大陆随班就读态度研究综述 [J]. 中国特殊教育，2006 (12)：27-32；彭霞光. 特殊学校教师对随班就读的态度调查研究 [J]. 中国特殊教育，2003 (2)：10-14；韦小满，袁文得. 关于普小教师与特教教师对有特殊教育需要学生随班就读态度的调查 [J]. 中国特殊教育，2000 (3)：31-33；钱丽霞，江小英. 对我国随班就读发展现状评价的问卷调查报告 [J]. 中国特殊教育，2004 (5)：1-5；万莉莉. 本科师范生对随班就读态度的调查 [J]. 中国特殊教育，2005 (1)：28-31；牛玉柏. 家长对残疾儿童随班就读的态度研究 [D]. 大连：辽宁师范大学，2000；苏雪云，吴择效，方俊明. 家长对于自闭症谱系障碍儿童融合教育的态度和需求调查 [J]. 中国特殊教育，2014 (3)：36-41；吴支奎. 普小学生对随班就读弱智生接纳态度的研究 [J]. 中国特殊教育，2003 (2)：16-22；刘颂，钱红，付传彩. 北京市学前融合班级中普通幼儿对残疾的认识与接纳态度 [J]. 中国特殊教育，2013 (10)：3-7.

展，与西方融合教育发展进程相似，我国学界争论焦点从原来的"特殊儿童能否被融合"转向"应该如何融合"①。有学者从课程与教学角度，探讨融合课堂的课程教学模式调整②，分析和探讨学习通用设计的理念和原则以及在融合课堂中的应用③。也有学者从教师角度，探索随班就读教师专业素养、课堂支持、职业适应等专业发展现实④，探讨资源教师、巡回指导教师在随班就读实践中的指导模式⑤。而在融合教育效率方面，有学者对融合教育质量评估指标进行了理论建构，提出应以融合教育理念为核心，遵循兼顾效率与公平的质量观，构建动态的、系统的评估指标体系，进而提出融合教育质量评价的五个维度，即支持与资源、管理与领导、文化与环境、教与学、学生表现。⑥也有学者从学生表现这一维度，通过实证研究证明随班就读在促进残疾学生和普通学生发展方面的积极作用。⑦

学者们对于融合教育的理论和实践的深耕，催生了中国本土化融合教育理论的构建和有效实践。但融合教育作为一个宏大的话语与实践领域，其与特殊教育其他关键领域如教师教育、课程教学、教育干预等仍

---

① 邓猛，颜廷睿. 西方特殊教育研究进展述评 [J]. 教育研究，2016 (1)：77-84.

② 魏寿洪，廖进，程敏芬. 成渝两地普小教师融合教育课程与教学调整实施现状研究 [J]. 中国特殊教育，2018 (6)：14-22.

③ 颜廷睿，邓猛. 全纳课堂中的学习通用设计及其反思 [J]. 中国特殊教育，2014 (1)：17-23.

④ 冯雅静. 随班就读教师核心专业素养研究 [J]. 中国特殊教育，2014 (1)：4-9，23；王雁，王志强，冯雅静，等. 随班就读教师专业素养现状及影响因素研究 [J]. 教师教育研究，2015 (4)：46-52；王雁，王志强，程黎，等. 随班就读教师课堂支持研究 [J]. 教育学报，2013 (6)：67-74；冯雅静，王雁. 随班就读任职教师职业适应与社会支持的关系研究 [J]. 中国特殊教育，2013 (5)：13-20.

⑤ 刘慧丽. 融合教育理念下资源教师角色的指导模式研究 [D]. 武汉：华中师范大学，2013；冯雅静，朱楠. 随班就读资源教师专业化发展的现状与对策 [J]. 中国特殊教育，2018 (2)：45-51；张悦歆，王蒙蒙，钱志亮，等. 视障儿童随班就读巡回指导教师制度的建构及其发展现状 [J]. 教师教育研究，2018 (4)：50-57.

⑥ 颜廷睿，关文军，邓猛. 融合教育质量评估的理论探讨与框架建构 [J]. 中国特殊教育，2016 (9)：3-9，18.

⑦ 杨希洁. 随班就读学校残疾学生发展状况研究 [J]. 中国特殊教育，2010 (7)：3-10；朱楠，赵小红，刘艳虹. 随班就读学校氛围案例研究 [J]. 中国特殊教育，2009 (3)：24-28.

处在"初级交融"阶段,需进一步拓展理论视野和理论资源,丰富实证探索和有效实践,促进关键领域深度融合,为中国融合教育本土化理论和实践发展、特殊教育改革决策和事业发展提供全方位的理论支撑与实践依据。

(二) 创新本土特殊教育模式,促发事业改革实践

构建具有中国特色的特殊教育学理论体系及其实践模式是特殊教育学的时代课题。特殊教育实践是特殊教育学中国理论体系构建的物质基础。传统文化与现实需求是特殊教育学本土学术体系构建的支撑。坚持问题导向,扎根本土实践,探索适合中国特殊教育实践变革的方向,自改革开放以来就成为特殊教育学学科理论和实践发展的要求。20 世纪 80 年代中后期随班就读这一本土化概念出现,开启了中国本土化融合教育的理论建构和实践探索的热潮。而近年来另一本土化概念——医教结合,作为特殊教育的一种政策导向和实验模式,一进入学界视野便引起学者的审视和争论,成为特殊教育研究争鸣的热点。

1. 医教结合模式的理论论争

一是医教结合概念之争。医教结合最初提出时主要针对聋儿的康复问题,其体系构成包括听觉康复、言语矫治和语言教育三个模块。随着医教结合实验的推广,它的内涵逐渐扩展。这里的医学已经不是传统意义上所指的医学康复,它涵盖的范围已经有所变化,包含医疗、心理、教育、社会、职业等多方面的综合康复。[1] 有学者指出医教结合应当包括医教结合、综合康复、多种干预、潜能开发等多项内容。[2] 也有学者指出医教结合的内涵特指现代康复医学与特殊教育的结合,泛指与特殊儿童相关的医学领

---

[1] 陆莎. 医教结合:历史的进步还是退步? [J]. 中国特殊教育,2013 (3):8-11.

[2] 谢敬仁. 以人为本,科学推进"医教结合"的实验和探索 [J]. 现代特殊教育,2011 (2):5-7.

域和特殊教育的全面结合。① 但是，一些学者从不同角度提出质疑和批评，如有学者指出不能用医教结合剥夺特殊教育多学科交叉的特性，更不能因为多学科交叉的特性冲淡了其教育的本质而本末倒置。② 也有学者基于医学视角提出医教结合术语存在着"异化特殊教育学科基质的危险"。③ 目前国内对医教结合的表述混乱、相互矛盾，解释具有随意性，莫衷一是，医教结合的内涵外延相当模糊，即使医教结合的支持者自身也搞不清何为"医"、何为"教"。④

二是医教结合的理论基础之争。医教结合是否符合特殊教育理论发展规律是第二个争论点。从特殊教育范式的视角看，西方特殊教育经历了从医学模式到医教结合，再到教育模式的转换。⑤ 医教结合把教育和医学结合起来，充其量只能把"医"作为促进教育的工具，"教"才是主要目的。如果"医"跨越了工具属性，就可能成为教育的枷锁，使特殊教育退回至心理-医学模式中，这是历史的倒退。⑥ 但是，也有学者指出不同视角下的残疾模式有各自的合理性，它们都能解释一部分的残疾现象，新模式的兴起并不意味着原来模式完全被取代或消亡。⑦ 从特殊教育学本身的学科立场来看，有学者提出多学科合作是特殊教育学学科发展的主要趋势之一，为学科提供了多种科学的视角和研究范式⑧，脱离特殊教育多学科的特征而过分强调医教结合，容易使我们偏离特殊教育是一门"教育学"学科的

---

① 张伟锋.医教结合：特殊教育改革的可行途径：实施背景、内涵与积极作用的探析 [J].中国特殊教育，2013（11）：19-24.
② 邓猛，卢茜.医教结合：特殊教育中似热实冷话题之冷思考 [J].中国特殊教育，2012（1）：3-8.
③ 盛永进."医教结合"争论中的学科立场：兼谈特殊教育研究的学术规约问题 [J].中国特殊教育，2014（5）：8-12.
④ 顾定倩，刘颖.对实施"医教结合"实验的若干思考 [J].中国特殊教育，2014（5）：3-7.
⑤ 同②.
⑥ 陆莎.医教结合：历史的进步还是退步？[J].中国特殊教育，2013（3）：8-11.
⑦ 傅王倩，肖非.医教结合：现阶段我国特殊教育发展的必然选择：对路莎一文的商榷 [J].中国特殊教育，2013（7）：3-7.
⑧ 肖非，傅王倩.多学科合作是特殊教育发展的必由之路：兼论"医教结合"的特殊教育发展政策 [J].现代特殊教育，2015（8）：3-8.

本质，"使特殊教育从多学科退回两学科，甚至是一个为主、其他为辅的学科，教育的学科地位严重削弱，这对特殊教育的发展是不利的"①。但是支持者认为医教结合与特殊教育多学科交叉的特性之间不是对立的、非此即彼的关系，医教结合是特殊教育与康复医学的整合，以达到学科互助、各施所长②，其本身就体现了特殊教育的多学科特性。西方特殊教育并不是从教育学中发源、派生出来的，它与现在的教育学母体有质的区别。特殊教育学是与医学等其他相关学科有紧密关联的综合学科，所研究问题涉及的面特别广，已远远超出了大教育学或教育学多元化所关涉的问题和范围。③ 毋庸置疑，医教结合尚未形成独立和成熟的理论体系，这是引发激烈学术争鸣的根本原因。医教结合之争也是特殊教育研究中学科立场模糊不清这一突出问题的典型反映。然而，各学者基于不同的学术建构和哲学基础所展开的论争也有力推动了医教结合理论的明晰，拓宽了学术视野，推动了特殊教育事业改革发展。

2. 医教结合模式的实践探索

从政策可行性角度研究医教结合模式的实践性成为重要切入点。2009年《上海市特殊教育三年行动计划（2009—2011 年）》中正式提出医教结合，同年，教育部基础教育二司向有关省市发布了《关于在特殊教育学校建立"医教结合"实验基地的通知》。其后，2014 年《特殊教育提升计划（2014—2016 年）》明确提出要建立囊括医教结合的完善的特殊教育体系。有学者指出关注医教结合表达了政府对特殊教育发展与改革的热切盼望，特殊教育改革发展需要不断尝试。④ 但也有学者认为过分强调医教结合并将其作为特殊教育发展主导策略不利于其他改革的进行，对特殊教育

① 陆莎. 医教结合：历史的进步还是退步？[J]. 中国特殊教育，2013（3）：8-11.
② 方俊明，周念丽. "医教结合"的跨学科解读 [J]. 教育生物学杂志，2013（3）：161-168.
③ 张伟锋. 医教结合：特殊教育改革的可行途径：理论依据、相关概念的探析 [J]. 中国特殊教育，2014（9）：3-9.
④ 谢敬仁. 以人为本，科学推进"医教结合"的实验和探索 [J]. 现代特殊教育，2011（2）：5-7.

总体发展会产生不良影响①，对医教结合的政策制定问题应审慎对待。基于区域/学校层面的实践研究是医教结合模式实践探索的主要内容。如有学者基于国家特殊教育深化改革实验区医教结合项目的实践，归纳了五种典型模式，即全面构建支持保障体系的上海模式，强化优化特教环境、建立多方支持联合服务的多赢新型服务链条的天津模式，健全联动机制、完善体系建设、突出政府主体、加大保障力度、创新特教模式、深化课程改革的浙江模式，低视力医教结合实验的福建模式，强调多部门、多学科参与的云南模式。② 也有人总结了学校层面医教结合实验模式的特征要素，即人员合作紧密、内容涵盖全面、目标设置简明、实施针对性强。③ 基于课堂教育或特殊儿童干预实践的研究是医教结合模式实践探索的另一主要范式。如有的研究者探索将医教结合理念贯彻至语文课堂④、美术课堂⑤等，促进课堂教学方式变革；也有研究者着力于医教结合康复教育课程研究⑥；更多研究者聚焦于医教结合对各类特殊儿童干预治疗的积极效果⑦。实践探索视角虽然众多，但研究内容仍缺乏宏观性、系统性和全面性，需拓展领域宽度、深化领域层次，助推医教结合模式的理论建设和创新实践。

（三）关注特殊教育教师研究，助力教师专业发展

特殊教育教师主要指在各类特殊教育学校直接从事特殊儿童教育教学

---

① 陆莎. 医教结合：历史的进步还是退步？[J]. 中国特殊教育, 2013 (3)：8-11.

② 方俊明. 医教结合支持保障体系的建构与完善 [J]. 现代特殊教育, 2017 (5)：31-33.

③ 鲍博. "医教结合"模式的特征探析 [J]. 现代特殊教育, 2017 (10)：76-77.

④ 张景华. "医教结合"在聋校低年级语文教学中的实践研究 [J]. 现代特殊教育, 2011 (2)：14-15.

⑤ 聂永平. 医教结合在特校美术课堂中应用的案例分析 [J]. 现代特殊教育, 2015 (23)：38-39.

⑥ 尹岚. 坚持"医教结合"，构建现代特校新格局 [J]. 现代特殊教育, 2011 (2)：12-14.

⑦ 宋翠娣, 金星明, 周念丽, 等. 上海市浦东新区自闭症儿童康复训练医教结合模式探索与实践 [J]. 教育生物学杂志, 2013 (3)：214-218；徐芳. 重度脑瘫儿童语言能力医教结合康复的个案研究 [J]. 绥化学院学报, 2013 (4)：135-139；盛志浩. 21-三体综合征儿童医教结合康复干预个案研究 [J]. 教育生物学杂志, 2014 (1)：59-61.

工作的专任教师（特殊教育学校教师）和承担普通学校附设的各类特殊班教育教学工作的教师，以及承担随班就读教育教学和辅导工作的教师。① 20世纪80年代中期，我国特殊教育教师问题进入研究者视野，其后相关研究迅速发展，特别是进入21世纪以来，中国特殊教育教师研究在数量上明显呈现出爆发式增长，特殊教育教师的教育、专业发展、生存状况等迅速成为广大学者、教师及教育决策者关注的焦点，研究成果十分丰硕。

1. 特殊教育教师的专业素养研究

特殊教育教师专业素养体现了特殊教育教师作为一种专门化职业的独特性和不可替代性。有学者指出特殊教育教师的专业素质涵盖五大要素，即师德、教学水平、科研能力、心理素质、创新精神。② 也有学者强调特殊教育教师除了应具有教师所应有的共同素质之外，还应具备特殊教育职业所特别需要的专业道德、专业知识和专业能力，即崇高的专业道德和良好的个性品质、复合性专业知识结构和娴熟的专业技能。③ 在分析西方发达国家特殊教育教师专业标准的基础上，学者们对特殊教育教师专业素养的具体内涵进行了进一步探讨，如有研究者提出了专业知识、专业技能、专业态度的三维结构模型，并具体指出专业知识包含特殊教育基本理论、特殊儿童心理与教育、评估、个别化教育计划制定与实施等方面，专业技能涵盖一般专业技能（教学策略与教学能力）和特定专业技能（如语言治疗、作业治疗、物理治疗等），专业态度包含专业理想、专业道德准则、专业自我。④ 诸多研究也指出我国特殊教育教师专业素养需具备三个要素，即知识要素、能力要素和人格要素。⑤ 近年来，通过理论和实证层面的探索，学界对特殊教育教师专业素养的结构达成了基本共识，即包含专业知

---

① 王雁，等. 中国特殊教育教师培养研究［M］. 北京：北京师范大学出版社，2012：7.
② 兰继军. 论西部特殊教育教师的素质及其提高策略［J］. 中国特殊教育，2004（7）：64-67.
③ 丁勇. 专业化视野下的特殊教师教育：关于特殊教师教育培养目标和培养模式的研究［J］. 中国特殊教育，2006（10）：69-73.
④ 同①：105.
⑤ 李晓娟，王辉. 特殊教育教师职业素质的基本要素与特征［J］. 现代特殊教育，2014（5）：29-31；刘全礼. 培智学校教师的专业素养研究［J］. 中国特殊教育，2015（5）：61-66.

识、专业能力、专业态度的三维结构。具体而言，专业知识涵盖学生发展知识、学科知识、教育教学知识；专业能力涉及环境创设与利用，教育教学设计、组织与实施，激励与评价，沟通与合作，反思与发展；专业态度包括职业理解与认识、对学生的态度与行为、教育教学的态度与行为、个人修养与行为。

随着随班就读的推进，随班就读教师融合教育素养研究也成为特殊教育教师专业素养研究的重要组成部分。尤其是 21 世纪以来，我国随班就读教师融合教育素养的研究大量涌现，涉及面广。有学者指出随班就读教师要能履行以下职责：充分了解每一个有特殊需要的儿童和普通儿童，能为不同的儿童制定个别化的教育教学计划和安排相应的活动；明确教育目标，支持儿童学会正确的知识和适当的行为，促进他们的发展，将每一个儿童都作为课堂教学中的受益者；充分发挥学生的潜能，避免由于标签效应而限制某些儿童的学习能力和人格的发展；重视发挥各种教育活动在融合教育中的价值与功能，要鼓励发展正常和发展障碍儿童共同参加活动与相互学习。① 有研究者提出，为满足融合教育实施的需要，教师应该具备三方面的素质：形成融合的态度、价值和期望；树立民主的教育观；具备教育特殊需要儿童的知识、技能和情感。② 也有学者基于理论和实证探索，构建了现阶段随班就读教师四维度的专业素养结构，即专业态度、专业知识、专业技能及获取支持能力。③ 诸多研究对随班就读教师融合教育素养的内涵与结构达成共识，即包含融合教育理念与品质（如认同融合教育思想，真诚接纳，树立非功利性、平等积极的教育价值观等）、融合教育专业知识（如融合教育发展的历程与趋势，法律法规，特殊儿童的基本概念及身心特点、学习特点及教学策略、行为管理、早期发现与诊断等）

---

① 方俊明．融合教育与教师教育［J］. 华东师范大学学报（教育科学版），2006（3）：37-42, 49.
② 刘扬．我国大陆地区特殊教育教师素质研究述评［J］. 中国特殊教育，2008（4）：57-64.
③ MU G M, WANG Y, WANG ZH Q, et al. An enquiry into the professional competence of inclusive education teachers in Beijing: attitudes, knowledge, skills, and agency［J］. International Journal of Disability Development & Education，2015（6）：571-589.

与能力（如与特殊儿童的沟通、交流能力，评估能力，个别化教育计划制订与实施能力，差异教学能力，课程调整能力，与家长、同事及专业人员合作能力，实施合作教学能力，环境创设能力，班级管理能力，获取支持能力等）。①

2. 特殊教育教师专业发展研究

改革开放初期到 20 世纪 90 年代末，应特殊教育教师培养的诉求，特殊教育教师专业发展研究围绕特殊教育教师培养的国内探索与国外经验展开，从培养模式、准入制度、教师标准等方面着手，为后续研究的开展奠定了基础。进入 21 世纪，研究者从国内外特殊教育教师的发展趋势、目标、模式、课程、培养或培训现状、任职资格及制度等方面展开广泛研究，不断探索适合中国国情的教师教育模式。如有学者提出特殊教育师资培养途径应走向多元化、制度化、国际合作化②，以及职前职后培养一体化和普通教育、特殊教育教师培养一体化③。诸多学者聚焦培养过程，如有学者提出课程模块化、弹性化、个性化、综合化的发展趋势，强调课程从单一教学知识向注重教师诊断、评估，个别化教育方案设计，教育和研究的综合智能转变④。近年来也有学者提出医教结合"双师型"教师培养模式⑤、"复合型"特殊教育教师培养⑥、卓越特殊教育教师培养⑦等是当前我国特殊教育教师培养模式改革的主要发展方向。与此同时，职后培训终身化理念受到诸多研究者的

---

① 王雁，黄玲玲，王悦，等．对国内随班就读教师融合教育素养研究的分析与展望［J］．教师教育研究，2018（1）：26-32.

② 马庆发．特殊教育师资培育比较研究［J］．高等师范教育研究，2002（2）：12-17.

③ 丁勇，王辉．近年来我国对特殊教育教师教育研究综述［J］．中国特殊教育，2003（4）：79-83.

④ 丁勇，陈岳．特殊教育教师培养目标、课程与培养模式的比较研究［J］．中国特殊教育，2005（1）：89-92.

⑤ 孙鞶郡，卢红云．医教结合"双师型"教师培训模式之初探［J］．学术探索，2012（5）：121-123.

⑥ 朱楠，王雁．"复合型"特殊教育教师的培养：基于复合型的内涵分析［J］．教师教育研究，2015（6）：39-44.

⑦ 陈云英．以特殊教育教师专业标准＋引领特殊教育教师专业升级［J］．现代特殊教育，2017（3）：1.

认同和推崇①，校本培训作为解决特殊教育学校教师培训机会少、经费紧张等现实问题的有力途径，获得较多研究者关注②。

随着 21 世纪初教师专业化概念被引入特殊教育教师研究，十余年来，教师专业发展与教师教育主题交叉融合，成为特殊教育教师研究中最主要的研究主题。一是大量研究者采用实证研究范式，围绕区域性特殊教育教师专业发展现状展开全面而深入的探索，呈现我国特殊教育教师专业发展现状。二是另一部分研究者探究了特殊教育教师专业发展内涵。特殊教育教师专业发展内涵表现为崇高的专业道德和良好的个性品质，精深的、复合型的专业知识结构，娴熟的专业能力和技能。③ 也有学者提出特殊教育教师专业发展的内涵应包含促进特殊教育行业发展之责任、自我发展的意识和能力、创建支持性环境的能力、基于研究的实践能力、合作能力。④但是受融合教育思想影响，有学者主张打破传统普通教育和特殊教育之间的分隔，突破二者在教师专业素质"线性"排序或"面上"并列的局面⑤，创建具有中国特色的融合教育理念下的教师专业素质结构，提出专业理念、专业智能、专业情怀和专业规范四大子系统。⑥ 三是有学者创新特殊教育教师专业发展路径，从职前培养、入职标准、职后培训、保障制度等外因和自主学习、教学反思和科学研究等内因着手，促进教师专业发展。⑦ 有学者提出特殊教育教师职后培训应从理论性通识培训转向实践性

① 马仁海. 特教教师在职培训要走终身教育的道路 [J]. 中国特殊教育, 2003 (4)：88-92；曹红卫. 我国特殊教育教师职后培训模式新探 [J]. 中国特殊教育, 2004 (11)：70-72.
② 高磊. 特殊教育学校青年教师校本培训体系的构建 [J]. 中国特殊教育, 2005 (12)：84-88；钟经华. 关于盲校教师校本培训的调查 [J]. 中国特殊教育, 2006 (5)：42-46.
③ 丁勇. 专业化视野下的特殊教师教育：关于特殊教师教育培养目标和培养模式的研究 [J]. 中国特殊教育, 2006 (10)：69-73.
④ 王雁, 朱楠, 唐佳益. 专业化视域下我国特殊教育教师专业发展思考 [J]. 现代特殊教育, 2015 (10)：3-7.
⑤ 陈小饮, 申仁洪. 特殊教育教师专业化标准及发展模式的研究述评 [J]. 中国特殊教育, 2008 (4)：65-69.
⑥ 孟万金. 全纳教育理念下教师专业素质及专业化标准研究 [J]. 中国特殊教育, 2008 (5)：13-17.
⑦ 艾述华. 国内特殊教育教师专业发展研究综述 [J]. 中国特殊教育, 2013 (2)：27-30.

分类培训，从集中培训转向多样化与选择性培训，从接受式培训转向参与式培训。① 近年来教师在学习中的自主性和主体地位受到重视，因而有学者提出，教师专业发展水平的高低更依赖于个体对专业成长的追求，需要特殊教育教师具备可持续发展的基本素养和终身学习的能力，以适应不断发展变化的复杂的教育教学情境以及满足特殊儿童的需要。②

3. 特殊教育教师队伍建设、师资保障与生存状况研究

特殊教育教师队伍建设和师资保障是特殊教育得以持续发展的基础。特殊教育教师队伍建设和师资研究以 2012 年《关于加强特殊教育教师队伍建设的意见》的发布为分界点，呈现出两种不同的研究取向。2012 年以前，教师队伍建设研究较少，多聚焦于区域特殊教育学校教师队伍现状，关注的是特殊教育教师队伍的规模和质量。如早期有学者对省域内特殊教育学校类型、教师数量和结构进行全面分析，提出转变观念、加大投入、拓展渠道、加强培训等方式，以增加教师配备、提高师资学历水平和专业水平等。③ 也有学者针对全国特殊教育学校教职工队伍结构及需求状况，提出调整队伍结构、多渠道增加教职工数量、提高教师专业化水平等措施，以缓解教师总量不足对教学活动造成的压力。④ 此外，还有学者基于《中国教育统计年鉴》相关数据分析全国特殊教育学校教师队伍的数量、素质、结构和稳定性的特点。⑤ 2012 年，《关于加强特殊教育教师队伍建设的意见》提出，"到 2015 年，基本形成布局合理、专业水平较高的特殊教育教师培养培训体系，特殊教育教师职业吸引力进一步增强，教师数量基本满足办学需要。到 2020 年，形成一支数量充足、结构合理、素质优

---

① 袁茵. 特殊教育教师在职培训应实现的三个基本转向 [J]. 教育科学, 2015 (5): 63-66.

② 王雁, 朱楠, 唐佳益. 专业化视域下我国特殊教育教师专业发展思考 [J]. 现代特殊教育, 2015 (10): 3-7.

③ 蒋云尔, 王辉, 范莉莉. 江苏省特殊教育学校教师队伍的现状与对策 [J]. 中国特殊教育, 2008 (8): 45-48.

④ 王雁, 王志强, 朱楠, 等. 全国特殊教育学校教职工队伍结构及需求情况调查 [J]. 中国特殊教育, 2012 (11): 3-8.

⑤ 赵小红. 中国特殊教育学校教师队伍状况及地区比较：基于 2001—2010 年《中国教育统计年鉴》相关数据 [J]. 中国特殊教育, 2012 (8): 49-59.

良、富有爱心的特殊教育教师队伍"。提高特殊教育教师数量和质量，保障特殊教育教师队伍建设，成为特殊教育发展的核心要素和关键环节。特殊教育教师队伍建设的相关研究从此走向丰富和多元，研究者开始从宏观角度探讨特殊教育教师队伍建设、师资保障中面临的问题。各类型特殊教育教师资源配置①，特殊教育教师专业标准建设②，结合区域发展特色的特殊教育教师队伍建设方式、策略和经验③等成为特殊教育教师队伍建设和师资保障研究领域重点关注的话题。

　　特殊教育师资保障问题根本上是保障特殊教育教师数量、质量及稳定性的问题，在国家宏观层面体现为增加特殊教育教师的数量，确保质量和稳定性；在教师个体层面则突出表现为教师的职业幸福感、工作满意度、专业认同等心理健康、生存状况的保障和提升。我国对特殊教育教师心理健康的研究始于21世纪，近十年来才有快速发展，研究范围涵盖职业倦怠④、职业幸福感⑤、职业认同⑥、教学效能感⑦、心理资本⑧、职业适

---

① 蒋娟娟，郭启华. 教育公平视野下的我国特殊教育教师资源配置［J］. 长春理工大学学报（社会科学版），2014（5）：144-146；冯雅静，朱楠. 随班就读资源教师专业化发展的现状与对策［J］. 中国特殊教育，2018（2）：45-51；刘礼兰. 特殊教育教师流失的现状、成因与对策研究［J］. 教师教育论坛，2017（3）：32-37.

② 李欢，李翔宇. 中美加特殊教育教师专业标准比较研究［J］. 教师教育研究，2017（6）：114-122；顾定倩，杨希洁，江小英. 从政策解读我国特殊教育教师专业标准的建构［J］. 中国特殊教育，2014（3）：70-74.

③ 张胜利，李慧. 吉林省特殊学校教师结构与编制的现状调查［J］. 中国特殊教育，2015（12）：22-30；王琳琳. 云南省特殊教育教师队伍现状调查研究［J］. 中国特殊教育，2014（7）：45-51.

④ 王玲凤. 特殊教育教师的职业压力、应对方式及职业倦怠［J］. 中国特殊教育，2010（1）：55-59.

⑤ 赵斌，李燕，张大均. 川渝地区特殊教育学校教师职业幸福感状况及影响因素的研究［J］. 中国特殊教育，2012（1）：42-46，68.

⑥ 王姣艳，王辉. 特殊教育教师职业认同的影响因素研究［J］. 中国特殊教育，2013（1）：52-57.

⑦ 付伟，侯春娜，刘志军，等. 特殊教育教师生命意义、教学效能感对周边绩效的调节中介效应研究［J］. 中国特殊教育，2012（5）：64-69.

⑧ 李永占. 特殊教育教师工作压力与工作倦怠：心理资本的调节作用［J］. 中国特殊教育，2014（6）：78-82.

应①、职业承诺②等。大量的研究者采用实证研究，尤其是量化研究的范式，围绕特殊教育教师发展的某一方面展开全面而深入的调查，清晰全面地呈现了我国特殊教育教师心理健康现状。这一主题也顺应了近年来教师主体性回归的研究背景。

（四）强化特殊教育循证研究，引领干预实践规范

特殊儿童有效教育干预研究是特殊教育领域最核心的问题。起源于 20 世纪 90 年代医学领域的循证（evidence-based）理念被称为震荡与影响世界的伟大思想之一，也成为特殊教育领域教育教学实践的"黄金标准"以及制定相关决策的重要依据。③ 经循证研究证明有效的循证实践，逐渐成为各类特殊儿童循证干预的重要依据。西方各种以循证科学为基础的干预技术在中国得到广泛的推广和运用。基于循证理念的特殊儿童教育干预研究也成为中国特殊教育研究的焦点。但是，正如其他特殊教育学学科领域的舶来品一般，循证实践是否也存在水土不服问题？有学者认为循证实践体现了科学主义和逻辑实证主义对科学特别是实验科学的信仰与推崇；将科学知识作为教育实践知识的唯一形式，"科学外无知识"，将实验研究作为获得教育干预知识的唯一合法手段和认知方法，倡导"价值无涉"。但是，有学者指出，从方法论层面看，在自闭症干预领域，循证实践存在科学主义与质化研究范式的冲突，存在有限个案与推而广之的矛盾，存在教育干预"价值无涉"与教育中人文关怀的冲突。而且，在缺少反思、批判、扬弃的情形下，容易滋生专业霸权与话语论断，导致教育干预领域本

---

① 雷霁，王雁. 特教教师职业适应现状及与心理弹性关系的实证研究：基于 S 市特殊教育学校的调查 [J]. 中国特殊教育，2017（3）：21-27.
② 刘在花. 社会支持在特殊教育学校教师工作家庭冲突与职业承诺之间的调节作用 [J]. 中国特殊教育，2011（2）：9-13，24.
③ 李欢，杨赛男. 国际特殊教育循证研究的热点领域分析：基于 SSCI 10 种特殊教育期刊近 10 年文献计量分析 [J]. 比较教育研究，2016（11）：104-112.

土化不足的问题。① 循证实践标准的设立引发了对特殊教育人文性与技术性、标准的合理性及在教育实践中的效用的争论。②

　　特殊教育者致力于追求最佳实践方式来提高特殊教育的质量。反观特殊教育发展历史，西方尽管投入了大量的人力、财力和教育资源，但是残疾学生与非残疾同伴相比，接受了更差的教育教学，教学效果也不尽如人意。③ 我国近年来特殊教育领域乱象频发，各种毫无依据的新奇疗法层出不穷。究其原因，在于教师使用未被研究证明的教学方法，或依据自己的经验来选择干预方法，导致特殊儿童无法接受高质量的教育。④ 循证实践的引入使学界认识到教育中"科学"这一成分是将研究成果转化为有效实践的核心力量，能够解决教师在教育实践中面临的教学方法的选择和使用等现实问题，成为特殊教育领域最佳实践方式的切入口。循证实践遵循生成可回答的问题—调查证据—评估证据—调整和运用证据—评价结果五个基本步骤，正是特殊教育研究与实践之间有效联结的途径。循证实践的应用与推广也并非如一些反对者所提及的那样机械与缺乏人文关怀，其有效性也最终取决于教师，需要教师充分发挥自己的专业智慧审慎地选择和正确地实施，并在保证循证实践核心要素的前提下对其进行调整以满足特殊儿童的个别化需求。⑤ 因此，循证研究是规范特殊教育发展的有效方法，

---

① 邓猛，颜廷睿. 特殊教育领域循证实践的批判性反思：以自闭症教育干预领域为例 [J]. 中国特殊教育，2017（4）：3-8，22.

② 傅王倩，黄晓磊，肖非. 特殊教育中循证实践标准设立的困境与应对 [J]. 比较教育研究，2018（7）：104-111.

③ FISHER M. Students still taking the fall for D. C. schools [N]. Washington Post，2001-12-13（B1）. 转引自 COOK B G，SCHIRMER B R. What is special about special education?：overview and analysis [J]. Journal of Special Education，2003，37（3）：200-205.

④ SPAULDING L S. Best practices and interventions in special education：how do we know what works? [J]. Teaching Exceptional Children Plus，2009，5（3）：13；BURNS M K，YSSELDYKE J E. Reported prevalence of evidence based instructional practices in special education [J]. Journal of Special Education，2009，43（1）：3-11；COOK B G，SCHIRMER B R. What is special about special education?：overview and analysis [J]. Journal of Special Education，2003，37（3）：200-205；魏寿洪，王雁. 美国循证实践在自闭症谱系障碍儿童干预中的应用及其对我国的启示 [J]. 比较教育研究，2011（6）：15-19.

⑤ 王波，肖非. 特殊教育的循证实践取向 [J]. 中国特殊教育，2013（8）：10-15.

对特殊教育乃至社会科学发展意义重大，已然成为特殊教育研究与实践的新范式，但是我国基于循证理念的特殊儿童教育干预研究仍处于起步阶段，应遵循循证理念，强化实证研究证据，为特殊儿童教育干预提供全方位的理论支撑和实践依据，引领特殊教育实践的规范化发展。

······ 作者简介 ······

　　王雁，北京师范大学教育学部教授；朱楠，华中师范大学教育学院副教授。

回顾与展望：教育技术学科发展40年

任友群　顾小清

改革开放伊始，我国开始设立教育技术专业，标志着我国教育技术学科的诞生。40年间，教育技术学科发展经历了视听教育、信息化教育、教育信息化和智能化教育等阶段，在人才培养、理论研究和学科实践上均取得不俗成就。从技术支持的辅助教学设计能力，到应用信息技术重塑教育生态的设计能力，人才培养的目标不断提升；从早期的学科理论的借鉴与发展，到现在的跨学科理论创新，学科本体知识持续充实；从早期的参与信息技术教育和推动教育信息化建设，到重塑教育生态引领教育信息化发展，学科实践不断丰富。当前，在教育信息化2.0和智能化教育的时代背景下，学科理论的方法突破和学科实践的智能升级等方面还面临诸多挑战。展望未来，教育技术学有望发挥后发优势，依托中国教育信息化的实践沃土，发展与提升学科实力，逐步建立有中国特色、国际水准的教育技术学科。

一、引　　言

教育技术学是教育理论和现代技术相互渗透融合而形成的交叉学科，虽然其早期萌芽可以追溯到20世纪初，但仍是一个非常年轻的学科。① "教育技术"这个术语是 20 世纪 80 年代自美国引进我国的，90 年代以后开始普及使用。在此之前，国内学术界使用的是"电化教育"。自 1978 年"教育技术"专业（亦即建设之初的电化教育专业）设立至今，这一学科在我国已经走过了 40 年的发展历程。② 40 年来，教育技术学科从弱小走向强大：在人才培养方面，逐步建成包含本科、硕士、博士的完整培养体系；在学科理论建设方面，研究领域从单一走向多元，不断拓展，同时在不断吸收与借鉴基础上，发展出具有中国特色的理论体系；在学科实践上，始终引领与指导国家教育信息化的发展方向，与国家教育信息化的进程风雨同行。当前，我国已经进入教育信息化 2.0 阶段，人工智能开始深度影响教育思维与教育实践，教育技术学科发展面临着时代变革的挑战。在 2018 年这个教育技术学科的不惑之年，回顾教育技术学的发展历程，分析目前所面临的挑战，展望未来，既有历史意义，也有现实需要。教育技术学是继续跟跑，还是勇于直面挑战，发挥后发优势，走出具有中国特色和国际水准的学科发展之路？这是当下学者必须回应的学科发展之问。

二、历史成就：教育技术学科奋进的 40 年

教育技术学是教育学的二级学科，其学科本质在于教育，但又是与技术产生交叉关联的特殊学科，这一点在早期的电化教育到底是"姓电"还是"姓教"的争论中已有定论。这种兼具"教育"与"技术"的特殊学科基因，注定了教育技术学科不平凡的发展历程。第一，学科研究领域不断扩展。伴随着技术的革新和教育信息化的全面推进，教育技术学科不断扩展，先后经历了视听教育、信息化教育、教育信息化和智能化教育阶

---

① 何克抗，李文光. 教育技术学 [M]. 北京：北京师范大学出版社，2002：10-12.
② 刘德亮. 我国教育技术学科建设的现状与发展趋势：访北京师范大学黄荣怀教授 [J]. 中国电化教育，2002（10）：5-8.

段。第二，学科理论不断兼容创新。国际上教育技术学起源于 20 世纪初的视听教学运动，其本身就是跨学科的产物。借鉴其他学科的概念、理论和方法是发展本学科理论的必经之路，我国教育技术学科的 40 年发展同样是一个吸收与创新的过程。第三，学科实践不断引领与推动我国教育信息化。学科的发展始终伴随着国家主导的教育信息化实践。40 年来，教育技术学科与作为学科实践的教育信息化，互相推进，从无到有，从 1.0 到 2.0，从辅助教学走向重塑教育生态。①

（一）学科领域持续扩展

1. 研究领域的发展

在过去 40 年，本学科的研究领域大约经历了四个发展阶段。

（1）早期的视听教育。20 世纪 70 年代后期，随着改革开放和经济复苏，教育技术学科开始以"电化教育"的名称设立专业，并进入事业重建阶段。学科建设早期以视听教育理论与实践为基础，逐步构建和扩大教育技术学科的研究范围与实践领域。与此相伴随的，中央电化教育馆、中国电化教育协会等一批专业性机构成立，《电化教育研究》等一批专业期刊创办，标志着学科进入全面建设阶段（建人、建库、建网）。② 在学科理论建设方面，初步构成以"七论"（本质论、功能论、发展论、媒体论、过程论、方法论、管理论）为内容的理论体系框架；学科实践涉及的主流技术是投影、录音、电视技术；起主导作用的理论基础是埃德加·戴尔（Edgar Dale）的经验之塔和行为主义学习理论。③

（2）信息化教育阶段。自 20 世纪 90 年代中期至 21 世纪初，以计算机为核心的多媒体网络教育系统投入建设与使用，学科发展进入信息化教育新阶段。此阶段，教育技术学作为教育学的二级学科被列入国务院学位委

---

① 顾小清，等. 从辅助教学到重塑生态：教育信息化发展之路 [M]. 上海：华东师范大学出版社，2018.
② 南国农. 世纪之交，电教者的使命 [J]. 电化教育研究，1998（1）：3-7.
③ 何克抗. 教学设计理论与方法研究评论：上 [J]. 电化教育研究，1998（2）：3-9.

员会颁布的《授予博士、硕士学位和培养研究生的学科、专业目录》，正式成为高等教育的学位授予专业。在成立之时以"电化教育"命名的各高校专业也相继更名为"教育技术学"。信息化教育是现代媒体技术参与的教育。现代技术媒体是指教育教学中应用的电子技术媒体，如投影、幻灯、录音、电影、电视、录像、计算机、网络，以及由它们组成的多媒体系统。① 学科建设方面，起主导作用的理论基础是戴维·乔纳森（David H. Jonassen）等的建构主义学习理论。② 研究热点则为教学计算机和计算机辅助教学。③

（3）教育信息化阶段。21 世纪以来，学科发展进入教育信息化时期。教育信息化是信息化教育的进行时，也可以看作其继续与发展，代表着我国教育信息化从初步建设转向深入发展。所谓教育信息化，是指在教育中普遍运用现代信息技术，开发教育资源、优化教育过程，以培养和提高学生的信息素养，促进教育现代化的过程。④ 此阶段，学科研究主要聚焦于建库（教育信息资源库）、建人才队伍和建网络教学模式，积极探索信息技术与课程整合，将信息技术融入课程教学系统各要素中，使之成为教师的教学工具、学生的认知工具、重要的教材形态、主要的教学媒体。2010—2015 年，伴随普适计算的兴起，电子书包、移动无线设备成为媒体技术主流，学科研究将混合学习作为重要理论指导，着重研究泛在学习和非正式学习。⑤

（4）智能化阶段。2016—2017 年，教育信息化开始进入智能化阶段。⑥ 其重要标志是 2017 年 7 月国务院颁布的《新一代人工智能发展规

---

① 南国农. 解读信息化教育及其五大支柱 [J]. 中小学信息技术教育, 2007 (2)：20-22.
② 何克抗. 建构主义：革新传统教学的理论基础：上 [J]. 电化教育研究, 1997 (3)：3-9.
③ 李克东. 关于多媒体教育应用研究的几个问题 [J]. 中国电化教育, 1996 (2)：19-23；李克东. 数字化学习：上：信息技术与课程整合的核心 [J]. 电化教育研究, 2011 (8)：46-49；陈品德，李克东. 计算机辅助学习（CAL）系统综述 [J]. 电化教育研究, 2003 (9)：52-57.
④ 南国农. 教育信息化建设的几个理论和实际问题：下 [J]. 电化教育研究, 2002 (12)：20-24.
⑤ 黄荣怀，陈庚，张进宝，等. 论信息化学习方式及其数字资源形态 [J]. 现代远程教育研究, 2010 (6)：68-73.
⑥ 杨宗凯. 教育信息化2.0：颠覆与创新 [J]. 中国教育网络, 2018 (1)：18-19.

划》，人工智能和数据技术开始应用于教育教学，显示出变革学校教育服务形态、教学方式和学习方式的巨大潜力。《新一代人工智能发展规划》指出，实施全民智能教育项目，在中小学阶段设置人工智能相关课程，逐步推广编程教育，鼓励社会力量参与寓教于乐的编程教学软件、游戏的开发和推广。同年年末，教育部副部长杜占元指出，我国将把教育信息化作为推进教育现代化的强大动力和教育制度变革的内生要素，推动实施教育信息化 2.0 行动计划。① 这也标志着我国智能化教育正式拉开帷幕。扑面而来的新技术引发对未来学校、教学方式和学习方式变革的思考，推动学科研究形成大数据教学、深度学习、自适应学习、个性化学习以及未来学校形态等热点。

2. 教学科研的多向拓展

40 年来，教育技术学科发展呈现如下三个特点。

（1）不断扩展人才培养阵地。随着教育技术学成为一个独立的学科，高等院校设立相关专业，学科的人才培养基础也日益深厚，学科教学科研队伍逐步壮大，出现了一批卓有影响力的学科带头人，出版了一批代表性的教材和专著。当前，教育技术学科作为一个独立的人才培养专业，已经在高校形成了从学士、硕士到博士的完整体系，形成了相对稳定的培养方案、课程体系、管理制度和评估方式。据笔者统计，截至 2018 年，我国有189 所大专院校开设教育技术专业，其中博士点（获得博士学位授权）24个、硕士点约 83 个、本科专业约 189 个，教育技术专业人才培养体系完整，且呈现层次性和差异性。

（2）不断发展学科核心能力。设计能力始终是教育技术人才的能力核心。设计包括技术支持的学与教的设计，以及以技术作为教学内容的设计。随着学科的发展，设计所伴随的技术开发与应用虽有不同侧重，但是融合对教育的理解与传播的原理，基于对技术功能的认识所进行的学与教的设计能力，作为学科培养的目标贯穿始终。这一培养目标的演化大致分

---

① 杜占元. 人工智能与未来教育变革 [J]. 中国国情国力，2018（1）：6-8.

为三个阶段。其一是学科发展的起步阶段。全国各地电教馆、广播电视大学纷纷建立，急需大量精通投影、录音、电视技术设计开发的人才。同时，计算机作为教学内容，与其相关的教学设计和教学实践能力也开始成为学科培养目标。其二是信息化教育阶段。此时正值国家推进教育信息化，核心的设计能力发展为信息技术辅助教学的设计开发能力，设计的对象既包括教学资源与工具，也包括技术所支持的学习过程，以及以信息技术为课程内容的教学。其三是智能教育阶段。人才培养目标依然强调信息技术支持的学与教的设计，以及以信息技术作为教学内容的设计。但在内涵上，前者不再局限于设计辅助教学的工具，而是更强调从重塑教育生态的格局出发进行学与教的设计；后者则逐渐扩大到以计算思维、数字素养、设计能力为核心的创新设计和开发能力的培养。

（3）不断扩展国际交流。自教育技术学科诞生之日起，以学术思想引进、学科互动、人才培养的国际化以及参与国际学术共同体等方式进行的国际交流，在学科发展过程中扮演着重要的角色，也使得学科发展逐步进入国际前沿。首先，教育技术学科建设之初的国际交流主要是理论引进，主要形式包括邀请国际学者开展学术讲座以及译介学术著作。开来访先河的国际学者包括威尔伯·施拉姆（Wilbur Schramm）和罗伊·皮（Roy Pea）。[1] 40 年间，教育技术学科国际领军人物活跃在我国各个学科点的国际交流活动中。[2] 此外，教育技术学科的经典著作被翻译引介到国内。[3] 其次，教育技术学科进入发展阶段，国际交流的主题是学科研究的交流、互动以及协作。40 年间，在教育技术学科专业学会及年度会议等国际交流重要平台上，我们从参与、了解逐步发展到积极发出中国声音。近年来，中

---

[1] 洪超，程佳铭，任友群，等. 新技术下学习科学研究的新动向：访学习科学研究专家 Roy Pea 教授 [J]. 中国电化教育，2013（1）：1-6.

[2] 任友群，王觅. 新世纪第一个 10 年中国教育技术学科的国际交往研究 [J]. 现代远程教育研究，2011（3）：3-15.

[3] 任友群，焦建利，刘美凤，等.《教育传播与技术研究手册》：翻译始末及给读者的建议 [J]. 中国电化教育，2012（8）：1-5；庄玉辉. 学习科学的最新拓展："21 世纪人类学习的革命"译丛简介 [J]. 华东师范大学学报（哲学社会科学版），2003（1）：2.

国学者在国际平台上发表研究成果日益常态化，更向世界展示了中国教育技术学科研究的成就。① 参与国际合作项目也成为促进学科研究交流的重要形式，例如参与联合国教科文组织和经济合作与发展组织的联合项目，参与甚至承担教育技术国际标准的研制、认证和应用推广。② 再次，人才培养国际化。从留学、访学到合作办学，再到目前招收国际学生的学科点开始出现，教育技术学科发展的国际化进入多元阶段。最后，参与国际学术共同体。我国教育技术学科从业人员通过积极参与现有的学术共同体，以及新建国际学术共同体，承办了一系列重要的国际交流活动。1997 年全球华人计算机教育应用学会创立，在推动华人教育技术学科的交流与合作方面发挥了积极作用。③ 此外，美国教育传播与技术协会（AECT）成立的国际华人教育技术分会也对国际学术交流以及形成学术话语发挥了重要作用。

（二）学科理论持续发展

1. 早期电化教育的学科发展

对于什么是电化教育，南国农的定义是在现代教育思想、理论的指导下，运用现代教育技术进行教育活动，以实现教育过程的最优化。对电化教育影响较大的现代教育思想主要是现代教育观、现代教学观、现代学生观、现代学校观，对电化教育影响较大的现代教育理论主要是行为主义、认知主义、人本主义三种学习理论和赞可夫的发展教学理论、布鲁纳的"结构—发现"教学理论、巴班斯基的教学最优化理论。其中，现代教育技

---

① HE K. New theory of children's thinking development：application in language teaching［M］. Singapore：Springer Singapore，2016；HUANG R，KINSHUKCHEN N S. The new development of technology enhanced learning［M］. Berlin，Heidelberg：Springer，2014；HUANG R，KINSHUK PRICE J K. ICT in education in global context［M］. Berlin，Heidelberg：Springer，2016.

② 吴永和，祝智庭，何超. 电子课本与电子书包技术标准体系框架的研究［J］. 华东师范大学学报（自然科学版），2012（2）：70-80.

③ 希建华. GCCCE 的十年回顾与展望：访全球华人计算机教育应用学会主席陈德怀教授［J］. 开放教育研究，2006（4）：4-12.

术是把现代教育理论应用于教育教学实践的手段和方法的体系，包括以下几个方面：教育教学中应用的现代技术手段，即现代教育媒体；运用现代教育媒体进行教育教学活动的方法，即媒传教学法；优化教育教学过程的系统方法，即教学设计。发展电化教育要不断完善硬件（主要是电教设备、设施）、软件（主要是电教教材）和潜件（主要是电教理论和方法）建设。①

2. 教育技术学科理论的借鉴与发展

（1）对 AECT 关于教育技术定义的借鉴。我国教育技术学在发展初期，以 AECT 对教育技术学的定义作为学科理论体系、实践探索和人才培养的重要参照。

（2）对心理学理论的借鉴。20 世纪 90 年代以来，我国教育技术学界对本学科理论基础的研究主要集中在心理学方面，特别是认知心理学的建构主义理论和信息加工理论。从 20 世纪 90 年代末到 21 世纪前两年，在我国教育技术领域兴起了学习、研究和应用建构主义学习理论的热潮。

（3）将混合学习纳入研究。2003 年以后，随着更丰富的技术开始出现，混合学习（blending learning）理论显现出优势。该理论主张把传统学习方式的优势与数字化学习的优势相结合，以实现不同学习方式的优势互补。它的基本精神是"淡化中心，强化结合"，对当今的教育信息化建设和深化教改更有现实意义。

（4）走向跨学科研究，学习科学成为教育技术学理论研究的重要依托。随着对人类学习研究的深入，人们发现，仅仅依靠单一学科与理论难以攻克这一研究课题。学习科学应运而生，它采纳多学科的方法、工具和研究视角，研究多种情境中的学习，旨在更好地了解学习本身以及如何更好地、有效地促进学习。② 跨学科的学习科学研究趋势，在教育技术学科的理论发展中成为非常重要的一个里程碑。

---

① 南国农. 对我国电化教育深入发展的思考 [J]. 中国电化教育，1997（12）：5-9.
② 冯锐，任友群. 学习研究的转向与学习科学的形成 [J]. 电化教育研究，2009（2）：25-28.

（三）引领教育信息化的发展与实践

1. 引领教育信息化的发展方向

我国教育信息化与教育技术学科，两者同时恢复起步并共同发展。教育技术学科在教学与学习领域的理论研究成果指导和引领我国教育信息化的发展方向，而教育技术学科在教育教学与学习领域的研究也离不开教育信息化实践的反馈。教育技术学科对教育信息化的引领作用主要体现为以下方面。一是指导教育信息化基础设施的建设。伴随国家教育信息化的进程，学科积极参与学校的信息化学习环境建设。① 学科新的教学方式和学习方式的研究需要数字化、智能化学习环境的支撑。同时，学科为数字化校园建设提供设计蓝本，引领教育信息化基础设施建设方向。二是教育技术学科通过教师信息化教学能力建设引领中小学信息化应用。20 世纪 90年代后期，学科引领的教师信息技术能力培训的项目活动更加普遍化、系统化。2005 年起，教育部实施全国中小学教师教育技术能力建设计划，使得这项工作更为制度化。学科通过"建队伍"这一抓手，在教育信息化实践中起到了非常重要的引领作用。三是教育技术学科通过技术支持教育教学和学习的理论与实践研究，引领教育信息化的方向。教育技术学作为具有"教育"与"技术"双重基因的特殊学科，在技术支持教育教学和学习的理论研究领先于技术的更新迭代方面，对教育信息化实践具有指导作用，其实践探索也对教育信息化的应用与推广具有示范作用。②

2. 探索信息技术与课程整合

技术改变教育，在于技术改变了人们的学习方式、认知方式、参与者之间的社会关系、学习的生态系统。③ 教育技术学科的研究核心是信息技

---

① 何克抗. 对国内外信息技术与课程整合途径与方法的比较分析 [J]. 中国电化教育，2009（9）：69-71.

② 赵可云，何克抗. 由教育技术学的学科性质谈教育技术学研究 [J]. 现代教育技术，2010（1）：10-13.

③ 祝智庭，管珏琪. 教育变革中的技术力量 [J]. 中国电化教育，2014（1）：1-9.

术支持的学与教的设计，因此探索信息技术与课程融合，就是以信息技术支持学与教的方式的变革，这是学科引领教育信息化实践的主线。这条主线上发生的变革，归结起来有如下四个方面。一是探索信息技术辅助的课堂教学新方式，实现丰富学习、精准教学、科学评价。电子白板、电子书包等技术，以及微课、翻转课堂等形式，从这些探索中凸显出来。二是创新信息技术支持下的学生学习方式。随着技术不断进步，大数据和人工智能等新技术的推陈出新，为学科研究信息技术支持的学习方式提供了技术可能。移动学习、混合学习、大数据精准学习、自适应学习等全新技术支持的学习样态，不断改变着学习的可能路径，改变着学习者与课程、资源之间的关系，创生学习的生态系统。三是建设媒体丰富的信息化学习资源。慕课、微课、翻转课堂、精品课程等学习资源是信息技术与课程整合的直接产物，为技术支持的教学与学习提供了资源保障。四是建立信息化、智能化技术评估体系。学科利用互联网技术、大数据分析和人工智能等技术，逐步建立起以大数据为依托、以智能评估为主要服务形式的教学与学习评价体系，为教师的精准教学、学生的精准学习和管理者的科学决策提供数据支持。

3. 信息技术课程与教学

信息技术既是支持学科教学的工具，也是教学的内容，是教育技术学科的重要组成。因此，学科发展的几十年也是学科引领信息技术课程与教学改革的历程。这一历程可以概括如下。

首先，从历史沿革看学科主导的中小学信息技术教育的发展脉络。我国中小学信息技术教育，以教育部的文件为分界点，可以分为四个发展阶段：1984 年，教育部印发《中学电子计算机选修课教学纲要（试行）》，提出把掌握基本的 BASIC 语言作为课程要求，标志着计算机程序教育起步；1994 年，教育部印发《中小学计算机课程指导纲要（试行）》，提出培养学生应用现代化工具解决问题的能力的要求，标志着计算机应用教育的开端；2000 年，教育部召开全国中小学信息技术教育工作会议，2003 年印发《普通高中信息技术课程标准》，提出以提升学生信息素养作为课程建设的总目标，标志着我国信息素养教育正式开始；2018 年 1 月，教育部印发《普通高中信息技术课程标准（2017 年版）》，强调把培养学生的信息意识、计算思维、数字化学习与创新、信息社会责任等四个学科核心素养作为课程建设的新目标。

其次，从教育改革的最新动向看中小学信息技术教育的时代角色。与基础教育中的其他学科相比较，信息技术知识体系的重要特点是迭代速度很快，甚至可以说是最快的。最新完成的高中课标修订和正在进行的高中新教材编写凸显了这个特点。学科主导的中小学创新能力培养的课程体系建设，将信息科技的最新成果，诸如人工智能、综合的科技与工程教育（STEAM）、创客教育等引入中小学信息技术课程，以培养学生的创新素养与创新能力。

三、现实挑战：新时代背景下的学科发展

唯有不断反思，方能从容面对现实和未来挑战。总结 40 年来中国教育技术学科发展的经验，我们发现：在科学研究方面，学科理论在教育信息化实践中拓展，研究重点向技术环境中的学习科学转向；在人才培养方面，学科兼顾信息技术作为工具及作为教学内容领域的特点，提前布局培养兼具信息化环境所需技术与教学方法的人才；在教育信息化实践所需社会服务方面，学科为教育信息化建设各项任务提供支持。而 40 年的学科发展也积累了一些教训：在科学研究方面，理论建设尚未充分发挥对实践的指导作用，尚未形成以学习科学为重点的学科特色；在人才培养方面，无论是人才数量还是人才质量，都还和教育信息化实践领域对人才的需要存在差距；在社会服务方面，学科尚未在教育信息化的质量控制和规范性上发挥应有的作用。

在全球技术进步的不断推动下，人类在人工智能领域的技术创新取得

了重要的实质性突破，智能技术在社会生产生活的多个方面开始产生影响，语音识别、手势计算、深度学习等技术已经在教育之外的诸多领域发挥威力。大数据分析技术、智能技术开始渗透到教育领域，并在某些方面悄然改变原有的教学方式、学习方式和学校形态。与教育技术学科共命运的我国教育信息化已经开始步入 2.0 时代，大数据、人工智能亦成为其发展的主题。人工智能时代，机器开始具备某些方面的人类智能，能够部分地取代人类的某些重复劳动。智能时代，教育技术学科面临诸多现实挑战：学科发展如何突破"南国农之问"？学科发展如何突破理论创新之困？学科实践能否前瞻到未来学校、未来教学与学习方式的变革走向？教育技术学该往何处去？

（一）学科发展的"南国农之问"

教育技术学科发展面临的最现实问题，一般常常用"南国农之问"来概括。2011 年底，南国农先生在"中国教育技术协会成立 20 周年庆祝会暨全国教育信息化展望论坛"的座谈会上提出，"当前我们国家的教育信息化可以说是红红火火，教育技术作为一个事业来说，它是红红火火、如日中天，但是作为一门学科来说，它正在逐渐地衰弱，独立生存发展的空间越来越小"①。学科和领域实践唇齿相依，具有互相促进的发展关系。而教育信息化实践领域与教育技术学科发展之间却存在错位，这一错位由此被命名为"南国农之问"。"南国农之问"充分表达了教育技术学科发展所面临的困境。

教育技术学科的研究领域以及学科人才培养涉及两个维度，其一是信息技术作为学与教的工具，其二是信息技术作为教学内容。前者以教育信息化作为实践领域，后者所对应的实践则是信息技术课程与教学。由于与生俱来的跨学科特征，这两个维度的学科发展均面临教育信息化实践与教

---

① 南国农．"中国电化教育（教育技术）发展史研究"课题研究情况汇报［J］．电化教育研究，2012（10）：14-16.

育技术学科发展的错位挑战，可概括为如下两个方面。

第一，教育信息化维度。在快速发展的技术推动下，教育信息化事业处于一种实践带动研究的发展态势中。在教育信息化实践中，除了教育技术学科队伍之外，诸如技术提供者、一线教育教学实践者以及教育技术服务提供者，都扮演着主动的教育信息化实践参与者的角色。在此过程中，由于实践的技术前沿性等特征，教育技术学科队伍并不天然具有学科引领的优势，学科的不可替代性也因此难以真正体现出来。

第二，信息技术课程教学维度。信息技术课程教学作为教育技术学科培养的内容之一，不仅面临与其他课程教学论相似的专业知识与教学知识取舍侧重的矛盾，更面临中小学信息技术教学与教育信息化的岗位弱势，使得以培养中小学信息技术教学岗位人才为目标之一的教育技术学科丧失了优势。

究其原因，一是技术发展的速度及其所推动的教育信息化实践发展的速度，均远超过教育技术学科发展的速度，使得学科的发展处于必须快速应对新的变化的局面。二是教育技术学的跨学科性质，既是学科发展成长的优势，也往往容易被解读为学科不成熟的表现。三是学科的人才培养面临着强调专业能力还是强调教学能力的拉锯。

（二）学科理论创新的困难与不足

目前，我国教育技术学的理论建设，虽然借鉴了学习科学这个跨学科的理论框架，但大体仍局限于教育科学或技术开发的视角。学科理论建设在面对复杂的深层次教育教学问题时，越来越受到思想工具的约束，这也直接造成了教育技术学的理论创新无法取得大的突破，没有建构出属于自己的学科理论体系。因此，学科理论创新若想突破困境，必须发挥自身跨学科优势以求突围。[①] 教育技术研究的目的更多地在于帮助学生发展必要

---

① 李运林. 教育技术学科发展：走进信息化教育：五论信息化教育 ［J］. 电化教育研究，2015
（2）：5-11.

的认知工具和学习策略，使他们能够获得创造性地思考历史、科学技术、社会现象、数学和艺术所需的知识。教育技术的研究与实践以回答"人是如何学习的"这些有关人类学习的基本问题为基础。这些基础性研究本身以及以此展开的技术设计与实践，均需要跨学科的综合视角，运用人类学、教育学、计算机科学、文化与学校教育等学科知识共同开展探索。

跨学科研究是学科发展的大趋势。① 促进跨学科研究不仅有助于在学科交叉地带发现新的研究领域和新的学科增长点，而且有助于解决人类社会和科技的重大问题。2017 年，国家自然科学基金新增教育信息技术代码，是教育技术跨学科研究力量投入加大的强力信号，为学科的理论创新提供了新的机会。

（三）学科实践的新时代挑战

1. 教育信息化 2.0 带来的学科研究新任务

以党的十九大的召开为标志，教育信息化从以教育的信息化为重点的1.0 时代进入以信息化教育为重点的 2.0 时代。② 在教育信息化 1.0 时代，学科在教育思想、教育理论、教学方式、学习方式等领域进行研究与创新，从理论层面与实践层面指导和引领了教育信息化 1.0 的发展。教育信息化 2.0 时代的核心目标是以教育信息化全面推动教育现代化，全面提升教育质量，构建新时代教育的新生态。教育信息化 2.0 时代重点关注质变，注重创新引领、生态变革，信息技术不仅仅是教学的工具和手段，而且是与教育共生融合的整体。③ 教育信息化 2.0 将呈现五大特征：以"体验"为依归；以"数据"为基础；以"联接"为要义；以"开放"为策略；

---

① 杨超，康涛，姬懿. 学科发展趋势与跨学科组织模式探究［J］. 北京教育（高教），2017（6）：22-25.
② 杜占元. 人工智能与未来教育变革［J］. 中国国情国力，2018（1）：6-8.
③ 任友群. 为教育信息化 2.0 时代打 CALL［J］. 半月谈，2017（24）：62-63.

以"智能"为目标。① 由此可见，教育信息化2.0带来了与教育信息化1.0时代全然不同的教育新形态。新形态下的教育，必然会对现有的教学方式、学习方式、管理方式、学校形态等提出挑战，使现有教育机制发生变革。如何应对教育信息化2.0所提出的要求，实现2.0时代的教育生态，成为教育技术学科研究的新课题、新领域和新挑战。

2. 人工智能介入改造现有的教育教学流程

在技术与教育的赛跑②中，技术变革、教育、人力资本的需求和供给关系在不同社会历史时期此消彼长。人工智能已悄然渗入人类生活的方方面面，正以前所未有的速度颠覆人们的生活。个性化教育、跨媒体学习及终身学习将得到智能化的支持。③ 人工智能正逐渐从未来学校、教学方式和学习方式三个方面介入改现有的教育教学流程。

人工智能影响未来学校教育服务模式。在以大数据、云计算为基础的新一代互联网环境中，教育全过程的信息化产生了海量的教育数据。在此背景下，人工智能技术支持的新一代数字校园，即智能校园的建设，便成为挖掘教育大数据、提供教育服务新模式的必然选择。人工智能技术通过收集学习者及其学习环境的数据，利用统计、机器学习、数据挖掘等学习分析技术来分析教和学过程中产生的数据，理解和优化学习以及学习情境。④ 自动化的感知、学习、思考与决策，为精准化的教学和个性化的学习提供了智能支持。⑤

人工智能影响未来教学方式。"教育创新不仅仅是将更多技术应用于

---

① 杨宗凯. 教育信息化2.0：颠覆与创新 [J]. 中国教育网络，2018 (1)：18-19.

② GOLDIN C，KATZ L F. The race between education and technology [M]. Cambridge：The Belknap Press，2010：320-321.

③ 潘云鹤. 人工智能2.0与教育的发展 [J]. 中国远程教育，2018 (5)：5-8，44，79.

④ 顾小清，薛耀锋，孙妍妍. 大数据时代的教育决策研究：数据的力量与模拟的优势 [J]. 中国电化教育，2016 (1)：56-62；刘清堂，毛刚，杨琳. 智能教学技术的发展与展望 [J]. 中国电化教育，2016 (6)：8-15.

⑤ 朱永新，徐子望，鲁白，等. "人工智能与未来教育"笔谈：上 [J]. 华东师范大学学报（教育科学版），2017 (4)：15-30；顾小清，张进良，蔡慧英. 学习分析：正在浮现中的数据技术 [J]. 远程教育杂志，2012 (1)：18-25.

更多教室，它与改变教学方法，以便学生获得他们在竞争激烈的全球经济中所需的技能有关。"① 人工智能将在教学方法、教学形式、学习方式等方面全方位助力教育变革。它通过教学过程的个性化、人机交互的拟人化、学习评价的智能化改变教学②。

人工智能影响未来学习方式。人工智能将引发"零点革命"，不仅冲击人的智能，同时也将拓展人的思维。③ 未来的学习方式将以人工智能和大数据为支撑，以学生自主学习为主、以教师个性化指导为辅，以"师生学习共同体"的形态呈现。人工智能技术将转变传统的学习方式，助力个性化学习方式的实现。它依据学生的学习行为数据分辨出隐含的关系，准确地预测学生的学习路径及其发展趋势，为学生提供更具有针对性的课程资源、学习内容以及学习反馈和建议，定制适合其自身发展的学习方法和学习策略，促进学生个性化发展。

人工智能技术介入教育信息化的这一波挑战，带给教育技术学科的责任至少是两方面的，即除了从变革学校的角度对成熟的人工智能技术进行设计与应用之外，还需要以负责任的学科引领者角色，引导实践领域对人工智能技术的理性投入。现阶段，达到实用阶段的人工智能还停留在计算智能和有限的感知智能范围，要真正产生上述影响还需时日。

四、展望未来：抓住机遇提升学科实力

信息技术推动教育变革已经发生并仍在继续，时代呼唤教育技术学科的历史担当。在教育信息化全面推动教育现代化的历史进程中，教育技术学应在理论和实践两个层面上肩负起时代重任。我们有充分的依据和信

---

① SCHLEICHER A. Schools for 21st-century learners: strong leaders, confident teachers, innovative approaches [M]. Paris: OECD Publishing, 2015.
② 刘勇，李青，于翠波. 深度学习技术教育应用：现状和前景 [J]. 开放教育研究，2017 (5)：113-120.
③ 杜占元. 人工智能与未来教育变革 [J]. 中国国情国力，2018 (1)：6-8.

心，中国教育技术学科将能够立足中国需要，摆脱过去的追随者角色，发挥后发优势，在中国教育信息化的实践沃土上发展与提升学科实力，逐步建立有中国特色、国际水准的学科体系。

（一）国际视野中的学科发展

国际上，教育技术学科的跨学科研究已经越来越成为共识，也成为学科人才培养的未来趋势。在 21 世纪，复杂问题的共同创造和知识生成再次成为创新发展的前沿。① 跨学科是技术创新过程的组成部分，弥合了研究、工业和教育之间的差距。② 2009 年诺贝尔经济学奖获得者埃莉诺·奥斯特罗姆（Elinor Ostrom）阐述了社会科学中跨学科研究的重要性："狭隘的学科界限限制了我们科学的进步。"③ 跨学科有望整合知识并解决个别学科无法单独解决的问题。④ 2016 年麻省理工学院在线教育政策倡议指出，高等教育迫切需要在影响学习的领域进行更深入的研究整合，建议将加强教育与其他领域之间的跨学科合作作为改革高等教育的头号战略。⑤ 教育技术学科与相邻领域之间的跨学科研究合作不仅有助于相关研究的产生，而且能碰撞出富有想象力和创新性的研究火花⑥，能够促进教学和学习工作中的实际且复杂问题的解决。在教育技术学科诸多相关研究领域中，在线教学与学习、学习科学与神经科学，以及教学设计领域的跨学科人才培养

① KLAASSEN R G. Interdisciplinary education：a case study［J］. European Journal of Engineering Education，2018（25）：1-18.
② EHLEN，C. Co-creation of innovation：investment with and in social capital. Studies on collaboration between education-industry-government［D］. Heerlen：Open University，2015.
③ OSTROM E. A general framework for analyzing sustainability of social-ecological systems［J］. Science，2009，325（5439）：419-422.
④ JACOBS J，FRICKEL S. Interdisciplinarity：a critical assessment［J］. Annual Review of Sociology，2009（35）：43-65.
⑤ MIT Online Education Policy Initiative. Online education：a catalyst for higher education reforms（Final Report）［R］. 2016：4.
⑥ ALVESSON M，SANDBERG J. Has management studies lost its way? ideas for more imaginative and innovative research［J］. Journal of Management Studies，2013（50）：128-152.

等，均可成为新的跨学科研究领域。①

（二）着眼于核心能力，新时代学科人才培养新目标

1. 瞄准人工智能时代的学科人才培养目标

随着全球化和信息化社会的飞速发展，特别是工业 4.0 时代的到来，智能制造在使生产效率得到巨大提升的同时，将进一步取代机械性的、可重复的脑力及体力劳动。技术进步将导致一部分人工岗位消失，现有教育体制培养的人力资源将无法适应第四次工业革命发展的需求。面对这一新的挑战，许多国家开始思考什么才是未来的学习者需要具备的核心技能，进而形成 21 世纪具有竞争力的人力资本。在教育信息化 2.0 和人工智能的新时代背景下，教育技术学科的人才培养目标也应与时俱进，顺应时代的需求，在原有人才培养目标基础上，进一步加强可迁移能力与创造力的培养。

2. 凸显跨学科人才培养的多样性

在新时代背景下，教育技术学科亟须在巩固学科核心的同时，体现学科研究与实践的跨学科特性，在人才培养上体现一个核心、多元特色培养的特点，破解"南国农之问"。我们认为，应在以下方面进行开拓。

一是学科核心知识体系建设要深挖教育技术学跨学科的特质，进一步在学科理论、研究领域及培养方案上完善以设计为内核的学科核心。围绕设计内核，拓展出体现跨学科特色的技术设计、技术支持的课程资源设计、学习交互设计、协作学习设计以及学习评价设计等多维度的特色延展。这些不同方向的延展体现出学科与信息技术、课程与教学、媒体、数据科学等不同领域的交叉。具有不同跨学科优势的教育技术学科团队，如果都能够在一个核心+N 个特色维度方面发展出各自优势，将形成具有集群优势的跨学科人才培养、研究与实践力量。教育技术学要努

---

① CHO Y. Identifying interdisciplinary research collaboration in instructional technology ［J］. TechTrends，61（1）：46-52.

力深挖跨学科这一优势，建立学科跨学科人才培养体系，增强学科人才的竞争优势。

二是强化信息技术课程与教学的人才培养阵地。课程与教学相关学科都面临着同样的专业与教学知识之间的拉锯。教育技术学科具有信息技术课程与教学的人才培养的基质，应在理论与实践中不断探索，开拓教育技术学的新的可为之地，创造学科人才的新流向与新标地。如开拓 STEAM、创客等创新教育的设计与教学能力的培养，形成与计算机等学科人才培养不同的鲜明特色，提高劳动力市场对教育技术学科人才的认可度与接受度。

（三）跨学科研究——学科理论创新的新疆域

1. 跨学科的教育问题浮出水面

在教育领域内，智能技术的发展裹挟着大数据的应用与推广，逐渐对学校的存在形态、学校的教育方式产生深刻的影响，一些创新的学校教育场景逐渐浮现，一条全新的未来学校场景业务链呼之欲出。随着智能技术、大数据对教育影响的不断深化，学习者的学习方式也正在逐渐适应智能时代发展的新诉求，自适应、个性化等学习新形态正在学校之中得以发展。我们可以预见未来的学校将会是一个注重个性、尊重学生发展的智慧孵化基地，也可以洞见未来的学习将更多地走向自适应的个性化学习。然而，正是由于时代发展的迅速，技术更迭的周期不断缩短，加上教育大数据的整理与积累尚不成体系，实现"人工智能+教育"仍处于展望层面。未来的学校将会以什么样的形式存在？智能技术究竟如何内嵌在教育教学之中？我们如何将技术应用到教学之中以实现学生的个性化学习？对这些问题的回答，越来越需要跨学科的知识与研究方法的支持。

2. 跨学科的理论创新成为可能

随着对人类学习的研究的深入，依靠表象观察已越来越难实现理论与实践的突破。因此，需要借助跨学科的知识，从生理、心理、行为等方面对人类的学习进行研究。教育技术学科拥有其他学科无法比拟的优势，即联结其他学科的桥梁——技术。因此，跨学科研究是教育技术学成为一流学科最应然的通道，也是学科进行理论创新的领域。① 为此，学科理论创新应在以下几个方面进行努力。

一是加强以学习科学为理论框架的跨学科研究。学习科学作为依托于认知科学的新兴学科，主张从心理、生理及行为的综合视角对人类如何学习进行探索，从而寻找到促进和改善学习活动的方式与方法。学习科学的研究视角，与教育技术学科融合对教育、传播与技术的理解进行学与教的设计，有着高度的一致性。因此，学习科学应该成为教育技术学学科理论创新研究的重点领域。二是加强对联结其他学科的桥梁——技术的设计研究。教育技术的设计是联结其他学科、以技术解决关于学习的跨学科问题的途径。三是不断开拓跨学科研究的新的生长点。例如，华东师范大学脑科学与教育创新研究院近期成立，为脑科学、信息技术以及教育的跨学科研究提供平台。在技术急速迭代更新的时代，技术不断创造着教育的各种新的可能性，也为学科的发展提供着各种可能性。学科发展需要勇于超前思考，通过理论创新引导技术融合教育的发展方向。

（四）依托本土实践，发展国际水准学科

1. 独特学科实践提供学科发展机遇

教育信息化2.0时代，教育的智能化与自动化、开放与共享等标志性特征，解构了学校的组织形态、管理形态，重新划定了教育的边界，重新定义了教育教学与学习样态，进一步解放了教育人力，进一步重塑了教育资源。教育技术学科参与信息化2.0时代的实践，就是要对这些新的变化在理论上给予科学的界定，在实践上提出可行的方案，指导和

① 桑新民，郑旭东. 凝聚学科智慧　引领专业创新：教育技术学与学习科学基础研究的对话[J]. 中国电化教育，2011（6）：8-15.

引领我国的信息化 2.0，这也是新时代赋予教育技术学科的新使命。

在教育信息化 1.0 时代，我国处于发展和追赶状态。而随着教育信息化 2.0 和"人工智能+教育"时代的到来，以 2015 年在青岛举办的国际教育信息化大会为标志，我国教育信息化在继续向发达国家学习的同时，开始形成自己的发展特色，并有了向世界提供中国经验的能力。其一，我国的总体实力在 40 年间有了长足发展，在这样一个有着 13 亿人口的特别重视教育的国度，形成了巨大的教育信息化市场，也为教育技术提供了可尽情挥洒的舞台。其二，教育信息化所帮助解决的教育问题，既有世界共有的，也有中国特色的。例如，我国教育信息化在弥补欠发达地区教育资源弱势、实现教育均衡发展方面已经体现出独特优势，并蕴含有待挖掘的巨大潜力，这是其他任何国家都无法比拟的。40 年的厚积薄发，造就了学科实践的广阔天地，学科迎来了新的发展机遇。

2. 跨学科探索提升学科实力

展望未来，教育技术学应勇于在跨学科的实践探索、智能时代的人才培养、未来学校的探索、未来教学方式与学习方式的研究和未来教育生态的塑造等方面发挥后发优势，在中国教育信息化的实践中发展与提升学科实力，建立有中国特色、国际水准的学科。为此，需要在以下方面做出努力。

一是加强在教育信息化 2.0 和人工智能领域的理论创新。虽然中国教育信息化实践已为学科发展提供了最佳舞台，但如何引领教育信息化 2.0 和人工智能实践的方向，需要学科在理论领域进行不懈努力。二是加快学科实践的步伐。学科的理论研究成果只有尽快投入实践，才能发挥指导实践的作用，才能在实践中验证理论的科学性与合理性。三是加强学科实践的国际交流与合作。学科的实践需要体现中国特色，发出中国声音，通过开放与交流，彰显学科发展的中国特色、国际水准。

五、结　　语

　　改革开放 40 年来，在全球技术与教育融合发展中，在中国教育信息化事业的推动下，在广大学科人才的不断努力下，教育技术学科虽有角色之惑、地位之忧，但还是在稳步发展其核心知识领域，并且在改革和探索、学科建设研究、人才培养和实践引领等方面尽学科应尽之责。当前，教育信息化进入 2.0 时代，"互联网+教育"和"人工智能+教育"正在逐渐发展，学科在人才培养、理论创新和实践引领上需要更进一步，努力建成具有国际水准的一流学科，这是学科的使命和担当，也是教育技术学人孜孜以求的目标。

作者简介

　　任友群，华东师范大学教育信息技术学系教授；顾小清，华东师范大学教育信息技术学系教授。

第三编

构建中国化的教育学术话语体系

刘旭东　蒋玲玲

实现中国化教育学术话语体系创新是时代精神的要求。任何学术话语体系都源自一定的生活方式和文化习惯，也影响着人们的生活方式、文化习惯和理论的建构。改革开放40年来，我们的教育学术话语体系经历了教育学教科书改革、教育原理研究、与当代西方教育理论对话、反思问题化、教育学术话语中国化等阶段，但构建自己的学术话语还需假以时日。教育实践是教育学术话语体系构建的物质基础，丰富的现实生活是教育学术话语体系的支撑。在构建当代教育学术话语体系的过程中，要坚持问题导向，用自己的话语解读当代中国教育实践变革，以批判反思的方式准确揭示教育实践变革的内在逻辑，虚心学习、借鉴人类文明成果，坚持以马克思主义指导教育学术话语体系创新。

教育学术话语体系是对教育现象和教育活动做出的专业性的诠释与说明，是对本专业领域的社会互动及其所具备的塑造认识主体和客体的力量的分析与揭示，也是本专业研究者之间以及本学科与其他学科进行交流的平台和途径。它指向并规范教育实践，反映着教育知识活动所包含的复杂的社会关系，维护和彰显着本专业的学科特性，直接关涉教育理论学科建设及其知识的影响力和影响方式，对于教育理论的社会影响力、教育学科建设、公众对教育的认识具有重要的理论价值和实践意义。改革开放以来，中国教育实践发生了巨大的变革，我们致力于构建中国化教育理论体系，使得我们有可能用自己的话语解读自己所做的工作。为此，伴随着时代发展变化和对教育现象的认识与把握更加全面和深化，梳理教育学术话语体系发展变化的历史脉络和内在逻辑，揭示规律和反映时代精神的特性，有助于深化对教育学术话语体系演进过程的理解和认识，同时也是构建中国化教育学术话语体系的需要。

一、构建中国化教育学术话语体系的必要性

（一）构建中国化教育学术话语体系是教育实践变革的需要

今年是改革开放 40 周年。经过 40 年的探索，中国教育事业发展取得了空前的成就，推进教育实践变革的能力和水平得以迅速提升。40 年来，特别是党的十八大以来，人民群众教育获得感不断增强，人才培养质量明显提高，教育服务经济社会发展能力明显增强，现代教育治理改革取得突破，中国教育正在走向世界教育中心。① 这些成就是我国社会全方位变革的结果，也标志着教育事业发展进入了新阶段，其影响是深远的。"中国模式的相对成功带来的不仅是中国的崛起，而且是一种新的思维、新的话语、新的范式变化，一种现有的西方理论和话语还无法诠释的新认知。"②

改革开放以来中国教育事业的伟大实践是构建中国化教育学术话语体系的物质基础，是快速发展的社会变革所带来的教育观念、教育思维、教育认识方式不断创新的结果。在长时期的实践过程中，我们对教育事业发展与经济、社会、生态环境、人类命运共同体的构建的关系等重大问题进行了积极的探索并做出了科学回答。我国教育事业发展获得了巨大的进步，与以往不可同日而论。与此同时，教育事业发展中还存在不平衡不充

---

① 努力让十三亿人民享有更好更公平的教育：党的十八大以来中国教育改革发展取得显著成就 [N]. 人民日报，2017-10-17（1）.

② 张维为. 中国触动：百国视野下的观察与思考 [M]. 上海：上海人民出版社，2012：211.

分的问题，影响和制约着教育事业向更高水平迈进，具体表现在：教育发展的局部差距依然存在，个性化、多样化需求仍未得到有效满足，结构性矛盾尚未解决，遏制片面追求升学冲动、促进学生全面发展的问题仍然没有得到很好的解决①，教育事业的进一步改革与发展仍然是时代的重要话题。

我国教育事业进入新时期出现的新情况、遇到的新问题以及正在发生的变革为教育学术话语创新提供了难得的契机和语境，同时也对构建我们自身的教育学术话语体系提出了要求。相较于正在发生的教育实践变革，我们对中国教育实践的经验和教训的系统归纳总结还不够，教育学术体系的话语权还不够强大，被国际社会接受和认可的程度还有待提高，在国际教育话语体系中的地位和所发挥的影响与我们的实践能力与水平不相适应，我们还不能用自己的学术话语充分地解释和说明正在发生的深刻的教育变革。这些情况表明，快速变革的时代对构建有中国特色的教育学术话语体系有迫切的要求。"在解读中国实践、构建中国理论上，我们应该最有发言权，但实际上我国哲学社会科学在国际上的声音还比较小，还处于有理说不出、说了传不开的境地。"② 构建中国化教育学术话语体系，是繁荣中国化教育理论的需要，也是教育实践的呼唤，是对中国当代教育实践变革的积极回应。将中国教育事业发展的经验提升为中国化教育理论，用中国化的教育理论解读中国的教育实践，需要我们能够以自己的话语来表达我们在中国大地上的教育实践，能够在国际教育舞台发出自己的声音。

话语是随着时代变化的，具有鲜明的实践性，教育实践变革中出现的新情况、新问题必然要求当代教育话语与之相适应并发生变化，恰当、准确地对教育实践变革做出诠释和说明。中国当代教育实践变革无论在形式上还是在内容上都是历史上从未有过的，在国力不断提升的今天，我们要

---

① 陈宝生. 在 2018 年全国教育工作会议上的讲话 ［EB/OL］. （2018-01-23）［2018-09-20］. http：//www. moe. gov. cn/jyb_xwfb/moe_176/201802/t20180206_326931. html.

② 习近平. 在哲学社会科学工作座谈会上的讲话 ［N］. 人民日报，2016-05-19 （2）.

立足中国教育改革的实际，深入开展教育理论研究和教育学术创新，不断概括和总结能够反映中国教育实践变革的新思想、新概念、新范畴、新术语，以新的思维和话语对其做出描述和诠释，以提升我们的教育话语权。为此，我们要直面中国当代教育实践变革中的重大现实问题，用理论话语对各种情况、问题及挑战做出及时的解释和澄清。

（二）中国化教育学术话语体系的灵魂和内核是中国特色社会主义理论体系

学术话语体系的概念边界、历史延展、传播能力、普适性等形成了学术话语权的基本内容，教育学术话语体系要建立在坚实的教育理论和教育科学的基础上，以获得真正的说服力、感染力与吸引力。改革开放以来，我们坚定不移地走中国特色社会主义发展道路，获得了世人瞩目的发展成就，中国特色社会主义进入新的发展时期。中国特色社会主义的伟大实践是中国特色教育理论的重要物质基础，基于中国道路、中国理论、中国制度形成的能够直面中国问题的中国特色社会主义理论是中国化教育学术话语体系的灵魂和核心。作为指导当代中国改革和发展的理论，中国特色社会主义理论是一个完整理论体系，它需要通过各门学科的话语体系来表达，教育学科也不例外。中国是世界第一人口大国，也是最大的发展中国家，经过多年的努力，我们构建了世界上规模最大的教育体系，助推国家从人口大国转变为人力资源强国。基于国家永续发展的内在需求，长期以来，教育始终被摆在优先发展的突出位置。在这个过程中，经过自己的探索和实践，我们逐步获得了对中国特色社会主义教育事业发展规律的认识，系统地回答了一系列事关教育事业发展的方向性、全局性、战略性重大问题，逐渐形成了中国特色社会主义教育理论，为构建中国化教育学术话语体系创造了不可或缺的条件。依托这个理论构建教育学术话语体系，是教育理论发展和传播的需要，也是其更好地与教育实践相结合的需要。

教育学术话语体系创新是教育强国的重要内容和关键表征，它既是构建教育强国的重要内容和有效抓手，也是教育强国形成与否的核心标志。当代中国教育学术话语体系的构建需要以时代变革为背景，立足于中国教育实践和文化自信，通过问题导向和问题聚焦，不仅要说明和解决中国教育发展中的问题，而且要为世界提供独特的教育理论范式，与世界展开广泛的对话，在国际化的过程中拓展教育理论研究的视野，提升研究水平，体现中国气派。

马克思主义中国化、时代化、大众化也要求构建中国化教育学术话语体系，它是对马克思主义教育理论的解读和传播。马克思主义是中国革命和实践的指导思想，也是中国教育理论创新和教育学术话语体系创新的重要的理论基础与指导思想。中国社会所发生的巨大变革正是马克思主义中国化的实践成果，要客观地解读中国教育的发展道路，就要坚持辩证唯物主义和历史唯物主义的基本观点，把马克思主义教育的基本原理同中国教育的具体情况相结合，与中国教育的伟大实践相结合，用马克思主义的基本立场、观点和方法系统地研究、阐释中国特色教育理论体系。

二、中国当代教育学术话语体系的演进

一定的学术话语与特定的时代密不可分。我们的现代教育学术话语体系不是内生于中国的传统教育和社会生活的，而是在已有历史发展与自身的教育传统的基础上，学习和借鉴西方近代以来的教育理论，结合自身的教育实践而形成的。改革开放以来，在历史的基础上，我们进行了伟大的教育实践变革，中国教育的面貌发生了巨大的历史性变化，直接推动着教育学术话语及其体系的构建，使得我们逐步建立起了中国化的教育学术话语体系。

（一）新中国成立后教育学术话语体系的演进历程

新中国的教育学术话语体系的构建是在近代以后的历史的基础上进行

的。到 20 世纪 60 年代初，尽管新中国的教育事业有了长足的发展，也获得了许多成功的教育经验和属于我们自己的教育认识，但伴随全面学习苏联的热潮，苏联的教育学成为这个阶段中国教育理论的主要模板。它帮助我们构建了有现代色彩、被称为"四大块"的教育学科内容体系，使得它成为这个时期教育学术话语的主要内容。然而，由于它存在"脱离政治、脱离生产劳动、脱离实际"① 的问题，加之我们在套用其学科体系时并未能实现与中国传统教育理论和中国教育实践的结合，其对教育所做的一厢情愿式的宏大描述以及我们对其僵化、教条的理解，束缚了当时的教育探索和教育言说，未能帮助我们实现传统教育理论在现代教育语境下的时代转型，阻碍了教育实践变革。

概言之，自新中国成立至改革开放之前这段时期，由于缺乏学科基础和学科历史，中国的教育理论建设走了一段不平坦的发展之路。但伴随着国家建设和教育事业的发展，这个阶段也是形成中国化教育学术话语的重要起步期，在艰难的时代条件下的必要探索奠定了今后发展的历史基础。

改革开放以后，随着思想解放和不断深化的教育改革，我们的教育学科意识不断觉醒，系统化的教育理论体系得以逐步建立。同时，中国化教育学术话语体系的构建也逐步开始，经历了教育学教科书改革、教育原理研究、与当代西方教育理论对话、反思问题化、教育学术话语中国化等发展阶段。

自 20 世纪 70 年代末开始，伴随着改革开放，突破苏联模式化的教育学教科书的范式、重建教育学科成为迫切需求。基于这样的背景，从 20 世纪 70 年代末开始，多部有新意的教育学教科书问世，教育学理论在体系和内容上开始发生重大变革，"呈现了一派教育学教材空前兴旺发达的景象"②，"推动人们对中国教育学教材的现状和历史，特别是对教育学的建

---

① 胡德海. 我国教育基本理论研究的回顾与展望［M］//范鹏. 陇上学人文存：胡德海卷. 兰州：甘肃人民出版社，2014：91.

② 瞿葆奎. 建国以来教育学教材事略［M］//瞿葆奎. 教育学文集·教育与教育学. 北京：人民教育出版社，1993：433.

构作进一步反思"①。教育学教科书在体系和内容上开始发生令人鼓舞的变化，它推动教育学术话语体系逐步冲破模式化、套路化的藩篱，开始对教育实践发挥教育理论的指导和推动作用，由此推进教育认识的深化和教育观念的变革。

教育学术话语体系的构建与教育理论的变革直接相关，教育理论先行是实现教育学术话语体系创新的重要条件。对呆板、固执和模式化的教育认识的超越，激发了人们的教育思考和教育理论研究，研究内容和问题不断向纵深拓展。自 20 世纪 70 年代末开始，学术界围绕教育本质、人的全面发展理论、教育与生产劳动相结合理论、教育体制改革、元教育理论等重大教育基本理论问题展开了深入讨论。这些讨论超越了传统教育学教科书的话语逻辑和表达方式，对教育的认识不再囿于体制或已有的书本的框架，在问题导向的思维方式影响下，更加全面和深刻地反映教育实践变革的呼唤及其内在逻辑，教育认识的实践性特征更为明显，为转换教育学术话语体系和话语方式提供了必需的理论滋养和支撑，使之拥有了更多的理性内涵和时代品格。

在教育理论研究不断深化、理论表现形态不断丰富和多样化的同时，伴随着经济、社会的快速发展，教育实践的变革也在加速。自 20 世纪 80 年代中后期开始，对工具化教育现象及以升学为导向的办学方式的反思和批判使教育认识逐步转向对人的发展本身的关注，触发了人们对教育问题更深层次的思考。特别是进入 21 世纪以后，诸多具有显著时代特征的教育理论和教育实践问题，如素质教育、教育公平、均衡发展、教育研究方法论、教育与生命和生活的关系、儿童观等相继进入教育学术话语体系，我们以积极开放的心态与世界对话，就教育变革中出现的新情况、新问题与世界展开了广泛的讨论，由此进一步推动更深层次的教育实践变革。

构建中国化教育学术话语体系是中国教育实践变革提出的必然要求，

---

① 瞿葆奎. 建国以来教育学教材事略［M］//瞿葆奎. 教育学文集·教育与教育学. 北京：人民教育出版社，1993：436.

也是提升教育理论自觉性和实现教育理论创新的需要。由于历史的缘由，在迈向工业化的过程中，数量与效率、标准与程序的价值取向使我们在认识和继承自身的教育学术传统的过程中走过弯路，表现为一味单向度地以固化的教育理论和教条化的教育话语解读与指导教育活动，忽略了从生活中提炼教育学术话语，教育中本有的道义、公正、关怀等品格的伦理价值被消解。在介绍引进国外教育理论的过程中，我们忽视了对其作为现代化理论体系的复杂性、条件性的充分认知，缺乏对教育学术传统的反思和对教育原点的溯源与追问，科学的客观性、经验主义、过度专业化和量化研究方法等①具有显著的西方实证主义色彩的话语方式成为教育学术话语的主流，导致我们的教育学术话语存在缺乏文化立场、脱离实践、缺乏人文价值和情怀、缺乏独立思考和批判品格等弊端，教育学术话语权被弱化。今天，随着网络和信息技术的快速发展，每个人都是信息的传播者，各种流行语蜂拥而至，来自四面八方的声音冲击着主流媒体的声音，人们不再习惯由一个统一的声音来告知对错，而是主动从各个渠道获取资讯，对事物做出判断。这带来了诸多新情况、新问题，对我国当下教育学术话语体系的构建和传播提出了挑战，主要表现在以下几方面。其一，自由的话语内容挑战严谨规范的教育理论学术话语。在网络环境下，教育话语传播环境的宽松和自由，可能造成教育话语空间的混乱和无序，消解主流意识形态话语所传递出来的正能量，对规范的教育学术话语体系的构建形成威胁。其二，教育对话表达方式与途径多元，对相对单一的教育话语传播方式形成挑战。其三，个性化的教育话语内容挑战庄重正式的教育话语。相对于严肃刻板的教育理论话语表达，今天的公众更倾向于用生活化、通俗化的方式解读抽象的教育理论，教育话语内容要更贴近公众的日常生活，因此，需要用公众能够理解、乐于接受的教育话语体系解释中国教育问题，创新中国教育故事，让民众想了解、听得懂、愿接受。然而，大众化

---

① 博格斯. 知识分子和现代性的危机［M］. 李俊，蔡海榕，译. 南京：江苏人民出版社，2002：139.

的教育话语在通俗易懂的同时，也可能出现对教育理论做出任意解读甚至误读的现象，误导社会公众，这是构建教育学术话语体系过程中不得不面对的现实。这就对教育理论提出了更高的要求，同时也对教育学术话语体系提出了要求。学术话语是对所依附学科的品格、精神与文化的反映，是对所依附学科理论的表达。教育学术话语体系创新是基于中国悠久的教育传统的自我更新的过程。教育学术话语体系的当代构建要能够充分反映教育理论的新成就、新进展，以能够被大众所接受的方式把科学的教育理论传播出去，在教育实践变革中发挥独到的价值和功用。

总之，中国化教育学术话语体系的构建是伴随着教育实践变革不断确立教育信念、深化教育认识并由此进一步推进教育实践变革的过程，只有用我们自己的话语才能充分、全面地解读和说明我们正在做的事，才能在激烈的世界竞争中获得话语权。随着教育实践变革和教育理论的双向推进，我们迫切需要也有条件构建自己的教育学术话语体系。

（二）　对教育学术话语体系演进的反思

作为特定群体显现自身角色的价值观、思维、信仰以及行为、交流、阅读、写作的方式和规范化的言说系统，话语体系隐匿于人们的意识中，其主要作用是"帮助同一学科领域的研究者或读者进行交流和对话，促进知识的积累和重建"[1]。"话语不仅反映和描述社会实体与社会关系，话语还建造或'构成'社会实体与社会关系；不同的话语以不同的方式构建各种至关重要的实体，并以不同的方式将人们置于社会主体的地位。"[2] 其本身既是人类实践活动的重要成果，也是社会交流的方式、思想情感的重要载体和实现社会整合的纽带，与理论的构建和传播密切相关，深刻影响着人们的生活方式、文化习惯。其功能在于说明世界、反映实践，助推人类的认识和实践水平的提升。

---

[1] 黑玉琴. 跨学科视角的话语分析研究［M］. 北京：北京大学出版社，2013：12.
[2] 费尔克拉夫. 话语与社会变迁［M］. 殷晓蓉，译. 北京：华夏出版社，2003：3.

教育学术话语体系与教育理论之间具有内在的关联性，这表现在任何教育理论都会根据自身的学术目的和研究规范构建自己的话语体系。如果要将教育实践变革的价值观和主张解释清楚并传播出去，就需要能够充分反映和助推教育实践变革的、具有思想活力的教育理论。如是，才能充分展现教育理论的内在价值，构筑教育学术话语创新的理论前提。

教育实践变革是构建教育学术话语体系的物质基础。话语体系在本质上是认知方式和思维方式的表达式，反映的是教育实践中形成的人与人之间的社会关系。它的构建过程固然有历史的渊源和变迁的线索，但更为重要的是它要体现当下的教育实践水平及方式。要形成我们自己的教育学术话语体系，就要深刻认识和全面把握教育实践变革的内在逻辑及影响因素，把我们国家的教育实践变革作为言说的基础和内容。而改革开放40年的教育改革给我们创造了这样的基础，正如火如荼进行的教育创新为我们提供了时代条件，使我们有可能用自己的话语和方式来说明所做的事。

丰富的现实生活是教育学术话语体系的支撑。任何话语都是对人与人之间交往方式的反映，它与生活以及对生活的理解密切相关。教育是与生活密不可分的、以促进人的发展为核心职能的社会活动，教育学术话语体系的构建深受特定时代的社会生活以及教育认识方式的影响。今天丰富多彩的社会生活及有创新性的教育认识为构建能够反映时代精神的教育学术话语体系提供了可能和条件。在这个意义上，教育学术话语体系不可能是价值无涉的言说，它必然具有一定的哲学基础和文化价值倾向性，这是一定教育学术话语体系的内在灵魂。它决定了在当今教育学术话语体系重建的过程中，不能沿用"接着说"的思想方法，无前提批判地去推演教育活动，而只能在一定的理论的指导下，依照教育实践变革的内在逻辑去陈述教育，否则可能构建背离教育活动的真实、偏离教育原点的话语体系，给教育理论和实践带来困扰。因此，以回归生活世界作为讨论教育问题的价值取向，就是要关注教育实践变革，扎根中国国情，立足当代中国的教育实际并对其进行有针对性的研究，走出理论依附、盲目借鉴的窠臼，这样才能构建中国化的教育学术话语体系。

教育学术话语体系的构建要基于民族自身的语言。教育学术话语是通过一定的符号、字词、句式等表达出来的教育认识，共同的语言工具和约定俗成的交流方式是其不可或缺的构成要件，只有生成与民族自身的语言相一致的表达才能准确充分地反映我们对相关问题的理解和认识。

40 年来，构建中国化教育学术话语体系是一个理论探究与实践摸索相结合的双向努力过程，它们相互交织、相得益彰，反映了教育实践变革的内在品格和运行机理。"语言比任何其他因素都更具决定性地界定了我们在这个世界上的不同生活方式。"① 回顾这个过程能够使我们以史为鉴，对自己走过的发展道路有更坚定的自信，也能更清醒地认识当下的教育实践变革和教育理论创新。这对于中国化教育学术话语体系的构建大有裨益。

三、基于教育实践变革的教育学术话语
体系创新的价值取向

教育学术话语体系创新以教育实践变革为物质基础和动力，致力于对教育的行动本性的把握，旨在揭示教育的探究性和教育与各种社会现象的内在联系。

（一）审思教育实践变革的前提是教育学术话语体系创新的动力之源

教育是以促进人的发展为根本旨趣的社会实践。由于人的发展具有无与伦比的复杂性，教育也因此成为最具复杂性的实践，能否客观准确地把握这种复杂性，直接关系到教育学术话语体系的科学性和正当性。长期以来，由于技术理性的钳制以及体制的障碍，教育一直以外在目标的达成为依归，工具色彩浓重，教育活动中所固有的内在的错综复杂的关系被宏大

---

① 贝尔. 社群主义及其批评者 [M]. 李琨，译. 北京：生活·读书·新知三联书店，2002：162.

叙事的话语和因果联系的线性思维方式所覆盖，缺乏对教育实践变革的内在逻辑及变化机理的认识和把握。预设性成为教育活动的唯一特性，致使诸如原则、要求、规范、标准、效率等具有为教育活动"立法"性质的词频频出现在教育学术话语中，教育实践变革的丰富性以及人的发展的多种可能性被漠视甚至被排斥。这样的教育学术话语难以对人的发展、教育实践变革的价值意蕴及理论内涵做出全面深刻的表达，也难以充分揭示教育的本性，加剧了教育理论与教育实践的脱节。社会的进步和发展是历史潮流，教育必须与时俱进，真正发挥它"在历史上第一次为一个尚未存在的社会培养着新人"[①] 的职能。作为有丰富思想文化内涵的社会活动，教育实践变革必然有历史的、文化的、科学的和心理的要素作为其前提和基础，它们对教育活动进程和结果发挥着逻辑上的强制性作用，同时也对教育学术话语体系的构建有重大影响，对其进行反思和批判是教育理论恪守自身学术品格、保持自身论域所必需的工作。要通过反思和批判，不断澄清教育观念，更新教育思维方式，深化对教育本质的理解和把握，引导人们现实地变革自己当下的生活方式和教育方式，最终构建与时代同步的教育学术话语。

（二）关注行动是教育学术话语体系创新的逻辑起点

教育是与人类生活相伴而生的活动，生活的需要是其绵延不断、生生不息的内在生命力和生成教育学术话语的实践依据，只有与教育的学术传统相一致、能够充分揭示和反映教育内在独特性的学术话语才能被大众和教育专业人员共同接受和运用，具有存在的价值和生命力。依据现象学的思想方法，教育本质不是与教育现象相互对立而存在的，它本质直观地存在于变动不居的教育现象之中。教育现象越丰富多样，投射出来的教育本质也就越丰富和深刻。按照汉娜·阿伦特（Hannah Arendt）的观点，能够

---

① 联合国教科文组织国际教育发展委员会. 学会生存：教育世界的今天和明天 [M]. 华东师范大学比较教育研究所，译. 上海：上海译文出版社，1979：39.

彰显人的独特性的唯一方式就是行动，它是"唯一无须事或物的中介而直接在人与人之间展开的活动"①，具有不可模拟和不可重复性，它的独特价值在于"行动的人能够揭示他们的自我，或者更具体地说，实际上在与他人的关系中揭示自我，是与他人一起、为了他人而进行活动和交谈（行动）"②。行动所拥有的人文气质使得它成为人存在和发展的前提，并且是展示个人存在意义和独特性的最有价值的途径与方式。教育是以育人为天职的社会活动，阿伦特所揭示的人的独特性要求教育要具有卓尔不群的品格，在这个意义上，行动的唯一性与教育的独特性之间具有内在的一致性，它之于教育的学术品格的彰显具有无可取代的价值，是构建教育学术话语的逻辑起点。

（三）彰显教育的探究性是教育学术话语体系创新的内在依据

基于行动构建的教育学术话语是阐释性的，能够揭示教育的探究性并使每个人以自己的方式来表达对教育的理解。以往的教育学术话语漠视教育的历史、文化、心理的基础以及与生活的内在关联，往往是以宏伟叙事、自说自话的方式言说教育，其间充斥着大量的诸如"必须""应当"等缺乏前提批判但指令性很强的词语，它似乎就是依照某种脚本展开的活动。这种独断式的话语方式遮蔽了教育的探究性，折射出教育思维的浅薄，是教育话语苍白无力的反映。教育是与生活同构的活动，它产生并存在于人的生活之需中。出于适应生活的需要，探究始终与教育活动相伴，并以此方式彰显教育的价值和功能，促进人的发展。而探究本身就是一种带有尝试性而非按某种既定程序展开的活动方式。对此，英国经济学家、新自由主义代表人物哈耶克（Friedrich August von Hayek）提出的"必然无知"的观点就是很有说服力的注释。他认为，人类的活动是由"无知"驱

---

① 王寅丽. 在哲学与政治之间：汉娜·阿伦特政治哲学研究［D］. 上海：复旦大学，2006：59.
② 扬-布鲁尔. 阿伦特为什么重要［M］. 刘北成，刘小鸥，译. 南京：译林出版社，2009：60.

动的，"无知"会激发行动者的内在冲动和热情。在他看来，有一种"无知"是由于对未来非意图性过程和后果的不甚了解而产生的莫测与期待。他说："第一，任何人都不可能知道谁知道得最清楚；第二，我们能够据以发现这一点的唯一途径是一种社会过程，而在这个过程中，每个人都可能自由地去尝试，和发现他自己所能够做的事情。"① 在此，所谓的"无知"是在"已知"的基础上能够在新的情境中不断再生出新知的"无知"。而探究意义上的行动是以"绝对无知"的方式展开的，这种"无知"以"已知"为前置条件并以此驱动人不断向前探索。情境的变化性以及解决问题的方法策略的开放性使得每个人都可以去做自己想做和能做的事，因而活动的过程和结果具有多种未必能预测的可能性。这就是说，基于与生活之间的内在联系，探究是教育的核心特质，也是其独特性和内在价值之所在。教育学术话语的构建要合乎此特质的逻辑规定性，由此，它才能获得存在的理由和依据，助推教育实践变革。

（四）揭示教育与各种社会现象的内在联系是教育学术话语体系创新的条件

教育与各种社会现象的内在联系为教育学术话语体系创新提供了丰富的资源和条件保障。作为有鲜明自身特性的社会活动，教育与各种社会现象之间有内在的关联。教育不仅要受到社会现象广泛而深刻的影响，同时也需要通过丰富多彩的社会活动来展现自身价值和功能。正如杜威（John Dewey）所言："社会生活不仅和沟通完全相同，而且一切沟通（因为也就是一切真正的社会生活）都具有教育性。"② 他强调所有的社会活动都是在人与人的相互沟通交流中发挥各自独特的社会职能的，教育在本质上就是沟通交流活动。这是重要的教育思想方法，也是生成能够突破偏狭的学科

---

① 哈耶克.个人主义：真与伪［M］//哈耶克.个人主义与经济秩序.邓正来，译.北京：生活·读书·新知三联书店，2003：21.
② 杜威.民主主义与教育［M］.2版.王承绪，译.北京：人民教育出版社，2001：10.

藩篱的教育学术话语的语境。然而，受强势学科思想方法和技术理性观的影响，教育理论桎梏于学科的立场，以试图构建能够与强势学科比肩的学科话语方式和话语体系为鹄的，结果是因为忽视了自身的学科特性而弱化了自身的学科功能，窄化了自身的学科领域，以致有学者忧心地认为，教育学沦为别的学科的领地，在我国表现得相当突出。① 如前文所述，沟通和交流是社会生活的根本特征和方式，它们在价值旨趣上都指向于使人生活得更美好。在认识和把握教育的过程中，必须置其于社会、人生的广阔背景中，深入地揭示其与各种社会活动之间千丝万缕的联系。只有如此，才能揭示教育的复杂性，各种社会生活也因为与教育之间的内在联系而拥有了提升人的品质和存在价值的功能。在这个意义上，教育与各种社会生活间有天然的内在联系，教育的价值和功能就蕴含其中。充分认识教育实践变革的这个特性为构建合乎教育本性、具有时代性的教育学术话语提供了可能、创造了条件。这表明教育并不是能够独立于其他社会活动，或者与之并立而存在的社会现象，它与其他社会活动密切交织在一起并借此发挥其独到作用。

（五）回归对人的全面发展的关注是教育学术话语体系创新的价值依归

以关注人的全面发展为依归的教育实践是教育学术话语体系创新不可或缺的时代动力。

自 20 世纪以来，随着工业化快速推进，科技革命成为时代的最强音，世界的面貌正在发生令人目不暇接的变化，教育在国家经济、社会发展中的奠基性、基础性、先导性的作用不断被强化，其以促进人的发展为核心的职能得到进一步的彰显。回顾一百多年来的教育发展历程就可以看到，人们对教育认识的演进呈现了从对外在目的的推崇到对与人的发展有关的若干要素，如知识、技能、品德的关注，再到对关乎人的终身发展的核心

---

① 陈桂生．略论教育学成为"别的学科领地"的现象［J］．教育研究，1994（7）：38-41．

品质的重视这样一条发展路径。这条路径显现了教育认识不断回归教育本性的轨迹，为当代教育学术话语体系的创新提供了坚实的时代条件和学理逻辑。以往对教育现象的说明、教育问题的讨论、教育价值的评判多以外在于人的尺度为依据，远离人的发展需要和教育实践变革的真实，缺乏对人的发展的全面性和整体性的思考，具有明显的思辨和逻辑演绎的色彩。回归教育原点在本质上就是要摆脱一切具有功利性的教育目的和一味学科化的思想方法的束缚，基于生活的背景和生活目的审视教育实践变革，从教育的本性出发重新阐释教育，使教育与人的发展本然相一致。

（六）表达中国教育经验是教育学术话语体系创新的核心内涵

语言总是随着时代而演变和发展的。一般来说，话语体系由语汇、概念和理论等要素构成，教育学术话语体系的创新也有这三方面的要求。

语汇又称词汇，是词和语的总汇，是构成概念的基因，包括语素、词和熟语。在语义上，语汇可分为表层语汇和深层语汇。深层语汇是专业工作者在专业工作中使用的，具有极强的专业性，受众有限。表层语汇就是大众所使用的语汇，与工作话语基本一致，这是话语创新的重要内容。教育学术话语体系的表层语汇是社会大众在言说和表达与教育活动有关的事项时所使用的语汇，反映的是对教育现象及教育活动的基本看法。以往，教育学术话语体系的表层语汇的来源呈现单一化特征，本本主义色彩浓重，要么是照搬西方的教育理论，要么是照搬教育学教科书，照抄照搬现象严重，不是用自己的语汇来表达教育认识。随着教育实践变革的加快，表层语汇单一化现象被逐步打破，各种富有时代感、与当下教育实践变革相贴切的语汇不断生成。改革开放以来，特别是党的十八大以来，我国社会实现了全面进步，综合国力显著提高，人民群众有了很强的获得感，这在教育学术话语体系中有充分的体现，大众对于如幸福、生活、生命、生态、均衡发展、有质量的公平等词语已耳熟能详。如果它们能够被及时纳入教育学术话语体系中，就有助于教育学术话语体系的当代构建，生成为大众所接受的教育话语方式。

概念是思维的外壳，是反映客观世界和社会发展的问题、现象、关系的具有一定学术内涵和思想见解的范畴，是构成学术话语的重要因素。概念虽然具有抽象性，但它不能远离经验世界或者与之隔绝，我们需要不断创造反映社会新问题、新现象、新关系、新趋势的新的学术概念。以往，教育学术话语体系的概念多来自哲学或者简单地从其他学科话语体系中嫁接过来，缺乏教育学科的专业性，导致它与具体的教育实践间缺乏内在关联性，无法全面准确地阐述教育现实，也未能进入我们的教育语境。改革开放以来，丰富而又深刻的教育实践丰富了教育认识，一系列有时代感和自身特色的概念亟待进入教育学术话语体系并在教育实践中推行运用。当然，在这个过程中，一些似是而非的概念也混杂其中，影响了我们对教育实践的理解和表达，需要我们在理论上对影响教育学术话语体系构建的概念做出专业化的厘清，去伪存真。这既是教育理论创新的需要，也是教育学术话语体系当代构建的需要。

教育学术话语体系是教育理论体系的表达形式，是彰显教育思想、教育理论、教育观点和教育情感的手段与方式，体现着教育理论的内涵。中国化教育理论及其话语体系建构的逻辑起点是长期以来形成的中国教育经验，中国化教育学术话语体系的建构同样要以中国教育经验为观照对象。中国教育经验并非自明的现成性存在，更不是固定的静止存在，而是一定时空条件下和特定历史阶段的地方产物，是在教育实践变革中、在对话中被不断阐释和丰富的概念，其内涵取决于特定的历史文化语境。它并不外在于世界，而是与世界共在，有相互交流和可通约处。换言之，中国教育经验是在中国教育实践中，融汇多种文化要素而形成的具有独特性的客观存在，反映的是我们自己的奋斗过程和凝结于其中的实践智慧，它构成了构建中国化教育学术话语体系的时代条件和可能。

四、构建反映教育本性、 具有时代品格的
教育学术话语体系

创新教育学术话语体系，认真总结我们自己的教育经验，以富有时代感的话语来解读中国的教育实践变革是提高教育学术话语权的要求。教育实践变革的步伐远远快于教育学术话语体系的变化。教育学术话语体系创新要紧跟教育实践变革，充分和准确地反映时代的声音，这需要我们植根于中国教育实践变革，强化教育学科自觉，坚持问题导向原则，虚心学习借鉴人类文明成果，准确揭示中国教育实践变革的内在逻辑，用自己的话语去说明自己正在做的事。

（一） 立足中国大地， 用自己的话语解读当代中国教育实践变革

要深化教育改革，在教育实践中获得更丰富的理论创新源泉。中国社会发展所选择的道路不同于其他国家，中国的教育实践有着其他国家没有的特殊性和复杂性，中国的国情所具有的显著的独特性是用别人的话语方式难以阐释清楚的。由于教育活动涉及社会生活的方方面面，它的任何一个细小的变革都会引发社会的强烈反应，及时对其进行阐释和解说就显得特别重要。在这个意义上，推动中国教育学术话语体系创新就是立足我们自己的教育实践变革去发现问题、研究问题和解决问题的过程，是以自己的语言和方式解读和诠释我们自己的教育实践的过程。为此，教育学术话语体系创新要立足于中国国情，基于教育改革不断深化的时代背景，从中国教育问题出发，这样才能构建能够反映教育活动的本质、揭示教育发展规律和趋势的教育学术话语，也才能开阔视野、启迪智慧、指导和推动教育实践，这既是教育学术话语的本质功能和社会责任，也是其社会价值和学术意义所在。

要恪守自身的文化传统，用民族的文化价值观和思维方式解读当下的教育变革。不同的话语体系反映着不同的民族文化和时代精神，蕴含着之于未来发展必不可少的历史的、精神的、文化的基因。我们有博大精深的教育学术传统、丰富的教育实践，也有独到的教育认识和思考，建构了富有民族特质的教育实践和教育认识方式。它立足于天人合一、知行统一的文化立场，始终以家国天下的视野和个人的实践与感悟去言说教育，从未隔绝教育与生活、社会、人生之间的内在联系，也未曾像原子论般把教育从生活和社会中分离出来孤零零地加以分析和言说。宽广的视野、卓越的追求使传统教育思想和教育实践充满了中国智慧，催生了属于我们民族独特的教育理念和教育文化，是我们今天在现代化语境下实现教育学术话语体系创新的历史文化根基和思想资源，也是教育学术话语对教育实践变革做出表达和诠释的历史胚基。在构建中国化的教育学术话语体系的过程中，要以内生于我国传统文化和传统哲学的教育学术话语去审视与言说今天的教育实践变革。同时，通过今天的教育实践丰富传统教育学术话语的内容和形式，在传统与现代的对话中为教育学术话语体系的中国化提供营养。

（二）强化教育学科自觉，准确揭示教育实践变革的内在逻辑

在教育学术话语体系创新的过程中，学科自觉是重要的专业品格，反映着对教育实践变革的独特担当以及对教育学科建设的理解和认识，集中体现了教育学术话语体系的专业性，是科学合理地揭示教育实践变革内在逻辑的关键。

要正视教育学科建设之于教育学术体系构建的前提作用和基础性作用。任何一门学科都有其内在的学科逻辑，这是其作为专门的知识门类的核心条件。然而，学科是把"双刃剑"，有其固有的边界和局限性。为了能够在充分发挥学科的知识价值和发展价值的同时有效抵御其可能给知识

创新乃至人的发展带来的不利影响，教育学术话语要有强烈的学科自觉，既摆脱受强势学科影响而产生的学术本位观的钳制，避免狭隘的学科意识及其可能带来的负面效应，同时也充分表达教育活动的丰富性与教育学科的独特性。为此，教育学术话语体系要具有开放包容的胸怀和自我反思、自我修正的能力，能够以独到的话语方式准确表达教育实践变革的内在逻辑和要求，反映教育学科的独特性，使之更加符合教育活动的本性。

要充分揭示和反映教育的探究本性，从回归生活世界、反映教育实践变革的立场构建教育学术话语体系。教育理论与其他学科理论间存在着质的差异性，它既要充分反映教育与生活间天然的内在联系，也要充分揭示并尊重人的发展的内在规律，促进人的发展。这既是教育理论构建的时代基础，也是需要其倾力予以说明的。按照怀特海（Alfred North Whitehead）的观点，生活本身就是探险的过程。[①] 作为生活化的活动的特征，探究性也是教育的核心特征，教育的价值就蕴含其中。基于教育的生活本性，教育理论不仅要以生活为价值依归，充分反映生活的需要，同时也要以生活作为教育活动的背景和言说与实践教育的思想方法，紧紧把握教育的探究性，倾力去揭示和说明教育实践变革的内在逻辑与趋向，按照实践变革的逻辑去讨论学科理论和学科建设，并以此引导教育沿着更加合乎其本性的方向去变革，以维护自身的学科特征，增强教育学术的话语权。

要回归教育原点构建教育学术话语体系。教育具有相对独立性，表现为它与特定历史时期的社会发展间存在着一定的自由离散度，由此形成了教育专有的活动空间。而这个看似有限实则巨大的空间正是教育的价值和功能得以外显和展示的可能与条件，也是教育的能动性和独特性的集中体现。如果能够充分把握这个空间，揭示其内在机制和功能，所谓专业性的话语及学术话语权就当然蕴含其中。以往，由于缺少批判和反思，存在着要么自我窄化这个空间，要么人为地夸大这个空间的现象，影响了对教育的准确把握和教育学术话语体系的构建。作为人类最常规、最富有生活性

---

① 怀特海.教育的目的［M］.徐汝舟，译.北京：生活·读书·新知三联书店，2002：146.

的思维方式，批判反思与思维对象的客观现状及其超越性要求密切联系在一起，它们是准确把握思维对象的思想工具。换言之，教育的相对独立性所带来的空间是对当下的教育实践进行审思和批判后才能被认识与把握的。为此，教育学术话语要通过批判反思揭示教育话语实践及其意义的互动关系，由此彰显教育学术话语源自教育实践、根植于其具体的时代生活的属性。

（三）坚持问题导向，在批判反思中生成教育学术话语

当代中国教育学术话语体系创新必须立足于中国的教育实践变革，站在教育改革的最前列，直面与时代发展紧密联系的亟待解决的重大教育理论与教育实践问题，通过问题驱动实现创新。改革开放40年来，我国教育事业取得了令世界瞩目的发展成就，义务教育普及率、高中阶段教育和高等教育的毛入学率已超过高收入国家的平均水平，国家的创新竞争力得以迅速提升，人力资源强国的实力正在显现。中国教育实践变革所取得的成就与国家的整体进步和发展密不可分，说明教育是在与其他社会现象相互联系、相互影响的过程中展现自身价值和功能的。当然，在发展中我们也不断面临新情况，遇到新问题，需要我们以创新思维积极、灵活应对。这也说明教育学术话语体系的构建不是一个自说自话的过程，而是一个基于教育实践变革，以问题解决为导向，不断自我超越的过程。充分认识这一点与教育理论的学科形象和身份认同密切相关，也与教育理论的学科自信、学科自觉密切相关，是实现教育学术话语体系创新、助推教育实践变革的内生动力所在。

学术话语是对事物意义的专业化诠释，也是专业化的思维方式、行为方式和社会实践方式，具有强烈的实践性。在构建中国化教育学术话语体系的过程中，要紧跟时代的步伐，全面准确地反映时代要求，淘汰过时的话语及其表达方式。改革开放以来，伴随着社会发展和教育实践水平的不断提升，我们对教育的认识经历了由实体到关系的变化，即不再是一味从

实体的立场来言说和把握教育，而是从关系的角度来认识教育。以往那种一味用因果联系的方式来言说教育的话语渐渐淡出，能够充分反映教育复杂性的话语逐渐生成，教育认识和教育学术话语方式由此发生了飞跃。多年来的实践使我们认识到了把握教育的建构生成性以及它与其他社会活动间的交互关系之于教育学术话语实践的重要性，这是我们用时代的话语去反映人们对教育的理解和认识、构建教育学术话语体系的极佳的时代条件，也是我们要坚持的思想路线。

要以反映实践变革的立场构建教育学术话语体系。教育不是思辨中存在的活动，教育理论工作者要坚持实践第一的原则，从实践中来，到实践中去，以行动的方式深入社会、深入生活，充分地从教育实践变革中吸取思想和情感的营养，这也是教育理论发展和创新的过程。当代中国社会处于价值多元的转型时期，同时教育关乎千家万户的需要和利益，教育方面的一举一动都具有强烈的社会敏感性，会引发社会的反响和讨论。快速变化发展的时代给教育提出了很多新课题、新挑战，需要有合乎时代精神的教育学术话语体系引领和反映教育实践变革。而基于教育实践变革的教育学术话语体系就要以问题为导向，认真倾听社会的声音，以大众的方式向社会传播教育理论、教育认识、教育思考，增强解决现实问题和表达理论成果的通俗性，使之得以转化为大众所认可、接受乃至使用的话语，成为影响大众教育思想和行为、指导大众分析和解决教育问题的思想武器。

（四）拥有国际教育的视野，学习借鉴人类文明成果

人类有悠久的教育传统和丰富的教育实践，形成了各个民族和国家独特的教育学术话语体系。早在古希腊，就有柏拉图、亚里士多德的教育思想和以苏格拉底"产婆术"为标志的教育实践，为后来的教育学术话语的形成打下了坚实的历史基础。欧洲文艺复兴运动以后，为了适应工业化的需要，借助于自然科学强大的影响力，西方世界构建起了有现代学科色彩的教育学术话语体系。尽管其中很多方面屡屡受到质疑和批评，但其努力

本身以及所取得的某些成果之于我们而言是有借鉴意义的，在方法论上也是有启发的。在文化交融、构建人类命运共同体的时代，其他民族和国家的教育学术话语体系为我们提供了有价值的教育认识与话语方式，是我们构建当今中国化教育学术话语体系重要的文化资源。中国近代以来逐步建立起来的现代学制和教育学术话语体系都与我们虚心学习、大胆借鉴人类优秀的教育思想和教育经验有密切关系。我们今天仍然要以开放的心态学习、借鉴人类优秀的文明成果，在与世界各国的交流中加深对教育的理解，构建能够走向世界的教育学术话语体系。

要学习借鉴西学中对受技术理性操控、采取学科化取向的教育理论进行批判的思想方法，避免落入社会转型时期可能产生的陷阱，使教育学术话语能够在教育变革中发挥引领作用。社会转型时期存在多种力量的博弈，教育学术话语可能会被其他领域的非教育话语所覆盖，教育认识中可能会充斥大量被影响、被决定的内容。在这方面，由于一味地追随强势学科，未能充分发掘和揭示教育的相对独立性，西方教育学术话语在近代社会转型的过程中就曾遭遇话语权失落的境遇，在不知不觉中失去了自身的专业特性和话语权，以致奥康纳（Daniel John O'Connor）以"尊称说"来描述教育理论不受待见的窘境，谢夫勒（Israel Scheffler）等则不客气地以教育学的终结为前提假设来讨论问题。在构建当今的中国化教育学术话语体系的过程中，需要认真反思西方教育学术话语的发展历程，尤其是清晰地把握技术理性控制下的教育认识所带来的诸多弊端，更加准确地理解和把握教育的相对独立性，更专业地阐释教育的社会价值，并据此全面准确地解读中国的教育实践变革的内在逻辑、价值取向和演进趋向。

（五）坚持以马克思主义指导教育学术话语体系创新

学术话语体系承载着特定的思想价值观念，与一定的意识形态密切联系，反映着"言说者"的立场和所代表群体的利益。马克思主义是中国特色社会主义理论的指导思想，其话语体系构成了中国化教育理论话语体系的核心和灵魂。作为社会科学，教育理论既是知识体系，也要具有一定的价值理念作为内涵。推进教育学术话语体系创新，就要自觉认识到教育理论的双重属性，在教育学术话语体系的构建中坚持价值性与科学性相统一，既要有自觉的学术意识，又要有敏锐的政治意识，做到对两者的兼顾。同时，坚持教育学术话语体系的价值性与科学性相统一，就是要坚持马克思主义的立场、观点和方法，广泛吸纳人文社会学科、现代科学的最新成果，使创新的教育学术话语内容科学化、话语形式科学化、具体话语科学化、话语结构科学化，使之更好地说明中国教育的改革发展和我们的教育认识。

坚持教育学术话语体系中国化的建构方向就是要把马克思主义的基本原理与中国的具体国情相结合，与建设中国特色社会主义的伟大实践相结合，用马克思主义的立场、观点和方法系统地研究阐释中国特色社会主义教育事业的发展道路、中国特色社会主义教育理论体系和中国特色社会主义教育实践，以新中国成立近70年，特别是改革开放40年来我国在教育事业发展中取得的重大成就，证明中国教育实践变革的必然性和优越性，充分说明其内在逻辑和内在机制。

─── 作者简介 ───

刘旭东，西北师范大学教育学院教授；蒋玲玲，咸阳师范学院教育科学学院讲师。

走向世界的中国教育学：目标、挑战与展望

李政涛

　　历经改革开放 40 年的"在中国"的教育学，发展目标已经从"教育学中国化"走向"中国教育学"。"中国"是一种"态度""立场""视角""方法"和"典范"。有资格称之为"中国教育学"的研究成果，表现为凝练中国特色、推出中国原创、形成中国体系和提升中国影响。三大挑战构成了"中国教育学"建设与发展的核心障碍：如何处理传统与现实的关系；如何处理理论与实践的关系；如何处理自我与他者的关系。其中，处理好自我与他者的关系是构建中国教育学的关键所在。中国教育学必须回应西方甚至人类的普遍关切、需要，在接轨度、贡献度、转化度、参与度方面持续提升，才可能成为具有世界影响的教育学理论。

　　改革开放 40 年来的中国教育学发展，从未停止过对教育学的"中国性"或"中国标识"的追寻。先后热议过的"教育学本土化""教育学中国化""中国的教育学"，以及当下"学术全球化或世界化"背景下的焦点问题"中国特色教育学""教育学中国话语"等，都体现了教育学研究者们的学术愿景和学术诉求。

　　这种诉求，其实一直弥漫在百年来的中国教育学变迁历程之中，只是在进入改革开放之后，获得了前所未有的探讨空间。走入新时代的中国教育学，在"要按照立足中国、借鉴国外，挖掘历史、把握当代，关怀人

类、面向未来的思路，着力构建中国特色哲学社会科学，在指导思想、学科体系、学术体系、话语体系等方面充分体现中国特色、中国风格、中国气派"① 的新背景之下，对这一"老问题"的思考与解决迎来了新的发展空间。在走向世界、融入世界，被世界理解、认同和尊重的过程中，深度挖掘教育学的中国品质，形成建构性甚至原创性的研究成果，为世界教育学研究做出贡献，是身处新时代的我们不能不为之努力的方向。

一、从教育学"中国化"到"中国教育学"

自改革开放以来，由"教育学"与"中国"的关系而来的相关研究，既有以百年、六十年、三十年为时间单位的历史性、全程性研究②，也有聚焦本土化、中国化、中国经验和中国话语体系等的专题性研究③，尽管这些研究视角、立场和观点迥异，但创建"在中国""为中国"和"属中国"的教育学，是中国教育学人从未停止过的求索和梦想，也是"中国梦"的一部分，是"中国梦"在教育学研究领域的具体表现。综合来看，已有研究在研究假设、发展目标、形成来源、思维方式等方面达成了诸多共识。

在研究假设上，相关研究认同教育学存在文化性格和文化国籍④，需要基于文化自觉来挖掘教育学的文化基因与文化命脉⑤。

在发展目标上，中国教育学要想与其他国家的教育学接轨和对话，必须走"中国教育学"的原创发展之路⑥。因此，从教育学本土化、教育学

① 习近平. 在哲学社会科学工作座谈会上的讲话［N］. 人民日报，2016-05-19（2）.
② 瞿葆奎，郑金洲，程亮. 中国教育学科的百年求索［J］. 教育学报，2006（3）：3-11；叶澜. 中国教育学发展世纪问题的审视［J］. 教育研究，2004（7）：3-17.
③ 李政涛. 论教育研究的中国经验与中国知识［J］. 高等教育研究，2006（9）：22-27.
④ 石中英. 教育学的文化性格［M］. 太原：山西教育出版社，2007.
⑤ 李政涛. 文化自觉、语言自觉与"中国教育学"的发展［J］. 华东师范大学学报（教育科学版），2010（2）：1-3.
⑥ 袁德润. 从"教育学中国化"到"中国教育学"：学科建设的视角［J］. 现代教育论丛，2008（3）：2-6.

"中国化"，走向中国气派的教育学①、中国的教育学或"中国教育学"日益成为一种共识性的目标。中国教育学有自己的文化性格、教育元素和话语体系②，是一个自成体系的教育学世界。

在形成来源上，首先，"中国教育学"形成于"中国文化与社会境脉"之中。如此而来的教育学才可能对中国教育具有引导力，才可能带有中国话语特征。③其次，"中国教育学"来自"中国实践"。实践及其变革是教育学理论的根基之一，基于教育学学科立场的理论和实践，实质是一种交互生成的关系④，要真正介入实践，将"中国"意识与"中国"立场内化于具体的实践中⑤。这意味着中国教育学的构建必须基于中国的教育实践。基于中国实践的教育学才是属中国的、为中国的、在中国的教育学。⑥最后，"中国教育学"发端于"中国问题"。这些问题具有鲜明的特殊性。例如，人口流动大潮背景下的农民工子女入学升学难，学生学业负担重，学校办学自主权不够，城乡之间、地区之间、学校之间教育差异较大等典型的中国教育问题。

在思维方式上，走出本土与国际二分的思维模式。本土与国际、普遍与特殊之间也存在交互生成的关联，只有充分国际化才能真正本土化⑦，同理，只有充分的特殊化，才可能充分体现普遍性。"中国现在对世界事务的深度参与，对中国人文社会科学知识转型是个历史性机遇。新的知识本体更有可能在中国与世界的互动中——而不是在回到传统国故中的中学本体，或者唯西学本体的解释框架下——挺立起来。"⑧

以如上既有共识为前提和基础，我们需要深入探讨的问题是，既然以

① 刘旭东．构建有中国气派的教育基本理论话语体系：胡德海先生教育学思想研究［J］．当代教育与文化，2016（5）：14-20.
② 郭建斌．由"教育学中国化"到"中国的教育学"［J］．现代教育科学，2017（4）：1-5.
③ 吴康宁．"有意义的"教育思想从何而来：由教育学界"尊奉"西方话语的现象引发的思考［J］．教育研究，2004（5）：19-23.
④ 李政涛．交互生成：教育理论与实践的转化之力［M］．上海：华东师范大学出版社，2015.
⑤ 孙元涛．"教育学中国化"话语的反审与重构［J］．全球教育展望，2009（4）：43-47.
⑥ 郭建斌．由"教育学中国化"到"中国的教育学"［J］．现代教育科学，2017（4）：1-5.
⑦ 郝雨凡．只有充分国际化才能真正本土化［N］．中国社会科学报，2009-12-22（13）.
⑧ 苏长和．中国拿什么贡献给世界［N］．文汇报，2010-05-03（7）.

走向世界为背景，且已确定"中国教育学"或"中国特色教育学"为发展目标，那么，未来发展方向是什么？如何把理论概念和表述意义上的中国教育学变成现实意义或实践意义的中国教育学？为此，需要进一步解决两个基本问题：其一，如何理解"中国教育学"？何谓"中国教育学"之"中国"？作为目标和理想的"中国教育学"，目前依然相对抽象，如何使其进一步明晰化、具体化？其二，构建"中国教育学"的未来挑战在哪里？难在何处？本文通过对如上两大问题的应答，试图实现中国教育学在新时代的价值重估、原创推动与阐释深化。

二、"中国教育学"的"中国"内涵与目标

作为发展方向、目标和理想的"中国教育学"，其中的"中国"一词殊为关键。以"中国"为背景和语境，以"中国"为对象和目标的改革开放，始终都是以"中国"为核心的。当"中国"与作为一门学科的"教育学"并置在一起时，如何理解"中国"之深意，成为我们首先需要深思的问题。

我们需要在追问中明晰：何谓"中国教育学"之"中国"？它所内含的"中国性""中国感""中国味"何在？

"中国"是一种"态度"。它是一种看待中国的态度，并可以概括为中国自觉。① 这是一种理论自觉意义上的中国自觉②，或者说，是基于中国自觉的理论自觉。它意味着教育学研究者应当在错综复杂、激荡巨变，因而充满了不确定性的世界格局中准确探寻自身的合理定位，自觉谋划中国教育学未来发展的方向、道路、格局、速度与节奏。中国自觉首先表现在对于中国在新时代所面对的独有的中国难题，包括中国教育学在理论和实践

---

① 欧阳康. 在激荡疾变的世界格局中提升"中国自觉"［N］. 中国社会科学报，2010-01-05（3）.
② 郑杭生. 促进中国社会学的"理论自觉"：我们需要什么样的中国社会学？［J］. 江苏社会科学，2009（5）：1-7.

中面临的各种特殊问题、特殊困境的充分认识与科学把握。当前，新时期的教育问题与矛盾集中的中国大地，时序交错，空间异构，归属不同主体、不同层次的教育问题交织互渗，其交错性、悖论性和复杂性之强前所未有，既是中国难题，也是世界难题。因此，教育学研究的中国自觉，需要自觉化解中国难题，彰显中国信心，自觉守护中国利益，合理履行中国责任，同时，自觉探寻中国道路，清醒回应中国期盼。教育学的中国自觉，更在于基于中国自觉，对教育研究和教育实践中的中国经验、中国知识和中国道路的提炼与表达。

"中国"是一种"立场"。这种立场是相对于西方立场而言的，它意味着"对于中国自身的历史经验，包括近代以来的经验，尤其是改革开放的经验，必须要重新加以梳理，不能用西方的理论加以套裁……它隐含着反对以西方为中心来考察中国自身的事物"①。它隐含了一种自我尊重，即尊重中国自身的经验和历史，尊重中国研究者的天赋权利，这种权利意味着研究者有权利修正西方的理论，甚至修正审视和研究中国的"西方眼光"。中国教育研究者一直受到这种"西方眼光"的缠绕和折磨，中国社会科学和教育科学的理论近代以来几乎全部来源于西方。要构建"中国教育学"，需要的是持有中国立场的教育学。这种立场的实质是一种学术立场，它蕴含了中国特有的学术传统、学术基因、学术命脉与学术典范。

"中国"是一种"视角"。无论是一门学科，还是一种理论，都是一种看待自然世界、社会世界和人生世界的视角。中国教育学要能在世界教育学领域内卓然而立，必须做出"中国贡献"。其中的贡献方式之一，是展现一种看待教育和教育学的视角和眼光，它可以是内在的眼睛，也就是吴康宁所言的"自己的眼睛"②，如此带来的不只是改变，即改变中国教育学界长久以来的惯习——借助"他者的眼睛"来看自己的问题，也是一种增添和创生——人类从此又多了一双剖析教育和教育学问题的"中国眼睛"。

---

① 曹锦清. 如何研究中国［M］. 上海：上海人民出版社，2010：5-6.
② 吴康宁. 现代教育社会学研究丛书［M］. 北京：北京师范大学出版社，2003：2.

这种视角和眼光，也可以是外在的眼镜。人类不能只用"美国眼镜""德国眼镜""芬兰眼镜"等西方眼镜来看待、审视教育和教育学问题，也需要有"中国眼镜"，由此引发只有"中国眼镜"及其内含的"中国视角"才可能看出的问题和经验。

"中国"是一种"方法"。"中国"不只是方法施展和运用的对象，"中国"也是一种独特的方法，包括研究方法、研究路径和策略，其中内含了中国文化特有的认识论、方法论的眼光，包括中国文化传统特有的思维方法或思维方式，即关联思维、互动生成思维、整体融通思维和综合渗透思维等，它隐匿于"天人合一""知行合一"等典型中国话语背后，推崇的是天与人、知与行的关联、互动、融通和渗透等。这些构成了认识与探究中国及世界教育、教育学问题的参照系和坐标轴。

"中国"是一种"典范"。所有的"态度""立场""视角"和"方法"，最终都汇聚为一种"学术典范"，蕴含了中国教育学特有的价值观、思想体系与框架结构，以及认知方式。它根植于中国学术典范，涉及中国学人全套的信仰、价值和技术的改变。[①] 这种学术典范具有"学术火把"的功能，即"中国火把"。任何理论及其包含的概念、范式、框架等都是一支火把。以往的中国教育学界，有时习惯于用来自他者的"西方火把"来照亮、引领自己的研究与发展之路，甚至在潜意识里把"西方火把"视为唯一的火把。"如果我们全体都只靠一支火把引路，而不自备火把，就永远只能跟着它的光走，永远只看到从它的角度所看出去的景色，以及它所能照到的范围。即便我们自己的样貌，也得依赖拿着火把的人描述给我们听。"[②] 在新时代，到了建构教育学的"中国典范"，进而把它变成一支火把，到了汇聚点燃"中国火把"，照亮引领中国教育学甚至世界教育学前行的时候了。

---

① 罗小虎. 专访余英时：中国现代学术"典范"的建立 [N]. 经济观察报，2018-08-27（33-34）.

② 汪琪. 本土研究的危机与生机 [M]. 上海：华东师范大学出版社，2016：28.

如上对于"中国"概念的解读，是在此时代的新解读，但绝非确定不变的完成式解读。"中国"或"中国性"这个概念，同样需要在与时俱进中不断建构，是"现在进行式""将来进行式"的持续重构。

"中国"概念的厘清，为"中国教育学"的内涵与发展目标奠定了理论上的根基。所谓"目标"，是以内容为基础的程度化表达。"中国"也好，本土也罢，既是有没有、是不是的存在性问题，也是够不够、好不好的程度性问题。它需要回答的问题是，怎样的研究及研究成果才有资格被称为"中国教育学"研究？笔者认为，所谓走向世界的"中国教育学"，是以中国文化传统基因为根基和魂魄，凝练了中国特色、推出了中国原创、形成了中国体系、提升了中国影响，最终成为被世界教育学学术界充分理解、高度认同和尊重的教育学。这一内涵更多具有"应然性"，内含了预期的四大目标。

一是凝练中国特色。中国特色包括能努力学习并适当取法中国传统文化与智慧，尤其是教育智慧；能解决当下实际的中国教育危机与难题；能让中国特色本身具有世界胸怀、国际视野与长远目光，成为世界认同的优质特色；能让"中国特色"精益求精，并成为"世界特色"。

二是推出中国原创。贡献出原创性的数据、概念、问题、观点、范式及其背后的视角、思路等，为世界教育和教育学问题研究和解决提供"中国方案""中国发动机"，最终实现从"取经"到"传经"的转向。

三是形成中国体系。把不同维度、层面的相对点状、碎片化的各种中国原创、中国贡献，转换为体系化的表达。这个体系既有中国传统根基，也是直面中国当下现实后融通整合的产物，体现了历史与逻辑、历史与现实的统一。

四是提升中国影响。通过缩小与西方话语之间的"话语逆差"，强化设置国际议题的能力等方式，在展现引领或领跑能力中，提升中国话语权，整体抬升国际教育学界对中国原创和中国贡献的显示度、能见度、理解度、接受度、认同度和运用度。

三、中国教育学走向世界的瓶颈与挑战

当下中国教育学的现状，如果要走向世界，成为被世界理解、认同和尊重的教育学，还要破除特色不鲜明、原创不突出、体系不健全、影响不凸显等痼疾，处理好传统与现实的关系、理论与实践的关系、自我与他者的关系。其中最大的挑战来自后者，它是"中国教育学"能否在世界立足和发展的命脉与核心所在。

无论是改革开放40年来的中国教育学，还是百年以来的中国教育学，始终缠绕着自我与他者的关系，即中外关系，尤其是中西关系，具体表现为自我需要与他者需要、自我特色与他者视野、他者承袭与自我原创、自我解释与他者认同等多重关系性问题。这些问题都是中国教育学走向世界绕不过去的门槛。

就自我需要与他者需要而言，难点在于如何兼容不同主体的需要。任何学科、学派及其理论成果，都是为满足某种需要而产生的，不能满足需要的理论，终究会丧失存在与发展的必要。中国教育学的存在意义，首先在于它基于中国需要、为了中国需要。同理，作为他者的西方教育学，无论是概念、方法、视角，都源自西方需要，包括西方的价值观、利益等。两者之间既存在相通、关联之处，也时常存在差异甚至矛盾、冲突之处，尤其是利益冲突。如何既满足自身需要，又顾及他者需要、世界需要；如何既能打破西方窠臼，又符合国际需求——毕竟，毫不顾及他者需要的理论，难以在世界范围内得到理解、尊重和认同——是我们需要不断探讨的问题。

就自我特色和他者视野而言，挑战在于如何兼顾中国特色品质与西方视野。既然"中国"也是一种视角及其带来的视野或眼光，那么，在理论上，而且是从应然的角度来看，中国特色必然是由"中国视野"而来的产物。但问题在于，20世纪以来，特别是近代以来的中国教育学理论几乎全

部源自西方，由此产生了一个悖论：没有这个理论，我们无法观察中国自身的事物；而有了这个理论，我们又常常误读中国的经验。经过百年来的持续引入，西方理论通过概念、范畴、方法等早已内化为中国教育学人的视角和眼光。要构建中国教育学，首先需要反思、重审已经内置或隐匿于其中的西方视野，但这种反省的指向和结果，并不能导向西方视野的一无是处，更不意味着全然抛弃。

就他者承袭与自我原创而言，关键之处在于如何在承袭、模仿和运用他者理论的过程中实现中国原创，做出中国贡献。自改革开放以来，在追踪理论前沿、挖掘传统资源、更新研究方法、引领思考方向等方面，中国教育学研究领域取得了可观成绩。已有的教育学理论研究与探索，作为中国话语体系的一部分，已具备了足够丰富的复杂性、开放性与未完成性，成为价值重估的对象。

与此同时，需要重点讨论的是，在中外、古今的视域交融之中，中国教育学提出原创观念、概念、方法的可能性。这涉及一系列基本问题：其一，何谓中国教育学原创？具体表现形态是什么？其二，原创需要什么样的文本依据、学理依据、实践依据？其三，教育学意义上的中国原创面临何种难度与限度？其四，中国教育学原创何以可能，以及达成原创共识的基础是什么？例如，在"中国教育学"原创的内核与表现形态上，存在概念原创、观点原创、视角原创等多个维度。它们既可能是从熟悉的教育问题、教育现象中窥见新意，更可能是面向新问题、新现象生成只有中国才可能生成的概念、阐释和论述。又如，在"中国教育学"原创何以可能及其共识基础的意义上，除了要有文化传统基础与现实基础、理论基础与实践基础等之外，还需要以多元互动作为基础。这包括作为学术共同体的中国教育学学派与国家、社会、时代的互动；中国教育学研究范式对当代中国学术发展成果的汲取和借鉴；中国教育学核心人物与学界内部成员的相互砥砺和影响；学术争鸣、学术批评与学派建设；等等。

就自我解释与他者认同而言，要义在于如何把自身理解和表达的中国特色，变成世界各国也理解、认同甚至借鉴的中国特色。改革开放以来的中国教育学研究，基于原有的学术文化传统和当代教育实践变革成果，在形成丰富研究成果的同时，也逐渐开始注重中国特色、中国个性、中国风格和中国话语的凝练与表达。如何把中国话语变成世界话语，是中国教育学不能不面对的重大挑战。

四、在与世界的对话和转化中走向世界

始终处在中国改革开放大潮中的"中国教育学"，从来不只是"在中国"的教育学，也是"在世界"的教育学。原因很简单，所有的"开放"，都是面向世界的开放。当然，这种开放，遵循的是"不忘本来、吸收外来、面向未来"的要求和原则，是"本来""外来"与"未来"的交互生成。

在此要求和背景之下，未来的中国教育学将在如下几个方面持续提升。

一是接轨度。与世界教育学接轨，是中国教育学的初始性开放目标。接轨之"接"，含有接入、接转、接续之意，它们暗含了一种层层递进的关系。先是通过接入，在学习、理解和研磨中，进入教育学国际话语体系之门；随后再进行接转，实现基于本土研究与实践的创造性转化或转化性创造；以此为基础，得以达成接续——以"中国话语"的内容与方式，产生对教育学西方话语的延续、延伸和再造，即冯友兰所言的"接着说"。接轨之"轨"，是教育学世界中的主流性、前沿性西方话语，包括概念、主张、方法等。由此观之，当今的中国教育学，已经完成了接入的使命，开启了接转的历程，未来的中国教育学将深度进入接续阶段。

二是贡献度。能否以及在多大程度上接转和接续，取决于"中国教育学"的世界贡献。今日的中国，历经 40 年的改革开放，已经融入了世界，

是世界中的中国，是人类命运共同体中的中国。在成为世界中心的过程中，中国影响力与日俱增，在相当程度上，未来世界的格局取决于中国怎么做、取决于中国格局。这是中国教育学所处的时代格局、时代机遇和时代挑战，它需要不断回应这样的追问。中国教育学要走向世界，是否满足了如下前提性条件：我们的研究成果为世界做出了何种贡献？在世界教育学理论版图、知识版图中的意义与价值在哪里？对此，中国教育学交出什么样的答卷，决定了中国教育学能否真正在世界教育学之林中卓然而立，决定了中国教育学的未来走向，最终决定了世界教育学的发展格局。

三是转化度。转化度是贡献度的源头。这里的转化涉及两个方面。一是历史传统向当代现实的转化。"中国教育学"之"中国"，其根基是中国历史、中国传统和中国文化，它们共同构成了"中国教育学"的本来。将对历史传统的继承，化入丰富多变的当代现实，带着中国特有的历史传统财富和积淀，解决当下特有的中国现实问题，这种转化能力，既是为未来中国教育学发展不忘本来提供根基，也是展现中国教育学直面现实的能力。二是实践向理论的转化。持续40年的中国教育变革实践，是一种丰富且独特的中国实践，这些实践经验，以何种方式、在何种程度上转化为中国理论，是未来中国教育学能否对世界做出理论贡献的关键之所在。

四是参与度。基于接轨度、贡献度和转化度的未来中国教育学，势必会持续生成新的研究成果。自改革开放以来，国际教育界对于中国教育的研究，尤其是中国当代教育发展的研究，在数量和领域上都呈现不断增长的态势。相关国际知名教育学者的中国教育研究成果在国际教育学界产生了愈发重要的影响，如欧美的许美德（Ruth Hayhoe）、彭恩霖（Lynn Paine）、保罗·贝利（Paul Bailey）、骆恩典（Stanley Rosen）、海迪·罗丝（Heidi Ross）、约翰·霍金斯（John Hawkins）、曹诗弟（Stig Thogersen），澳大利亚的安东尼（Anthony Welch）、西蒙·马金森（Simon Marginson），等等。① 此外，若对中国和美国的国际教育研究进行量化研究，同样可以

---

① 李梅，等. 中国教育研究国际影响力的反思与前瞻 [J]. 教育研究，2018（3）：14-21, 36.

看出，美国关于中国教育的论文是持续增加的。① 走向世界和未来的中国教育学，来自异域的国际学者的参与度将会持续提升。如果说之前的 40 年改革开放，国际学者主要参与的是中国教育变革实践及其研讨，那么之后会有更多国际学者参与到"中国教育学"的理论建设之中，展开真正的对话。这种理论对话主要不再是西方学者聆听我们如何解读西方理论，如杜威的理论、赫尔巴特的理论，而是西方学者与中国学者共同就某一个教育学理论问题展开仁者见仁、智者见智的讨论，更可能是西方学者围绕着来自"中国教育学"的某一原创性的中国概念、中国观点或中国主张的世界性大讨论。只有通过这样的参与性对话和讨论，中国教育学才可能愈发被世界认同。由此看来，国际认同与国际参与密不可分。

这是未来以"走向世界"为目标的中国教育学所期待的对话和参与：双向对话和双向参与。这样的对话和参与本身就具有转化性或转化力，即教育学领域的中国话语与世界话语、中国创造与世界创造双向转化，彼此交融共生。这预示着，未来的中国教育学将与世界教育学结成密不可分的"教育学"共同体，创造新的"教育学"世界。它由此成为"人类命运共同体"在教育学领域的独特且不可或缺的表达方式与实现方式。

李政涛，华东师范大学教育学部教授。

---

① 雷文，商丽浩. 中美国际教育研究的交互视域：近十年教育期刊论文分析 [J]. 教育发展研究，2005（8）：64-66.

建构有中国气象的教育哲学

高　伟

　　有中国气象的教育哲学，是指具备立足文化传统、形成理论效力、拥有世界格局等思想品质的教育哲学。现代中国教育哲学走过了一条从学科建构到思想创生、从打造特色到形塑气象、从危机话语到理性自觉的历程。建构有中国气象的教育哲学是创生中国教育思想、中国教育学术研究的智识努力，既是时代发展的大势所趋，也是教育哲学发展的内在要求。建构有中国气象的教育哲学要求学人具有历史意识、问题意识和世界意识。建构有中国气象的教育哲学是一个漫长的历史过程，是教育哲学工作者进行学术研究、思想创生的使命担当与理性自觉。建构有中国气象的教育哲学意味着新的教育方式和生活方式的形成。这不是一个单纯的学术任务，而是社会、文化生态的创新。教育哲学研究者不可无视这一使命，这一使命具有建构精神家园的性质。

　　教育研究如何把握时代精神，如何能对它所处其中的时代有所作为，如何用中国话语讲好中国教育故事，是教育研究者学术研究的价值规准。时代要求教育哲学应有"气象"。"气象"是思想、学术的品格，即思想要有格局、有气度、有气派。中国气象是指有中国元素、中国味道和世界格局的思想要求。有中国气象的教育哲学是指中国教育思想、中国教育学术研究的格局、气度与气派。有中国气象的教育哲学，既是时代发展的大势所趋

（取于势），也是教育哲学发展的内在要求（合于道）。建构有中国气象的教育哲学，意味着创生中国教育思想、中国教育学术研究的智识努力。

一、有中国气象的教育哲学的意蕴

教育哲学一般来说有两个基本的研究范式和表达方式：一是以纯粹理性的方式建构超越于文化之上的教育哲学，此种教育哲学是作为形而上学的教育哲学；二是以实践理性的方式建构基于文化、历史、传统的教育哲学，此种教育哲学是作为问题哲学和实践哲学的教育哲学。无论是作为形而上学还是作为问题哲学的教育哲学，其建构都应体现出中国文化的底蕴、格局与抱负。唯当教育哲学同时具备基于中国文化传统、具有理论效力、拥有世界格局等品质时，方可称为有中国气象的教育哲学。

（一）立足文化传统

有中国气象的教育哲学不可脱离中国传统文化这一根基或源泉。这也是有中国气象的教育哲学最为主要的特征。中华文明延续着国家和民族的精神血脉，形成了独特的中国理想、中国操守与中国抱负，既为中国现代化发展积累了厚重的思想资源，同时也需要我们不断返本开新，在创新中发展。如何看待传统，如何处理传统与现代的关系，在某种意义上构成了中国文化发展的主线。中国思想、学术发展之命脉，唯系于此，近代之后，尤为甚焉。一般来说，文化对于教育的基本价值主要表现在以下几个方面。

其一，文化塑造了某种独特的价值观，而这种价值观构成了民众独特的文化心理基础，也是教育价值的基础、力量源泉。价值观总是存在于一定的文化之中。文化所形成的价值观是社会发展（包括教育）的底色。价值观的重要性在于它规范、引领了社会行动，塑造了民众解释世界的意义框架，提供了意义行为的辩护理由，同时也是凝聚社会认同的重要纽带。文化在某种意义上就已经是一种教化的力量。对教育来说，文化可能是使其失序的动因，也可能是形成秩序的动因，既可能是一种历史的影响，也可能是一种在场的制约，但无论如何教育都不能脱离这一因素而进行任何意义的现代化。任何教育的现代化都意味着文化的现代化，即价值的重估。反之，对文化来说，教育既可以保存文化，也可以摧毁文化，但文化的自我保存可能恰恰就处于教育的不断重组与变革之中。教育如欲在现代化中重塑文化认同，就必须建立在文化传统的根基之上。

其二，传统与现代的激荡构成了教育发展的基本脉络，这也是教育价值选择的主题。每一个民族–国家都面临现代化的问题，特别在中国由来以久的"中西之争"的历史背景下，如何看待现代化、如何进行现代化这一极具思想性的问题尤为突出。对中国以及中国教育来说，当下最核心的任务仍然是重建文化。教育究竟如何担当重建文化这一历史使命，能够起到什么作用以及如何起作用，都是大问题，对这些问题的解决非有大智慧不可。因为现代化过程对任何一个民族–国家来说都是不可复制的，并没有一个可以因循的统一模式。人们已经普遍地认识到，西方化并非现代化的唯一样式。教育的文化现代化必须从自身文化出发，再思传统观念与价值的转化，重建中国传统文化价值系统与现代生活的关系，以安顿当下的教育价值选择。

基于传统文化创新的中国教育所面临的一个根本任务是用中国话语讲好现代中国教育故事。这一任务在理念层面上就是用中国的思想、中国的价值观进行教育叙述；在语言策略层面上则是用中国的哲学范畴、中国的语言特点、中国的气蕴进行教育叙述。所谓有中国气象的教育哲学，最重要的一点就是看它有没有文化气象，有没有对中国文化问题的关切。在国家发展层面上，如何对待传统文化是一个关乎未来中国发展道路的战略性问题。而对教育哲学来说，对这一问题的关切则直接关乎教育哲学的立意和格局。

（二）形成理论效力

一种有效力的教育哲学必须有助于教育问题的解决。这就意味着教育哲学必须直面具体的教育问题。教育哲学必须学会正确地提出问题和解决问题。中国教育巨大的体量和层出不穷的问题为中国教育哲学的创新提供了近乎无穷的容量、空间和场域。对思想者来说，这可能是一个最好的时代。思想的效力永远在于解决问题。正像马克思所指出的那样，哲学家们只是用不同的方式解释世界，而问题在于改变世界。真正批判分析的对象不是答案，而是问题。无论是作为体系的教育哲学，还是注重思想、实践策略的实践教育哲学，总得致力于解决问题——有价值的理论问题和实践问题。

以哲学的方式介入教育问题的反思、解释与思想设计是教育哲学的基本任务。当文化与生活发生剧烈的变化，就会对思想本身提出新的要求。而教育哲学的价值就在于创造新的思想以满足不断变化的生活所提出的原则性要求。如果说教育哲学是在不断地追寻教育智慧，那么，教育哲学实际上就是在不断地创造新的智慧。

教育哲学要能生产出有意义的教育思想，就必须直面在特定文化和社会境遇中产生的，并反映特定文化与社会诉求的教育问题。而教育哲学普遍的思想效力，在某种意义上也立足于对这些具体实践问题的解决。

（三）拥有世界格局

一种有思想、有智慧的教育哲学必须要能产生具有普遍影响力的知识/智慧，以参与并影响现代文明的自我修复。现代性问题具有全球的普遍性，这就意味着仅仅产生地方性知识已经不足以解释、解决这些问题。如果中国文化还希图对世界文明做出贡献，那么，在中国这个问题场域发生的所有教育问题，就不能被单纯地认为是中国的教育问题，或者教育的中国问题，这些问题还应该是世界问题，是世界文明格局的有机组成部分。在这一意义上，就有必要把中国作为世界的思想单位，把中国教育作为世界文明的思想单位去看待。

在全球化不断走向深入的今天，具有世界格局已经成为对受教育者的基本要求，同时，拥有世界格局也应该成为对中国教育哲学的基本要求。如果中国教育哲学不能从世界的意义上重思中国教育问题，中国教育将无力为世界文明做出足够的贡献。因此，对中国教育哲学的建构来说，世界格局既是价值诉求，也是一种方法论的要求。

思想的创新说到底是价值的创新，而价值的创新则在于使生活更具有品质和品位。民族-国家能否创造出让人类共享的价值，是其软实力的标志性特征，也是衡量民族-国家软实力高低的尺度。同样，教育哲学对于人类共享价值的发现/发明，或者对发现/发明人类共享价值的方法论创新，是衡量教育哲学是否具有世界意义的尺度。

二、有中国气象的教育哲学的际遇

就教育哲学自身作为一种思想方式，而思想方式不外是对生活方式的反思与建构而言，教育哲学就自有其文化品格。如此，教育哲学就必然表现出其固有的教育思想的文化特征，有其自身发展的思想逻辑与实践逻辑。改革开放以来，中国的社会矛盾发生了日益重大而深刻的变化，建构与中国特色实践相适应的中国特色理论话语体系的任务也愈加迫切。中国传统文化现代化以及中国社会、中国教育问题的独特性为中国气象学术话语体系的创新提供了可能，而讲好中国教育故事，阐释中国教育特色，则为建构有中国气象的学术话语体系提供了可行路径。中国改革开放的历程是深入探索中国特色社会主义道路的过程，也是一个不断探索形塑有中国气象的教育哲学发展之路的过程。中国教育哲学正是在这样艰难曲折的探索中不断地成长与进步的。中国教育发展的独特性，既为新时期建构中国教育哲学提供了前所未有的问题场域，也对当代有中国气象教育哲学的生成提出了新要求。

（一）从学科建构到思想创生

中国教育哲学有着非常悠久的前学科史。中国传统文化，特别是儒家文化本身就是一种教化、政治、伦理的综合体，教育哲学是以一种文化形态、思想形态存在着的。直到近代面临哲学与科学的紧张关系以及文化碰撞的巨大压力，教育哲学的学科化才成为教育哲学发展的主流问题。20世纪初的中国教育哲学一般是以某一特定的教育哲学流派为基础进行建构的，是课程建设和教材编写的初创期。出于研究新的教育问题的需要，以及教育学科在分化的基础上进行新的综合的需要①，20世纪80年代中国教育哲学得以重建。80年代之后的中国教育哲学进一步深化了对教育哲学学科性质的认识，教育哲学的建构也逐渐从教材编写发展到对专题问题的研究。对教育哲学重大问题，诸如教育本质、教育价值、教育知识等的研究与讨论极大地拓展了教育哲学研究的深度和广度。21世纪以来，中国教育哲学立足于中国社会矛盾变革，在响应新时代的呼唤这一基本共识引领下，理性地思考社会转型和社会秩序等重大社会问题，植入性的学科建构已经逐步发展为生成性的思想探究。

　　哲学是对其所处时代的理性把握，历史则是一个合乎理性发展的进程。② 黑格尔将这一思想表述为历史与逻辑的统一。从逻辑学的角度看，中国教育哲学经历了中国的教育哲学、中国化的教育哲学以及中国教育哲学正、反、合的逻辑演进过程；从发生学的角度看，中国教育哲学走过了一条简单复制、本土化、创造中国特色教育哲学的艰难而曲折的百年历程，而这一历史过程也体现了教育哲学发展的思想逻辑。"教育学中国化"这一主题一直贯穿于中国教育哲学的发展过程。这一努力既是对建构中国教育哲学的理性认识，也包含着文化认同甚至学术尊严。中国教育哲学从非学科化到体系化再到注重思想创生，既是一种事实判断，也是一种价值诉求。在事实层面上，作为一个后发外生型的现代化国家，中国的教育哲学从自我到失去自我再到创生自我，是一个不能超越其历史发展阶段的客观事实，有其历史发展的必然性；在价值诉求层面上，打造中国教育哲学

① 黄济. 教育哲学通论 [M]. 太原：山西教育出版社，1998：309-310.
② 黑格尔. 历史哲学 [M]. 王造时，译. 北京：生活·读书·新知三联书店，1956：48.

一直是中国学人持久而坚定的信念。道理几乎是自明的，解决中国教育问题必须要有中国自己的教育哲学。而中国自己的教育哲学，不可被单单理解为在科学规范引领下的教育哲学，亦不可被单单理解为中国人自己的教育哲学。中国自己的教育哲学即具有中国气象的教育哲学。这是对中国教育哲学思想品格的要求。

一般来说，近代以后的中国教育哲学一直面临着两个紧迫任务：一是科学化，二是人文化。这两个方面既相互关联，又各有侧重。但无论是教育哲学的科学化，还是教育哲学的人文化，中国教育哲学的问题说到底都是如何走向规范的问题。中国教育哲学一方面与中国教育学学科建设相呼应，按照知识和学科的逻辑进行现代化建构；另一方面也坚持着自身的思想逻辑，不断提升思想品质。

（二）从打造特色到形塑气象

一般来说，建构有中国特色的教育哲学主要是从四个方面展开的：自觉从丰厚的传统文化中获取营养；积极开展具有首创精神的教育实践；全面而准确地反映教育的时代精神；以批判的目光和思想方法学习、借鉴西方教育学话语体系。①

中国特色教育学的智识努力在于提出能够体现中国立场、中国智慧、中国价值的教育理念、教育主张和教育方案，构建具有自身文化特性的学科体系、学术体系和话语体系。中国教育哲学从初创时期的译介移植，不断与中国具体实践相结合，从而创造有中国问题意识、有中国教育问题意识的教育哲学。有中国气象的教育哲学，既意味着具有中国特色，即有中国元素、中国价值、中国实践意蕴的教育哲学，也意味着具有普遍价值，即在价值论、方法论、实践论上有普遍价值的教育哲学。

---

① 刘旭东. 我国教育学话语体系的反思与重构 [J]. 中国教育学刊，2016（7）：12-16，100.

(三) 从危机话语到理性自觉

教育关乎民生国运。历史地看，中国特色教育哲学的建构与人们对于中国命运的忧患意识、危机意识具有高度的自相关性，正是这种危机意识形塑了中国学人的生命情怀、历史使命感与责任担当。虽然危机话语在某种意义上形塑了中国教育哲学的特色话语，但很显然，中国教育哲学的建构仅仅有这样一种危机意识还远远不够，还需要有对文化、历史发展的理性自觉。这种理性的自觉，就是对中国与世界，说到底是对中国文明与世界文明关系认识的自觉。

有中国气象的教育哲学所追求的是以教育智慧解决教育的中国问题、中国教育的世界问题。它在价值论上着眼于人类命运共同体意识，致力于从共同利益、可持续发展和全球治理的大格局考量中国教育智慧的世界价值；在方法论上则坚持交流与对话，尊重文化多样性，吸纳、包容各种教育理论，形成具有更高解释力的思想框架。

中国教育哲学真正需要直面的不仅是如何进行科学的学科建构的问题，更重要的是思考中国教育卷入全球化的逻辑以及中国教育如何在全球化时代有所作为的问题。中国教育的张力主要不再是东西文化交汇中的冲突与碰撞，而是全球化时代人类可持续发展的核心关切，而科学与价值、传统与现代、民族与世界构成了这一核心关切的基本主题。当今世界矛盾错综复杂，我们不得不学着从全球角度思考人类现状，从全球社群思考教育问题，像联合国教科文组织所倡导的那样，以尊重生命和人类尊严、权利平等、社会正义、文化多样性、国际团结和为创造可持续发展的未来承担共同责任为基础。超越单纯的二元对立，以更成熟的理性理解人类的处境以及全球化与地方化之间的相互促进关系。

三、有中国气象的教育哲学的意识与创造

教育哲学的基本任务是审慎地辨析思想，提出、框定有意义的思想问

题。有中国气象的教育哲学的建构过程，事实上也是教育哲学重构话语体系、践行社会科学创新的过程。建构有中国气象的教育哲学要求学人具有历史意识、问题意识和世界意识。

（一）历史意识

"世界历史在一般上说来，便是'精神'在时间里发展。"① 在黑格尔那里，历史是自由意识的发展过程，因而历史也就是理性本身。黑格尔的历史哲学至少揭示了历史并非时间，历史意识也并非时间意识，而是对意识的意识，即历史有其意义。有意义的历史才是所谓的传统。因此传统并未过去，它对于当下有其意义，而历史意识则是对传统进行再创造以走向未来。伽达默尔指出："支配我们对某个文本理解的那种意义预期，并不是一种主观性的活动，而是由那种把我们与流传物联系在一起的共同性所规定的。但这种共同性是在我们与流传物的关系中、在经常不断的教化过程中被把握的。这种共同性并不只是我们已经总是有的前提条件，而是我们自己把它生产出来，因为我们理解、参与流传物进程，并因而继续规定流传物进程。"② 这一对传统的意义重置在中国历史上表现为"古今"问题。过去是时间形态，传统与现代、古与今则是历史形态。作为时间形态的"过去"是一个知识论的问题（如历史学的研究），而作为历史形态的"古今"则是一个存在论问题（如历史哲学的研究）。司马迁所谓的"通古今之变"说到底也就是重塑历史事实对当下生活的存在论意义。因此，所谓"通变"也就是对文化和历史的真正觉解。这才是真正有大格局的学术研究和思想创造。

历史意识作为对意识的意识本身就包含着批判反思的意味。康德把文化看成属人的内在本质，人是现实历史"创造的最终目的"，而历史就是

---

① 黑格尔. 历史哲学 [M]. 王造时，译. 北京：生活·读书·新知三联书店，1956：114.
② 伽达默尔. 真理与方法：哲学诠释学的基本特征：上卷 [M]. 洪汉鼎，译. 上海：上海译文出版社，1999：376.

人不断获得其本质的过程，文化就是这一发展过程的样态。康德认为：
"在一个有理性的存在者里面，产生一种达到任何自行抉择的目的的能力，
从而也就是产生一种使一个存在者自由地抉择其目的之能力的就是文
化。"① 康德的历史哲学深刻地揭示了人的本质在历史、文化中的参与与展
开。由此，历史与传统也就必须被理解为人的自觉创造，从而文化现代
化、教育现代化也就必须是一个自觉的、有意识的创造过程。历史意识绝
非某种回到历史的意识。中国传统教育哲学并不是思想教育哲学的原则，
或者教育哲学的思想原则。衡量中国传统教育哲学价值，衡量中国教育哲
学价值的根本尺度在于它能否满足现代生活的需要，能否在现代创造有意
义的生活价值和生活方式。因此，中国教育哲学研究者的任务就是重新解
释、重新安置、重新诠释古典教育智慧，以期使它在今天焕发出新的生命
力。这一任务只能通过创造性转化来完成。林毓生指出，创造性转化是一
个相当繁复的观念，它不仅意味着创新、创造过去没有的东西，也意味着
精密与深刻地理解西方文化与东方文化传统，在深刻相互理解的过程中产
生与传统辩证的连续性，在连续性中产生转化，在转化中产生创造。② 而
创造性转化的具体路径、策略则包括：使用多元的思考模式，将一些中国
传统中的符号、思想、价值与行为模式选择出来，加以重组或改造（有的
重组以后需加改造，有的只需重组，有的不必重组而需彻底改造），使经
过重组改造的符号、思想、价值与行为模式，变成有利于革新的资源；同
时，使得这些（经过重组或改造后的）质素（或成分），在革新的过程中，
因为能够进一步落实而获得新的认同。③ 中国传统教育哲学的创造性转化，
既是一个思想问题，也是一个策略问题，更是一个行动问题，是在价值
论、方法论和实践论层面所进行的综合的、整体的创造性转化。

---

① 康德. 判断力批判：下卷 [M]. 韦卓民，译. 北京：商务印书馆，1985：95.
② 林毓生. 中国传统的创造性转化 [M]. 北京：生活·读书·新知三联书店，1994：63-64.
③ 林毓生. 创造性转化的再思与再认 [M] //王元化. 学术集林：卷六. 上海：上海远东出版
社，1995：196-197.

（二）问题意识

问题意识是学术进步的根本动力。事实上，教育哲学史在某种意义上就是一部"问题史"。教育哲学的每一次创新与发展都建立在对社会生活重要、重大的理论与现实问题的深入思考的基础上。问题是"看"出来的，不是摆在那儿的。看出来问题、看出来什么问题依赖于观察者审视问题的视野和格局，也标示着人们对此一时代的认识与把握所能达到的深度与高度。学术研究要提出、分析、解决一个"真问题"自不待言，而对于当下那些最急迫的问题的提出、分析和解决则要求研究者具有敏锐性与胸襟，即"大局意识"。中国教育的"大样本"为中国教育哲学的思想设计提供了足够宏大的叙事空间，这就需要教育哲学以宏大的理论抱负，立足于时代，基于现实和理想的关切，以反思和批判的态度，积极介入时代和生活。

中国问题意识是对中国问题的理性把握和责任担当。教育哲学发展在"中国问题意识"这一主线的引领之下所关切的主要问题在于三个方面：一是文化传统的现代性审视；二是全球化视野中的人类命运和教育价值；三是教育实践的价值取向。

新时代中国社会的基本矛盾已经发生了深刻的变化，中国社会的教育矛盾也随之发生了深刻的变化。对中国教育哲学来说，最紧要的问题意识就是深切把握时代精神，从价值论和实践论两个维度，切入对中国教育问题的反思，总结中国教育经验，构建中国教育思想框架，把中国的教育问题放置在教育的中国问题层面去考量，这既是教育的科学性所要求的，也是教育的时代性所要求的，是研究者应该具备的价值观念和思维规范。"什么成为研究的对象，这种研究在多大程度上延伸到因果联系的无限性之中，这是由支配着研究者和他的时代的价值理念决定的；在如何进行研究，在研究的方法上，指导性的'观点'虽然——如我们还会看到的那样——对于形成他所使用的概念性辅助手段是决定性的，但不言而喻，在使用它们的方式上，研究者在这里和其他地方一样受到我们的思维规范的制约。因为科学真理仅仅是对于所有想获得真理的人都要有效的东西。"①教育实践有其自身独特的逻辑。中国教育、中国教育改革也有其独特的逻辑。正是由于这一独特的实践逻辑，在千差万别的教育实践现象背后形成了中国教育改革一致性的实践风格，形塑了研究者的问题意识。

（三）世界意识

民族意识与世界意识、世界意识与本土情怀的矛盾和纠缠，是百年中国教育学发展的基本特征和文化境遇。自近代以来，中国教育学的发展就一直与民族意识的觉醒有着密切的关联，民族意识的觉醒又与世界意识的开放辩证相生。而中国教育哲学所面临的一个巨大挑战就是如何走向世界的问题。中国教育哲学对当代世界发展做出重要贡献，是有中国气象的教育哲学的题中应有之义。为此，中国教育哲学工作者就需要培养世界眼光和国际视野，提炼具有中国文化特征的标志性概念，形成具有世界意义的新观念，为现代教育问题的解决提供中国方案。中国教育哲学研究工作者应该有这种大气魄、大胸怀。

教育哲学既具有在地性/特殊性，又具有世界性/普遍性。形而上学所讨论的那些教育问题之所以被认为是普遍的、永恒的，在某种意义上正是因为这些普遍、永恒的问题实实在在地于特殊的文化境遇中发生着。换句话说，正是因为它们是特殊的，它们才成为普遍的。中国教育哲学是解释、解决中国教育思想问题的思想方案。这一方案建基于具体的时代脉络之中而具有特殊性，但中国教育哲学如果能为世界文明做出贡献，为现代性教育问题的解决提供行之有效的东方方案，就需要融入人类命运共同体，提供可供其他文明类型参考、借鉴的教育价值体系和教育知识系统。唯其如此，特殊的中国教育哲学才具有世界性，才可称得上是走向世界的中国教育哲学。

---

① 韦伯. 社会科学方法论 [M]. 李秋零，田薇，译. 北京：中国人民大学出版社，1999：23.

建构有中国气象的教育哲学从根本上讲是一个思想创造的伟大工程，是一个在价值论、方法论和实践论等层面不断确立价值立场、重构问题意识、回归教育实践的系统创造的思想工程。思想创造不仅是时代赋予中国教育哲学的根本任务，也是现代文明对中国教育哲学提出的根本要求。中国道路、中国教育、中国教育理论的独特性需要在教育哲学的原创性中展现出来，而教育哲学的原创就需要形成自己的新观念、新范畴、新表述。因此中国教育哲学主要不是一个"学"的问题，即学科的问题，而是一个如何"思"的问题；主要不是一个文本的问题，而是如何行动和实践的问题。区分教育哲学的学科界限和教育哲学家的学术身份的，是教育哲学和教育哲学家应该做什么、能做什么和做出了什么；而对有中国气象的教育哲学来说，其根本在于它能否以"思"的方式、以创造的方式，在人类命运共同体中，以持续活泼的思想创造，切入它所居于其中的时代与生活。教育哲学家的思想格局、精神抱负和行动方式，决定了其教育哲学所能达到的高度，而一旦这种格局、抱负和行动方式成为一种可公度性的文化理念、知识和生活方式，中国教育哲学的气象就不仅是一种理性的自觉，也是一种自然的生产。当然，建构有中国气象的教育哲学仅仅有"意识"还是不够的，必须把它视为一个历史的过程。无论是学科建构还是思想创生，都意味着新的教育方式和生活方式的形成。这不是一个单纯的学术任务，而是社会、文化生态的创新。教育哲学研究者不可无视这一使命，因为这一使命具有建构精神家园的性质。

─── **作者简介** ───

高伟，江苏师范大学教育科学学院（教师教育学院）教授。

强化理论自觉与实践创新，引领中国特色教育学科新发展

刘贵华　张海军

党的十八大以来我国教育学科发展坚持质量导向，不断强化理论自觉与实践创新，取得了显著成就。教育学科发展趋势和特点主要表现为：学科话语体系更加注重本土化表达，教育研究选题更加关注社会实践，研究方法更加强调科学性和规范性，研究创新更加注重基础性和协同性，研究成果更加重视转化应用。新时代，以中国特色、世界水平为目标，以习近平总书记关于教育的重要论述和全国教育大会精神为指引，教育学科发展呈现出更加强调规范性、更加注重发展性、更加凸显实践性和更加坚持开放性的特点。教育科研将通过坚持马克思主义指导、聚焦教育发展真问题、倡导协同创新、完善方法体系、改革评价体制等系统回应教育学科发展新要求，在推进中国特色教育学科建设中，为我国教育现代化和教育强国建设提供坚实的理论保障。

教育科学①是哲学社会科学的重要组成部分，是推动我国教育事业健康发展的重要理论保障。改革开放 40 年来，我国教育学科已经由一门教育学发展出一群分支学科、交叉学科、新兴学科，教育研究蓬勃发展，研究成果

---

① 本研究主要是从全国教育科学规划工作的角度对学科进行分类。在学科规划中，"教育学科""教育科学"和"教育研究"通常指的是以教育课题研究的方式取得的教育学科知识进展，故本文在此意义上不再对三者进行区分。

层出不穷，百花齐放，群芳争艳。① 习近平总书记在 2016 年 5 月全国哲学社会科学工作座谈会上指出，要高度重视哲学社会科学，加快构建中国特色哲学社会科学。深入研究改革开放以来，特别是党的十八大以来教育学科发展情况，总结学科发展的成就与经验，分析学科发展的新动态和新进展，既是加快推进中国特色教育学科体系、学术体系、话语体系构建的题中之义，也是推动哲学社会科学繁荣发展的重要举措。基于此，本文将以全国教育科学规划立项课题为切入点，着重对十八大以来教育学科进展情况进行分析与总结，在此基础上对新时代教育学科发展进行展望与描绘。

一、坚持质量导向背景下的教育学科发展新成就

改革开放以来特别是党的十八大以来，我国教育发展取得辉煌成就，中国特色社会主义教育自信不断增强。作为教育事业的重要组成部分，教育学科获得前所未有的发展机遇和环境，国家重视程度和支持力度的不断加大、教育理论的持续创新和教育实践的稳步推进等促进了教育学科知识的深化与发展，具有中国特色的教育学科体系建设取得显著成效。同时，在与国外学界交流的过程中，源于中国实践的学术研究和理论体系不断被介绍与阐释，中国教育学科的学术地位不断提升，话语权不断增强，国际影响力越来越大。

（一）强化质量导向，提升教育科学研究水平

全国教育科学规划课题是教育科研的重要载体，突出反映了时代发展与社会实践中的教育热点难点问题，集中体现了理论研究的最新进展，是反映教育学科发展状况的重要指标。改革开放以来特别是党的十八大以来，全国教育科学规划领导小组办公室（以下简称全规办）在坚持"为人

---

① 顾明远. 再论教育本质和教育价值观：纪念改革开放 40 周年 [J]. 教育研究，2018 (5)：4-8.

民服务、为社会主义服务"方向和全面贯彻"百花齐放、百家争鸣"方针过程中，进一步强化质量导向，以培育精品力作和涵养人才队伍为目标，通过严把课题立项结项关、加大单项课题资助强度等举措促进课题研究质量提升。

首先，立项课题总量减少，质量提高。在总量上，2011—2015 年立项课题的总数为 2827 项，比 2006—2010 年的 2851 项略有下降；在年度趋势上，与"十一五"期间课题立项数量逐年增加不同，2011—2015 年年度立项数量保持相对稳定；从立项比例来看，项目竞争性越来越强，2011—2015 年课题立项比例为 8.56%，比 2006—2010 年的 9.79% 降低了 1.23 个百分点。

其次，不断加强课题资助力度和强度。"十二五"期间，课题经费投入总额由"十一五"期间的 7540 万元增长到 19700 万元，年平均增长率为 21.18%；国家社科基金教育学课题资助强度显著提高，一般项目和青年项目资助额度均有所增长。

最后，研究成果总体质量不断提升。"十二五"期间全国教育科学规划课题共产出论文 1 万多篇、著作 800 多部，比"十一五"期间分别增长了 35% 和 37%。在科研产出数量稳步增长的同时，也产出了以第五届全国教育科学研究优秀成果奖获奖成果为代表的一大批学术价值厚重、社会影响广泛的精品力作。

（二）十八大以来教育学科发展取得的新成就

学科，是人类为了便于认识世界而制度化地建构起来的知识分类体系及其规范。一般来讲，学科的发展主要有学科理论体系的深化和拓展以及学科社会生态功能的增强，前者表现为新课题、新知识、新队伍的不断涌现和新方法、新技术在研究中的广泛应用；后者主要表现为学科产生了新的社会生态功能或拓展了原有的社会生态功能。[1] 总结改革开放以来特别

---

① 刘贵华. 泛"学科"论 [J]. 现代大学教育，2002（2）：75-79.

是党的十八大以来教育学科发展，既要对不断深化的学科知识体系进行概括提炼，梳理研究中出现的新理论、新方法和新材料，也要对教育及教育科研在经济社会发展中的功能进行再认识、再思考，彰显学科发展的时代特征。

1. 事关教育改革发展的理论研究更加深入

　　教育科研关注学科发展根本性问题，在加强对学科基本概念和基本范畴进行反思的同时，更加注重理论建构与创新，具有中国特色的本土化教育理论研究取得重大进展，中国教育学科理论话语体系更加丰富完善，教育学科学术地位不断提升，话语权不断增强。围绕立德树人育人目标，研究强调要把社会主义核心价值观融入教书育人全过程，要进教材、进课堂、进学生头脑[1]，要全面深化课程教学改革，为立德树人有效落地提供理论指导[2]；围绕学生发展核心素养，研究构建了包含三大领域、六种素养和 18 个基本要点的总体框架，助力立德树人根本任务的落实和提升我国 21 世纪人才核心竞争力[3]；围绕教育发展方式，研究强调要素结构的变化是转变教育发展方式的深层机理，教育结构优化、学生培养模式改善、队伍素质提高、教育研究支持、管理方式创新是我国教育发展方式升级转型的重要内容[4]；围绕义务教育均衡发展，研究指出政府承担着义不容辞的责任，关键是实行省级统筹，让省级政府成为义务教育均衡发展最主要的财政责任承担者，重点是要确保义务教育阶段教师工资福利待遇不断提高[5]。

2. 围绕教育发展主要矛盾的战略性研究成效显著

　　为全面贯彻落实《国家中长期教育改革和发展规划纲要（2010—2020

---

[1]　吴潜涛. 围绕立德树人培育和弘扬社会主义核心价值观［N］. 中国教育报，2014-03-17（1）.

[2]　田慧生. 落实立德树人根本任务　全面深化课程教学改革［J］. 课程·教材·教法，2015（1）：3-8.

[3]　林崇德. 构建中国化的学生发展核心素养［J］. 北京师范大学学报（社会科学版），2017（1）：66-73.

[4]　详见褚宏启主持的全国教育科学"十二五"规划国家重点课题"以科学发展为主题转变教育发展方式研究"（课题批准号：AFA110001）研究报告。

[5]　范先佐，郭清扬，付卫东. 义务教育均衡发展与省级统筹［J］. 教育研究，2015（2）：67-74.

年）》，引领和推动教育事业科学发展，教育科研不断强化决策服务功能，围绕我国教育改革和发展的战略目标开展系列研究，为办好人民满意教育、建设教育强国做出重要贡献，实现了理论与时代的契合、理论与社会的互动。围绕教育现代化，研究在评价指标体系、推进路径、动态监测、政策调适等方面取得重大进展，凝练出简略、敏感、覆盖力强的核心指标，并通过对部分教育现代化示范区建设现状的考察，指出推进教育现代化面临的主要难题及对策建议，推动中国教育内涵式发展①；围绕学习型社会建设，在对其内涵进行界定和对七省市城乡居民学习现状及影响因素进行调查的基础上，构建了由社会学习投入、学习过程和学习产出等 3 项一级指标、11 项二级指标和 35 项三级指标组成的学习型社会指标体系②；围绕人力资源强国建设，研究在评价指标体系、评估监测以及实践路径等方面取得重要进展，基于第六次全国人口普查和国际人力资源评价最新数据形成的《2015 年人力资源强国竞争力评价报告》，得出中国正在跨越门槛进入人力资源强国行列等重要结论③。

3. 指向教育教学方式变革的实践性研究切实有效

在强调理论与实践融合共进的基础上，教育科研更加关注教育教学实践中的热点难点问题，充分发挥指导、引领实践的功能，为深化教育教学改革和教育质量提升做出重要贡献，在实践中发现研究的课题，在理论中寻找实践发展的策略，理论与实践在相互融合滋养的过程中实现双赢。随着新一轮基础教育课程改革的推进及相关研究的深化，课堂教学理念不断更新，出现了生成教学论、生态课堂、学本课堂、翻转课堂等新的理论和模式，深刻影响着教学实践。以生态课堂和翻转课堂为例，基于对机械论范式课堂的批判反思，生态课堂注重内在联系、强调整体关联、倡导动态

---

① 详见杨小微主持的全国教育科学"十二五"规划国家重点课题"教育现代化评价指标体系及推进路径研究"（课题批准号：AFA130001）研究报告。

② 详见张力主持的全国教育科学"十二五"规划国家重点课题"基本建成学习型社会的指标体系和实践途径研究"（课题批准号：AGA110007）研究报告。

③ 国家教育发展研究中心专题调研组. 跨越门槛：进入人力资源强国行列：2015 年人力资源强国竞争力评价报告 [J]. 国家教育行政学院学报，2016（3）：3-8.

生成、推崇多元开放，强调要通过营造良好课堂文化环境、树立正确课堂评价观、创新课堂教学组织形式、提高教师课堂调控能力等推进生态课堂建设①；以先学后教为主要特征的翻转课堂教学模式，强调基于数据分析的即时走班、课下先学基础上的课时调整、促进发展的考试制度改革，在尝试克服碎片化学习弊端的同时，保障和强化学生在线学习的效果。②

4. 把握和引导舆论的应用性研究作用凸显

作为体现民意的"风向标""晴雨表"，社会舆论越来越成为影响改革成败的重要因素。随着社会信息化进程的加速，互联网等新媒体的普及，原本处于内隐状态的教育舆情逐渐外显，成为教育政策博弈的力量。③ 教育科研不断强化舆论引导功能，通过规范、严谨的学术研究，引导人们关注改革焦点话题，对相关问题形成正确认识，增进对教育改革的认同，提升对教育科研重要性的认识。高考改革、全国教育满意度调查是这一类研究中的典型代表。教育部在 2014 年《关于深化考试招生制度改革的实施意见》发布前后积极组织开展舆情研究，强化舆情研判与预警机制，大幅度提升了社会大众和媒体的认可度，从而对确保改革方案的平稳落地和有序传播发挥了积极作用。④ 中国教育科学研究院自 2013 年陆续开展全国教育满意度调查，2015 年对 31 个省份近 8 万人进行的基础教育阶段满意度调查显示，学生和家长对当前的教育工作比较满意。⑤

5. 破解重大教育难题的协同性攻关性研究实现突破

步入深水区的教育改革面临的形势更加复杂，许多问题需要社会各部门协同推进、共同解决，教育科研亦是如此。协同攻关逐渐成为教育科研

---

① 岳伟，刘贵华.走向生态课堂：论课堂的整体性变革［J］.教育研究，2014（8）：99-106，134.

② 陈玉琨.中小学慕课与翻转课堂教学模式研究［J］.课程·教材·教法，2014（10）：10-17，33.

③ 刘惠.我国"异地高考"问题的网络舆情分析：基于五大综合类门户网站的研究［J］.上海教育科研，2014（3）：10-14.

④ 冯成火，王东，黄梓馨.高考舆情应对与危机管理研究［J］.中国高教研究，2015（6）：22-25.

⑤ 中国教育科学研究院.全国基础教育满意度调查报告显示：教育满意度"东高西低"［N］.中国教育报，2015-11-24（5）.

的重要范式。协同攻关产生的研究结论不仅大大提高了研究创新的可能性，更重要的是，这一研究范式将有利于推动我国教育科研范式的多元化发展。分析发现，课题组由来自不同地区、不同单位、不同学科的研究人员组成，这一现象在教育科学规划课题研究中越来越普遍，历年全国教育科学规划重大、重点招标课题更是如此。以"中小学理科教材国际比较研究"课题为例，该研究汇集了我国 6 所部属师范大学 150 多名学科专家、500 多名科研人员协同攻关，对 3 个学段、6 门学科、10 个国家的中小学理科教材，从广度和深度两个维度，就静态的难易程度进行了大规模国际比较，得出我国中小学理科教材难度处于国际中等水平，学生课业负担过重是教不得法、课后加码所致的结论。[①]

二、强化理论自觉下的教育学科发展新转向

改革开放以来特别是党的十八大以来，教育科研不断强化问题意识，在充分发挥创新理论、服务决策、指导实践和引导舆论等功能的教育实践中，促进了中国特色教育学科体系的构建与完善。教育学科的不断完善，是适应经济社会发展的时代需要，是回应学科合法性危机的理论需要，是促进我国教育事业持续繁荣发展的实践需要。教育科研的变革与创新是推动教育学科知识不断深化的关键因素。我们通过对全国教育科学规划课题的选题、内容、方法和成果等的分析，发现教育学科发展的趋势和特点主要包括以下五个方面。

（一）学科话语体系更加重视本土化表达

在中国社会转型实践和党领导人民进行社会建设的实践中，教育研究者越来越意识到简单套用西方的范畴、理念和结论，用西方的概念来裁剪

---

① 详见袁振国主持的全国教育科学"十二五"规划国家重点课题"中小学理科教材国际比较研究"（课题批准号：AHA120008）研究报告。

中国社会的现实，是"削中国实践之足，适西方理论之履"，不加强主体性和反思性建设，一切都还只是在西方的笼子中跳舞。十八大以来，教育学科话语体系更加重视本土化表达，主要表现在以下几个方面。首先，教育学科更加重视理论自觉。立足中国教育现实，教育学科在借鉴西方理论的同时激荡开新，在传承传统文化的同时革故鼎新，在关切当下实践的同时大胆创新，不断深化对教育规律的认识，概括出了科学的、理论联系实际的、开放融通的新概念、新范畴、新表述，如区域教育承载力、"互联网+教育"、新工科教育等。其次，教育学科更加关注本土实践。我国教育改革中的实践问题成为教育科研选题的重要来源。以全国教育科学规划课题为例，在"十二五"立项课题中，理论性、实践性的研究选题比重不断增大，围绕教育公平、高考改革、农村教育等教育事业以及教育理论发展中的关键领域、核心问题开展系列研究，产出了一大批凝聚中国经验和中国智慧的本土化教育理论和实践成果，极大提升了教育学科的理论厚度和实践深度。我们认为，只有理论自觉开出灿烂的花朵，中国教育学科才会结出中国特色的丰硕之果。

（二）教育研究选题更加关注社会实践

时代是思想之母，实践是理论之源。在教育改革实践不断向纵深发展的当代中国，"隔靴搔痒"式的理论研究和"盲人摸象"式的实践探索都已不再适应教育事业的发展，如何在提升学科理论研究科学性和适用性的同时更精准、有效地推进教育改革实践发展，成为困扰教育学科发展的一大难题。十八大以来，在理念层面，教育学科更加重视教育实践，认为从实践中归纳提炼理论才能满足教育学内源式发展的需求[1]，提出以建设和创生的思路来认识教育理论与教育实践的关系[2]，强调教育理论研究要与

---

[1]　杨小微．教育学研究的"实践情结"［J］．教育研究，2011（2）：34-40，46.
[2]　林丹．实践导引：教育基本理论的存在价值［J］．教育研究，2013（2）：41-43.

"实"俱进、与"问题"为伍,为实践而生并在问题中成长[①];在实践层面,以全国教育科学规划课题为代表的教育研究密切关注教育改革实践,着力解决改革实践中的热点、难点问题,京津冀教育协同发展、创新创业教育、信息技术与教育融合等成为研究选题中的热点。立项课题基于不同视角开展了大量研究,不断产出的优秀研究成果引领和推动着实践的发展。在研究和解决实践问题的过程中,教育科研更好地实现社会价值,实现了学科发展和实践推进的良性互动。

(三) 研究方法更加强调科学性与规范性

教育研究方法是决定教育研究质量的关键因素。长期以来,研究方法单一且缺乏规范性制约了我国教育学科的发展。[②] 推动科研范式转型,强调教育研究方法的科学性和规范性,成为教育学科走向科学的必然选择。大力倡导实证研究范式,广泛采用实证研究方法是教育学科发展的重要转向。首先,在研究路径层面,从宏大理论和抽象概念转向对具体问题和微观问题的研究,从追求"大而全"向追求"精而深"转变,越来越注重微观切入;其次,在方法论层面,积极倡导教育研究从经验性、思辨性向实证性研究范式转型,努力培育基于事实和证据开展教育研究的新范式与新文化;最后,在研究方法层面,以调查法、实验法等为代表的实证研究方法被越来越多地应用到全国教育科学规划课题中。以 2015 年为例,在 425 项立项课题的研究设计中,研究方法使用率排在前五位的分别是文献分析法 (70.70%)、问卷调查法 (63.20%)、访谈调查法 (58.84%)、比较分析法 (37.05%) 和个案研究法 (35.11%)。实验法和观察法的使用率也相对较高,分别为 15.98% 和 11.86%。数据分析还显示,在强调实证研究方法的同时,教育科研也越来越注重研究方法的多元化和综合性,混合研

---

① 李云星. 从理论分析到实践创生:教育理论与实践关系的中国经验 [J]. 教育发展研究,2012 (9):15-19.

② 姚计海、王喜雪. 近十年来我国教育研究方法的分析与反思 [J]. 教育研究,2013 (3):20-24,73.

究方法越来越多地被运用到研究中。

（四）研究创新更加注重基础性和协同性

课题研究的本质是创新，新材料、新观点、新方法、新理论都属于课题成果创新的表现形式。[①] 教育科研历来重视创新，但与以往不同，十八大以来教育科研创新表现出新的趋势和特点。首先，更加注重理论创新，强调在适应和推进中国教育实践发展的过程中深化对教育教学规律的认识；其次，学科交叉融合成为创新的重要源泉，新的学科交叉点不断出现，如信息科学与教育、神经科学与教育等，多学科视角、跨学科研究团队、多学科研究方法等在教育研究中被广泛应用，突破了单一学科的局限，为教育科研开拓了新的认知和实践空间；最后，协同攻关成为创新的重要机制，围绕我国教育改革发展中的重大问题，教育科研系统尝试构建以整体协作、协同攻关为主的创新合作机制，以共建共享平台、委托课题等形式，协同开展研究和交流合作，不断提升科研质量和服务教育决策的整体效能。[②] 强调创新，注重原创，教育科研在提升品质的同时不断提高自身服务改革实践的能力。

（五）研究成果更加重视转化应用

促进科研成果转移转化是打通教育理论和教育实践关系的重要环节，是提升教育科研质量的重要途径。长期以来，教育科研目标功利化、成果转化渠道单一化等问题导致教育科研成果转化出现一系列的现实困境。[③] 十八大以来，教育学科更加重视研究成果转化，针对实践中存在的真问题、老问题和新问题，主动承担科学论证、客观评估和业务指导工作，为

① 刘贵华，孟照海. 教育科研课题成果质量的九个问题 [J]. 教育研究，2015（9）：24-33.
② 田慧生. 协同创新 提高质量 为加快推进教育现代化提供智力支持 [J]. 教育研究，2017（3）：9-15.
③ 文少保. 高校教育科研成果向政策转化的路径依赖与制度创新 [J]. 中国高教研究，2013（9）：46-51.

教育发展提供智力支撑；教育科研管理部门更加重视制度建设，不断完善评价与激励机制，同时积极搭建平台、疏通渠道，为教育成果转化提供制度保障。在以应用价值、社会效益等为主要评价指标的第五届全国教育科学研究优秀成果奖评选中，一大批来自实践、服务实践和引领实践的研究成果被评选出来，这些研究成果或转化为"教案"，应用于教学实践，为立德树人服务；或转化为"决策"，为教育事业改革发展提供具有可操作性的政策建议；或转化为"制度"，对教育事业发展起支撑和推动作用；或转化为"舆论"，为教育事业发展营造良好的社会环境。① 教育科研涵盖理论生产和成果转化两个阶段，只有做好从理论生产到成果应用转化的有机衔接，才能构成完整的教育科学理论再生产过程。

三、中国特色世界水平引领新时代教育学科发展

2018 年是改革开放 40 周年和全国教育科学规划领导小组办公室成立 35 周年。40 年的教育改革始于思想解放，源于理论创新，兴于制度变革，理论与实践之间的良性互动推动中国教育发展水平迈入世界中上行列，同时也带来了中国教育科研的大发展、大繁荣和大提高。2018 年 9 月 10 日召开的全国教育大会，吹响了加快推进教育现代化、建设教育强国的奋进号角，教育科研要以习近平新时代中国特色社会主义思想为指导，根据新时代新形势新任务，出"真"思想、找"真"问题、促"真"协同、推"真"创新，加快构建中国特色社会主义教育理论体系，科学探究教育发展规律，推出更多具有中国特色、世界水平，经得起历史和实践检验的优秀科研成果。

（一）教育学科发展新特点

习近平总书记在全国教育大会上强调，新时代新形势，改革开放和社

---

① 陈宝生. 把握时代脉搏和教育规律　促进教育事业科学发展 [J]. 教育研究，2017（1）：4-6.

会主义现代化建设、促进人的全面发展和社会全面进步对教育与学习提出了新的更高的要求。面向未来，以全国教育大会精神为指引，遵循学科发展规律和特点，教育学科将更加注重理论创新，更加注重本土创生，在加快推进中国特色教育学学科体系、学术体系、话语体系和教材体系建设中引领我国教育事业改革发展，为教育现代化和教育强国建设提供坚实的理论保障。

1. 更加强调规范性

首先，更加注重学术伦理和学术规范建设。学术伦理失范败坏公信力，腐蚀学风，阻碍创新，危害巨大。教育学科要坚守学术价值与追求，唤起学术共同体的"羞耻心"和"敬畏之心"，不断推动教育学知识的拓展与增长。其次，研究方法科学、过程规范成为教育科研的基本要求。当前，教育科研过程与方法的不规范性主要表现为研究方法失当、调查研究不足、数据资料陈旧以及引用文献失范。① 强调研究方法的科学性，确保研究方法与研究内容相适切，强调研究过程的规范性，注重研究过程与学术伦理相契合，是新时代教育科研发展需要遵循的基本准则。再次，研究结论需要可重复获得的研究证据支撑成为教育研究者的基本共识，言之有"数"、论之有"据"的实证研究在教育研究中的比例将进一步增大。结论可证伪、证据可重复获得、结论与证据之间的逻辑链条清晰且无矛盾、研究情境可再现是科学性对研究具体约束的必然体现。② 以客观、量化、有定论和可检验为基本特征的实证研究被认为是教育学走向科学的必要途径③，将成为新时代课题研究、学术交流和期刊论文的基本范式。最后，教育研究准入门槛不断提高。以事实和数据为支撑的实证研究提升了教育学科的科学性，教育研究准入门槛较低或几乎没有任何门槛的时代将一去

---

① 刘贵华，孟照海. 教育科研课题成果质量的九个问题 [J]. 教育研究，2015（9）：24-33.
② 杨开城，李向荣，张晓英. 论教育研究的科学性问题 [J]. 清华大学教育研究，2010（10）：66-71.
③ 袁振国. 实证研究是教育学走向科学的必要途径 [J]. 华东师范大学学报（教育科学版），2017（3）：4-17，168.

不复返，学科地位将稳步提升，话语权将不断增强。

2. 更加注重发展性

首先，更加重视学科结构体系建设。遵循学科发展规律和特点，结合实践发展新需求，教育学科将不断调整优化学科结构，突出以教育基本理论为代表的传统优势学科，拓展以课程教学论为代表的实践性、操作性较强的研究领域，补齐以学前教育、农村义务教育为代表的学科发展中的短板，逐步完善适应社会发展、优势学科突出、门类结构科学的教育学科体系。其次，更加重视学科理论体系建设。基本概念和术语体系在教育学的学科同一性形成和教育学的科学化发展过程中具有十分重要的基础与核心作用。① 要对教育学基本概念和核心范畴体系进行修订与重构，将包括学校在内的人类社会生活各个领域的各种教育现象纳入其中，在全面总结教育学基本命题和基本原理的基础上对其进行重建，增强概念与范畴之间的内在逻辑联系，提升对教育现象和教育问题的解释力。最后，鼓励开展跨学科和新兴交叉学科研究。新时代的教育学科将密切关注以神经科学、人工智能等为代表的新兴学科与研究领域的新进展，积极倡导开展跨学科和新兴交叉学科研究，创新性地推动教育学科知识的生产与增长。

3. 更加凸显实践性

首先，学科发展扎根于中国教育实践。坚持扎根中国大地办教育，是我国教育改革发展新理念、新思想、新观点的重要组成内容。新时代的教育学科发展将扎根于我国教育实践的广阔天地，因为只有扎根中国大地，扎根中国教育实践，才能找到中国教育问题的本土化解决方案，才能构建具有中国特色、中国风格和中国气派的教育理论。其次，学科知识增长源于教育实践。实践出真知，当前丰富多彩的教育实践活动为我国教育学科知识增长提供了肥沃土壤。坚持问题导向，关注实践需求，在指导教育实践发展的过程中发现学术研究新的生长点和灵感，促进教育学知识的生产与积累。再次，学科发展是为了更好地服务教育实践。将教育理论应用到

---

① 项贤明. 论教育学的术语和概念体系 [J]. 教育研究, 2018 (2): 43-51.

教育实践中，既是创新教育理论的动力，也是实现教育理论价值的途径。从现实来看，很多成功的教育改革实践都有着比较明确的教育理论根源，教育理论在其中发挥着非常重要的推动作用。① 最后，教育理论与教育实践结合更加紧密。教育科研工作者和一线教师合作开展的研究将越来越多，各种类型的教育实验将如雨后春笋般出现。新时代，密切关注实践，从实践中探寻中国教育问题本土化解决路径的研究方向将更加明确，教育理论与教育实践在互动中共同发展，饱含实践性和原创性的中国特色教育学科将不断发展与完善。

4. 更加坚持开放性

首先，教育学科发展要不忘本来，吸收外来。中国教育学科要有新的发展就必须改变"向外看""从外取""以外为准"的态度。② 在处理古今、中外等关系时，既要坚守主体地位，又要始终保持开放心态，以更高的站位和更广的视野，推动中国教育学理论的原创性发展。其次，要提炼国际社会易于理解和接受的新概念、新范畴、新表述，努力构建中国教育学话语体系。构建具有中国特色、中国风格、中国气派的教育学话语体系，既是中国教育学的内在要求，也是中国教育学走向世界并在世界舞台上发出中国声音的有效途径。③ 教育实践是教育学术话语体系构建的物质基础，丰富的现实生活是教育学术话语体系的支撑。在构建当代教育学术话语体系的过程中，要坚持问题导向，用自己的话语解读当代中国教育实践变革，以批判反思的方式准确揭示教育实践变革的内在逻辑，学习借鉴人类文明成果。④ 再次，学科间的对话与交流将更加频繁和深入。随着国际学术会议、国内研究成果在国外出版和发表的不断增多，国际教育学界有了更多深入了解中国教育和中国教育学科发展的机会与途径，这将有助

---

① 余清臣. 论教育理论的实践化改造［J］. 教育研究，2016（4）：25-31.
② 柳海民，邹红军. 教育学原理：历史性飞跃及其时代价值：纪念改革开放 40 周年［J］. 教育研究，2018（7）：4-14.
③ 冯建军. 构建教育学的中国话语体系［J］. 高等教育研究，2015（8）：1-8.
④ 刘旭东，蒋玲玲. 论中国教育学术话语体系的当代构建［J］. 教育研究，2018（1）：18-25，58.

于加深学科间的国际交流与合作，有助于提升学科对话的广度和深度。同时，由于我国教育问题的复杂性和综合性不断提升，教育学科将与其他人文社会学科、自然学科开展交流与合作，以探寻系统化的解决方案。

新时代呼唤新的教育学科。构建具有中国特色、世界水平的教育学科，需要将中国特色教育学科体系、学术体系、话语体系和教材体系建设作为着力点，不断加强教育学科的特色化建设和创新性发展。学科体系、学术体系、话语体系、教材体系是相互联系的统一整体，学科体系是学术体系和话语体系建构的基础，为学术体系和话语体系的建立与发展提供支撑，其成果体现在教材体系上。构建具有中国特色世界水平的教育学科体系、学术体系、话语体系和教材体系，既要高屋建瓴，也要脚踏实地；既要回归原典，也要关注现实；既要回归本土，也要关注域外。如此，才能真正形成中国教育科学的理论品格和特色。教育学科的中国特色，主要表现在坚持以马克思主义为指导，植根于中华优秀文化和教育传统对教育实践的分外重视；教育学科的世界水平，主要表现在稳步提升的教育科研质量、日趋成熟的学科体系和不断提升的国际影响力。我们应当以贯彻落实全国教育大会精神为契机，系统谋划、全面推进教育学学科体系、学术体系、话语体系和教材体系建设，在不断促进学科理论创新和教育实践发展进程中加快中国特色世界水平的教育学科建设，充分发挥教育学科在我国教育改革发展事业中的引领作用。

（二）教育学科发展对教育科研的新要求

改革开放以来特别是党的十八大以来，教育科研质量稳步提升，教育学科发展取得显著成就，事关教育改革发展的理论研究更加深入，围绕教育发展主要矛盾的战略性研究成效显著，指向教育教学方式变革的实践性研究切实有效，把握和引导舆论的应用性研究作用凸显，破解重大教育难题的协同性攻关性研究实现突破，具有中国特色的教育学科体系建设取得重大进展。但全面分析十八大以来的教育成果可发现，教育科研在发展程度和深度上还存在一些问题和不足，这突出表现在以下五方面：过多依赖国外特别是欧美的理论，理论自觉程度还不够高，具有鲜明中国特色的本土化、原创性研究还相对有限；方法论意识较为欠缺，表现为在多学科研究方法引入过程中缺少创新与整合，研究方法的适切性与研究过程的规范性还有待提升，理论研究空洞化和实证研究碎片化的现象并存；理论与实践缺乏深度互动，制约了理论的实质性突破和实践的根本性变革；学科交叉、融合程度较低，跨学科研究相对匮乏，教育科研还在自己的小圈子里打转，自说自话现象仍较为普遍；跨界的协同创新研究还很少，协同创新模式还停留在初级层面，无法形成有效合力。新时代呼唤新的教育科研。为解决当前教育科研中的问题，更好地发挥教育科研创新理论、指导实践、服务决策和引导舆论的作用，系统回应教育学科发展的新要求，教育科研需在以下四方面重点着力。

1. 坚持以马克思主义理论为指导

"马克思主义始终是我们党和国家的指导思想，是我们认识世界、把握规律、追求真理、改造世界的强大思想武器。"① 十八大以来的实践再次表明，只有用马克思主义的立场、观点和方法指导教育科学，才能把握好中国教育科学发展的方向；只有旗帜鲜明地坚持马克思主义在教育科学中的指导地位，中国的教育科学才会有灵魂、有生命，才能真正有所作为。新时代，教育科研要以马克思主义理论为指导，以习近平关于教育的重要论述和全国教育大会精神为根本，把马克思主义立场、观点和方法贯穿到教育科研工作中去，不断优化选题，不断提升研究的科学性，以产出对理论有发展、对实践有作用的高质量研究成果。

2. 聚焦教育发展中的"真"问题

"问题是创新的起点，也是创新的动力源。只有聆听时代的声音，回应时代的呼唤，认真研究解决重大而紧迫的问题，才能真正把握住历史脉

---

① 习近平. 在纪念马克思诞辰 200 周年大会上的讲话［N］. 人民日报，2018-05-05（2）.

络、找到发展规律，推动理论创新。"① 坚持问题导向，以解决实践中的问题为目标，新时代的教育科研要聚焦事关教育改革发展稳定大局的重要问题、教育事业发展中亟待解决的紧迫问题以及人民群众普遍关注的热点难点问题，将实践问题转化为研究选题，并通过规范的学术研究探寻解决实践问题的有效路径，为中国教育改革发展提供理论保障。

3. 积极推进协同创新

以"问题导向、跨界行动、协同创新、社会问责"为特征的知识生产模式 II 指出知识生产以跨学科或超学科的方式进行，强调研究问题产生于应用情境中，大学需要根据问题组成临时性的研究团队。② 面对当前日益复杂的教育实践情境与问题，应组建来自不同领域、不同学科、不同研究组织、不同地区的教育科研团队，协同开展学术研究和交流合作，为教育问题提供系统化、综合性的解决方案，为教育学知识创新发展提供可能。

4. 完善方法体系，规范研究方法

任何新的教育理论的诞生，其背后都包含着方法论的创新与突破。新时期教育学科的转型和发展亟待来自方法论层面的指导与规范，借鉴、吸收相关领域先进的理论和方法成果，以思维转换和方法创新带动教育学科整体的发展。③ 规范研究方法，要提高教育研究者的研究方法素养，要对多学科研究方法进行教育学改造，使研究方法选择适切、使用规范、能够有效解决问题；要倡导定性和定量相结合的混合研究方法，既克服实证研究的数据崇拜，又克服经验研究的随意性。

5. 改革评价体制，激发创新活力

科学研究成果评价的实质是一种价值判断，在教育发展历程中，总存在着人们对价值的追寻和选择，对价值的追寻和选择也决定着各时期教育

---

① 习近平. 在哲学社会科学工作座谈会上的讲话 [N]. 人民日报，2016-05-19（2）.
② 王志玲. 知识生产模式 II 对我国研究型大学优势学科培育的启示 [J]. 中国高教研究，2013（3）：47-51.
③ 刘燕楠. 教育研究方法论变革：历史突破与理论创新 [J]. 教育研究，2018（5）：16-26.

的发展方向。① 习近平总书记在全国教育大会上强调，要"扭转不科学的教育评价导向，坚决克服唯分数、唯升学、唯文凭、唯论文、唯帽子的顽瘴痼疾，从根本上解决教育评价指挥棒问题"。新时代，要以科研评价改革推动教育科研体制机制创新，要超越"工具理性"或"价值理性"两者之间非此即彼的一元化评价范式，以"自律"为依托，以"他律"为保障，以评价责任监督为切入点，优化教育科研评价流程；要以质量和创新为导向，创生多元参与、多维监督、多元价值主体共生互动的教育科研评价体系②；要让学术评价权力更多地回归学术共同体，充分发挥"同行评价"作用。创新教育科研体制机制，让制度为人的创造性活动服务，更大程度上解放科研工作者的生产力，激发科研工作者的创造力，推出更多的精品力作。

面向未来，教育科研要进一步强化理论自觉，在中国特色社会主义建设的伟大实践中，不断加强具有中国特色的本土性、原创性研究，积极推动中国特色教育学科体系和学术体系建设；要不断完善方法论体系，对多学科研究方法进行教育学改造，在倡导以证据为基础的实证研究的同时，鼓励混合研究设计；要进一步打破理论研究者与实践工作者之间的二元对立状态，消解两者之间人为设置的认知鸿沟，促进教育科研成果的转化和应用，使教育理论与教育实践在相互融合的过程中互相滋养、共同发展；大力倡导学科交叉与融合，积极开展跨学科和新兴交叉学科研究，拓展教育研究新领域；鼓励协同攻关与创新，推动教育科研范式深度转型。面对新时代的需求，教育科研工作者要围绕教育事业改革发展的重点、难点、痛点做文章，聚焦教育现代化和教育强国建设等事关国家教育改革发展的重大理论问题、教育精准扶贫等现代化进程中的重大政策问题、落实立德树人根本任务等重大实践问题，深入研究老龄人口教育等现代化进程中的

---

① 刘贵华，柳劲松. 教育科研质量标准：总体框架与内涵表达 [J]. 教育研究与实验，2013 (5)：1-6.

② 刘贵华，柳劲松. 教育科研评价的中国难题 [J]. 高等教育研究，2012 (10)：25-29.

新问题、学业负担过重等以新形式出现的老问题，以及人口变动对未来教育发展的影响等潜在的问题。只有聚焦这些"真"问题，推进跨学科研究和协同攻关，教育研究才能真正回应时代的需求，为教育现代化新征程中教育改革发展遇到的问题提供切实有效的解决方案。

···········作者简介···········

　　刘贵华，全国教育科学规划领导小组办公室常务副主任，中国教育科学研究院教授；张海军，中国教育科学研究院助理研究员。

后　记

　　为纪念改革开放 40 周年，《教育研究》杂志从 2018 年第 5 期起开设"纪念改革开放 40 周年"专栏。杂志社邀请了国内教育学界的著名专家学者撰文，总结回顾 40 年来我国教育事业的伟大成就和历史经验，《迈向新时代的中国教育科学》一书在此基础上集结而成。金东贤、杨雅文、刘洁、郭丹丹、张平、许建争、柳翔浩参加了选题策划、组稿和编辑工作。

　　撰稿专家为本书贡献了学术智慧，教育科学出版社社长兼总编辑李东、副社长郑豪杰和学术著作编辑部对本书的出版给予了大力支持，在此一并表示衷心感谢。

　　由于本书的编辑时间较紧，加之水平有限，书中疏漏在所难免，欢迎广大读者批评指正。

高宝立

2018 年 11 月 27 日